Teanga don Tost

Teanga don Tost

Micheál Ó Conghaile,
Cathal Ó Searcaigh
agus an Aiteacht

Seán Mac Risteaird

Arlen House

TEANGA DON TOST
Micheál Ó Conghaile, Cathal Ó Searcaigh agus an Aiteacht

Foilsithe i 2024 ag
ARLEN HOUSE
42 Grange Abbey Road
Baldoyle, Dublin 13, Éire
arlenhouse@gmail.com
arlenhouse.ie

Dáileoirí idirnáisiúnta
SYRACUSE UNIVERSITY PRESS
621 Skytop Road, Suite 110
Syracuse
NY 13244–5290
USA
supress@syr.edu

978–1–85132–323–4, bog
978–1–85132–324–1, crua

Clóchur ¦ Arlen House
Saothar ealaíne an chlúdaigh ¦ Tadhg Ó Ciardha agus
Seán Caomhánach

Foilsíodh an leabhar seo le cabhair deontais i gcomhair tograí Gaeilge a d'íoc an tÚdarás um Ard-Oideachas trí Choláiste na hOllscoile, Corcaigh le tacaíocht Choiste Léann na Gaeilge agus na gCultúr Ceilteach, Acadamh Ríoga na hÉireann

Tá Arlen House buíoch de
Chlár na Leabhar Gaeilge
agus d'Fhoras na Gaeilge

Foras na Gaeilge

CLÁR

Is do Mhicheál Ó Conghaile,
do Chathal Ó Searcaigh,
agus d'Aidan Goldrick
an leabhar seo

Nóta Buíochais

Ba mhaith liom, i dtosach báire, mo bhuíochas a ghabháil le Alan Hayes ó Arlen House as an bhfoighne le linn dom bheith ag scríobh an leabhair leo. Ba mhór agam i gcónaí a spreagadh agus a thuairimí agus mé i mbun na scríbhneoireachta seo. Anuas air sin, teastaíonn uaim mo bhuíochas ó chroí a ghabháil le Micheál Ó Conghaile agus le Cathal Ó Searcaigh – ní thuigfidh sibh go deo an tionchar atá sibh beirt tar éis imirt ar mo shaol.

Chomh maith leis sin, ba mhaith liom mo bhuíochas a ghabháil le mo chomhghleacaithe ar fad in Fiontar & Scoil na Gaeilge, DCU. Ba mhaith liom buíochas faoi leith a ghabháil leis an Oll. Ciarán Mac Murchaidh, leis an Oll. Máirín Nic Eoin, leis an Dr Ciarán Mac an Bhaird, agus leis an Dr Gearóidín Uí Laighléis as a dtacaíocht fhiúntach leanúnach.

Teastaíonn uaim mo bhuíochas a ghabháil le Fochoiste na bhFoilseachán, Coiste Léann na Gaeilge, Litríocht na Gaeilge agus na gCultúr Ceilteach in Acadamh Ríoga na hÉireann as scoláireacht taighde a bhronnadh orm d'fhonn an saothar seo a chríochnú.

Tá mé fíorbhuíoch den Dr John Walsh agus den Oll. Fionntán de Brún a thug cluas éisteachta dom nuair a chaill mé mo mhisneach agus as dréachtaí den leabhar seo a léamh dom. Turas uaigneach é an taighde ó am go chéile, agus is mór agam bhur dtacaíocht.

Duine eile ar cheart dom aitheantas a thabhairt dó ná an té a rinne an leabhar seo a ghlanadh suas dom – níor chóipeagarthóireacht *gan stró* a bhí anseo! Mo bhuíochas ó chroí le hÉamonn Ó Dónaill.

I ndeireadh thiar, teastaíonn uaim mo bhuíochas a ghabháil le mo dheirfiúracha Kristin agus Cathy agus a gclann, le mo chairde, le mo pháirtí Aidan, le teaghlach Aidan, agus le mo thuismitheoirí Bernie agus Tom. Nuair a thagadh aon deacracht chun cinn bhíodh siad ann chun mé a spreagadh i dtreo dheireadh an tionscadail.

Giorrúcháin

Saothar Liteartha Mhichíl Uí Chonghaile

Mac an tSagairt (1986)	MAS
Comhrá Caillí (1987)	CC
An Fear a Phléasc (1997)	AFP
Sna Fir (1999)	SF
Seachrán Jeaic Sheáin Johnny (2001)	SJSJ
Cúigear Chonamara (2003)	CC
An Fear nach nDéanann Gáire (2003)	FNG
Jude (2007)	J
Go dTaga do Ríocht (2009)	GTR
Diabhlaíocht Dé (2015)	DD
Sa Teach seo Anocht (2020)	STA
Nollaig Oileánach (2022)	NO
Lámha Bána agus Dánta Eile (2023)	LB

Saothar Liteartha Chathail Uí Shearcaigh

Miontraigéide Cathrach (1975)	MC
Tuirlingt (1978)	T
Súile Suibhne (1983)	SS
Suibhne (1987)	SE
Out in the Open (1993)	OO
An Bealach 'na Bhaile	ABB
Na Buachaillí Bána (1996)	NBB
Gúrú i gClúidíní (2007)	GC
Ag Tnúth leis an tSolas (2000)	ATS
Na hAingle ó Xanadú (2005)	NAX
An tAm Marfach ina Mairimid (2010)	ATM
Aimsir Ársa (2013)	AA
Na Saighneáin (2014)	NS
An Bhé Ghlas (2015)	ABG
Teanga na gCorr (2018)	TC
The View from the Glen (2018)	VFG
Teach an Gheafta (2019)	TG
Laoithe Cumainn agus Dánta eile (2020)	LC
An Tír Rúin (2022)	TR
Saighdiúir (2023)	S
Errigal: Sacred Mountain (2023)	ESM

Teanga don Tost

RÉAMHRÁ
An Ait Linn an Aiteacht?

i. An Aiteacht Ghaelach

> "Queer" is such a simple, unassuming little word. Whoever could have guessed that we would come to saddle it with so much pretentious baggage – so many grandiose theories, political agendas, philosophical projects, apocalyptic meanings? [...] How did a word with such humble origins, a word that until quite lately many decent people were reluctant even to utter, come to acquire so many portentous – weighty yet vaporous – significations? (Halperin 2003: 339)

Is éard atá i gceist leis an leabhar seo ná buncheisteanna féiniúlachta agus collaíochta, féiniúlachtaí aiteacha go príomha, a phlé i gcomhthéacs bheirt scríbhneoirí Gaeilge, is iad sin Micheál Ó Conghaile agus Cathal Ó Searcaigh. Faoi mar a chuirtear inár láthair é mar théarma, ní éasca an ní é sainmhíniú beacht néata a chur inár láthair don téarma 'aiteach'. Ach an féidir linn an aiteacht a shuíomh agus a iniúchadh i dtéarmaí léann na

Gaeilge? Pléann Luise von Flotwo (2007), ar scoláire aistriúcháin í, an chaoi a bhfuil an t-aistriúchán agus teoiricí a bhaineann leis thar a bheith tábhachtach do ghluaiseachtaí soch-chultúrtha áirithe, an chritic liteartha san áireamh, dar liom (ibid., 92). Léiríonn Flotwo go gcuireann an t-aistriúchán téarmaíochta, agus úsáid choincheapúil na dtéarmaí seo, le smaointe nua in aon dioscúrsa teanga. Sin croí an tsaothair seo: an ceistiú a dhéantar ar spás agus an forluí atá ann le teanga, le féiniúlacht agus le téamaí na saothar litríochta atá á scagadh. Ní raibh mórán taighde bunaithe ar staidéir chuimsitheacha theangeolaíocha agus an chollaíocht faoi chaibidil roimh na seachtóidí agus na seascaidí (Livia agus Hall 1997: 3), rud a fhágann go bhfuil an réimse fós ag forbairt. Is amhlaidh atá léann liteartha na Gaeilge, agus ceisteofar na nithe thuas sa tionscadal leabhair seo.

Ach is é bunchuspóir an leabhair seo an aiteacht féin a cheistiú, a shintéisiú, agus a fhorbairt mar fhearas critice chun saothar Mhichíl Uí Chonghaile agus Chathail Uí Shearcaigh a léamh agus a iniúchadh. Cé gur gann iad na léamha a dhéantar ar chúrsaí collaíochta agus gnéasachta i gcritic liteartha na Gaeilge, d'fhéadfaí a mholadh gur foréimse é de chuid léann na teanga a bhfuil borradh faoi le roinnt blianta anuas. Smaoiním ar shaothar na gcriticeoirí liteartha seo a leanas: Lillis Ó Laoire, Bríona Nic Dhiarmada, Máire Ní Annracháin, Rióna Ní Fhrighil, Sorcha de Brún agus Máirín Nic Eoin, go háirithe. Bíodh sin mar atá, is tearc an léargas a fhaightear maidir le féiniúlachtaí aiteacha i ndioscúrsaí na teanga seo. Bíodh is go bhfuil na criticeoirí liteartha agus cultúrtha seo ag saothrú leo sa ghort úd, d'fhéadfaí a rá go bhfuil an réimse fós i mbéal a fhorbartha agus tuiscintí nua ceannródaíocha á gceistiú i léann na Gaeilge. Sin ráite, ní hamhlaidh atá i dtaobh na scríbhneoireachta cruthaithí sa teanga. Tá na téamaí agus na feiniméin seo, is é sin an chollaíocht agus an ghnéasacht, á bplé go hoscailte ag scata scríbhneoirí Gaeilge le fada an lá (Seán Hutton, Micheál Mac Liammóir, Nuala Ní Dhomhnaill, Alex Hijmans, Pádraig Standún, anuas ar ghlúin nua filí: Ciara Ní É, Sam Ó Fearraigh agus Eoin McEvoy mar shampla, gan ach roinnt scríbhneoirí a lua), anuas ar ealaíontóirí cróga de chuid an chomharghrúpa AerachAiteachGaelach a bhfuil idir dhrámaí agus féilte curtha i láthair an phobail acu. Sin ráite, ní ann don fhreagra acadúil i leith na haiteachta. Leagtar béim ar théamaí aiteacha i saothair liteartha Mhichíl Uí Chonghaile agus Chathail Uí Shearcaigh, beirt scríbhneoirí a dhéanann forbairt ar na hábhair áirithe seo idir lámha, go hoscailte, go neamhbhalbh, go healaíonta agus go radacach. Is é aidhm an leabhair seo, mar sin, cíoradh a dhéanamh ar shaothair na beirte thuasluaite, agus díreofar ar réimse leathan téacsanna, óna luathshaothair go dtí na saothair is nuaí dá gcuid. Trí lionsa theoiric na haiteachta tiocfar ar léamha nua turgnamhacha a bhaineann leis an mbeirt scríbhneoirí cruthaitheacha seo chun fiúntas a gcuid ealaíne a mheas, a thuiscint, agus a scrúdú. Tá sé mar aidhm ag an tionscadal seo cur leis an bplé acadúil agus pobail atá i gceist leis an aiteacht le cur lenár dtuiscintí faoin gcollaíocht agus faoin ngnéasacht agus iad á léiriú i saothair liteartha ó bheirt scríbhneoirí Gaeltachta.

D'fhonn an anailís seo a dhéanamh, is éard atá i gceist leis an gcéad chaibidil ná iarracht chun teacht ar spás faoi leith critice ina mbeifear in ann scagadh a dhéanamh ar théacsanna éagsúla na scríbhneoirí thuasluaite. Lena linn, déanfar na teoiricí is tábhachtaí a mheas ionas go mbeifear in ann teacht ar na slite a bhfuil siad oiriúnach do na scríbhneoirí a bhfuil saothair leo faoi scrúdú sa leabhar seo. Breathnófar chomh maith ar shaol agus ar shaothar na scríbhneoirí a bheidh i gceist sa leabhar seo le blaiseadh a fháil ar stíl, ar fhorbairt chruthaitheach agus ar théamaí a n-iarrachtaí liteartha. Dá thoradh sin, soláthróidh an chaibidil seo creatlach léitheoireachta a chuideoidh linn saothair na scríbhneoirí comhaimseartha seo a iniúchadh i dtéarmaí theoiric na haiteachta.

Sa dara cuid den leabhar seo féachfar le hiniúchadh a dhéanamh ar shaothar na beirte, agus cuirfear na huirlisí critice ón gcéad chuid i bhfeidhm. Déanfar anailís ar an raon príobháideach, go teoiriciúil, agus an chaoi a dtagann ceisteanna chun cinn i leith an spáis sin i saothar na scríbhneoirí atá idir chamáin. Is éard atá i gceist agam le raon anseo, ar ndóigh, ná áiteanna "[a] G[h]luaiseann muid trí[othu] agus muid ag dul ó áit amháin go háit eile" (Weakliam 2022: 19). Breathnófar go príomha ar théamaí collaíochta agus cumhachta a thagann chun solais i saothar na beirte seo le linn na coda úd. Déanfar iniúchadh ar an ról atá ag an normatacht, an smacht agus an ghéillsineacht sna saothair chruthaitheacha a roghnaíodh, teoiricí a mhíneofar roimh ré. Cíorfar roinnt téacsanna de chuid na scríbhneoirí bunaithe go téamach ar na ceannteidil sin agus déanfar iad a mheas go criticiúil ag baint leas as tuiscintí a d'eascair as teoiric na haiteachta. Pléifear na teoiricí seo i gcomhthéacs téamach agus uileghabhálach a mbeidh an ghrinnléitheoireacht agus cur chuige sintéiseach teoirice mar bhonn leis.

Leathnófar an plé agus tabharfar aghaidh i gcuid a trí den leabhar seo ar an raon poiblí agus ar théamaí a bhaineann le pobail agus leis an aiteacht chomh maith. Ceisteofar agus scagfar go téamach an heitreanormatacht, mianta collaí, cumhacht na heitrighnéasachta i dtéarmaí sóisialta, agus ceist na hinscne i gcomhthéacs an phobail agus na spásúlachta faoi mar a léirítear iad i saothair na beirte seo. Breathnófar ar an gcaoi a gcuirtear inscne in iúl agus ceisteofar an taibhiú inscneach atá ina cheist mhór i dteoiric na haiteachta agus an fheimineachais le fada an lá.

Sa chonclúid, ag deireadh an leabhair seo, déanfar na príomhthorthaí agus na príomhargóintí a tharraingt le chéile agus spreagfar ceisteanna ábhartha don ghort léinn amach anseo agus muid ag breathnú ar an ród atá romhainn. Gheofar chomh maith, ag deireadh an tsaothair seo, agallaimh leis an mbeirt scríbhneoirí cruthaitheacha seo ina ndéanfar plé fairsing ar chroí-cheisteanna an leabhair seo agus a thugann glór dóibh beirt a smaointe a roinnt linn faoi na téamaí thuasluaite.

Ach i dtosach báire, is é aidhm an réamhrá ná frámú a dhéanamh ar thionscadal an leabhair seo trí thagairt a dhéanamh do stair na haiteachta i gcomhthéacs na hÉireann. De cheal spáis, ní staidéar cuimsitheach é seo ar stair na gnéasachta in Éirinn, ach cuirfear príomhphointí stairiúla san áireamh ar cheart dúinn díriú orthu agus muid i mbun léitheoireachta ar litríocht den chineál seo. Dúshlán mór le sárú atá anseo do thaighdeoirí liteartha agus staire ós rud é nach bhfuil fáil cheart ar an gcineál seo staire ach i dtéarmaí an smachta (is é seo plé ar reachtaíocht, ar dhlíthe, agus ar phionóis) nó i ndialanna pearsanta éagsúla ar thángthas orthu i gcaitheamh na haimsire céanna (Rose 1994: 9). Is féidir linn fós creatlach scéil a fheiceáil i stair na haiteachta, faoi mar a phléifear sa chéad mhír eile, ó aimsir bhunú an Stáit i leith agus an spás nua cultúrtha a bhí ag eascairt as claochluithe sóisialta a tháinig chun cinn. Cé go bhfuil an aiteacht in úsáid agam mar théarma tríd síos, baineann speictream na haiteachta leis an homaighnéasacht ó am go chéile agus is mithid dúinn anois díriú ar an bhféiniúlacht aiteach Ghaelach go stairiúil agus go sóisialta.

ii. *Mise Aiteach*: Féiniúlacht Ghaelach agus Féiniúlacht Aiteach

Mise aerach –
Sine mé ná Cailleach Bhéara,
cros na sagart,
teacht na nGael
ná fiú an t-ainm 'Éire' (Ó Fearraigh 2023: 240)

Mise Éirnín
aeraí mé ná campa samhraidh

Mór mo bhród
phóg mé laoch de chuid na Cásca

Mór mo gháire
ag siúl na sráide le buachaillí bána

Mise Éirnín
Ársaí mé ná scéal na Tána (Ó Searcaigh 2022: 1–8)

Tagann an dá dhán thuas le Sam Ó Fearraigh agus Cathal Ó Searcaigh ar thírdhreach sóisialta agus cultúrtha nach minic a ndéantar tagairt dó i gcomhthéacs liteartha na Gaeilge sna dánta 'Mise Aerach' (Ó Fearraigh 2023: 240) agus 'Amhrán an Fhir Aeraigh' (Ó Searcaigh 2022: 110). Baineann an dá dhán, ar ndóigh, leis na ceangail mhóra phearsanta idir an dá chultúr don bheirt fhilí seo: an fhéiniúlacht aiteach agus an fhéiniúlacht Ghaeltachta. De ghrá na simplíochta, cé go bhfuil aerach mar chuid de speictream uileghabhálach na haiteachta, úsáidfear an téarma 'aiteach' mar mhórthéarma a chuireann féiniúlachtaí éagsúla neamhnormatacha san áireamh (aerach, leispiach, déghnéasach, trasinscne agus aiteach). Sa mhír seo déanfar na ceangail stairiúla agus choincheapúla a bhaineann leis an bhforluí seo i stair an Stáit trí chéile chun an phríomhcheist úd a chur: céard is brí le bheith aiteach agus Gaelach? Maíonn Kathryn Conrad (2001) ina halt "Queer Treasons: Homosexuality and Irish Identity" go bhfuil seasamh ciotach trioblóideach ag an aiteacht i stair na hÉireann (ibid., 125). Áirítear Oscar Wilde (1854–1900), Pádraig Mac Piarais (1879–1916), Roger Casement (1964–1916), Eva Gore-Booth (1870–1926) agus Kate O'Brien (1897–1974) i stair shóisialta, liteartha, agus pholaitiúil na tíre seo san fhichiú haois. Dar le Conrad go n-eascraíonn míshuaimhneas astu mar laochra nó mar phearsana móra na tíre mar go dtagann dhá fhéiniúlacht éagsúla le chéile: an fhéiniúlacht aiteach agus an fhéiniúlacht Ghaelach (ibid., 125). Má táthar chun teoiric na haiteachta a phlé i gcomhthéacs litríocht chomhaimseartha na Gaeilge, ní mór scéal na gnéasachta i stair na tíre seo a shuíomh i gceart i dtosach báire. Dar le Lacey (2008) nach minic a dhéantar trácht ar Éirinn nó ar an nGaelachas i dtéacsanna staire na haiteachta (ibid., 6). Ní raibh mórán scríofa ag staraithe Éireannacha mar gheall ar stair na haiteachta in Éirinn sular thug siad faoin réimse i gceart thiar sna seachtóidí, rud a léiríonn scéal na cinsireachta in Éirinn le linn an fichiú haois i gcoitinne, agus neart samplaí den chinsireacht chéanna le feiceáil i réim le linn na tréimhse céanna (ibid., 8). Pléann Diarmaid Ferriter, ar staraí clúiteach é de chuid an réimse, in *Occasions of Sin: Sex and Society in Modern Ireland* (2009), an chaoi a mbíodh an ghnéasacht agus an chollaíocht go minic faoi chois na reachtaíochta sa Stát agus i gcomhthéacs dogmatach na hEaglaise Caitlicí. Cíorann sé, go háirithe, ceisteanna a bhaineann leis an aiteacht, an ginmhilleadh agus an colscaradh mar ábhair mhorálta a mbíodh an pobal ag dul i ngleic leo fiú i dtéarmaí comhaimseartha agus na ceangail láidre a bhíodh ann idir an Eaglais agus an Stát (ibid., 6). Tá baol ann go gceapfaí nach bhfuil na ceangail seo ach bunaithe ar steiréitíopaí, ach is cinnte gur imir an Eaglais tionchar cumhachtach ar phobal na tíre seo trí chéile (O'Rourke agus Walsh 2020: 141). Is féidir teacht ar scéal na haiteachta agus scéal an phobail aitigh in Éirinn trí shúil a chaitheamh ar na claochluithe sóisialta a tháinig chun cinn in Éirinn ó bhunú an tSaorstáit go dtí an lá atá inniu ann.

Ach is gá an cheist a chur: céard í an aiteacht mar choincheap? Cuireadh tús le mionstaidéar síceolaíoch ar an homaighnéasacht, ar chuid de speictream na haiteachta í, go hidirnáisiúnta thart ar 1869 nuair a tháinig réimsí a bhí dírithe ar chúrsaí gnéasachta chun cinn. I dtaca leis an homaighnéasacht, bhí dochtúirí ag cuardach leighis do "ghalar" seo na haiteachta ag deireadh na haoise sin (Haggerty 2000: Alt 1). Pléann Lacey (2008) in *Terrible Queer Creatures* an chaoi a gcuirtí milleán ar thionchair ghallda nuair a bhí an aiteacht Ghaelach i gceist (ibid., 215). Galar a tháinig ó "foreign hands" a bhí ann (ibid), nach raibh a leithéid d'ábhar ar fáil ó dhúchas sa tír.

> mise, a raibh sé daite domh saol beag suarach
> a chaitheamh, bean a phósadh agus teaghlach a
> thógáil ...
> Ach a Ruairí, ní raibh ár gcinniúint ag déanamh
> buartha dúinn,
>
> Domhnach úd na seirce os cionn Ghort an Choirce;
> m'anáil i do chuid gruaige, mo lámha idir do dhá
> shlinneán
> agus tusa ar do lámha is do ghlúine ag éagaoin le
> pléisiúr. (Ó Searcaigh 2013: 37, línte 107–116)

Chun an galar gallda seo a cheistiú, breathnófar ar chás-staidéar de chuid na tréimhse seo a léiríonn an imní a bhíodh ann ag tús an chéid seo caite, duine ar thiomnaigh Cathal Ó Searcaigh dán dó ina chnuasach *Aimsir Ársa* (2013) dar teideal 'Ruairí Mac Asmaint' faoi mar atá againn thuas. Gníomhaire agus polaiteoir ab ea Roger Casement (1984–1916) a chothaigh imní do ghluaiseacht na saoirse agus ba í an aiteacht an chúis lena chuid trioblóidí. Rugadh Casement in 1864 i gCúige Uladh agus cé gur ag feidhmiú ar son na Breataine agus na hImpireachta a bhí sé ar dtús báire ina shaol gairmiúil, de réir a chéile d'athraigh sé a dhílseacht go hiomlán i bhfabhar na saoirse (Foster 2014: 97). Gabhadh Casement as ardtréas tíre ach ní de thoradh ar a thuairimí nó a ghníomhaíochtaí polaitiúla a tharla sé sin. B'ábhar imní é do ghluaiseacht an náisiúnachais nuair a tháinig a chuid dialanna pearsanta chun solais. Léiríodh iontu go raibh dúil ag Casement i ngníomhaíochtaí collaíochta homaighnéasacha. Phléigh Casement an chrúsáil chollaí ina chuid dialann; an modh teagmhála collaíochta d'fhir homaighnéasacha faoin aer nó i suímh phoiblí (Lacey 2004: 208). Ba le linn na trialach a scaoil *Scotland Yard* na dialanna leis an bpobal le míchlú a tharraingt air (Aldrich agus Wotherspoon 2001: 269). Is díol spéise é gur cuireadh dúil mhór i mianta pearsanta agus collaíochta an pholaiteora úd, agus ní haon iontas é gur baineadh leas as a mhianta collaí chun míchlú a tharraingt air. Pléadh a chlaonadh aiteach go náisiúnta agus go hidirnáisiúnta mar a léiríodh thuas. Léirigh sé seo an dúil mhór a chuireadh an Stát i gcúrsaí gnéasachta i gcaitheamh an ama. Pléann Foster (2014) thíos an chaoi a ndeachaigh conspóid Casement i gcoinne cuid mhór d'aidhmeanna an tSaorstáit nua agus a léiríonn cás eile cáiliúil a bhfuil cur amach againn air:

> One reason why the question of Casement's homosexuality remained electric was that on at least two high-profile occasions previous homosexual scandals in Ireland had involved officials in Dublin Castle, in 1882 and 1907; the other famous case was of course that of Oscar Wilde's prosecution in 1895. The assumption could be made, in puritanical Irish nationalist circles, that homosexuality was a vice peculiar to imperial rulers, or to those corrupted by predatory aesthetes in decadent London. (Foster 2014: 94)

Chuir conspóid Casement go mór leis an imní agus an míchompord a bhí le brath faoin gcollaíocht homaighnéasach in Éirinn ag tús an chéid seo caite. Baineann sé seo, dar liom, leis an Victeoiriachas morálta a bhíodh i bhfeidhm ag an am. Glacadh leis an aiteacht mar fhadhb Angla-Éireannach agus creideadh nach raibh an aiteacht ina fadhb Ghaelach. Is é sin le rá nach raibh an aiteacht féin Gaelach ach gur scaip sí ar nós galair ó thionchair ghallda. Ba léir nach raibh réabhlóidithe na tíre sásta glacadh le dialanna Casement toisc go dtiocfadh sin salach ar a gcuid aidhmeanna: tír Chaitliceach shaor a bhunú gan smál na Breataine, nó, mar dhea, gan smál na haiteachta uirthi (Lacey 2008: 211). Ní raibh áit ann don aiteacht toisc nár luigh sí go nádúrtha le coinníollacha cráifeacha na hEaglaise; Eaglais a bhí lárnach i ndéanamh agus i dtógáil an phobail Ghaelaigh ag tús an chéid seo caite. I ndeireadh thiar, cuireadh Casement chun báis agus é imeallaithe óna chomrádaithe, ón Eaglais agus ó rialtas na Breataine go fiú. Faoi mar a phléann Conrad thíos, bhain sé seo go dlúth le féiniúlacht aiteach Casement:

> Keeping in mind the conflation of heterosexual maleness and "aggressive masculinity" as ideals were forming in this period, it is important to note

> the both the British colonial powers and the Irish nationalists were using the same language of "masculinity" and that both wrote homosexuality as a kind of foreign "pollution" [...] The concept of the homosexual as the foreign at home, the free-floating moral contaminant, reveals a profound anxiety both about national borders and about sexual identities. (Conrad 2001: 127)

Ba léir go raibh nasc idir an náisiúnachas agus an coimeádachas ag tús bhunú an Stáit nua. Le hais na hEaglaise Caitlicí, bhí dúshláin mhóra le sárú ag aon duine a raibh mianta collaíochta neamhnormatacha aige nó aici, an aiteacht ina measc. Rinneadh iarrachtaí, mar sin, an aiteacht a thiontú ina galar leighis nó ina galar síciatrach chun féiniúlacht ghlan Ghaelach a choinneáil ar an mbóthar ceart. Ionas go bhféadfaí ciall a bhaint as an homaighnéasacht agus as an aiteacht, bhíothas ag iarraidh teacht ar shlite a mbeifí in ann an aiteacht a bhainistiú go cultúrtha nó go sóisialta. Sa mhullach air sin, cuireadh pionóis mhóra orthu siúd a bhí náisiúnach, Gaelach agus aiteach.

Nuair a bunaíodh Poblacht na hÉireann in 1949, mhol Ardeaspag Bhaile Átha Cliath gur "[...] disorder and an affliction [...]" é an aiteacht (Rose 1994: 27). Bhí sé seo i gcodarsnacht leis an mBreatain Mhór, áit a raibh tuairim níos láidre ann trí phionós an bháis a chur orthu siúd a raibh caidrimh homaighnéasacha acu (Conrad 2004: 5). Chruthaigh an aiteacht míshuaimhneas in Éirinn toisc go ndeachaigh sí i gcoinne chórais éagsúla shóisialta agus phatrarcacha agus ní shamhlaítí an aiteacht mar chuid den náisiún céanna. Chothaigh an aiteacht imní go sóisialta faoi mar a mhíníonn Rose (1994: 7). Bhí ceannairí na tíre ag iarraidh conspóidí a bhainfeadh le cúrsaí aiteachta a sheachaint toisc go léireofaí "[...] further evidence of Irish "disorder" and depravity [...]" (ibid., 25). Iarracht a bhí ann chun féiniúlacht shocair a chothú agus chun an míchompord a bhain leis an aiteacht a sheachaint. Féiniúlacht chinnte fhearúil a bhí ag teastáil go géar uathu ionas go mbeadh an tír in ann í féin a chosaint ó chultúr gallda, an aiteacht san áireamh. Deir Conrad (2004) go raibh an imní áirithe seo le feiceáil go háirithe sa chaoi ar caitheadh solas ar shodamaigh de chuid na Poblachta:

> [...] male homosexuality was seen to threaten not only the reproduction of bodies but the system of alliances between men, providing affective bonds and allegiances that might undermine [... the] public sphere [...] The social controls exercised upon sexuality were given further discursive support as the nineteenth century saw the rise of psychological discourse that described inappropriate female behaviours as "hysteria". (ibid., 7)

I ndiaidh bhunú an tSaorstáit in 1922, bhí an t-aonad teaghlaigh ar cheann de na hinstitiúidí ba mhó a bhí laistigh de ghréasán smachta na hEaglaise, dar le Conrad (2004). Bhí an Eaglais, trí mheán na reachtaíochta agus i bhfianaise Bhunreacht na hÉireann 1937 (ibid., 125), ag iarraidh aghaidh a thabhairt ar an aonad teaghlaigh a mholadh mar uirlis a chinnteodh róil inscneacha agus caidrimh núicléacha na hÉireann (Tolson 2004: 72). Toisc go raibh cultúr an phá i réim le linn luathbhlianta bhunú na Poblachta tamall de bhlianta ina dhiaidh sin, bhí fir agus mná in ann maireachtáil taobh amuigh den teaghlach núicléach gan a bheith ag brath ar an teaghlach, rud a láidrigh an neamhspleáchas (Kinsman 2004: 171). Mar thoradh air sin, tháinig saoirse chun cinn, saoirse a thacódh le gluaiseacht an phobail aitigh. Chuir ordlathas seo an chreidimh Chaitlicigh, anuas ar lámh in uachtar na

Breataine sa séú agus sa seachtú haois déag, tús le stádas seasmhach an aonaid teaghlaigh i gcoitinne (ibid., 4–5). Ba léir, mar sin, go raibh an náisiúnachas fréamhaithe i gcur chuige a raibh an rófhireannú mar bhonn leis, tuiscint a leag béim mhór ar thréithe fearúla chun patrarcacht na tíre a chaomhnú agus a chosaint.

Feictear an chaoi a ndearnadh iarrachtaí an aiteacht a cháineadh ó thús an naoú haois déag agus an spás cultúrtha a bhain léi a cháineadh go trom. Bhí scéalta éagsúla i dtaobh na haiteachta de le cloisteáil ó iriseoirí na hÉireann go háirithe, agus dá thoradh ba léir gur forbraíodh an náisiúnachas cultúrtha agus polaitiúil le linn ré thar a bheith homafóbach i stair na tíre (Rose 1994: 6). Ba léir go raibh claonadh áirithe ann chun an aiteacht a chur i gcatagóirí faoi leith: mar choir, mar ghalar nó mar pheaca (Aldrich agus Wotherspoon 2001: 9). Ní raibh ceannairí na tíre sásta glacadh leis an aiteacht mar chlaonadh inghlactha nádúrtha ach rinneadh í a shuíomh sna catagóirí thuasluaite. De réir mar a ghluais cúrsaí ar aghaidh, tháinig claochlú suntasach ar mheonta agus ar dhearcthaí chun cinn sna seascaidí agus sna seachtóidí ar aghaidh ó thaobh saoirse chollaíochta agus féiniúlachta de. Is léir, mar sin, go raibh pobal na tíre seo sásta glacadh le féiniúlachtaí iolracha, an aiteacht ina measc, seachas féiniúlacht Ghaelach amháin agus go raibh toradh na gluaiseachta sin le feiceáil i dtéarmaí na reachtaíochta, faoi mar a phléifear ar ball. Mar chultúr ann féin, d'athraigh meon an phobail i leith an chultúir dhomhanda de (go háirithe i dtaobh chultúr an Iarthair), rud a bhí le feiceáil, dar le O'Leary (2011) in *Writing Beyond the Revival: Facing the Future in Gaelic Prose,* nuair a tháinig athrú suntasach ar céard is 'Gael' ann (ibid., 46).

Athruithe socheacnamaíocha agus cultúrtha sna seascaidí ba chúis le hathrú mheon na hÉireann i ngeall ar chúrsaí éagsúla cultúrtha, eacnamaíocha agus cinsireachta (Rose 1994: 10). Bhí ceisteanna moráltachta, an aiteacht ina measc, faoi chaibidil sna hochtóidí déanacha agus sna nóchaidí luatha timpeall na tíre. I measc gluaiseachtaí frithchúltúir sóisialta eile sna seascaidí a bhí ar an bhfód (gluaiseacht na mban agus na gceart sibhialta ó thuaidh), is léir go raibh an tuairim pholaitiúil shóisialta ag dul i gcoinne an *status quo*, nó noirm ar leith a bhí inghlactha go sóisialta. Ba léir go raibh seasamh maith ag an Eaglais mar fhórsa cinniúnach i bhfrámú na tíre mar náisiún piúratánach coimeádach roimhe seo (ibid., 36). Pléann Cronin (2008) an Eaglais Chaitliceach agus conas a rinneadh iarrachtaí an mhoráltacht a choinneáil slán ó fhórsaí gallda. Dar le Rose agus Cronin go raibh sé mar aidhm ag an Eaglais Chaitliceach sochaí nua-aimseartha, a bhfuil moráltachtaí Angla-Mheiriceánacha Protastúnacha i gceist léi, a chothú (ibid., 89). Dá bharr sin, bhí an coimeádachas polaitiúil agus sóisialta á chur chun cinn ag an Eaglais le linn luathbhlianta bhunú an Stáit ó 1922 ar aghaidh (ibid.). Sin ráite, bhí Stát nuabhunaithe na hÉireann de chuid an fichiú haois i gcodarsnacht le cuspóirí cultúrtha na hEaglaise ón naoú haois déag, rud a chothaigh teannas idir an dá fhoinse chumhachta seo (O'Leary 2011: 46). Mar thoradh air seo, bhí folús cultúrtha féiniúlachta nár réitigh go hiomlán le meon na hÉireann le feiceáil faoi mar a phléann Ní Chualáin (2013) ina tráchtas dochtúireachta dar teideal *Siocracha Peaca: Téamaí an Chaidrimh agus an Ghnéis i Saothar Phádhraic Óig Uí Chonaire agus Mháirtín Uí Chadhain*:

> Le fírinne, bhain an défhiús ní hamháin le cúrsaí litríochta ach le gnéithe eile de shaol na tíre. Ina

> shaothar *Occasions of Sin: Sex and Society in Modern Ireland* (2009), léiríonn an staraí Diarmaid Ferriter an difríocht mhór a bhí idir an reitric a úsáideadh faoi chúrsaí gnéis in Éirinn san aois seo caite agus an cás mar a bhí i ndáiríre (2009: 6). Cíorann sé ceist an ghnéis in Éirinn ag tús na haoise seo caite i gcomhthéacs an nua-aoiseachais, lenar samhlaíodh údar an uile oilc, a bhí ag scaipeadh ar fud na hEorpa. Le linn bhlianta luatha an tSaorstáit bhí tuairim láidir ann go raibh an mhoráltacht ó thaobh cúrsaí gnéis sa tír ag dul i léig agus go raibh gá dul i ngleic leis an bhfaillí sin. (ibid., 13)

Go cultúrtha, agus i gcomhthéacs an leighis, bhíodh constaicí móra fós le sárú ag an bpobal aiteach agus aerach ó na hochtóidí ar aghaidh de bharr víreas nua tógálach a scaip ó fud fad na cruinne. Paindéim a bhí, agus atá, in SEIF (Siondróm Easpa Imdhíonachta Faighte) nó AIDS, siondróm a aithníodh den chéad uair in Éirinn le linn ochtóidí an chéid seo caite. Víreas tógálach trí mheán fola agus sreabháin choirp atá in SEIF, a bhfuil cóir leighis thar a bheith éifeachtach ar fáil dó sa lá atá inniu ann. Is féidir an víreas a fháil trí ghníomhaíochtaí áirithe collaí, ó úsáid drugaí infhéitheacha agus ó mháthair go gasúr agus í ag súil. Cé go dtrasnaíonn an phaindéim catagóirí éagsúla inscne agus féiniúlachta, spreag sí imní mhorálta agus leighis i measc mhuintir na hÉireann i dtaobh na haiteachta nuair a thángthas ar an víreas ag an am. Nuair a tháinig SEIF chun cinn sna hochtóidí mar víreas de chuid an phobail, cuireadh tús le feachtais phoiblí a chuir pobal na homaighnéasach ar an imeall (Rose 1994: 22). Galar síciatrach nó peaca a bhíodh san homaighnéasacht agus san aiteacht roimh dheireadh an naoú haois déag, mar a pléadh thuas, ach le linn na n-ochtóidí bhí milleán á chur aige ar an aiteacht as scaipeadh an víris chéanna, rud a scrios an obair mhór a rinneadh sna seascaidí agus sna seachtóidí. Ba dheis í an phaindéim, sin ráite, chun an pobal homaighnéasach a láidriú agus a chomhtháthú trí mheán an oideachais agus na sláinte. In 1985 a bunaíodh *Gay Health Action* (GHA) in Éirinn le pobal na homaighnéasach sa tír a chur ar an eolas faoin víreas lena bhfeachtais oideachais agus chun úsáid coiscíní a mholadh:

> [...] by 1987 it had developed a reputation as one of the leading expert groups on AIDS in Ireland. Not only had it pioneered public AIDS education campaigns in the country, but it had also pioneered services for those affected by HIV and AIDS. At a time when the Irish government was sluggish in its response to AIDS, GHA demonstrated remarkable leadership in getting as much information out to the Irish public as possible (McDonagh 2021: 112)

Tréimhse thábhachtach i ndéanamh an phobail a bhí ann a lig do dhaoine homaighnéasacha paimfléid agus eolas mar gheall ar ghníomhaíochtaí sábháilte collaí a fhógairt agus a scaipeadh ar fud na tíre. Sa chéad dá bhliain den phaindéim in Éirinn, ba é an GHA an t-aon eagraíocht a bhí ann don ghalar SEIF (ibid., 24), galar a scrios an pobal aiteach a bhí ann, ach galar a chothaigh bunú an phobail aitigh a bhí ann chomh maith. Mar sin, rinneadh cuid mhór iarrachtaí féiniúlacht homaighnéasach fhireann nó aerach a bhunú in Éirinn trí ghníomhaíochtaí áirithe sóisialta agus polaitiúla.

Feictear gur ghlac an pobal aiteach spás ciotach i stair agus i scéal Phoblacht na hÉireann roimh bhunú an Stáit agus ina dhiaidh sin. Bhí an aiteacht ina fadhb mhoráltachta agus, ar deireadh, ina ceist leighis. Cruthaíodh spásanna nua cultúrtha ina raibh an t-aitiú mar bhriathar mar chuid de, spásanna nár glacadh in aon chor leo. De réir a chéile thuig muintir na hÉireann nach raibh cothrom na Féinne á thabhairt don phobal aiteacht ach tháinig feabhas ar sheasamh an phobail áirithe sin ó sin faoi mar phléifear sa chéad mhír eile.

iii. Cearta an Phobail Homaighnéasaigh in Éirinn

> [...] the legal acceptance of gays and lesbians has increased at an impressive rate. In the Republic [of Ireland], the final step in the decriminalization of male homosexuality in June 1993 was, according to gay activist Kieran Rose, "enthusiastically welcomed in both Houses of the Oireachtas" [...] This bill was the result of over twenty years of gay rights advocacy [...] (Conrad 2004: 23)

I gcaitheamh na mblianta, mar a áitíonn Conrad thuas (2004), tháinig athrú ar áit na haiteachta in Éirinn go sóisialta agus go cultúrtha le teacht SEIF agus de thoradh ar an bhfeachtasaíocht shóisialta agus pholaitiúil a d'eascair as an ngéarchéim úd. Tháinig deireadh le coiriúlú ghníomhaíochtaí collaí na haiteachta go hoifigiúil in 1993 tar éis cuid mhaith oibre a bheith ar bun ag eagrais éagsúla agus polaiteoirí a throid ar son cearta daonna a bhain leis an tsaoirse chollaíochta. Mar a mhaíonn Walsh ina aiste ar nuachainteoirí Gaeilge: "Queer people were among those erased from the dominant version of Irishness" (Walsh 2019: 57), argóint a chuireann leis an dioscúrsa gur cuireadh féiniúlachtaí den sórt seo ar leataobh, agus na seasaimh idé-eolaíochta a bhí taobh thiar di, ar mhaithe leis an nGaelachas. Anuas ar an dul chun cinn suntasach seo, tugadh cearta pósta don phobal úd chomh maith i ndiaidh reifrinn de chuid na Poblachta dhá bhliain déag ina dhiaidh sin, in 2015. Ach cén chaoi ar tháinig an t-athrú poirt seo i dtír ar scéal na haiteachta? Déantar iarracht san aonad seo anailís a dhéanamh ar ghluaiseacht na haiteachta in Éirinn, go háirithe sa chomhthéacs comhaimseartha, agus an liobrálú a tháinig i réim lena linn. Tháinig athrú suntasach ar stádas na haiteachta in Éirinn ó ghníomh faoi chosc sa raon poiblí go dtí an raon príobháideach ina mbeadh meas ar phríobháideachas collaíochta beirte beag beann ar thuairim an phobail (Conrad 2004: 47).

Tháinig athruithe móra soch-chultúrtha chun cinn ó na seascaidí i leith ar fud na hEorpa agus i Meiriceá Thuaidh. Ba as sin a d'eascair tuairimí agus athrú meoin faoin gcollaíocht agus faoin aiteacht chomh maith. Spreag gluaiseachtaí na gceart sibhialta sna Stáit Aontaithe gluaiseacht na haiteachta in Éirinn agus i gcéin agus borradh faoin aiteacht go cultúrtha. Tháinig gluaiseachtaí áirithe faoi bhláth sna seascaidí, a d'fhógair go neamhbhalbh saoirse na collaíochta agus a rinne iarrachtaí féiniúlachtaí cultúrtha bunaithe ar an gcineál seo gnéasachta a bhí neamhnormatach a bhuanú (Higgs 1999: 6). Ghríosaigh eachtraí áirithe sna Stáit Aontaithe gluaiseacht na haiteachta in Éirinn, go háirithe tar éis Chíréibeacha Stonewall sa bhliain 1969. Is ina dhiaidh sin a spreagadh misneach i ngluaiseachtaí an phobail aitigh.

Thit Círéibeacha Stonewall, Nua-Eabhrac, amach ar an 28 Meitheamh 1969 agus ba bhuaicphointe ghluaiseacht na haiteachta ar fud Mheiriceá Thuaidh iad le linn na tréimhse úd (Rose 1994: 4–5). Shocraigh póilíní na cathrach club aerach, *The Stonewall Inn,* ar Shráid Christopher a chuardach, gníomh a chuir tús le gluaiseacht idirnáisiúnta do chearta cothroma na haiteachta agus na haiteachta. Le linn na gcíréibeacha, chonacthas mná leispiacha, banríonacha drag, agus fir aeracha, ag troid i gcoinne phóilíní na cathrach, rud a chuir tús le gluaiseacht mhór in Iarthar an domhain. Tagann sé seo leis an múnla agus an cur chuige nua a bhíodh á gcleachtadh ag an bpobal homaighnéasach i gcaitheamh na seascaidí, "[...] a shift from conformity to confrontation" (McCann agus Monaghan 2020: 43). Leathnaigh na círéibeacha amach an lá ina dhiaidh sin agus chuir na círéibeacha tús le gluaiseacht nua idirnáisiúnta an bhliain dár gcionn nuair a reáchtáladh paráid *Bhróid* den chéad uair in 1970.

Tar éis do na círéibeacha cuid mhór clú a tharraingt ar an bpobal aerach Meiriceá Thuaidh, tháinig grúpa chun cinn leis an bpobal a eagrú agus a bhainistiú i gceart. Ba as Círéibeacha Stonewall a tháinig GLF (*Gay Liberation Front*) ar an bhfód agus ba mhór an tionchar a bhí ag na gluaiseachtaí sin ar Éirinn.

Ach ba mhór na constaicí a bhí le sárú ag an bpobal aiteach, áfach, le saoirse a bhaint amach. Is le linn an Chogaidh Fhuair, tréimhse ina raibh *McCarthyism* faoi bhláth, a tháinig coimeádachas sóisialta agus polaitiúil i réim a bhí i dtiúin leis an bhfrith-chumannachas (Aldrich agus Wotherspoon 2001: 10). Tháinig dlíthe éagsúla coimhéadacha i bhfeidhm a chuir bac agus srian ar an bpobal aiteach san Eoraip lena linn; Airteagal 175 den chód coiriúil sa Ghearmáin; le linn ré Vichy sa Fhrainc; sa Bhreatain; agus in Éirinn chomh maith (ibid.). Mar sin, ba léir gur dhearcadh an Iarthair a bhí ar fáil ar fud na hEorpa le linn na dtréimhsí úd. Mar gheall ar thionchar Chíréibeacha Stonewall tháinig iarrachtaí móra leis an aiteacht a shaoradh chun tosaigh in Éirinn. Faoi mar a mhíníonn Conrad (2004), bhí Kieran Rose den tuairim go raibh tionchar na Breataine ar fáil i homafóibe na hÉireann agus gur ghné faoi leith é den iarchoilíneachas (ibid., 24). Is é sin, go raibh an náisiúnachas, a bhí faoi bhláth in Éirinn go háirithe ag tús an chéid seo caite, ag baint leas as tuairimí dochta na Breataine agus an aiteacht i gceist (Conrad 2001: 126). De réir a chéile a tháinig feabhas nach beag ar an gceist, go háirithe nuair a dhírigh ceannaire nua de chuid an phobail, David Norris, ar an gceist.

Ní raibh David Norris (1944–), léachtóir de chuid Choláiste na Tríonóide, sásta le seasamh dleathach agus sóisialta na haiteachta in Éirinn agus é ag teacht ar an bhfód sna hochtóidí. Agus é mar iar-chathaoirleach ar *The Irish Gay Rights Movement,* agus ball de chuid *The National Gay Federation,* d'úsáid Norris a chuid scileanna intleachta agus ar mhaithe leis an bpobal aiteachta. Shocraigh sé ar an Stát a thabhairt chun na cúirte as dlíthe Briotanacha (1861: *Offences Against the Persons Act* agus 1885: *Criminal Law Amendment Act*) a chur i bhfeidhm ar fhir homaighnéasacha a throid (Conrad 2004: 48). Dar leis go raibh na dlíthe seo míbhunreachtúil agus ag dul i gcoinne airteagal a daichead, cuid a haon agus cuid a trí de Bhunreacht na hÉireann (1937) a bhaineann le bunchearta an tsaoránaigh Éireannaigh. Déanann Rose (1994) machnamh ar na príomhdhúshláin (easpa acmhainní) a bhí roimh ghníomhairí polaitiúla a bhí ag troid ar son chearta an phobail aitigh (ibid., 3). Theastódh cuid mhór tacaíochta ón ngnáthphobal dá mbeadh cearta á mbaint amach uathu.

Bhí sé mar phríomhaidhm ag an eagraíocht GLEN (*Gay and Lesbian Equality Network*), a bunaíodh in 1988, cothrom na Féinne a bhaint amach don phobal aerach agus do phobal na haiteachta. Bhí céadbhunaitheoirí GLEN, daoine a d'fhás aníos le linn na seascaidí a bhí faoi thionchar an fhrithchultúir, ag iarraidh deireadh a chur le seandlíthe a chuir cosc ar ghníomhaíochtaí collaíochta homaighnéasacha. Bhí sé mar chuspóir ag an eagraíocht chomh maith tacaíocht a thabhairt don obair a bhí ar siúl ag David Norris (ibid., 4). Faoi mar a pléadh in 'The "Unmarried Mother" and Moral Politics in the Free State: Developing a Political Narrative for the History of Sexuality in Ireland' (Cronin 2008), ba léir go raibh sé mar aidhm ag an eagras athruithe meoin sa phobal a chothú le go nglacfaí leis an aiteacht i ré nua-aoiseach nua-aimseartha (ibid., 91). Bhí sé mar aidhm acu an aiteacht a cheiliúradh mar chuid de Stát nua liobrálach a bhí ilchultúrtha, ilghnéitheach agus comhaimseartha (Bowyer 2010: 802). Bhí claochlú ag teacht ar an tír, agus í ag baint fhallaing na seanlaethanta di féin agus ag tabhairt aghaidh ar an mílaois nua. De réir Inglis (2002), bhí an Phoblacht "[...] moving away from being a traditional Catholic [...] society, to becoming more secular [...] pluralist and cosmopolitan" (ibid., 5). Trína bhfeachtais phoiblí agus pholaitiúla, d'éirigh le GLEN cuid dá chuspóirí a chur chun cinn i gcaitheamh na mblianta. Ba sna meáin, go háirithe, a bheadh ardán ar fáil don phobal aerach, agus bhí sé seo le brath i bhfóram tábhachtach an phobail: *The Late Late Show*.

Ba sna hochtóidí a tugadh cuirí do ghníomhairí ón bpobal aiteach páirt a ghlacadh i ndíospóireacht ar an gclár teilifíse *The Late Late Show*. Thug an clár ardán d'fhir agus do mhná aiteacha, agus cothaíodh díospóireachtaí i leith na gnéasachta lena linn, chonacthas "[...] the appearance of two American lesbian ex-nuns in 1985 and the soapbox debate on homosexuality held in 1989. These broadcasts share the mainstreaming and confessional approaches [...] and the unique format of the LLS provides different dimensions and representational strategies." (Kerrigan 2021: 59). I ngeall air seo, dar le Rose (1994:

30), taispeánadh cé chomh himníoch agus chomh lag is a bhí argóintí lucht an choimeádachais a bhí i gcoinne na haiteachta. Ó shin i leith, tá athruithe móra tagtha chun cinn i dtaca le gluaiseacht na haiteachta, dar le Kerrigan, toisc go raibh tuairim an ghnáthphobail ag athrú. Agus eagraíochtaí nua ar nós GLEN agus polaiteoirí éifeachtacha ar nós David Norris ag teacht ar an bhfód, agus tionchar á imirt ag na meáin chumarsáide, cuireadh tús ceart le plé oscailte maidir leis an aiteacht agus leis an gcollaíocht sna hochtóidí.

> [...] the campaign for [the] decriminalization [of homosexuality] in the Republic of Ireland took place over a longer period of time and sparked less concentrated public debate, the implications of which it was resolved are no less significant than those attending Northern Irish law reform. In particular, the majority decision of the Supreme Court suggested that the Irish Constitution's construction of the state and family defines the "common good" to the exclusion of the public and private freedom of gay men. Despite the many elements of his attack on the laws criminalizing male homosexuality, David Norris's eventual success [...] rested solely on the extent to which the laws infringed upon his rights as a private person. (Conrad 2004: 47)

Ach níorbh é seo deireadh an scéil agus bhí dúshláin eile fós le sárú ag an bpobal aiteach in Éirinn sna blianta ina dhiaidh sin. Pléifear sa chéad mhír eile an chaoi ar lasadh splanc feirge sa phobal céanna, a spreag gluaiseacht nua chun aitheantas pobail a bhaint amach.

iv. Dúshláin le Sárú Fós: An Aiteacht agus an ECHR

Bunaíodh *The Lesbian and Gay Alliance* i mBaile Átha Cliath tar éis neart gearán a chloisteáil maidir le Gardaí an Stáit (Rose 1994: 10–11). Bhí Gardaí Bhaile Átha Cliath i mbun fiosrúcháin maidir le dúnmharú Charles Self, dearthóir de chuid RTÉ ar Shasanach é a bhásaigh agus é sa bhaile in 1982 (ibid., 19). Mar chuid d'fhiosrúcháin na nGardaí, cuireadh tuairim is 1,500 fear faoi agallamh, glacadh pictiúir díobh agus glacadh aithint ó mhéarloirg uathu. Sa mhullach air sin, cuireadh ceisteanna pearsanta príobháideacha orthu maidir lena ngníomhaíochtaí collaí agus iarradh orthu ainmneacha agus seoltaí baile fear aerach eile a thabhairt. Níor cúisíodh aon duine i leith an dúnmharaithe riamh (ibid., 19). Chonacthas gur ar mhaithe le bunachar d'fhir homaighnéasacha a chruthú a bhí na hiarrachtaí sin ar bun ag na Gardaí. Ghoill sé seo go mór ar phobal aiteach Bhaile Átha Cliath a thuig céard a bhí ar bun acu: "Such was the anger amongst some within the gay community that they formed a Gay Defence Committee and picketed the Pearse Street Garda Station in Dublin city centre" (McDonagh 2021: 54). Sa mhullach ar dhúnmharú Charles Self, chuaigh cás an phobail aitigh in olcas an bhliain chéanna nuair a dúnmharaíodh fear óg a bhí amuigh ag siúl i bPáirc Fhionnradhairc (suíomh aitheanta crúsála i mBaile Átha Cliath). Chuaigh grúpa d'fhir óga sa tóir ar fhear óg darbh ainm Declan Flynn. Nuair a tháinig an dream ar Flynn, ionsaíodh go fíochmhar é agus bhásaigh sé tamall ina dhiaidh sin. Cuireadh na pionóis ar fionraí don ghrúpa fear a d'eagraigh "[...] victory march in Fairview Park shouting 'we are the champions'" leis an gcás cúirte a cheiliúradh (ibid., 20). Níor shíl an Breitheamh Seán Gannon go bhféadfaí a mhaíomh gur dúnmharú a bhí i gceist leis an ionsaí, fiú i gcomhthéacs na fianaise a tugadh os comhair na cúirte (Kerrigan 2021: 1). Is léir mar sin, go raibh tacaíocht homafóibe institiúideach fós ar fáil dóibh siúd a bhí glan in aghaidh an pobal homaighnéasach. Léirigh toradh an cháis go raibh an Stát claonta agus nár tugadh fianaise cheart agus nár tugadh aitheantas dóibh siúd a bhásaigh lena linn.

D'fhág na conspóidí seo nach raibh an dara rogha ag an bpobal homaighnéasach ach tacaíocht reachtaíochta a lorg. Cé nár éirigh le David Norris nuair a thug sé Poblacht na hÉireann chun na Cúirte Uachtaraí le seandlíthe piúratánacha na Breataine a bhí fós i bhfeidhm a throid, bhí sé mar aidhm aige cosaint bhunreachtúil a bhaint amach. Theip ar an gcás áirithe seo toisc go raibh an caidreamh idir an aiteacht fhireann agus an Eaglais Chaitliceach casta (Conrad 2004: 48–49). De réir mar a mhínigh an Tiarna Príomh-Bhreitheamh C.J. O'Higgins, "[...] on the grounds of the Christian nature of our state and on the grounds that the deliberate practice of homosexuality is morally wrong [...] it follows, in my view, that no right to privacy, as claimed by the plaintiff, can prevail against the operation of such criminal sanctions" (Conrad 2004: 49). Mar thoradh air sin, dhírigh Norris agus a abhcóide, Mary Robinson, ar Éirinn a thabhairt go dtí an Coinbhinsiún Eorpach um Chearta an Duine (ECHR) in 1988 toisc go raibh an tír mar bhallstát de chuid an Aontais Eorpaigh ó bhí 1973 ann (Haggerty 2000: 735). Dea-thoradh a bhí i ndán dóibh nuair a mhínigh an chúirt go raibh na dlíthe seo ag teacht salach ar Airteagal 8 den ECHR a bhain go dlúth le ceist an phríobháideachais (Conrad 2004: 52). Thug Poblacht na hÉireann aitheantas ceart agus cosaint dhleathach do homaighnéasaigh na tíre gan mhoill ina dhiaidh agus ba i mí na Samhna, 1988, nuair a ritheadh an Bille um Thoirmeasc ar Ghríosú chun Fuatha (*The Prohibition of the Incitement of Hatred Bill*), a thug cosaint do homaighnéasaigh agus don Lucht Siúil i dtaobh an idirdhealaithe de (ibid., 42). Faoi dheireadh tháinig cothromaíocht iomlán i bhfeidhm idir homaighnéasaigh agus heitrighnéasaigh ó thaobh reachtaíocht chollaíochta de. Ar an 23 Meitheamh 1993, mhínigh an tAire Dlí agus Cirt, Máire Geoghegan-Quinn, go raibh sé thar am an éagsúlacht ghnéasachta a cheiliúradh seachas í a cháineadh (ibid., 57). Athrú suntasach ab ea é seo i leith na haiteachta in Éirinn go sóisialta ó bhunú an Stáit go díchoiriúlú na collaíochta úd sa bhliain 1993 nuair a ritheadh an tAcht um an Dlí Coiriúil (Cionta Gnéasacha) (ibid., 57). Is ríléir go raibh líon mór de thíortha na hEorpa agus an Iarthair ag iarraidh smacht a choinneáil ar an gcollaíocht ag tús an chéid seo caite, ach le himeacht aimsire tháinig feabhas ar an scéal trí reachtaíocht agus trí agóidí, agus is gá seo a chur san áireamh i gcomhthéacs na bhforbairtí liteartha a d'eascair astu (Cronin 2008: 95). Le teacht an aonú haois is fiche bhí cothromaíocht níos treise, níos uileghabhálaí agus níos soiléire ag teastáil ó ghníomhairí aiteacha na tíre chun stádas cothrom sóisialta agus dleathach a bhaint amach.

v. *Tabhair dom do Lámh:* An Reifreann Pósta

> The embrace of normal is also a prime example of antipolitical politics. The point of being normal is to blend, to have no visible difference and no conflict. [...] If you are queer and don't want to enlist or get a marriage license, then politics is not for you. (Warner 2000b: 60)

Cuireann Warner (ibid.) in iúl in *The Trouble With Normal* go bhfuil an pósadh aerach, agus iarrachtaí domhanda chun na cearta sin a bhaint amach, mar chuid den (heitrea)normatacht. Fiú sa mhír thuas, pléitear staid na haiteachta mar fheiniméan sóisialta ach cén bhaint atá aige seo leis an aiteacht? Ba léir go bhfuil an pobal aiteach dírithe ar an struchtúr cumhachta agus cearta daonna an phósta mar "[...] a foundational structure of sexual and family relations" (Boucai 2015: 4). Bhí gluaiseacht an phobail homaighnéasaigh i dtreo cearta pósta ag teacht salach ar an bhfrithchultúr réabhlóideach a bhí ar bun ag an bpobal sin i Meiriceá Thuaidh, pobal a d'fhógair, go hoscailte, an tsaoirse chollaí agus sárú catagóirí inscne agus collaíochta (ibid., 5). Cé go sáraíonn an aiteacht catagóirí seanbhunaithe (a phléifear i gCuid a hAon) agus an chumhacht normatach, is spéisiúil an plé cultúrtha a d'eascair as reifreann pósta na hÉireann in 2015. Léiríonn reifreann ar chomhionannas pósta na hÉireann athrú poirt na tíre i leith na collaíochta agus i leith na tuairimíochta a bhíodh ann mar gheall ar na neamhnormatacht. Faoi mar a fheicfear ar ball, thug an cineál seo gluaiseachta deis do ghnáthmhuintir aiteach na tíre a bpobal agus a scéalta féin a insint. Is éard a d'eascair as spás seo an reifrinn pósta ná cinnteacht áirithe a bhaineann le hoscailteacht na hÉireann i leith féiniúlachtaí a shuíonn lasmuigh den norm. Spás nua cultúrtha, mar sin, a cuireadh ar bun.

Is léir gur tháinig athruithe suntasacha chun cinn i dtaobh cúrsaí collaíochta in Éirinn ó thús an chéid seo caite (Chrystel 1999:1). Tír a bhí in Éirinn inar tháinig *débats de société* chun cinn cuid mhaith ó na seascaidí agus na seachtóidí ar aghaidh, agus phléití agus pléitear ceisteanna morálta go minic fud fad na tíre (ibid.). I gcomparáid leis na seachtóidí agus na hochtóidí, tréimhsí a bhí go hiomlán i gcoinne normalú d'aon chineál, chonacthas sna nóchaidí dul chun cinn suntasach ó thaobh stádas dleathach na gnéasachta in Éirinn mar a mhíníonn Halperin in Howe (2004: 33). Bíodh sin mar atá, is léir go dtéann an dul chun cinn sóisialta seo i gcoinne spriocanna na haiteachta. Mar is eol dúinn, téann an aiteacht, mar sheasamh polaitiúil, i gcoinne na normatachta trí chéile. Cé gur éirigh le ceannairí ghluaiseacht chearta na haiteachta ag tús na nóchaidí cearta bunúsacha daonna a bhaint amach, ba léir gur caitheadh leis an pobal homaighnéasach ar bhealach ar leith i gcomparáid le heitrighnéasaigh na tíre. Toisc gur bhain an pobal homaighnéasach cearta sibhialta agus pósta i stáit áirithe i Meiriceá, sa Bheilg, i gCeanada, sa Ghearmáin agus i dtíortha eile nach iad le linn na nóchaidí, bhí an pobal homaighnéasach agus an pobal aiteach ag cuardach cearta sibhialta den chuma chéanna ionas gurbh fhéidir leo a bheith cothrom i bPoblacht na hÉireann (Adam 2003: 259). Bhí ród fada le siúl ag an bpobal aerach in Éirinn agus tháinig cúiseanna éagsúla polaitiúla agus sóisialta chun cinn a bhain le cearta daonna agus leis an gcreideamh. Ina ainneoin sin, bhain an pobal cothromaíocht amach céim ar chéim.

Agus é ag breathnú ar bhuaicphointí stair na haiteachta in Éirinn, díríonn Walsh ar an Acht um Chearta Sibhialta, a tháinig i bhfeidhm in Éirinn in 2010 (2015). Cé gur éirigh leis an bpobal aiteach cuid de chearta an phósta a thabhairt leo leis an Acht seo, is léir go rabhthas ag iarraidh cosaint níos coincréití agus níos follasaí a bhaint amach. Bhí an scéal céanna le cloisteáil sa Bhreatain Mhór nuair a ritheadh acht den chineál céanna ar leigheas sealadach é (Glennon 2006: 244). Bunaíodh an Coinbhinsiún ar an mBunreacht i ndiaidh thoghchán 2011 mar chomhaontú idir Fine Gael agus an Lucht Oibre, dhá pháirtí pholaitiúla a d'imir tionchar nach mbeag ar chearta daonna go dtí sin don phobal homaighnéasach. Aontaíodh go ndíreofaí ar roinnt snáitheanna sa Choinbhinsiún bunaithe ar chearta daonna:

> The document that was eventually agreed upon and published by the two parties focused primarily on repairing the economy and getting people back to work. However, it also included the aim of 'forging a new Ireland that is based on fairness and on equal citizenship' and it promised to establish a Constitutional Convention which, within twelve months, would consider and make recommendations on six specific issues, including 'provision for same-sex marriage' (Healy 2016: 15)

Ba ghné lárnach d'athbhreithniú Bhunreacht na hÉireann é nuair a mhol an Coinbhinsiún ar an mBunreacht i mí Aibreáin 2013 gur chóir go leathnófaí dlíthe i leith an phósta go lánúineacha comhghnéis. De réir mar a thuigeann Weiss (2013) in 'On Marriage Equality', is "a form of Foucauldian neoliberal governance" é an pósadh agus na slite a mbronnann cearta pósta "[a] "smooth" distribution of rights to property, assets and children" (ibid.). Cé go raibh cás Mheiriceá i gceist ag Weiss, is féidir glacadh leis go raibh an cineál seo spreagtha taobh thiar de mholtaí an Choinbhinsiúin a bhí ag iarraidh Cothrom na Féinne a thabhairt do phobal homaighnéasach na hÉireann. Ní féidir cás Mheiriceá (Oshior 2012: 162) a chur i gcomparáid le cás na hÉireann toisc go bhfuil ceisteanna ciníochais le feiceáil i ndíospóireachtaí Mheiriceá, ach is ríléir go raibh feachtas mothálach, macánta, soiléir ag teastáil go géar ón dá thaobh den argóint (Wesling 2014: 171). Bhí *Yes Equality: The Campaign for Civil Marriage Equality* nó *Tá Comhionannas: Feachtas Do Phósadh Sibhialta*, eagras nuabhunaithe, ar son an reifrinn, agus ba í Institiúid Iona, institiúid Chaitliceach, an príomhghrúpa a bhí ina choinne (Encarnación 2015). Thángthas ar mhana an eagrais *I'm Voting Yes, Ask me Why,* chun scéalta agus ábhair imní a phlé le vótálaithe (Healy et al. 2015: 39). Leathnaigh argóintí agus díospóireachtaí an dá thaobh ar na meáin thraidisiúnta agus ar na meáin shóisialta ar líne. Bhí an taobh ar son an Reifrinn go háirithe ag iarraidh a chinntiú go mbeadh pobail éagsúla na hÉireann mar chuid den phlé ginearálta. Is mar chuid lárnach den fheachtas ar son an reifrinn a cuireadh tús le feachtas *Tá* a bhí ag iarraidh an Ghaeilge a lárnú mar ghné de na hargóintí. Ghlac tráchtairí a bhfuil Gaeilge acu, ar nós Úna Mullally, Lisa Nic an Bhreithimh agus Thraolaigh Uí Bhuachalla, páirt ghníomhach i ndíospóireachtaí trí Ghaeilge maidir leis an reifreann, rud a chuir go mór leis an bhfeachtas úd (Healy et al. 2016: 84). Is de thoradh air sin a léiríodh scéalta pearsanta an phobail aitigh i saol na Gaeilge; a gcúlraí, a scéalta agus a dteagmháil leis an saol mór. Déantar plé thíos ar an ngné phearsanta seo faoi mar atá léirithe ag John Walsh, ar scoláire sochtheangeolaíochta é, nuair a scríobh sé alt corraitheach cumhachtach in Tuairisc.ie:

> Tá dlúthchairde aeracha agam a gcaithim an oiread ama agus is féidir ina dteannta agus atá mar a bheadh teaghlach eile dom féin. Bhí cad é plé ar bun againn le seachtain mar gheall ar an reifreann. Táimid ar fad suaite ag an ndíospóireacht phoiblí agus ag an gcaint chealgánta, fheallltúil atá déanta ag an bhfeachtas Níl inár gcoinne. Braithim go bhfuil mo shaol féin go dtí seo, mo chaidreamh le mo pháirtnéir agus mo charadas le daoine aeracha eile á scrúdú go poiblí ar shlí ghéar, éagothrom agus is deacair é a sheasamh. (Walsh 2015)

Is ar an 22 Bealtaine 2015 a tugadh an deis do mhuintir na hÉireann a vótaí a chaitheamh ar son nó i gcoinne an chomhionannais pósta. Ba chúis dóchais iad na pobalbhreitheanna de chuid Red C Poll, a léirigh go raibh tuairim is 76% de mhuintir na hÉireann ar son an chomhionannais pósta (Red C, Aibreán 2015). Glacadh, ar deireadh, le leasú ar Airteagal 41 den Bhunreacht go "[bh]Féadfaidh beirt, cibé acu is fir nó mná iad, conradh a dhéanamh i leith pósadh de réir dlí". Tharraing toradh an reifrinn aird nach beag ar Éirinn as a bheith ar an gcéad tír ar domhan ag an am reachtaíocht phósta a chur i bhfeidhm trí vóta náisiúnta. De réir an eagarthóra in 'Ireland's Gay Marriage Referendum', ba chéim thar a bheith stairiúil é nuair a glacadh leis an leasú seo toisc go bhféadfaí a rá gur tír Chaitliceach í Éire agus moladh go láidir an feachtas dearfach a chuir *Tá* le chéile. Chomh maith leis sin, tugann scéal Sarah Mac Donald (2015) ó *The Independent News Source* staitisticí thoradh an reifrinn a léiríonn cé chomh dearfach is a bhí an pobal i leith an reifrinn. Rianaíonn sí gurb í Éire an chéad tír go hidirnáisiúnta a bhí sásta glacadh le comhionannas pósta trí reifreann (ibid.). Ina shaothar le Bernadette O'Rourke, filleann John Walsh ar cheist na féiniúlachta aití i gcás na Gaeilge:

> I am heartened to see similar activism continuing today, with a strong Irish language presence during the 2015 marriage equality referendum and regular Irish-language events during Pride festivals in Dublin and other parts of the country. Therefore, although becoming an Irish speaker may have been at some level related to a fear of accepting myself as gay, it has been an immensely enriching cultural and personal experience in itself, and in recent years it has given me great satisfaction to bring those two parts of my identity together and to see others doing so, too. (O'Rourke and Walsh 2020: 11)

Agus cearta pósta anois ag an bpobal aiteach, an bhfuil spriocanna iomlána an phobail bainte amach aige? Tar éis don phobal cearta, stádas agus seasamh níos fearr a bhaint amach an é sin deireadh leis an ngluaiseacht seo? De réir cuid mhór teoiriceoirí, ní hé sin bun nó barr scéal na haiteachta. Cé go bhfuil cuid de na teoiriceoirí aiteacha i gcoinne an phósta go ginearálta toisc go samhlaíonn siad é mar uirlis smachta, is féidir a áireamh go ndéanann an aiteacht ceiliúradh ar ilghnéitheacht agus éagsúlacht chollaí an duine dhaonna. Is féidir glacadh leis fós go bhfuil raon cultúrtha ann inar féidir an taithí aiteach a bhlaiseadh, a léamh agus a cheiliúradh (Howe 2004: 36). De réir Boellstorff (2007) in 'When Marriage Falls: Queer Coincidences in Straight Time' tá féidearthachtaí ann fós an normatacht, an smacht agus an tsochaí a cheistiú fiú má tá noirm den uile chineál á nglacadh ag an bpobal aiteach agus é ag breathnú go háirithe ar chúrsaí ama (ibid., 232). Feictear dom go gcuireann gluaiseachtaí soch-chultúrtha ar nós an fheachtais *Tá* le plé agus le díospóireachtaí a bhaineann le collaíocht, le héagsúlacht na féiniúlachta agus le saoirse dhaonna. Faoi mar a phléifear ar ball tiocfaidh tuiscintí nua chun cinn in Éirinn i dtaca le collaíocht agus le gnéasacht. Go cultúrtha agus go liteartha, tá léamh na haiteachta fós indéanta mar sprioc agus is cinnte gur thug an tsaoirse nua seo deis do scríbhneoirí liteartha Gaeilge luí isteach ar ábhair nua, ar ábhair radacacha, agus, ar ndóigh, ar ábhair aiteacha.

vi. Tátal: Ó Chomhthéacs go Téacs

> Dá rachfá siar fada go leor
> Gheofá mé ag *crúiseáil*
> in Eamhain Mhacha na móruaisle
> ag lorg *sugar daddy* agus cáil.

> Gheofá mé i measc na manach
> ag dathú scríbhinní diaga
> le híomhánna d'fhir óga;
> sréadaithe agus stócaigh ríoga.
> (Ó Searcaigh 2022: 103, línte 1–8)

Is sa dán thuas "Stair", óna chnuasach *An Tír Rúin*, a fheictear an cumasc cultúrtha a ghintear i dtionscadal fileata Uí Shearcaigh – is é sin an aiteacht agus traidisiún liteartha na Gaeilge. I gcodarsnacht leis seo, faoi mar a phléann Colm Tóibín (2002) ina mhórshaothar *Love in a Dark Time*, glactar leis an litríocht aerach mar litríocht atá faoi choim nó faoi rún ach ní hionann sin is a rá nach bhfuil a leithéid ann. Is léir go raibh cúiseanna sochpholaitiúla ag feidhmiú ar mheon is ar dhearcadh mhuintir na hÉireann ó thaobh na collaíochta de agus ó thaobh na haiteachta de chomh maith san fhichiú haois, faoi mar a pléadh thuas. Le teacht na hathbheochana cultúrtha in Éirinn ag tús an chéid seo caite, ba scéal casta, duairc é scéal na haiteachta (Walshe 1997: 2). Ba léir go raibh an fhearúlacht i gcroí na hathbheochana agus go raibh tábhacht ag baint leis an aonad teaghlaigh dá réir. *Masculinist nationalism* a thugtar ar an gcur chuige seo, a chuir bac ar fhéiniúlachtaí homaighnéasacha toisc nár luigh sé leis an bhfearúlacht shamhalta seo. D'imir sé seo tionchar ar scríbhneoireacht Bhéarla na hÉireann agus ar an litríocht Ghaeilge freisin (Walshe 1997: 3). Mar sin, bhí stádas nó míchompord ann i dtaca leis an gcollaíocht in Éirinn le linn athbheochan na Gaeilge agus d'eascair sé seo as cúlra coimeádach sochpholaitiúil na tíre.

Tháinig liobrálú an dearcaidh shóisialta i leith na haiteachta chun cinn tar éis shaoradh na haiteachta in 1993 agus i ndiaidh an Reifrinn ar Phósadh. Agus é ag scríobh thiar in 1993, áitíonn criticeoir Gaeilge amháin, Ciarán Ó Coigligh, nach bhfuil ach tuairim is 1% den chine daonna homaighnéasach agus gur iarracht bholscaireachta a rá gur líonmhaire ná sin é an figiúr (ibid. 1993: 24); tuairim í seo a léiríonn an cineál míshuaimhnis a bhí ar an gcriticeoir sin an aiteacht a aithint mar fheiniméan cultúrtha nó mar fhéiniúlacht cheart bhailí. Fós féin, fiú agus an dearcadh coimeádach seo i réim den chuid is mó, tháinig peirspictíochtaí nua i dtaca le litríocht na Gaeilge chun cinn i leith na haiteachta trí chéile ó 1993 i leith agus scríbhneoirí na teanga ag dul i ngleic leis an aiteacht mar théama.

Faoi mar a phléann Kennedy (2002), is féidir cosúlachtaí idir cás na Gaeilge agus cás na haiteachta i stair agus i litríocht na hÉireann a aithint – dhá phobal a bhí imeallaithe i sochaí na hÉireann i gcoitinne (ibid., 110). Agus é ag labhairt faoi thaithí Chathail Uí Searcaigh, léiríonn Ó Conchubhair (2002) gur bhraith sé "[...] inability of his native language to verbalise and address issues of homosexuality, and the absence of a homosexual stand within his literary and cultural tradition" (ibid., 173). Mar sin, is mithid scagadh a dhéanamh ar na slite a gcaitheann criticeoirí na Gaeilge le scríbhneoirí a phléann leis an aiteacht agus le scríbhneoirí a bhí homaighnéasach nó aiteach iad féin.

> Ó ré na hAthbheochana [...] Bhí rómánsachas an 19ú haois ann fós ach díbríodh é sin le teacht na réabhlóide gnéasaí ar an bhfód sna seascaidí. Tháinig aibiúlacht úr i saothrú na Gaeilge, go mór mhór i gcás an ghrá mar ábhar scéalaíochta. Agus na seachtóidí i réim feictear go raibh an litríocht ag druidim i dtreo na réaltachta sóisialta. (Uí Anluain 1994: 15)

Is de réir a chéile a tháinig athruithe ar thraidisiún liteartha na Gaeilge i dtaca leis an gcollaíocht agus leis an ngnéasacht. Faoi mar a phléann Uí Anluain (ibid.) thuas é, is léir go ndeachaigh claochluithe móra sóisialta i bhfeidhm ar nualitríocht na Gaeilge agus gur scáthánú í an litríocht ar an athrú meoin a tháinig ar scríbhneoirí liteartha na teanga. Mar a phléann Nic Eoin (2015) ina léirmheas ar *Languages of the Night: Minor Languages and the Literary Imagination in Twentieth-Century Ireland and Europe,* is fiú mionscagadh a dhéanamh ar ghluaiseacht na nualitríochta mar ghluaiseacht shóisialta agus an litríocht a phlé i gcomhthéacs pholaitíocht na teanga agus an duine trí chéile (ibid.). Bíodh is go bhfuil dul chun cinn déanta sa réimse seo, ní ann do thaighde substaintiúil ar chás na haiteachta i léann liteartha na Gaeilge, seachas dornán beag aistí a fhaightear anseo is ansiúd a phléann leis an ábhar. Mar go bhfuil baint ag teoiric na haiteachta le gluaiseacht(aí) polaitiúla agus sóisialta na haiteachta, is gá seo a chur san áireamh más ag iarraidh an aiteacht a phlé i gcomhthéacs liteartha na Gaeilge atá muid. Is féidir glacadh le saothar liteartha ar bith mar cháipéis shóisialta ina ndéantar scáthánú ar shaol na linne inar scríobhadh é (O'Brien 1968: 53). Bhí an cháipéis shóisialta ag teacht chun cinn trí chomhoibriú leis an bpobal agus bhí sé de dhualgas ar an scríbhneoir, dá bharr, labhairt ar son an phobail ina shaothar (ibid., 75).

Tháinig dhá raon le chéile ar deireadh i scéal na haiteachta in Éirinn: an raon príobháideach (is é sin an duine féin agus a s(h)aol pearsanta) agus an raon poiblí (an duine agus an pobal) le gnéasachtaí na tíre a bhainistiú i gceart agus go héifeachtach. Díríodh sa réamhrá seo ar láimhseáil na tíre i leith na dtuairimí seo agus ar an gcaoi ar eascair tuairimí as gluaiseachtaí agus reachtaíocht na tíre. San fhichiú haois ní raibh Éire sásta a bheith *gay* agus Gaelach

ach faoi thús an chéid seo bhí sí toilteanach éagsúlacht a pobail a aithint agus a cheiliúradh. Dá thoradh sin, tháinig athruithe soch-chultúrtha ar Éirinn agus ar litríocht na Gaeilge chomh maith. Agus le himeacht aimsire agus trí mheán na reachtaíochta, bhí glór nua muiníneach ag scríbhneoirí cruthaitheacha na Gaeilge le téamaí nua a iniúchadh agus a chur os comhair a bpobal léitheoireachta. Molaim sa leabhar seo go bhféadaimis leas a bhaint as teoiric na haiteachta, fearann critice a forbraíodh le linn na tréimhse cinniúnaí seo, chun léamh a dhéanamh ar an nglór nua oscailte seo. Ach is gá an cheist a chur: céard í teoiric na haiteachta?

Cuid 1

Coincheapa agus Cur i bhFeidhm Theoiric na hAiteachta

1.1 An Ait linn an Aiteacht?: Ó Ghluaiseacht go Teoiric

Más ag iarraidh saothair liteartha Ghaeilge a léamh trí lionsa na haiteachta, is gá an aiteacht féin a cheistiú. Ach an féidir a leithéid a dhéanamh? An féidir linn teoiric na haiteachta a shainmhíniú go néata agus go soiléir ar bhealach sothuigthe? Is é tuairim Giffney agus O'Rourke, beirt teoiriceoirí de chuid an réimse léinn úd, nach féidir an aiteacht a shainmhíniú go cruinn beacht (2009: 2). Ar cheart lánstad a chur leis an abairt úd agus an chaibidil seo a chaitheamh sa tine? Ní dócha é; cé nach bhfuil go leor de theoiriceoirí na haiteachta sásta iad féin a chatagóiriú go néata in aonaid ar leith tuisceana nó mhínithe, is féidir castachtaí ar leith theoiric na haiteachta a fheiceáil i staireolaíocht, is é sin an bealach a ndéantar coincheap a léirmhíniú, sa téarma céanna. Téarma is ea an aiteacht atá tar éis teacht chun cinn le tríocha bliain anuas agus atá anois ar cheann de na téarmaí is seasmhaí i léann na litríochta agus i léann na ndaonnachtaí. Thairis sin, tá an téarma in úsáid mar lipéad féiniúlachta ag go leor daoine ón bpobal LADTA+ le roinnt mhaith blianta anuas agus mearbhall ar go leor daoine maidir lena úsáid. Tháinig an téarma acadúil chun cinn den chéad uair sa chomhthéacs criticiúil nuair a bhain Teresa de Lauretis leas as san iris *differences* in 1991. Eagrán speisialta a bhí ann faoin aiteacht agus an léann a bhaineann léi den teideal 'Queer Theory: Lesbian and Gay Sexualities' (Eliason 1996: 164). Míníonn de Lauretis ina réamhrá leis an eagrán, gur iarracht í teoiric na haiteachta féiniúlachtaí gnéasachta agus inscne éagsúla cosúil leis an aiteacht, aerach, trasinscneach agus leispiach a sheachaint agus chun teacht ar théarma amháin comhtháite a chuirfeadh feiniméin dhifriúla san áireamh. Anuas air sin, d'fhéadfadh teoiric na haiteachta lipéid ghnéasachta a cheistiú ón mbonn aníos – is é sin go gceistítear cén mhaith atá ann lipéad a úsáid do chlaontaí inscne nó gnéasachta (de Lauretis 1991: v). Curtha i gcomparáid leis an léann aerach agus leispiach, is é sin *gay and lesbian studies*, míníonn de Lauretis go bhfuil teoiric na haiteachta ag iarraidh raon nua a chruthú di féin agus a bhunú idir an dá thraidisiún critice (ibid., iv). Déanann Hennessy (1993: 964) tuairimí de Lauretis a shintéisiú trí shainmhíniú a thabhairt ar an modh teoirice seo.

Ceistítear na nithe seo a leanas:

1 Catagóirí "soiléire": inscne agus collaíocht (fear, bean, Giúdach, fearúil, banúil)
2 Codarsnachtaí: fear v. bean; heitrighnéasach v. homaighnéasach, inscne = gnéas
3 Tuairimí seanbhunaithe i dtaca le gnéasacht agus féiniúlacht.

Níl sé beartaithe ag teoiriceoirí na haiteachta rialacha modheolaíochta faoi leith a leagan síos mar chur chuige aontaithe amháin (Sullivan 2002: 46). Ní chuardaíonn teoiriceoirí na haiteachta féiniúlachtaí uilíocha le cruth a chur ar an bpobal homaighnéasach ach le go mbeidh na féiniúlachtaí seo "[...] to be navigated, revisited, revised and elided on a moment-to-moment basis" (Giffney and O'Rourke 2009: 7). Ach is féidir teacht ar phatrúin éagsúla smaointeoireachta a chuireann cruth ar an gcineál seo smaointeoireachta. Mar is léir do Beemyn agus Eliason is í ilghnéitheacht na haiteachta an rud is tábhachtaí ina taobh (1996: 5). Bíodh sin mar atá, is cinnte go bhfuil teoiric na haiteachta, mar mhodh anailíse, fréamhaithe i saothar critice nó fealsúnachta Michel Foucault (1926–1984), Adrienne Rich (1929–2012), Eve Kosofsky Sedgwick (1950–2009), David M. Halperin (1952–), Judith Butler (1956–), Lauren Berlant (1957–2021), agus Michael Warner (1958–), ach cuid de na teoiriceoirí is tábhachtaí a lua.

Cé nach féidir bunaitheoir ar leith a aithint do theoiric na haiteachta toisc gur eascair sí as gluaiseachtaí éagsúla sochpholaitiúla agus léinn (gné ar phléigh muid leis sa réamhrá), is é Michel Foucault an teoiriceoir is luaithe dá bhfuil ann a phléann leis an gcolainn agus leis an aiteacht sa chomhthéacs seo – feinimséin atá fós á gceistiú ag teoiriceoirí na haiteachta. Cé nach mbaineann Foucault leas as téarmaíocht theoiric na haiteachta, toisc nárbh ann di agus é i mbun pinn, déantar na coincheapa seo a ríomh in *The History of Sexuality* (1978), saothar a bhfuil ceithre imleabhar. Ceistíonn Foucault an chollaíocht mar chonstráid shóisialta agus an chaoi a mbíonn fonn scaoilte orthu siúd a bhí neamhnormatach; coincheapa a d'imir tionchar nach beag ar theoiriceoirí comhaimseartha na haiteachta.

Baineann na ceithre imleabhar leis an gclaonadh gnéasachta agus leis an inscne agus is minic a phléitear an chéad imleabhar de chuid na sraithe i gcomhthéacs theoiric na haiteachta. Is mó an tábhacht a bhaineann le haiste Adrienne Rich (1980) 'Compulsory Heterosexuality and Lesbian Existence'. Sa saothar úd, déanann Rich plé ar an gcaoi a mbíonn smacht ag fir ar chollaíocht na mban agus go bhfuil an t-éigniú agus an foréigean inscneach i gcroí na ceiste seo. Molann sí, anuas air sin, go bhfuil stádas níos seasmhaí, go sóisialta, ag fir agus dá réir, bíonn impleachtaí aige seo ar áit na mban go collaí sa tsochaí. Cuireann sí inár láthair, chomh maith, tuiscintí a bhaineann leis an normatacht (is é sin, céard is 'norm' ann). Ina dhiaidh sin, foilsíodh *Between Men: English Literature and Male Homosocial Desire* (1985), le Eve Kosofsky Sedgwick, a dhéanann plé criticiúil ar chaidrimh fear i litríocht Bhéarla an naoú haois déag. Scrúdaíonn sí an chaoi a mbíonn caidrimh i measc na bhfear ag teacht leis an tuiscint gur nimhiúil an ní í an aiteacht. Bunaítear, mar thoradh air sin, a gcaidreamh ar an bhfuath agus ar an míshuaimhneas. Ba in *Epistemology of the Closet* (1990) a thógann Kosofsky ar shaothair chritice Foucault agus a léiríonn an tábhacht a bhaineann leis an gclaonadh gnéasachta, go háirithe san Iarthar. Cuireann sí san áireamh an teannas atá le brath idir an aiteacht agus an heitrighnéasacht dá bharr. Teoiriceoir mór le rá é David M. Halperin a scríobh *One Hundred Years of Homosexuality: and other essays on Greek Love* (1990). Arís eile, fréamhaíonn Halperin a chuid tuairimí ar chur chuige Foucault maidir le constráid shóisialta na gnéasachta. Is féidir Judith Butler a áireamh mar phríomhtheoiriceoir aiteach ár linne agus is cinnte go raibh tionchar ag fealsúnacht Foucault ar shaothar

Butler. Is é *Gender Trouble: Feminism and the Subversion of Identity* (1990) an téacs is tábhachtaí dá cuid. Sa téacs úd, déantar an cás nach bhfuil i gceist le hinscne duine ach taibhiú ar leith. Glactar anois leis an téacs mar an téacs is tábhachtaí dá bhfuil ann do theoiriceoirí na haiteachta, agus mar chineál Bíobla Naofa theoiriceoirí na haiteachta. Teoiriceoir eile de chuid na haiteachta í Lauren Berlant a tháinig chun cinn sa réimse lena saothar *The Queen of America Goes to Washington: Essays on Sex and Citizenship* (1997) ina ndéantar plé ar na meáin chumarsáide agus an raon poiblí. Ach is é Michael Warner a threisíonn tuiscintí i leith na normatachta ina chuid saothair aiteacha. Cé go bhfuil fréamhacha na heitreanormatachta le feiceáil in aiste Rich (1980), tógann Warner ar thuiscintí ar an normatacht ina shaothar *Fear of a Queer Planet* (1993). Tabhair faoi deara gur tháinig na saothair is tábhachtaí dá bhfuil againn san fhearann seo chun cinn i ndiaidh dúinn teacht ar an téarma 'teoiric na haiteachta', ach gur thángthas ar mhodh ar leith tuisceana ina dhiaidh sin.

Toisc go bhfeidhmíonn an focal *queer* an Bhéarla ar bhealaí coincheapúla éagsúla, ceistítear an féidir teacht ar shainmhíniú áirithe deifnídeach di nó an amhlaidh go dtitfidh an téarma neamhbheacht seo go hiomlán isteach ar a chéile gan chiall agus gan mhaitheas (Giffney 2009: 1)? Is féidir an aidiacht *aiteach* nó an t-ainmfhocal *aiteacht* a láimhseáil i gcomhthéacsanna éagsúla agus go hilghnéitheach, "[...] to make strange, to frustrate, to counteract, to delegitimise, to camp up [...]" (Sullivan 2003: v). Os a choinne sin, is léir go n-úsáidtí *queer* mar lipéad maslach, mar chomhartha sóirt den laige nó de dhuine nach bhfuil "[...] in the normal condition, out of sorts, drunk" nó *homosexual* (ibid., 52). Fiú ag tús na nóchaidí sa téacs *The Encyclopaedia of Homosexuality* (Dynes 1990), mínítear *queer* mar théarma seanchaite maslach don duine aerach. Léiríonn Thomas (2009: 18) gur eascair an téarma seo, téarma atá nasctha go dlúth lena ghort teoiriciúil, as gluaiseacht chearta na haiteachta sna seachtóidí, faoi mar a pléadh thuas sa réamhrá. Cheistigh gluaiseacht chearta an phobail homaighnéasaigh an chaoi a gcaitear leis an gcollaíocht go cultúrtha agus go sóisialta. Cé go gcuimsíonn an aiteacht cuid mhór féiniúlachtaí, bhí tuiscintí nua á mbunú chun ilghnéitheacht na gnéasachta a láimhseáil. Ba sna hochtóidí a tháinig cur chuige iarstruchtúrach (ceistiú struchtúir sheanbhunaithe – *post-structuralism*) na haiteachta chun cinn mar fho-réimse de chuid an léinn aeraigh agus leispiaigh agus a bhí go mór faoi chomaoin chritic na féiniúlachta agus an fheimineachais. Is ón mbriathar *torque* nó *twist* a thagann *queer* sa Bhéarla go sanasaíoch, agus is ar an gcuma chéanna a bhreathnaítear ar na slite ar tháinig an cineál seo teoirice seo chun cinn, mar shlí leanúnach chasta (ibid.). Agus is ón aistriúchán ar *weird* a thagann ait agus an t-ainmfhocal céanna, aiteacht mar aistriúchán ar *queerness*.

Ach an féiniúlacht, gníomh, nó cineál critice ar leith í an aiteacht? Agus más ea céard a chiallaíonn sé sin? Is mar fhéiniúlacht agus mar chur chuige tuisceana a luíonn cuid mhaith de bhunús na haiteachta agus is mar bhriathar a shamhlaítear an t-aitiú (Giffney 2007: 207). Glactar leis go ndéanann teoiric na haiteachta, agus an t-aitiú a dhéantar ar choincheapa agus ar shaothair ealaíne, iarrachtaí chun "[...] describe those gestures or analytical models which dramatise incoherencies in the allegedly stable relations between chromosomal sex, gender and sexual desire" (Jagose 1996: 3) i dtaobh na féiniúlachta de. Toisc go nglactar leis an aiteacht agus an homaighnéasacht mar ghnéithe den chollaíocht, an féidir leas a bhaint as na téarmaí go malartach? An ionann an homaighnéasacht agus an aiteacht? Síleann O'Drioscall gurb in mar atá, "[...] lesbian and gay sexualities can be seen as transgressive, as running counter to a normative heterosexuality, and therefore it could be argued that homosexuality is queer" (1996: 32). Is é sin le rá, mar sin, go bhféadfaí aon ghníomh neamhnormatach a shamhlú mar chuid den téarma agus mar chuid den fhéiniúlacht a eascraíonn as. Speictream gnéasachta agus inscne atá i gceist leis an aiteacht agus is féidir gach uile chlaonadh gnéasachta agus gach uile fhéiniúlacht inscne neamhnormatach a chur san áireamh inti, an homaighnéasacht ina measc.

Rinne an cineál seo smaointeoireachta tógáil ar thuiscintí a bhain le hinscne agus cuireadh "[a] new self-reflexivity" (ibid.) san áireamh. Bunaíodh traidisiún nua critice nach raibh faoi réir an léinn aeraigh agus leispiaigh (Jagose 1996: 128). Bhí an téarma "[...] promoted from slur to affirmation, productively reworked into a transitive, transformative verb, and the infinitive phrase 'to queer emerges'" (Thomas 2009: 18). Dar le Halperin (2003) go raibh sé i gceist ag de Lauretis, a d'úsáid an téarma go huileghabhálach den chéad uair, an léann aerach agus an léann leispiach a cheistiú trí úsáid a bhaint as téarma úrnua a thabharfadh deis do chriticeoirí léamha difriúla a dhéanamh ar an tsochaí agus ar théacsanna cultúrtha. Bheadh criticeoirí de chuid an chlaonta teoirice seo in ann "[...] escape from the hegemony of white, male, middle-class models of analysis" (ibid., 34) nó "[...] queer is 'grass roots' because we know that everyone of us, every body, every cunt, every head and ass and dick is a world of pleasure waiting to be explored" (Berlant agus Freeman 1992, 160). Caint bhrocach í seo, mar dhea, ach a leagann méar ar shnáithe tábhachtach de chuid na haiteachta: is é sin, an chollaíocht.

Mar sin féin tá laigí ann maidir leis an teoiric seo, agus is minic a cháintear iarrachtaí an réimse léinn úd. Ó thaobh na teanga de, ní féidir sainmhíniú a sheachaint nuair a chumtar téarma, agus bhí sé sin ar cheann de na deacrachtaí ba mhó a bhí le sárú ag teoiriceoirí aiteacha nuair a bunaíodh í (Goldman 1996: 170). Is é sin le rá, gur féidir glacadh leis an téarma mar "[...] a theoretical perspective from which to challenge the normative; another term for lesbian and gay studies, a theory about queerness and queers [... a term which is] intentionally vague; another way that queer academics waste their time and taxpayers' money" (ibid.). Ach tá an téarma agus an teoiric fós ag cuardach sainmhínithe ó bhunú an ghoirt i leith, agus é ag teacht salach air féin, toisc go bhfuil sainmhínithe á gcruthú ag an téarma trína úsáid ó lá go lá. Is léir, anuas air sin, go bhfuil éagsúlacht na seasamh ar cheann de phríomhchuspóirí na teoirice seo nuair a dhéantar trácht ar an aiteacht – tá go leor i gceist léi seachas plean oibre néata amháin don taighdeoir liteartha nó cultúrtha. Pléann Watson (2005) an chaoi a dtéann an teoiric ina coinne féin: "The title of the theory itself is misleading and encompasses many varying forms of theory rather than 'gay' theory but a multitude of perspectives" (ibid., 68). Dar léi go mbaintear leas as an téarma díreach ar mhaithe le castachtaí na tuisceana seanbhunaithe (féiniúlacht, sochaí, cumhacht) a cheistiú (ibid.). Míníonn sí an síorathrú a thagann ar an duine dá bharr: "a person in flux, contesting boundaries, eliding definition and exhibiting the constructedness of categorization" (ibid., 75). Is cur chuige trasnach é seo, mar sin, lena gcuirtear bríonna difriúla san áireamh.

Dá bharr sin, is féidir glacadh leis go bhfuil teoiric na haiteachta ag dul i gcoinne an tsainmhínithe trí chatagóirí teanga a dhiúltú, "Sexual identity [...] has the potential to be redefined as more than sexual acts" (ibid.). Mar atá léirithe ag Judith Butler, duine de phríomhtheoiriceoirí na haiteachta, is féidir leas a bhaint as na teoiricí seo le *regulatory regimes* sóisialta a cheistiú go cultúrtha (Hawley 2001: 6). Baineann siad seo le ceistiú na hinscne go ginearálta agus ceistiú na féiniúlachta i leith gnéasachta. Ina dhiaidh sin, is pointe imeachta é an téarma aiteacht, dar le Butler, trína mbeidh a cuid smaointeoirí in ann ábhair éagsúla a cheistiú go sóisialta. Mar sin féin, ní féidir sainmhíniú docht a leagan uirthi agus is é seo príomhlaige nó príomhbhua na teoirice seo. Níos mó ná fiche bliain i ndiaidh di an téarma a chur os comhair an tsaoil, déanann de Lauretis athcheistiú ar an téarma agus ar fhearann seo na haiteachta (de Lauretis 2009). Téarma uileghabhálach a bhí i gceist aici ina gcuirtear san áireamh féiniúlachtaí leispiacha, aeracha agus claontaí eile inscneacha nó gnéasachta nach iad. An bhunaidhm a bhí aici ná mianta, féiniúlachtaí agus samhlaíocht an phobail a cheistiú trí chéile agus chun na teorainneacha dioscúrsacha seo a thabhairt chun solais (ibid., 257).

Is mar sin a tháinig an téarma chun cinn agus a shíolraigh spéis mhór sa réimse ó na nóchaidí ar aghaidh i léann na ndaonnachtaí agus i saol na hacadúlachta trí chéile. Tugann de Lauretis faoi deara go bhfuil an téarma anois *en vogue* agus é le feiceáil sa chritic liteartha agus sna healaíona go háirithe (ibid., 258). Faoi dheireadh, níor bhac de Lauretis, an duine a chum an téarma, leis dá thoradh, toisc gurbh í aidhm an téarma ná an smacht agus an chumhacht a shárú (Jagose 1996: 127). Mar sin, is féidir leis an gcriticeoir leas a bhaint as an téarma le modheolaíocht a chruthú dó, di nó dóibh féin, gan a bheith imníoch faoi bhunús nó faoi dhíshainmhíniú an téarma.

Is léir, sa mullach air sin uile, go bhfuil teannas ann maidir le húsáid chomhaimseartha an téarma. Faoi mar a mheasann Warner in Goldman (1996), is éard atá i gceist le húsáid chomhaimseartha an téarma ná iarracht chun é a chur i gcoinne na normatachta. Is é sin le rá nach gcuirtear an heitrighnéasacht i gcomparáid leis an aiteacht cé gur féidir an heitrighnéasacht a shuíomh laistigh den aiteacht nó aitiú a dhéanamh uirthise chomh maith (an bhfuil aon duine normálta – nach bhfuil gnéithe aiteacha ag baint le gach féiniúlacht?). Maíonn Anzaldúa arna aithris in Goldman (ibid.), "Queer is used as a false unifying umbrella which all "queers" of all races, ethnicities and classes are shoved under" (ibid., 170). Is léir, mar sin, go bhféadfaí aon duine neamhnormatach a shuí laistigh de choincheapa na haiteachta, agus go bhfuil níos mó i gceist leis seachas díreach an duine aerach, cé gur eascair an téarma as gluaiseacht chearta na gnéasachta sin mar a pléadh cheana sa leabhar seo. Mar sin, tá féidearthachtaí móra ann maidir le modheolaíochtaí éagsúla a bhunú timpeall ar theoiric na haiteachta.

Má chuireann an aiteacht gnéasachtaí neamhnormatacha san áireamh, ceistítear maitheas téarmaí ar nós homaighnéasach, leispiach, déghnéasach nó trasinscneach. Dar le Sullivan (2002) go raibh an léann aerach ag breathnú go cruinn ar an gcaoi ar féidir an fhéiniúlacht aerach a normalú agus í a chur ar comhchéim leis an heitrighnéasacht (ibid., 45). Is ag iarraidh an pobal a dhéanamh heitreanormatach nó ar nós an ghnáthphobail heitrighnéasaigh a bhí siad (ibid.). Faoi mar a pléadh thuas, glacadh leis an aiteacht mar ghalar ón naoú haois déag ar aghaidh, nuair a tiontaíodh an aiteacht ina fadhb shláinte. Mar thoradh air sin, bhí aistriú dioscúrsach ann ó mhúnla na sodamachta (an gníomh fisiciúil) go dtí an aiteacht mar fhéiniúlacht ghnéasachta (Mulhall 2007: 212). Ba i ngluaiseachtaí shaoradh na haiteachta sna hochtóidí agus sna nóchaidí a tháinig an téarma LGBT (*Lesbian, Gay, Bisexual, Transgender*) chun cinn le haontacht faoi leith a bhuanú idir dreamanna éagsúla (Watson 2005: 69). Pléann O'Drioscall (1996) an chaoi a mbíonn teannas ann idir an léann aerach ach, léann acadúil a phléann le heispéiris fir aeracha den chuid is mó i saothar ealaíne) agus léann na haiteachta toisc nach bhfuil an aiteacht nó an leispiachas chomh feiceálach má chuirtear faoi aon díon amháin iad (ibid., 30). Déantar na difríochtaí comparáide seo a ísliú dá bharr agus feictear an tslí nach mbíonn an leispiachas chomh docht céanna nuair a chuirtear in aonad í leis an aiteacht. Cé go ndiúltaíonn an aiteacht do shainmhínithe go leor, nach féidir a rá gur catagóir ar leith í?

Go bunúsach agus go simplí, is éard atá i gceist leis an aiteacht ná iarracht chun an normatacht a cheistiú, a scrúdú agus a shárú. Bíonn an léann aerach ag cuardach spás normatach mar sprioc, agus is é an normalú seo a théann i gcoinne choincheap na haiteachta (O'Drioscall 1996: 31). Déanann an léann aerach iarracht spás áirithe acadúil a chur ar leataobh do théamaí a bhaineann leis an ngrá aerach agus leis an gcaoi a gcuirtear an homaighnéasacht in iúl i dtéacsanna cultúrtha. Mar sin, tá an aiteacht ann mar spás níos oscailte, mar spás a cheiliúrann scagadh iarstruchtúrach agus collaí ar théacs(anna) liteartha.

Síleann Giffney agus O'Rourke (2009) go bhfuil teoiric na haiteachta ag iarraidh a bheith *anti-assimilationist* ina cur chuige, sainmhínithe a dhiúltú agus cluas bhodhar a thabhairt do rialacha éagsúla normatacha sa tsochaí (ibid., 3). Ach mar sin féin, ní mór a chur san áireamh go bhfuil an aiteacht, agus í ag iarraidh sainmhínithe a dhiúltú, fós ag teacht salach uirthi féin ina cur chuige agus ina modh. Cuireann an aiteacht go leor ceisteanna i leith na normatachta orainne mar léitheoirí agus mar dhaoine daonna. Maíonn an léann aerach cothromaíocht san acadamh dá chuspóirí acadúla (go mbeidh scagadh á dhéanamh ag acadóirí ar théacsanna faoi homaighnéasaigh nó ó pheann na homaighnéasach) ach ceistíonn an aiteacht seo ó bhonn. I réimsí éagsúla na hacadúlachta, déanann an aiteacht *aitiú* ar cheisteanna cigilteachta den sórt seo: cén fáth a bhfuil orainn na nithe seo a normalú ar an gcéad dul síos? Agus cén chaoi ar féidir linn a leithéid a dhéanamh?

1.2 Ag Aitiú Linn: Laigí agus Buanna

Níl sa teoiric nó san fhearann seo ach cur chuige amháin i measc cuid mhór peirspictíochtaí critice is féidir leis an léitheoir nó an taighdeoir a chur i bhfeidhm. Tá forbairt mhór ar na cineálacha teoiricí liteartha a úsáidtear i léann na Gaeilge le tríocha bliain anuas. Ó shin i leith, tá an feimineachas (smaoiním ar shaothar Mháire Ní Annracháin, Ríóna Ní Fhrighil, Bhríona Nic Dhiarmada agus Mháirín Nic Eoin) an tsíocanailís (Liam Mac Cóil), an (dí)struchtúrachas (Alan Titley), ceist na fearúlachta agus gnéasachta (Amy Mitchell, Dean Farrell, Stiofán Ó Briain agus Sorcha de Brún), agus an t-iarchoilíneachas (Laoise Ní Cheallaigh) curtha i bhfeidhm ag criticeoirí na Gaeilge mar uirlisí léirmheastóireachta agus léitheoireachta. Is é aidhm na gcriticeoirí seo ná príomhchoincheapa na teoirice a mhíniú agus a fhrámú i gcomhthéacs liteartha na Gaeilge chun léamha úra a sholáthar do dhream acadúil na Gaeilge. Ach an bhfuil maitheas ar bith leis an gcur chuige seo? Ba in 1994 a d'fhógair Alan Titley *cogadh* i gcoinne na dteoiricí liteartha sa Ghaeilge agus ba san alt céanna a thugann sé 'súmairí' orthu siúd a bhí ag gabháil don chritic liteartha (Titley 1994: 3). Déanann Titley iarracht an seasamh seo a mhíniú mar chogadh i gcoinne na bréige – agus dar leis, gurb í an bhréag ná go measann teoiric faoi leith gurb í an t-aon teoiric thábhachtach atá ann. Séanann cur chuige Titley úsáid na dteoiricí liteartha sa chritic agus gur cheart an léamh a bhunú ar thuairimí pearsanta amháin. Ach nach bhfuil toise teoiriciúil nó polaitiúil ag baint leis seo chomh maith? Mar is eol do Kimball (2008) in *Tenured Radicals: How Politics Has Corrupted Our Higher Education,* feictear go bhfuil an pholaitíocht i gcroí an acadaimh chomhaimseartha agus go bhfuil acadóirí ar leith tar éis dul thar fóir ina dtuiscintí i leith theoiric na critice ar nós theoiric na haiteachta nuair a deir sé "[...] things have never been worse" (ibid., 7). Dar leis go bhfuil glúin ghluaiseacht an fhrithchultúir ó na seascaidí agus na seachtóidí anois, mar a pléadh sa réamhrá, tar éis teacht ar an bhfód agus ag obair leo in institiúidí ardoideachais. Maíonn sé go bhfuil cuid mhór acadóirí Meiriceánacha ag brú tuairimí polaitiúla ar léamh na litríochta nó ar chritic eile a bhaineann le cultúr nó leis na daonnachtaí. Míníonn Kimball thíos gur gá do gach uile iarracht acadúil a bheith fréamhaithe go dlúth i dtaighde córasach, modheolaíoch chun an tsaoirse acadúil a chaomhnú sna hinstitiúidí ardoideachais:

> Academic freedom is the freedom of university teachers to perform their academic obligations of teaching and research. These are obligations to seek and communicate the truth according to "their best lights." Academic freedom is not the freedom of academic individuals to do just anything, to follow any impulse or desire, or to say anything that occurs to them. It is the freedom to do academic things: to teach the truth as they see it on the basis of prolonged and intensive study, to discuss their ideas freely with their colleagues, to publish the truth as they have arrived at it by systematic methodical research and assiduous research. (ibid., 11)

Ní mór buncheisteanna a chur faoi na slite a mbeadh teoiric na haiteachta, nó cibé teoiric a úsáidtear i léann na litríochta, úsáideach ina cur i bhfeidhm. Cé go bhfuil Kimball den tuairim go bhfuil cur chuige ar leith critice bunaithe ar chogadh cultúrtha atá mar thoradh ar ghluaiseacht an fhrithchultúir sna seascaidí/seachtóidí (ibid., 12), deir sé féin go húdarásach gur chóir don taighdeoir a iarrachtaí féin a chur i gcomhthéacs agus i dtiúin leis an taighde atá déanta aige. An ionann sin is a rá nach bhfuil taighde chriticeoirí na haiteachta sásúil nó bunaithe ar staidéar dioscúrsach ar inscne, ar fhéiniúlacht agus ar chollaíocht? Is amhlaidh go bhfuil tuiscintí na haiteachta fréamhaithe go dlúth i staidéir idirdhisciplíneacha staire, shocheolaíochta agus chultúrtha. Sa chéad mhír a leanas, déanfar plé ar na príomhchoincheapa atá ceangailte le réimse theoiric na haiteachta agus na slite a mbeidís feiliúnach don chritic liteartha. Ceisteofar, dá bhrí sin, an chaoi a mbeifí in ann an cineál seo staidéir a chur i bhfeidhm ar an litríocht, a fhiúntas agus a laigí chomh maith. An cheist is mó atá le cur againn le linn an tsaothair seo ná oiriúnacht an téarma agus na teoirice i ngort chritic liteartha chomhaimseartha na Gaeilge. An bhfuil sé i gceist ag teoiric na haiteachta a bheith mar chuid de *Fashionable Nonsense* Sokal agus Bricmont (1998) nó mar a deir siad, briseadh síos na cumhachta i leith na heolaíochta trí leas a bhaint as critic na haiteachta agus an fheimineachais (ibid., 242)? Feicfear thíos go gceistíonn teoiric na haiteachta na ceisteanna ceannann céanna agus go gcuirtear lón machnaimh ar fáil dúinn ina leith. Toisc nach leabhar fealsúnachta é seo ach saothar critice, is gá a mheabhrú go bhfuil sé níos tábhachtaí an teoiric seo a chur i dtiúin leis an litríocht mar mhodh critice liteartha, seachas mar sheasamh pearsanta nó tionscnamh polaitíochta. Mar thoradh air sin, tá sé beartaithe an teoiric seo a rianú i dtaca le láimhseáil na féiniúlachta; ceisteofar céard is féiniúlacht ann agus céard í feidhm na féiniúlachta i dtaca le teoiric na haiteachta agus príomhchoincheapa an fhearainn léinn seo.

1.3 An Fhéiniúlacht Ghnéasachta

Is féidir teoiric na haiteachta a chur i gcomhthéacs cultúrtha toisc go bhfuil sé mar aidhm aici téacsanna cultúrtha (.i. leabhair, saothair liteartha, forógraí polaitiúla, paimfléid, srl.) a iniúchadh le go ndéantar léiriú ar chollaíocht, ar chumhacht, ar ghnéasacht agus ar an tsuibiachtúlacht (Sullivan 2003: 190). Ceistíonn teoiriceoirí na haiteachta catagóirí mianta, is é sin le rá go gceistítear an chaoi a dtagann féiniúlachtaí chun cinn de bharr mianta collaí (ibid., 200). Léiríonn Giffney go bhfuil féiniúlachtaí áirithe inghlactha go sóisialta agus nach nglactar le claontaí eile, is é sin le rá go mbaineann féiniúlachtaí ar leith le rangú normatach (Giffney 2007). Mar sin, is féidir a rá go ndéanann an teoiric seo iarrachtaí noirm shóisialta ar leith a thuiscint, iad a scrúdú, agus an raon timpeall orthu a aitiú agus a cheistiú. An phríomhaidhm, mar sin, atá ag an teoiric seo ná féiniúlachtaí a thiteann taobh amuigh de pharaiméadair na normatachta a cheistiú ó bhonn agus is uirlis fhíorluachmhar í seo do léamh na litríochta.

Tá sé soiléir go bhfuil an fhéiniúlacht mar chuid thábhachtach de theoiric na haiteachta. Pléann Giffney an tsuibiacht (an duine áirithe atá faoi scrúdú), ó thaobh a chuid mianta collaí de, mar ghné shuntasach i dteoiric na haiteachta (ibid.). Míníonn Giffney, agus í ag labhairt fúithi féin, conas a théann an teacht amach mar acadóir i bhfeidhm ar iarrachtaí éagsúla an acadóra nó an scríbhneora (ibid., 206). Tá an teacht amach mar acadóir, a bhfuil suim aici, aige nó acu i léann na haiteachta, ag cur leis an teacht amach – teacht amach mar acadóir agus mar dhuine aiteach (ibid.). Tá an chatagóir seo ag sárú teorainneacha teamparálta agus cultúrtha (Tuhkanen 2009: 98). Baintear úsáid as an léamh aiteach ar fhéiniúlacht mar bhuthal bróid agus teagmhála. Is féidir an aiteacht, mar fhearas léitheoireachta, a úsáid mar straitéis neamh-homafóbach (Jagose 1996: 104). Is trí mheán na bhféiniúlachtaí, agus scagadh na bhféiniúlachtaí céanna, a thagann ceistiú na collaíochta go téamach chun solais (O'Drioscall 1996: 38). Cé gur féidir glacadh leis na tuiscintí atá ag Giffney (2007), Jagose (1996), agus O'Drioscall (1996), nach bhfuil níos mó i gceist le féiniúlacht ná mianta collaí? I dtógáil féiniúlachta, is féidir a rá go bhfuil cuid mhór i gceist leis an tógáil shóisialta, chultúrtha, shíceolaíoch seo, agus nach ann ach gné amháin sa tógáil seo. Maíonn Bloom (1987) in *The Closing of the American Mind: How Higher Education has failed Democracy and Impoverished the Souls of Today's Students,* go dtagann ceisteanna den sórt seo chun cinn san ardoideachas go minic i léachtlanna móra an Acadaimh, ceisteanna nach bhfuil bunús leo. Ceisteanna ar nós "Cé mé?" agus "Céard is fear ann?", a chuireann daoine orthu féin go mion minic, go háirithe sa lá atá inniu ann agus ceist na hinscne go mór i mbéal an phobail (ibid., 21). Cuireann Bloom sa saothar úd milleán ar fhealsúnachtaí éagsúla as laigí atá le feiceáil go ginearálta in earnáil an ardoideachais agus nach féidir greim ceart a fháil ar an gcineál seo smaointeoireachta as a bheith débhríoch nó doiléir. Ach is féidir teacht ar phatrúin ar leith tuisceana san fhearann smaointeoireachta seo; patrúin a ndéanfaidh mé scagadh orthu thíos.

1.4 An Chumhacht agus an Bhithchumhacht

Agus é ag déanamh plé ar an gcaoi ar eascair tuiscintí faoin gcollaíocht ó laincisí stairiúla, cíorann Michel Foucault (1978: 7) na bealaí ar tháinig imní áirithe chun cinn faoin gcollaíocht agus faoin gcolainn mar choincheapa fealsúnacha. Dar leis go raibh an raon príobháideach faoi réir ag an raon poiblí agus gur uirlis smachta é ar an tsuibiacht. Is é sin le rá go bhfuil smacht ag an bpobal ar an duine aonair trí ghréasáin chumhachta. Míníonn Foucault (1978) sa saothar *The History of Sexuality: Volume 1,* go mbíonn sé de nós ag an bpobal céanna an chollaíocht a phlé i gcomhthéacs an choisc agus an smachta. San aiste 'Body/Power' (1980a), tagraíonn sé don chaoi ar tháinig athruithe chun cinn go háirithe le linn an naoú haois déag le bunú córais éagsúla smachta (mar shampla ospidéil shíciatracha agus príosúin) chun an tsochaí normatach a choinneáil slán uathu siúd a léirigh claontaí nó féiniúlachtaí neamhnormatacha (ibid., 61). Scrúdaigh sé an tréimhse ama 1757–1837 go cultúrtha sa Fhrainc agus dhearbhaigh sé gur tháinig sruthanna tuairimíochta faoin gcumhacht mar fhórsa sóisialta chun cinn agus an smacht a chuirtí ar an gcolainn (Heyes 2011: 161). Áitíonn Foucault (1980), gur trí mheán gléasanna sóisialta atáthar in ann iompair na colainne a choinneáil socair agus normatach (ibid., 195). Tá Foucault (1986) den tuairim freisin gur féidir an normatacht a chur san áireamh in Réimeas na Mianta. Srianta sóisialta agus cumhachta a bhí ann ar an gcéad dul síos leis an rialú, áit ar glacadh leis go gcuirtear na srianta céanna ar mhianta (is é sin, bainistiú sóisialta nó cultúrtha a dhéanamh ar an ngnéasacht). Is í an chumhacht croí an Réimis agus tá an chumhacht mar uirlis uileláithreach ilghnéitheach, dar leis (Foucault 1978: 93). Ach céard a shamhlaítear le coincheap na cumhachta? Is éard atá i gceist leis an gcumhacht shóisialta seo, dar leis, ná fórsa atá "[...] permanent, repetitious, inert, and self-reproducing" (ibid.). Tá Foucault den tuairim gur tháinig an chumhacht chun cinn mar uirlis normalaithe trí mheán na reachtaíochta stáit agus an ghaibhnithe (an príosún, mar shampla), gné a tugadh faoi deara i réamhrá an leabhair seo i leith scéal na haiteachta in Éirinn.

"Foucault's [definition of ...] power is the realm of freedom, the field of possibilities no one owns", mar a mhíníonn MacCannell agus MacCannell tuairim Foucault i gcruthú na cumhachta (203: 2004). Ní hé go síleann Foucault go bhfuil dinimic na cumhachta fíorshoiléir ach gur fórsa i gcoinne sainmhínithe atá sa chumhacht; feiniméan a thagann chugainn sa léamh aiteach a dhéantar ar an ealaín nó ar an litríocht. Bíodh sin mar atá, táthar in ann gnéithe den chumhacht a dhíthógáil (Ramzanoglu 2003: 5) agus a cheistiú ó bhonn; is é sin an chumhacht a léamh go téamach. Anuas air sin, is féidir glacadh leis an gcumhacht mar thuiscint "[which] conceptualised people's experiences of domination and subordination as 'effects' of power rather than as proceeding from a specific source of power" (ibid.). Dá bharr sin, is éard atá á chur in iúl aige ná go mbíonn cur i gcoinne na normatachta mar chuid den phróiseas scagtha; go dtagann an duine ar thuiscintí maidir leis féin i dtógáil na cumhachta trí aithne a chur ar an gcumhacht; caidreamh atá ann, mar sin, as a n-eascraíonn an fhéinaithne. Léiríonn Oksala (2011) gur féidir an chumhacht a shárú trína haithint – go scriostar fórsa nó brú na cumhachta trí theanga a thabhairt di, nó trí theanga a thabhairt don tost (ibid., 93). Nuair a thugtar faoi deara an caidreamh idir cumhacht agus mianta collaí, is féidir an normatacht a cheistiú ón mbonn aníos. Straitéis atá ann "[...] to get free of certain ways of thinking and doing by undergoing an encounter with historical difference and contingency" (Sawicki 2005: 380).

Díreach mar a mhínigh Foucault é féin, "The law always refers to the sword" (Foucault 1978: 144), is é sin, go sáinnítear cumhacht na normatachta i gcónaí laistigh den phionós agus go bhfuil caidreamh nach féidir a dhícheangal idir an dá choincheap. Tá Foucault den tuairim go mbíonn an dlí agus an chumhacht i gcónaí ag feidhmiú mar ionstraimí smachta atá fréamhaithe, dar leis, sa seachtú haois déag (ibid.). Tugann Foucault bithchumhacht ar an gcaoi a gcuireann an tsochaí srian ar an duine i gcomhthéacs iompair (iompar collaí, síceolaíoch, inscneach nó eile) agus baineann sé seo go dlúth leis an bpionós. Is uirlis shóisialta é an pionós le srian a chur ar an gcolainn (fisiciúlacht) agus ar bhaill (aigne) na sochaí (Lynch 2011: 13). Is féidir glacadh leis go raibh dhá shraith den bhithchumhacht ar intinn ag Foucault (1978) ina shaothar *The History of Sexuality: Volume 1* agus ina aiste 'Docile Bodies' in

Discipline and Punish (1984); pionós (scrúdú nó measúnú ar an duine) agus an chumhacht rialála. Is iarracht í an chumhacht shóisialta seo, mar sin, chun smacht a chur i bhfeidhm agus chun duine múinte, socair a chruthú, a chúngú agus a choinneáil faoi chois. Tá an normatacht agus an chumhacht, mar sin, nasctha go dlúth lena chéile. Feidhmíonn an chumhacht agus an normatacht mar phointí lárnacha don aiteacht toisc gurb iad seo na hionstraimí a choinníonn smacht ar an duine aiteach nó ar an ngnéasacht trí chéile. Is trí mheán na cumhachta a chruthaítear an tost; agus is trí mheán na haiteachta a bhristear isteach air.

1.5 An Taibhiú Inscneach (*Gender Performativity*)

> Is iondúil gur mar fhíric lom a bhfuil fórsa stairiúil léi a thagraíonn údair d'easnamh nó d'ionad imeallach na mban i dtraidisiún liteartha na Gaeilge. "Is beag rian a d'fhág na mná ar litríocht na Gaeilge", mar shampla, nó "Is suntasach an ní nach bhfuil rian againn d'oiread agus bean amháin i measc na bhfilí liteartha i dtraidisiún na Gaeilge le míle bliain anuas" [...] Is í an phríomhthéis atá á cur chun cinn ann ná nach bhfuil rud ar bith "nádúrtha" faoin tuiscint gur "eisceacht ón ngnáthriail is ea an file mná". Ní hamháin go léireofar gur cruthúnais shóisialta iad na rialacha a mhíníonn is a mhúnlaíonn gníomhaíochtaí cultúrtha ach léireofar freisin gur cruthúnais iad ar ghá don aicme liteartha, agus do na hinstitiúidí cultúrtha a mhúnlaigh iad (Nic Eoin 1998: xiii)

Faoi mar a phléann Nic Eoin thuas é, tá tuairim ann nár imir banfhilí mórán tionchair ar thraidisiún liteartha na Gaeilge. Is féidir an cás a dhéanamh go dtugann tuiscintí feimineachais aghaidh air seo agus an chaoi a mbíonn institiúidí cultúrtha ag cur ban ina dtost. Sa lá atá inniu ann, tá an feimineachas ar cheann de na traidisiúin teoirice is forbartha i léann na Gaeilge. Ba iad Máire Ní Annracháin, Máirín Nic Eoin agus Bríona Nic Dhiarmada, go príomha, a chuir an feimineachas chun cinn sa Ghaeilge ó na nóchaidí ar aghaidh. D'fhógair Máire Ní Annracháin (1982) go muiníneach, "Ní hí an bhean á cruthú trí pheann fir is ábhar dom ach an bhean i mbun an ghnímh chruthaithí í féin agus a peann féin, nó an peann a ghoid sí" (ibid., 143). Spreagann tuairimí Ní Annracháin ceisteanna praiticiúla faoi chritic an fheimineachais, go háirithe faoin 'easpa' fianaise atá le scrúdú i gcanóin liteartha na Gaeilge. Faoi mar a áitíonn sí, níl ach liosta beag banúdar i gcanóin na Gaeilge, ach is í an easpa fianaise sin a spreagann na ceisteanna is mó i dtéarmaí an fheimineachais (ibid.). Ba í an inscne an cheist ba mhó taobh thiar den easpa fianaise seo, agus ba iad na criticeoirí feimineacha a bhí taobh thiar d'ionsaí mór ar chonstráid na canóna liteartha céanna (Nic Dhiarmada 1998: 153). Tháinig an chritic fheimineach chun cinn sa Ghaeilge díreach ar an gcuma chéanna le bunú scoil chritice Mhá Nuad: ó theoiricí liteartha na Fraincise agus an Bhéarla (Ní Annracháin 1982: 144). Cuireadh tús leis an bhfeimineachas mar ghluaiseacht pholaitiúil ach de réir a chéile tháinig deireadh leis an gceangal seo agus bhí aidhm ealaíonta agus scolártha ag an gcritic seachas aidhm pholaitiúil, cé nach féidir an dá rud a scaradh óna chéile, dar liom (ibid., 153). Bhí an *écriture feminine* ar cheann de na rudaí ba thábhachtaí don chineál critice seo; beart de réir briathair a bhí i gceist leis sin. Iarracht a bhí san *écriture feminine* an teanga a iompú bunoscionn agus urlabhra bhaineann a sholáthar don teanga. Déanann Ní Fhrighil (2008) plé suntasach ar an *écriture feminine* ina saothar *Briathra, Béithe agus Banfhilí* agus is féidir linn glacadh leis an taibhiú inscne mar uirlis lárnach i dtaca leis an gcineál seo critice nuair a cheistítear teanga agus inscne.

Dar le teoiriceoirí iarstruchtúracha go bhfuil an duine aonair curtha le chéile mar thoradh ar fhórsaí cumhachta nó ordlathais (Sullivan 2003: 81). Is é sin, go mbaineann an duine aonair, agus a fhéiniúlacht, leas as tuiscintí sóisialta agus staire lena fhéiniúlacht a chur i dtoll a chéile ach iad faoi réir ag an gcumhacht (an phatrarcacht, mar shampla). De réir na teoirice seo, is próiseas nádúrtha déanamh inscneach na féiniúlachta; glactar leis más fear nó más bean é an duine go normatach. Mar sin féin ní luíonn tuiscintí feimineacha leis an gcineál seo tuairime agus titeann an cineál seo tuairimíochta as a chéile dá thoradh (ibid.). Ar aon dul le Sullivan, míníonn Judith Butler, go háirithe ina téacs iomráiteach *Gender Trouble* (1990), go dtógtar inscne an duine mar chonstráid shóisialta (ibid., 82). Más rud é gurb í an inscne "[...] the performative effect of reiterative acts" (ibid.), is léir go bhfuiltear in ann an claonadh gnéasachta a cheistiú ón mbonn aníos. B'fhorbairt é seo, ar ndóigh, ar theoiric Simone de Beauvoir ina téacs cáiliúil *The Second Sex* (1953), agus Butler ag tarraingt ar an gcatagóiriú a dhéantar ar inscne (nach féidir an chatagóir 'bean' a shainmhíniú gan an chatagóir chéanna a chur i gcomparáid le 'fear'). Go forleathan agus i dtéarmaí sóisialta, glactar leis an heitrighnéasacht mar bhunchlaonadh gnéasachta atá ar comhchéim le hinscne, agus trína léiriú nó a thaibhiú leanúnach is féidir teacht ar an bhforluí idir claonadh gnéasachta agus an inscne mar "[...] reiteration of discursive norms and through which identity is constituted" (Sullivan 2003: 89). Mar thoradh air sin, tá sé mar aidhm ag teoiric na haiteachta tógáil ar na tuiscintí seo agus iad a chaitheamh bunoscionn; chun ceisteanna coincheapúla a chur maidir le cumadh na hinscne agus an chaoi a dtéann an claonadh gnéasachta i bhfeidhm air sin (Jagose 1996: 98). Seo a leanas tuiscint Monaghan agus McCann i leith an fheiniméin seo i dtéarmaí simplí agus an leanbh óg i gceist. Tabhair faoi deara na hionchais a bhíonn ag baint leis na róil inscne a bhíonn ag an duine ó aois an-óg:

> *Buachaillí:*
> Bheifí ag súil go mbeadh buachaillí gníomhach agus iad amuigh ag súgradh go minic
> Bíonn éadaí buachaillí níos scaoilte le go mbeidh siad in ann bogadh timpeall go héasca
> Spéis acu in ardú meáchan
> Ní ceart dóibh iad féin a chur in iúl go mothúchánach
>
> *Cailíní:*
> Ní bheadh cailíní chomh gníomhach le buachaillí go fisiciúil agus ní bheadh spéis acu i gcúrsaí aclaíochta ach oiread
> Bíonn éadaí cailíní teann mar nach mbíonn siad ag bogadh chomh minic is a bhíonn buachaillí
> Spéis acu in aclaíocht chardashoithíoch
> Iompar baineann
> (bunaithe ar McCann & Monaghan 2020: 84)

Dá bharr sin, is féidir leas a bhaint as an gcoincheap seo le léamha éagsúla a dhéanamh ar an gcaoi a láimhseáiltear an chollaíocht agus an inscne i dtéacsanna cultúrtha, an litríocht san áireamh (Colebrook 2009: 14). Tá an chaoi a léirítear drag, mar shampla, feiliúnach don léamh a dhéantar ar thaibhiú na hinscne (Jagose 1996: 85). Le húsáid sampla drag, cíorann Butler na slite a gcuirtear an inscne in iúl agus go bhfuil *regulatory fiction* i bhfeidhm ar an inscne trí chéile. Tugann Butler faoi deara nach bhfuil ceangal ar leith ann mar gheall ar ghnéasacht, ar inscne agus ar chollaíocht agus nach iontu ach constráidí sóisialta agus go ndéanann an pobal féin bainistiú ar na coincheapa seo (ibid., 86). Is gá, mar sin féin, na tuiscintí a shuíomh go stairiúil agus sa chomhthéacs pribhléide as a dtagann siad. Ceistíonn na smaointeoirí thuas céard is inscne ann agus an bunús cultúrtha atá aici go sóisialta. Ach ní hé sin le rá go bhfuil an ceart iomlán acu ach gur léamh amháin anailíseach ar thógáil na féiniúlachta atá ann.

1.6 An Máistir agus an Géillsineach

Ceistíonn Judith Butler an chaoi a ndéantar catagóirí inscneacha a shainmhíniú trí mheán na teanga (Butler 2001: 621). De réir Butler (ibid.), agus í ag baint leas as smaointeoireacht a d'eascair as tuiscintí Michel Foucault, tuigtear go mbíonn an t-ionracas agus an fórsa sóisialta seo mar bhuthal na suibiachtúlachta. I ndinimic seo na cumhachta, glacann an géillsineach ról géilliúil agus é ag iarraidh an ceannasaí a shásamh. Ach i gcomhthéacs na haiteachta, is féidir ceisteanna cumhachta agus ceisteanna heitreanormatachta a chomhtháthú chun tuiscintí nua a chumadh.

Bhí Catherine MacKinnon (1946–) ar dhuine de na réamhtheachtaithe ba mhó atá ag Butler, agus í ag breathnú ar chúrsaí inscne agus dlí ina saothar ó na seachtóidí déanacha ar aghaidh. Is éard a chuireann MacKinnon os ár gcomhair in *Only Words* (1993), saothar mór le rá dá cuid, ná athshamhlú ar an dinimic idir an géillsineach agus an chumhacht. Feictear di go bhfuil an caidreamh idir an chumhacht agus an géillsineach thar a bheith foréigneach. Déanann MacKinnon scagadh ionraic ar thaithí den chiorrú coil ag léiriú suíomh foréigneach

(MacKinnon 1993: 3). Dar léi go mbíonn an géillsineach comhfhiosach faoin gcaidreamh atá aige leis an gcumhacht. Tá Althusser den tuairim go ndéantar cáiliú ar an gcaidreamh seo trína chatagóiriú (1971: 173). Mar a mhaíonn Butler (1987), bíonn srianta ó thaobh na mianta collaíochta de le feiceáil san fhorghairm. Tagraíonn Butler do réimsí áirithe rialála ina ndearnadh nó ina ndéantar iarrachtaí mianta an duine a bhainistiú (go háirithe sa tsíceolaíocht, sa choireolaíocht agus sa leigheas) (ibid., 218). Más amhlaidh go gcruthaítear an géillsineach trí mheán na cumhachta, is féidir glacadh leis go bhfuil mianta an duine dhaonna mar ghné shuntasach sa ghaol idir an dlí agus an fhorghairm. Dar le Butler (1987) gur féidir é seo a fheiceáil i dtéarmaí *aufheben*/*aufhebung* Hegel nó "[...] the developing sequence: consuming desire, desire for recognition, desire for another's desire" (ibid., 43). Tá Butler (1993a) den tuairim nach mbeadh cumhacht ar bith ag an máistir mura mbeadh an géillsineach géilliúil dó. Mar sin féin, déanann an géillsineach teorainneacha éagsúla an chaidrimh seo a shárú mar is eol do Disch (1999: 550).

1.7 An Heitreanormatacht

Leathnaíodh an plé a rinneadh ar an ngnéasacht ag deireadh na nóchaidí nuair a tháinig smaointe nua i leith na hinscne agus na gnéasachta chun cinn. Pléann na teoiriceoirí Michael Warner agus Lauren Berlant (1998) in 'Sex in Public' coincheap na heitreanormatachta. Mínítear an heitreanormatacht san aiste mar "[...] the institution, structures of understanding, and practical orientations that make heterosexuality not only coherent – that is, organised as a sexuality – but also privileged" (Warner agus

Berlant 1998: 548). Mar sin, feidhmíonn an heitreanormatacht mar uirlis shóisialta le cois a choinneáil ar an gcollaíocht neamhnormatach a mholann an heitrighnéasacht mar fhéiniúlacht nó gníomh inghlactha. Ach céard atá inghlactha go sóisialta agus doghlactha go sóisialta, dar leis an gcoincheap seo?

Inghlactha go sóisialta:
An duine heitrighnéasach
Lánúin phósta
Caidreamh monagamach
Caidreamh collaí saor in aisce i gcaidreamh
Ag siúl amach le chéile
Gníomhaíochtaí collaí príobháideacha/sa bhaile.

Do-ghlactha go sóisialta (an neamhnormatacht):
An duine homaighnéasach
Lánúin in aontíos (nach bhfuil pósta)
Caidreamh scaoilte nó an il-leannántacht
Caidreamh collaí trí íocaíocht (striapachas, mar shampla)
Gnéas gan choinníoll nó caidreamh oscailte
Gníomhaíochtaí collaí poiblí (an chrúsáil chollaí, mar shampla).
(bunaithe ar McCann & Monaghan 2020: 84)

Mar a phléann Sullivan (2003), is féidir lorg na teoirice seo a scrúdú fiú i dtéacsanna nach bpléitear an aiteacht iontu. Dar léi go bhfuil an heitreanormatacht le feiceáil i mbeagnach gach uile ghné de phobal bíodh sé liteartha, ealaíonta, cultúrtha nó ná bíodh (ibid., 191). Caitheann an heitreanormatacht solas ar "[...] kinds of practices, institutions, conceptual systems, and social structures" (ibid., 132). Tógann sé seo ar choincheap dar teideal *repressive hypothesis* de chuid Michel Foucault agus an chaoi ar eascair an heitreanormatacht as rialú na collaíochta go sóisialta, go háirithe sa tréimhse Victeoiriach (ibid., 40). Nuair a tháinig an scoilt idir an aiteacht agus an heitrighnéasacht chun cinn i ndioscúrsaí an Iarthair ag tús an chéid seo caite (mar a pléadh sa réamhrá), tugadh spás don díthógáil fheimineach ó thaobh na collaíochta de go teoiriciúil (Sedgwick 1990: 34). Is éard atá i gceist leis an díthógáil seo ná "[...] the critical operation by which such oppositions can be partly undermined, or by which they can be shown partly to undermine each other in the process of textual meaning" (Eagleton 1983: 115). Dar le Sedgwick, áfach, go dtugann an dá théarma, homaighnéasach agus heitrighnéasach, cumhacht don heitreanormatacht toisc go gcuireann siad srian ar chatagóirí féiniúlachta (Sullivan 2003: 38). Mar a deir Sullivan "[...] a deconstructive reading of heterosexuality as something that has been represented as natural and/or original, discrete, and essential, would show that heterosexuality is dependent on its so-called opposite (homosexuality) for its identity" (ibid., 51). Ach tá sé mar aidhm ag teoiric na haiteachta an catagóiriú seo a sheachaint agus an teoiric a chur i bhfeidhm ar bhealach *anti-assimilationist* (Jagose 1996: 99). Is as sin a eascraíonn príomhfheidhmeanna theoiric na haiteachta:

> As we have seen, the denaturalisation or queering of heterosexuality can take many forms, can lead to different and often contradictory outcomes, and can produce as many questions as it does answers. Since queer need not be simply equated with same-sex relations, and sex between men and women need not necessarily be heteronormative, then queering what we usually think of as 'straight' sex can allow the possibility of moving away from stabilized notions of gender and sexuality as the assumed foundations of identity and social relations. (Sullivan 2003: 134)

Is léir mar sin, go bhfuil téamaí áirithe coitianta i gceist le teoiric na haiteachta ó thaobh shannadh na féiniúlachta, ó thaobh na hinscne agus ó thaobh tuiscintí i leith na (heitrea)normatachta. Trína n-iarrachtaí gan catagóirí a dhéanamh, gan sainmhínithe a chruthú, tagann na teoiriceoirí salach orthu féin ó am go chéile toisc gurb é nádúr an duine dhaonna catagóirí a chumadh in aon teanga nó in aon chóras cumarsáide. Ach mar sin féin, is féidir na smaointe seo a leagan ar aon téacs liteartha agus téacs aiteach le tuiscintí nua a ionramháil agus a chruthú (de Lauretis 2011: 244). Is tríd an aitiú spáis seo a thagann an léitheoir ar léamha nua bunaithe ar an téacs idir lámha.

1.8 *The Love that Dare Not Speak its Name*: Teanga agus Téarmaíocht

Tá deacrachtaí móra le sárú ag criticeoirí liteartha na Gaeilge má tá siad ag iarraidh critic agus teoiricí idirnáisiúnta a cheangal le léann na teanga. Fiú agus an t-ainmfhocal 'critic' i gceist, bhíodh cur is cúiteamh ann faoin téarma i gcomhthéacs *Irisleabhar Mhá Nuad*. D'aithin Breandán Ó Doibhlin (1974) na difríochtaí idir an focal critic agus léirmheas (ibid., 11). Níl meastóireacht á déanamh ag lucht critice ach léitheoireacht; is é sin, ní bhaineann an critic liteartha le breithiúnas iomlán a dhéanamh ar théacs liteartha. Is léir go dtagann sé seo le tuairimíocht Uí Rinn (1940) gur chóir go mbeadh "[...] téarmaí dúthchasacha teangan" (ibid., 10) sa léirmheastóireacht agus sa Ghaeilge. Dar leis go bhféadfaí téarmaíocht nua a úsáid sa Ghaeilge, ach nár chóir a leithéid a bheith ann ar an gcéad dul síos agus gur "[...] dhearmadar gur le fás is le saothrú, diaidh ar ndiaidh, a thagann a leithéid" (ibid., 83).

Bhí lucht *Irisleabhar Mhá Nuad* ag iarraidh téarmaí ón bhFraincis agus ó chritic liteartha na Fraince a aistriú go Gaeilge agus ceapadh nach raibh na téarmaí nua ag "[...] luí go nádúrtha leis an teanga Ghaeilge" (Mag Shamhráin 1986: 27). I léirmheas de chuid Dhaithí Uí Choileáin (1974) ar iarrachtaí Bhreandáin Uí Dhoibhlin téarmaíocht dhúchasach Ghaeilge a thabhairt isteach sa teanga, áitíonn sé go bhfuil sé "[...] ró-cheanúil ar théarmaí teicniúla. Is d'fhonn an chruinnis a úsáideann sé iad, ar ndóigh, ach faighimse blas mínádúrtha ar chuid mhór acu" (1974: 24). Spreagann sé seo ceisteanna móra faoi thraidisiún chritic liteartha na Gaeilge, agus faoi úsáid theoiric na haiteachta sa leabhar seo chomh maith.

Agus muid ag breathnú ar chás sainiúil theoiric na haiteachta, ní léir go bhfuil corpas ceart ar fáil de théarmaí a chuideoidh linn léamh aiteach a chur i bhfeidhm ar théacs liteartha. Bíodh sin mar atá, is léir go bhfuil ciútaí cainte ar fáil sa Ghaeilge a bhaineann leis na feiniméin shóisialta seo. Luann Brian Lacey foclóir Dhaithí Uí Luineacháin, *Ó Ghlíomáil go Giniúint: Foclóir na Collaíochta,* a foilsíodh in 1997, inar léir na téarmaí éagsúla dúchasacha a d'úsáidtí sa Ghaeilge don duine aiteach:

> ... beití, bleitheachán, bliteog, bliógʼ buachaill baitín, bugaireacht, cábún, cadar, cairiún, cigire tónach, dul amú, fear tóna, gamhain, gealhata, gliodaí, hata bán, lúbadán, Muireann i mbríste, Neil, péileacán, piteachán, piteán, piteog, Síle, (peaca) Sodam, sodamach, sodamán, sodamacht. (Lacey 2008: 2)

Is mór an dul chun cinn atá déanta ag an bpobal aiteach i dtaca le téarmaíocht nua a chruthú a oireann dá dtaithí saoil. Déanann Murphy agus Mac Murchaidh (2023) plé cuimsitheach ar an bhfearann nua focal a bhaineann le téarmaíocht LADTA+ agus

An Foclóir Aiteach a eisíodh in 2018 á phlé acu. Foilsíodh an t-alt thíos in *Móreagrán Aiteach Comhar,* a seoladh in 2023. Ba í Laoiseach Ní Choistealbha, ar file agus scoláire aitheanta í, a chuir an chéad chnuasach in eagar:

> Ó thaobh na Gaeilge de, cuireadh borradh mór faoi théarmaíocht LADTA+ nuair a foilsíodh an chéad eagrán den saothar, *An Foclóir Aiteach,* in 2018 arna mhaoiniú ag Transgender Equality Network Ireland (TENI). In ainneoin tuaiplisí éagsúla san eagrán sin, réitigh sé an bealach don phlé ar théarmaíocht LADTA+ sa Ghaeilge agus chuir sé daoine ag caint fúithi ar bhealach nach ndearnadh roimhe sin. (Murphy agus Mac Murchaidh 2023: 38)

Eisíodh an dara heagrán de *An Foclóir Aiteach* (Mac Eoghain 2022) chun téarmaí nua a bhaineann leis an bpobal aiteach a chur ar fáil trí mheán na teanga. Chuir an t-eagarthóir obair mhór roimhe san eagrán nua seo den fhoclóir. Tá téarmaí nua ar nós ainm cealaithe (*dead name*), diosfóiria inscne (*gender dysphoria*) agus leathghnéasach (*demisexual*) ar fáil ann. Sin ráite, faoi mar a mholann Murphy agus Mac Murchaidh (2023), is gá don phobal aiteach a bheith ag obair le chéile chun forbairt a dhéanamh ar an réimse focal agus téarmaíochta a úsáidtear go sóisialta agus go foirmiúil. Mar fhreagairt air seo, bunaíodh meitheal téarmaíochta atá faoi stiúir Thaidhg Mhic Eoghain agus AerachAiteachGaelach. Léiríonn sé seo teanga bheo an phobail aitigh agus an síorathrú a thagann ar úsáid téarmaí sa phobal úd.

Is díol spéise é cúlra agus stair theanga na haiteachta i dtéarmaí níos ginearálta lasmuigh de scéal na Gaeilge. Bhí formhór na ngluaiseanna léacsacha bunaithe ar bhéarlagair homaighnéasach, go háirithe ó thaobh gníomhaíochtaí collaíochta de (ibid.). Sular tháinig saoradh an phobail homaighnéasaigh chun cinn sna seascaidí i Meiriceá agus i Sasana, bhí úsáid teanga thar a bheith tábhachtach don phobal ionas go mbeidís in ann a mianta collaí a shásamh i gcoim na teanga (Blake 2010: 226). Níor scríobhadh mórán maidir le teanga na haiteachta ach ba faoin mbéarlagair nó faoi chaint na sráide a úsáideadh sa phobal sin a bhí i mbéal an phobail acadúil de ghnáth (Doyle 1982: 74). Míníonn Blake (2010) gur tháinig teanga ar leith chun cinn i Sasana, teanga rúnda na homaighnéasachta darb ainm *Polari*, cód a d'úsáid fir aeracha go príomha mar theanga phobail (ibid.). Tháinig meath ar an gcineál seo canúna den Bhéarla nuair a rinneadh an claonadh gnéasachta úd a dhíchoiriúlú sa bhliain 1967. Sin ráite, tá lorg na canúna fós le cloisteáil sa Bhéarla fós (smaoiním ar *butch, camp,* agus *cottaging* go háirithe). Dar le Liang (1997) go ndéantar tógáil ar fhéiniúlachtaí le húsáid na teanga ar phróiseas sóisialta teangeolaíoch é, agus go n-eascraíonn sé seo as an scéalaíocht; "In order for one individual to express herself to another, not only must she be able to tell a life story which is intelligible, but both she and the audience must reach more or less the same understanding of the point of the story" (ibid., 288).

Tá insint an teachta amach, ina scaoileann an duine aiteach uaidh a rún maidir lena mhianta gnéasachta nó faoina fhéiniúlacht inscneach, ar cheann de na hinsintí is suntasaí atá ar fáil ó thaobh na teangeolaíochta aití de (Liang 1997: 292). Is trí insint an scéil agus an rúin a thagann an tsuibiacht, is é sin an duine a mbíonn an cineál seo taithí aige, ar thuiscint phearsanta maidir lena mhianta maille leis an bhfaoiseamh síceolaíoch a ghabhann leis (ibid.). Tá an insint seo lárnach agus thar a bheith seasmhach i ndéanamh na féiniúlachta agus sa chaoi a nglacann an tsuibiacht lena mhianta (ibid., 294). Feidhmíonn an teacht amach mar mheafar a oibríonn beagán ar bheagán agus a bhfuil éagsúlacht ag baint leis (ibid., 291). Sáraíonn an duine aiteach constaicí teangeolaíocha agus ceistítear, go hointeolaíoch, an caidreamh teangeolaíoch idir an heitrighnéasach agus an duine aiteach (Wittig 1990: 55). Mar fhreagra ar an homafóibe a tháinig *Gayspeak* chun cinn mar chineál canúna nó béarlagair de chuid an phobail (Hayes 1976: 263):

> Although mindful of those objections, we find it ethnographically and linguistically justified to refer to the global circulation of a gay men's English that originates in the United States. Doing so allows us to investigate what happens when this code interacts with already-existing ways of talking about same-sex desire outside of and within the North Atlantic domain. (Boellstorff agus Leap 2004: 2)

Is féidir, ina dhiaidh sin, leas a bhaint as snáitheanna tuisceana theoiric na haiteachta le scagadh a dhéanamh ar an gcineál teanga a úsáidtear le heispéireas an duine aitigh a shoiléiriú (Livia agus Hall 1997: 6). Tá teoiric an taibhithe ar cheann de na slite chun an teanga a chur i gcomhthéacs theoiric na haiteachta. Tríd an athdhéanamh, faoi mar a pléadh i mír 1.5, tagann an normatacht chun cinn. Mar sin, is léir go dtugann an teanga agus úsáid na teanga sin, fráma do rialacha a thugann ciall don inscne agus don chollaíocht. Ní hé sin le rá go dtógann nó go gceapann an teanga an inscne, ach go n-atáirgeann an teanga rialacha na sochaí mar scáthánú ar ionchais na sochaí sin (Livia agus Hall 1997: 12). Mar a mhíníonn Butler, agus mar a áitíonn Livia agus Hall, cuireann an dioscúrsa réaltacht an duine ar fáil dó trí mheán na teanga. Níl an dioscúrsa in ann fáil réidh leis an gclaonadh diúltach, a bhaineann le téarmaí ar nós *queer*, dá thoradh, agus is tríd an luacháil dhiúltach mhothúchánach seo a ndéantar athghabháil orthu (ibid., 12). Mar sin, is féidir glacadh leis gur taibhiú de shaghas éigin é an cumadh téarma nó an t-aistriúchán téarmaíochta. Is teagmháil áirithe idir an dá chód é an t-aistriúchán, mar sin (Brisset 2000: 344). De réir mar atá *écriture feminine* ann, atá ina réim theanga atá feiliúnach do chriticeoirí agus do scríbhneoirí baineanna, is féidir teacht ar theanga nó dioscúrsa atá feiliúnach do láimhseáil gnéasachtaí neamhnormatacha sa Ghaeilge, faoi mar atá againn i dteangacha eile an domhain mhóir. Dar le Hermans (2007) go mbíonn gach uile dhioscúrsa ag cur le tógáil féiniúlachtaí agus pobail (ibid., 90).

Dá mba rud é go mbainfeadh an saothar seo leas as téarmaí Béarla, ba mhithid ceisteanna a ardú maidir leis an gcaoi a gcuirfí iad in oiriúint don Ghaeilge. Mar a pléadh cheana sa réamhrá, tá Flotwo (2007) den tuairim go gcuireann an t-aistriúchán seo leis an dioscúrsa agus go n-eascraítear léamha nua as dá bharr (ibid., 95). Mar sin, is féidir teacht ar úsáid chuí teanga le cur síos a dhéanamh ar an aiteacht, cibé teanga atá i gceist (Hayes 1981: 20). Glactar le moltaí an Choiste Téarmaíochta agus www.tearma.ie (Bunachar Náisiúnta Téarmaíochta don Ghaeilge), agus sna heagráin nua de *An Foclóir Aiteach* (2022), le húsáid an téarma *teoiric na haiteachta* mar leagan Gaeilge don chur chuige critice seo.

É sin uile curtha san áireamh, beidh dúshláin teanga le sárú ag an saothar seo ionas go dtiocfar ar theanga le smaointe na haiteachta a chur i bhfeidhm. Beidh cruthú téarmaíochta i gceist leis ó am go ham, seachas úsáid a bhaint go hiomlán as an aistriúchán focal ar fhocal, modh "[...] in which translation has indeed created languages" (Brisset 2000: 344).

Díreach ar nós théarma na haiteachta, tagann coincheapa áirithe chun cinn nuair a bhaintear leas as na téarmaí aiteach/aiteacht/aitiú (Hayes 1981: 29). Mar sin, cuirfear le tuiscintí bunaithe ar theoiric na haiteachta trí mheán an aistriúcháin mar atá molta ag Flotwo (2007: 97). Ach tá an chontúirt ann go gcuirfeadh teanga an iarstruchtúrachais agus na haiteachta isteach ar an léamh liteartha féin. Mar sin, tá sé mar sprioc ag an saothar seo teacht ar shlite le téarmaíocht uilíoch theoiric na haiteachta a chur in oiriúint do léann liteartha na Gaeilge. Má tá teoiric na haiteachta dírithe ar chúrsaí heigeamaineacha agus dioscúrsacha (Livia agus Hall 1997: 6), agus toisc gur teanga mhionlaithe í an Ghaeilge, is féidir an dá ghort a chomhtháthú gan dua. Agus leas á bhaint as tuiscint an taibhithe agus na haiteachta, is féidir an teanga a cheistiú ón mbonn aníos agus iniúchadh agus scrúdú a dhéanamh ar an gcaoi a dtagann an téarmaíocht chun cinn. Is cinnte, mar sin, gur féidir na snáitheanna tuisceana seo a chur in oiriúint do chritic chomhaimseartha na Gaeilge. Is gá anois díriú ar phríomhscríbhneoirí an tsaothair seo: Micheál Ó Conghaile agus Cathal Ó Searcaigh, agus an chaoi a n-oireann an bheirt seo don chineál seo critice, agus an glór nua muiníneach a thugann siad beirt don aiteacht Ghaelach trí chéile.

1.9 Micheál Ó Conghaile (1962–): An Scríbhneoireacht Aiteach Aniar

Duine de scríbhneoirí móra Gaeilge ár linne é Micheál Ó Conghaile, scríbhneoir a bhfuil aitheantas bainte amach aige go náisiúnta agus go hidirnáisiúnta as na téamaí neamhghnácha agus aiteacha a dtugann sé fúthu ina shaothair liteartha. Scríbhneoir é a thugann glór don phobal Gaeltachta agus don phobal aiteach go healaíonta agus go glórach. Ealaíontóir cruthaitheach ildánach ilghnéitheach is ea Micheál Ó Conghaile a bhunaigh an comhlacht foilsitheoireachta mór le rá Cló Iar-Chonnacht (CIC) atá anois ar cheann de na tithe foilsitheoireachta Gaeilge is rathúla sa tír. Duine é a bhfuil gradaim éagsúla scríbhneoireachta bainte amach aige agus a bhua scríbhneoireachta le feiceáil i bhfianaise na ngradam a bronnadh air. Rugadh Ó Conghaile, duine de Veaileanna an cheantair, mar is fearr aithne orthu, in Inis Treabhair, Contae na Gaillimhe, sa bhliain 1962. Is in *Nollaig Oileánach* (2022) a fhaightear léargas cuimsitheach ar shaol an oileáin agus an scríbhneoir ag fás aníos. Cé go mbaineann an téacs go príomha le tréimhse na Nollag, déantar na coinníollacha saoil a bhíodh ag muintir 'Inis Treabhsúr' a phlé sna seascaidí, sular bánaíodh an t-oileán go hiomlán:

> Ní raibh tada, dáiríre, in Inis Treabhair. Ní raibh siopa ná séipéal ann, teach ósta ná teach lóistín. Ní raibh leictreachas ná uisce reatha in aon teach, ná teach asail, fiú, in aon cheann de na tithe agus mise beag. (Ó Conghaile 2022: 19)

I bhfianaise agallaimh éagsúla a rinne an Conghaileach, ba léir nár thaitin saol an oileáin leis agus é ina bhuachaill óg toisc go raibh obair dhian le déanamh ann agus gurbh í an aimsir máistir an tsaoil (Mac Con Iomaire 2000: 31). Bhí saol an oileáin róchiúin dó, de réir dealraimh, agus dá bhrí sin dhírigh sé isteach ar dhomhan na samhlaíochta agus na scríbhneoireachta i gcaitheamh a óige, nós a chothaigh sé ó shin i leith (Ó Siadhail 2005: 55). Agus é ag fás aníos, bhí spéis ag an gConghaileach sa scríbhneoireacht chruthaitheach agus chleacht sé a cheird ó luathbhlianta a óige (Mac Con Iomaire 2000: 31). Ba sa bhunscoil a thosaigh an Conghaileach ag scríobh blúirí cruthaitheacha anseo is ansiúd, dánta san áireamh, agus ba i nGaeilge agus i mBéarla a bhídís (ibid., 55). Fuair sé spreagadh sa bhaile óna thuismitheoirí, óna mháthair go príomha, a thacaigh le samhlaíocht an bhuachalla óig. Ba mhinic a léadh a mháthair síscéalta a d'fhoilsigh *An Gúm* dá gasúir, rud a thug léiriú don Chonghaileach ar litríocht na Gaeilge agus na féidearthachtaí a bhí ann chun a theanga dhúchais a aclú agus a úsáid go cruthaitheach (Ó Siadhail 2005: 54). Is í an Ghaeilge an fhoirm is dúchasaí dó agus is gaire dá chroí, dar leis, agus is é sin an chúis a roghnaigh sé an Ghaeilge mar uirlis scéalaíochta nuair a chuir sé tús leis an scríbhneoireacht i gceart mar ghairm (Ní Chatháin 1998: 6).

Le bunú an chomhlachta CIC sa bhliain 1985, tugadh deis don Chonghaileach a aghaidh a thabhairt ar fhoilsitheoireacht na Gaeilge (Ó Siadhail 2010: 147). Ba é aidhm an Chonghailigh acmhainní gnó agus ardán a thabhairt do scríbhneoirí eile na Gaeilge, ardán a chothódh pobal léitheoireachta na teanga (Titley 1995: 329). Anuas air sin, bhí sé mar aidhm aige an ceol, an amhránaíocht thraidisiúnta, agus na healaíona dúchasacha a chur chun cinn (Nic Eoin 2017: 354). Faoi mar a chuireann Rónán Mac Con Iomaire síos air thiar in 2000, ba léir an tionchar a d'imir an Conghaileach ar thionscadal na foilsitheoireachta Gaeilge: "[...] go deimhin is é duine de na daoine is mó atá taobh thiar den mhéadú ollmhór seo i bhfoilsitheoireacht na Gaeilge" (Mac Con Iomaire 2000: 31). Ní hamháin gur chruthaigh Ó Conghaile deiseanna do scríbhneoirí eile Gaeilge fud fad na hÉireann ach dó féin chomh maith (Bord na Gaeilge 1990: 4). Mar eagarthóir is mó a bhíodh sé ag feidhmiú sa chomhlacht, scil a shealbhaigh sé go maith agus é mar eagarthóir na hirise *Macalla* nuair a bhí sé ina mhac léinn in Ollscoil na Gaillimhe (ibid., 5). Thug an taithí seo na scileanna cuí dó a bhí ag teastáil chun aghaidh a thabhairt ar thionscadal na foilsitheoireachta; rud a bheadh dúshlánach go maith dó os rud é gur thionscal é tionscal na foilsitheoireachta a bhí ag dul i léig i gcaitheamh na tréimhse seo. In ainneoin na gconstaicí a bhí le sárú aige, d'éirigh (agus éiríonn fós) thar barr leis an gcomhlacht foilsitheoireachta (Ó Gormaile 1997: 32):

> As both publisher and writer, Ó Conghaile has witnessed, and indeed contributed to, significant changes in Irish language publishing over the past twenty years. "There have been real improvements in editorial and production standards," he says, "and the range and number of titles being published has increased dramatically. There are now around 120 new Irish language books published every year, and about 4,000 titles in print." (*Books Ireland* 2003: 229)

Ba léir, áfach, go raibh an Conghaileach buartha faoi staid reatha na foilsitheoireachta agus na léitheoireachta i gcoitinne in agallamh a rinne sé le Máirín Nic Eoin thiar in 2017. Cé gur éirigh Ó Conghaile as a ról mar stiúrthóir an chomhlachta in 2021, ní le teann éadóchais a sheas sé siar óna chúraimí le CIC. Bhíodh sé mar aidhm aige "[...] le bheith ag freastal ar scríbhneoirí agus ag iarraidh scríbhneoirí a fhorbairt le caighdeán ard a bhaint amach agus iarracht a dhéanamh ar mhargaí chomh mór agus chomh leathan agus chomh náisiúnta agus chomh hidirnáisiúnta agus is féidir a fháil dóibh, agus scríbhneoirí na Gaeilge a bheith i lár an mhargaidh chomh mór agus is féidir" (Nic Eoin 2017: 371).

Is léir, mar sin, gur thug Ó Conghaile deis fhiúntach dó féin agus do scríbhneoirí agus scoláirí eile Gaeilge a gcuid saothar a chur i gcló agus droichead á thógáil aige idir pobail éagsúla na Gaeilge agus na Gaeltachta, idir phobal na hacadúlachta agus phobal na litríochta. Tá stíl shuaithinseach sho-aitheanta ag an scríbhneoir, rud a chuireann go mór leis an léamh a eascraíonn as a shaothar liteartha agus éagsúlacht mhór le brath sna téamaí a láimhseáiltear ann (Nic Eoin 2005: 363).

Is in 1986 a foilsíodh *Mac an tSagairt* Uí Chonghaile, cnuasach gearrscéalta. Cé gur moladh stíl an Chonghailigh, agus gur pléadh go leor téamaí conspóideacha mar fhéinmharú, ghinmhilleadh agus cholscaradh, is léir go raibh inniúlachtaí eile ealaíonta ag an gConghaileach agus moladh go hard na spéire é as an gcineál teanga agus réime a chuir sé os comhair an léitheora. Agus an-spéis aige san amhránaíocht dúchais, d'fhoilsigh Ó Conghaile *Croch Suas É* in 1986, ar bailiúchán é de 140 amhrán ó Chonamara agus ó cheantair eile Ghaeltachta. D'fhill sé ina dhiaidh sin ar an scríbhneoireacht chruthaitheach sa chnuasach *Comhrá Caillí* (1987) ach ba léir nach raibh an scríbhneoir compordach nó sásta an fhilíocht a úsáid mar mheán ealaíne agus nár thuig se "[...] go baileach [céard] ba chóir a bheith ar siúl ag dán" (Conleth 1987: 137). Is de thoradh air seo a dhírigh an Conghaileach ar a chúlra acadúil sa stair nuair a scríobh sé leabhar in 1988 i dtaobh na staire sóisialta i gConamara agus Árainn, *Conamara agus Árainn, 1880–1980: Gnéithe den Stair Shóisialta*.

Agus cúpla saothar eile amhránaíochta curtha i dtoll a chéile aige, dhírigh an Conghaileach ar an bprós go hiondúil idir 1997 agus 2003. Foilsíodh *An Fear a Phléasc* in 1997, cnuasach a tharraing lucht léite nua chuige. Sa chnuasach seo pléann an scríbhneoir le domhan comhaimseartha na linne agus díríonn sé ar ábhair a bhaineann leis an gcrúsáil chollaí, leis an aiteacht, leis an éigniú agus leis an teacht amach. Ach ba ina dhiaidh seo a scríobh sé *Sna Fir,* saothar úrscéalaíochta leis a foilsíodh in 1999, saothar a bhfuil ardmholadh faighte aige as. Chuir sé go mór lena ghlór mar scríbhneoir cruthaitheach agus aibíocht nua le feiceáil san ionramháil a dhéanann sé ar chúrsaí collaíochta agus aiteachta. Díríonn an t-úrscéal ar ógfhear Gaeltachta agus é ag dul i ngleic lena fhéiniúlacht mar fhear aerach. Déanann Cathal Ó Searcaigh féin tagairt don úrscéal tábhachtach seo i mbrollach an chnuasaigh *Laoithe Cumainn agus Dánta Eile* (2020):

> [...] tá borradh éigin faoin litríocht aerach i nGaeilge i láthair na huaire. Lena úrscéal, *Sna Fir* (Cló Iar-Chonnacht, 1999) chuir Micheál Ó Conghaile, duine de mhórúdair ár linne, an *Gay* Gaelach os ár gcomhair go cruinn cumasach, an chéad chuntas i bprós na Gaeilge ar fhear aerach. Níor tháinig aon úrscéal Gaeilge eile dena mhacasamhail ar an mhargadh go dtí gur foilsíodh saothar próis s'agam féin, *Teach na Gheafta* (Leabhar Breac, 2018). Faraor, is fada an t-achar ama idir an dá shaothar seo agus tá siad ann le huchtach a thabhairt daofasan atá ag teacht inár ndiaidh. (Ó Searcaigh 2020: 9)

Agus é ag iarraidh ceird eile a chleachtadh, téann stíl osréalaíoch Uí Chonghaile i dtreis in *Seachrán Jeaic Sheáin Johnny* in 2001 áit a bpléann an Conghaileach le gnéasacht seanfhir agus é lonnaithe ina dhomhan samhlaíoch féin. Filleann Ó Conghaile, ina dhiaidh sin, ar an ngearrscéalaíocht in 2003 le foilsiú *An Fear nach nDéanann Gáire,* cnuasach a phléann arís leis an gcrúsáil chollaí, leis an osréalachas, leis an bhféinaithne agus leis an meabhairshláinte.

Idir 2007 agus 2009, feicimid an scríbhneoir ag baint úsáid as seánra na drámaíochta ina thríológ drámaí, *Cúigear Chonamara* (2007), *Jude* (2007) agus *Go dtaga do Ríocht* (2009), curtha i gcló agus ar stáitse aige. Pléann a chuid drámaíochta le cúrsaí gnéasachta, le ceist na hinscne agus na cumhachta cuid mhór. "Suíomhanna osréalaíochta nó neamhréalaíocha a léiríodh sna drámaí eile, ach is domhan iomlán inchreidte é Conamara Mhichíl Uí Chonghaile ina dhrámaí" (Ó Broin 2022: 203). Drámaí iad "[...] a raibh idir ghreann agus truamhéil agus aoibhneas agus úire" iontu (Ní Neachtain agus Breathnach 2010: 70).

Sa leabhar *An Diabhal ar an Ól* (2013), a bhfuil athinsintí ar scéalta béaloidis ón gCian-Oirthear ann, dírithe níos mó ar léitheoirí óga agus ar fhoghlaimeoirí Gaeilge. Díríonn an Conghaileach ar an ngearrscéalaíocht arís eile ina chnuasach gearrscéalta *Diabhlaíocht Dé* (2015). Cnuasach é ina bhfuil a chuid gearrscéalta fréamhaithe cuid mhór sa mhiotaseolaíocht agus a fheidhmíonn mar ghearrscéalta neamhthraidisiúnta. Tiontaíonn an Conghaileach ar an réalachas arís eile in *Sa Teach seo Anocht* (2020), nóibhille ina ndéantar plé éifeachtach ar an gcliseadh pósta agus an briseadh croí. Sa leabhar dírbheathaisnéise *Nollaig Oileánach* (2022), tugtar spléachadh dúinn ar nósanna Inis Treabhair ag an Nollaig, mar a pléadh thuas, agus a chíorann óige agus luathshaol an Chonghailigh. D'fhill Ó Conghaile ar an bhfilíocht sa chnuasach is deireanaí dá chuid, *Lámha Bána agus Dánta Eile,* cnuasach a phléann le héagsúlacht téamaí, an bás agus an grá ina measc.

Ach tá an ionramháil mhothúchánach a dhéanann sé ar eispéireas an fhir aitigh ar cheann de na téamaí is mó agus is tábhachtaí i saothar Uí Chonghaile. Faoi mar a dhéanann Sorcha de Brún (2017) scagadh ar fhearúlachtaí mar théama leanúnach i saothair liteartha Uí Chonghaile ina haiste "History Repeating Itself: Men, Masculinities, and 'His Story' in the Fiction of Micheál Ó Conghaile", feictear go bhfuil tábhacht nach beag ag baint lena shaothair go criticiúil agus go bhféadfaí a shaothar a fhréamhú agus a fhrámú i dteoiricí liteartha go ginearálta:

> It is notable that the male desire to express his sexuality as a fundamental human need is as commonly seen in Ó Conghaile's realist writings as in his nonrealist work. Male sexuality is frequently expressed in his works not primarily as a physical need, but rather as a facet of the intellect, the imagination, and the physical, in a portrayal that gives prominence to the integration of the whole self. In Ó Conghaile's work, then, sexual desire, whether gay or straight, is an essential aspect of being human and of the experience of being male. (ibid., 24)

Mar sin, is cinnte go bhfuil an chollaíocht agus an ghnéasacht le feiceáil go minic in iarrachtaí liteartha Uí Chonghaile agus go n-éiríonn leis an téama úd a cheangal go minic ina chuid scríbhneoireachta. Saothair iad seo, dar le Cathal Ó Searcaigh, "[where] he has created his own fabulous terrestrial domain, a mythical realm both intimate and cosmic where psychodrama meets magical realism" (Ó Searcaigh 2018: 87). Cé go raibh an Conghaileach breá sásta glór nua a chuaigh i gcoinne an *status quo* a úsáid ina luathshaothair, feictear muinín nua ina shaothair ó 1997 i leith agus é ag díriú ar théamaí aiteacha go minic. Is léir gur tháinig an Conghaileach ar ghlór nua muiníneach i gcaitheamh a shaoil agus go bpléann sé le réimse leathan téamaí, seánraí agus ábhar ina chuid scríbhneoireachta.

1.10 Cathal Ó Searcaigh (1956–): Glór don Tost

> Cathal Ó Searcaigh[:] an file Gaeltachta agus an file tuaisceartach is fearr dá bhfuil ann sa lá atá inniu

> ann. Ní beag sin. Fágann an dá cháilíocht sin gur deacair ag go leor léitheoirí teacht isteach ar cheol a chuid véarsaíochta, ceol a bhíonn mar bhunaidhm aige mar fhriotal don tsimplíocht [...] Is ar éigean nach gcanann an Searcach a chuid ábhar. Is é sin traidisiún na Gaeilge, gur bearna bhídeach dhoshainmhínithe atá idir an fhilíocht bhéil agus gabháil an cheoil. (Ó Dúill 1991: 27)

> A bheith i ngrá le fear:
> Sin scéal nach bhfuil na focla agam go fóill
> lena insint, lena rá
> amach os ard, sa dóigh nach mbeidh sé 'mo chrá.
>
> Ba mhaith liom
> teangaidh a thabhairt don tost seo
> a thachtann mé;
> a phlúchann mé achan lá. (Ó Searcaigh 1993: línte 1–8)

File, drámadóir agus scríbhneoir próis ildánach é Cathal Ó Searcaigh a d'oscail doirse téamacha agus aiteacha i litríocht chomhaimseartha na Gaeilge ó chuir sé peann le pár den chéad uair. Filíocht ghrá is mó a chleachtann Ó Searcaigh agus é ag iarraidh "teangaidh a thabhairt don tost" faoi mar a deir sé ina dhán 'An Buachaill Bán' (Ó Searcaigh 1996: 31) [*NBB*]. Maíonn de Paor (2005) ina leabhar taighde *Na Buachaillí Dána* gurb é an rud atá i gceist leis an litríocht i dtéarmaí ginearálta ná tóir ar fhírinne an duine dhaonna, más ann di, a chur inár láthair trí mheán na ceardaíochta focal:

> Tá glór tugtha ag Ó Searcaigh do mhionlach a bhí faoi tháir, deirtear; fuascailt sceitiminiúil á sholáthar ina shaothar don homaighnéasach. Ceiliúradh na difreála comhartha sóirt na fuascailte seo, agus cúis bhróid dúinne gur i nGaeilge atá sé seo uilig á dhéanamh. (ibid., 15)

Is minic a dhéantar an Searcach a shuíomh mar fhile aiteach Gaeilge mar go bhfuil sé sásta a mhianta neamhnormatacha a phlé go neamhbhalbh (Ó Briain 1997: 36). Mar atá luaite ag de Paor (2005), chuir an file téamaí agus teanga faoi leith ar fáil i ngort na Gaeilge atá feiliúnach don aiteacht agus dá mhianta; oiriúnú ar thraidisiún ársa na Gaeilge i gcomhthéacs eile. Anuas air sin, deir Ó Laoire (1997) go gcuireann an Searcach an chollaíocht agus an ghnéasacht aiteach in iúl ina chuid filíochta agus go bhfuil an pheirspictíocht áirithe seo ar cheann de na nithe is tábhachtaí agus filíocht an scríbhneora á scrúdú ag an léitheoir (ibid., 221). Dá thoradh air sin, is léir go bhfuil áit ar leith bainte amach aige mar fhile Gaeilge atá sásta an grá aiteach a chíoradh go hoscailte agus go fuinniúil ina shaothair. Is féidir an file a cheiliúradh as an talamh nua a bhris sé do ghlúin nua scríbhneoirí aiteacha agus do phobal léitheoireachta na Gaeilge agus duine é a spreag glúin nua chun pinn. Scríbhneoireacht thábhachtach í filíocht Uí Shearcaigh "[where] transgression remains salient" (Doan 2005: 95) agus is scríbhneoireacht í "[that] challenges and subverts the homogenous aspect of language and tradition [...] in order to create space for alternatives and diversity", mar a mhíníonn Ó Conchubhair dúinn (2006: 167), ach cé hé?

Rugadh Cathal Ó Searcaigh i gCloich Cheannfhaola i nGaeltacht Dhún na nGall sa bhliain 1956. Sa leabhar dírbheathaisnéise *Light on Distant Hills* (2005), déanann Ó Searcaigh cur síos bríomhar ar a óige sa cheantar. Ficsean agus faoistin atá i gceist leis an saothar (Ó Siadhail 2010: 198) agus cuirtear na foinsí inspioráide agus cruthaitheacha a bhí aige agus é ag fás aníos os ár gcomhair. Léirítear oscailteacht an tSearcaigh i leith na haiteachta go ginearálta ó thús go deireadh an téacs:

> I have never been in the closet. I say that because we never had anything as fashionably snazzy as a closet in our house. It's more likely that I was in the *lios*, the abode of the fairies. By sixteen I came to accept that I was gay. It was an unspoken understanding with myself. It wasn't the Holy Spirit flaring up in me in a Pentecostal bringing to light; no, it was simply that I had a change encounter with a book. Literature lured me out of the *lios* (ibid., 180)

> I dtaca liom féin de, is dóigh liom gur ghlac mé leis go hóg i mo shaol gur i mbuachaillí a bhí mo spéis seachas i ngirseachaí agus nuair a bhí an cinneadh sin déanta agam, thoisigh mé ag lorg leabharthaí a thug teanga don tost a thacht mo leithéidí. Chuir mé cineál de *Who's Who* de *Homos* i gceann a chéile [...] Cha raibh mé liom féin – chuaigh go leor eile síos an tslí chasta cham chéanna seo romham. Bhí cuid acu seo ag cogarnaigh go ceanúil liom thar na cianta. Bhraith mé go raibh siad 'mo cheadú isteach i mbráithreachas na mBuachaillí Bána, mar a déarfá. (Ó Searcaigh 2020: 10; liomsa an bhéim)

Díreach ar nós inspreagadh Uí Chonghaile, thug máthair Uí Shearcaigh oidhreacht bheo an cheantair dá mac: "My mother was an inveterate traveller in the otherworld; a regular visitor to unearthly parts. She journeyed to places that were beyond the bounds of time, set food in the outbacks of the fantastic, crossed the threshold into the inexplicable" (Ó Searcaigh 2009: 87). Agus arís eile ina aiste phróis 'Ag Ealaín Liom Féin': "Creidim gur fhág saoithiúlacht mo mháthar lorg orm. Bhí a fhios aici go bhfuil níos mó sa domhan seo ina mairimid ná mar a tchítear dúinn le súile cinn ná mar a thuigtear dúinn le héirim aigne" (Ó Searcaigh 2018: 45). I dtaca lena chuid scolaíochta, níor léirigh an Searcach óg spéis mhór sa chóras foirmiúil oideachais. Ní raibh i gceist leis an bhfoghlaim ach sealbhú eolais: "[...] learning was not a graceful pursuit of knowledge but a ruthless head-plunge into a pit of facts" (ibid., 114). D'fhreastail sé ar Ollscoil Luimnigh, áit a ndearna sé staidéar ar theangacha, mar go raibh sé tógtha le litríocht an Bhéarla agus é ar an meánscoil: "At the time I was reading a lot, voyaging by diving into the floodwaters of a book and coming up worlds away. These transports of joy were entirely in English" (ibid: 158). Thug an staidéar ollscoile seo tuiscint dhomhanda ar an litríocht agus ar an bhfilíocht dó, cé go raibh spéis mhór sa litríocht aige ó aois óg. Anuas air sin, rinne sé staidéar ar an Léann Ceilteach i gColáiste Phádraig, Maigh Nuad. Tar éis dó seal a chaitheamh i Londain, d'fhill an Searcach ar a fhód dúchais agus is ann atá cónaí air fós sa lá atá inniu ann: "I had to return home to reclaim my heritage, my *dúchas*" (ibid: 260). Is go hoscailte a fhógraíonn an Searcach gur file aerach é a scríobhann faoi théama an ghrá aitigh go minic ina chuid dánta, ina chuid drámaíochta agus ina chuid próis. Tuigeann sé chomh maith an tábhacht a bhaineann leis na téamaí seo a phlé i gcomhthéacs na Gaeltachta (Ó Laoire 1997: 223). Tharraing sé seo ardmholadh ó chriticeoirí as téama na haiteachta a léiriú trí mheán na ceardaíochta seo, go háirithe ó foilsíodh *Na Buachaillí Bána* (1996) leis:

> The collection that gets most attention is *Na Buachaillí Bána* (Cló Iar-Chonnacht, 1996), the volume in which Ó Searcaigh 'came out' [...] emphasizes the struggle toward expressing love for a man in terms of social constraints rather than in terms of a struggle with recalcitrant verbal means, the struggle with words themselves. (Fitzsimons 2003: 134)

Glactar leis, dá bharr, go bhfuil na cúinsí sóisialta seo le sárú ag an Searcach ós rud é go bhfuil sé ag iarraidh an grá neamhnormatach, an aiteacht, a áireamh ina chuid filíochta. Cé nach féidir an chonspóid mhór maidir leis an scannán faisnéise *The Fairytale of Kathmandu* (2007) a sheachaint sa mhír seo den saothar, is féidir fós saothar iomráiteach Uí Shearcaigh a cheiliúradh. Níor cúisíodh an Searcach as líomhaintí go raibh caidreamh collaí aige le buachaillí óga, mar sin féin, agus cáineadh an scannán go géar ina dhiaidh sin.

Mar a phléann Ohno (2002), ghin iarrachtaí fileata an tSearcaigh cuid mhaith plé toisc gur thug sé aghaidh ar ábhair agus ar théamaí a bhí neamhchoitianta sa Ghaeilge, cé go raibh Micheál Ó Conghaile, Pádraig Standún agus scata beag scríbhneoirí eile ag plé leis na hábhair seo freisin ina saothar liteartha (ibid., 39). Is as an ngrá heitrighnéasach traidisiúnta a thagann an Searcach ar mhóitífeanna agus ar théamaí éagsúla leis an aiteacht a léiriú (Doan 2002: 89). Is í ceist na teanga is mó a chíorann Ó Conchubhair (2002), a mhaíonn go raibh deacrachtaí as cuimse le sárú ag an Searcach a bhí ag baint leas as traidisiún a bhí "[...] exclusively heterosexual" (ibid., 189) Mar sin féin, baineann an Searcach leas éifeachtach as traidisiún na n-amhrán grá sa Ghaeilge le creatlach cruthaitheach oibre a bhunú leis an ngrá homaighnéasach a léiriú (Doan 2002: 89). Is tríd an gcros-síolrú seo a thagann an Searcach ar réim nua theanga; an grá homaighnéasach nó aiteach agus an grá heitrighnéasach fite le chéile agus iad idir dhá chultúr:

> The juxtaposition of English and Irish vocabularies and idioms interrogates the distance between the 'peripheral' and 'central' sites of identity and investigates the responses of each cultural space within the other. His landscape of same-sex love exemplifies the hybridization of Gaelic-speaking

culture in the contact zone of modernity. (Kennedy 2002: 113)

Is cinnte go ndeachaigh an Searcach i ngleic le téamaí úrnua ina iarrachtaí fileata ó thosaigh sé ag cur cnuasach i gcló. Agus é sásta luí isteach ar théamaí a bhain leis an gcollaíocht ina chéad saothar *Miontraigéide Cathrach* (1975), is léir nach raibh an file féin sásta leis an iarracht sin agus eisíodh leagan nua de in 2021, faoi mar a nochtann sé i réamhrá an chnuasaigh chéanna:

> Ar scor ar bith faoin am seo, ar an drochuair domh féin, bhí muinín caillte agam as an chnuasach. Tuigeadh domh go raibh na dánta bacach, ciotach agus easnamhach. Bhí ábhar iontu ach ba léir domh nach raibh na hábhair sin tugtha chun solais agam. Bhí, dar liom, splanc spreagtha na filíochta in easnamh orthu. Bhí na línte as alt agus na híomhánna as áit. Miontraigéide Cathrach! Faraoir, cha raibh de thragóid sa chnuasach ach gur foilsíodh é [...] Bhí náire orm astu de bharr go raibh siad chomh hamscaí, ciotrúnta ina gcló agus ina gcrot. Ba sin an bhreith dhomheanmnach a thug mé ar an leabhar gan mhoill i ndiaidh a fhoilsithe. Dúradh go raibh mé chomh míshásta leis an chnuasach gur stiall mé na cóipeanna a bhí agam as a chéile agus gur úsáid mé na leathanaigh mar pháipéar leithris. (Ó Searcaigh 2021: 14)

Cé nach raibh guth ceart fileata bainte amach aige dó féin ag an bpointe seo ina shaothar *Tuirlingt* (1978) (a scríobhadh in éineacht le Gabriel Rosenstock), ba léir gur bhain an Searcach úsáid as macallaí ó fhilí eile comhaimseartha chun téamaí úrnua a chur i dtoll a chéile. Feictear rian de shaothair Sheáin Uí Ríordáin agus Mháirtín Uí Dhireáin ar fhilíocht Uí Shearcaigh go háirithe i luathshaothair an fhile. Anuas air seo, cloistear macallaí na mbítfhilí sna saothair seo toisc go raibh an oiread sin spéise á léiriú ag an scríbhneoir i ngluaiseacht an fhrithchultúir sna seascaidí agus sna seachtóidí, go háirithe i bhfilíocht Jack Kerouac agus Allen Ginsberg, agus a réamhtheachtaí Walt Whitman a spreag glúin na mbítfhilí i Meiriceá Thuaidh.

Ina dhiaidh sin foilsíodh *An Bealach 'na Bhaile* (1991) i nGaeilge amháin ar dtús ach ina dhiaidh sin cuireadh leagan dátheangach de ar fáil. Rogha dánta atá i gceist sa chnuasach óna shaothair *Súile Suibhne* (1983) agus *Suibhne* (1984). Ach ba in *Na Buachaillí Bána* (1996) a rinne an Searcach ceiliúradh ceart oscailte ar an ngrá aiteach. Tagann sé ar ghuth nua fíorláidir agus é i dtiúin le Constatine Cavafy, file homaighnéasach Gréagach agus Éigipteach. Cé gur féidir leis an léitheoir blaiseadh na bolscaireachta a fháil ón saothar, go raibh tionscnamh ar leith pearsanta agus polaitiúil á shásamh aige, éiríonn leis an Searcach oscailteacht nua i leith an ghrá aeraigh a chur in iúl dá léitheoirí. Bailiúchán de dhánta neamhfhoilsithe atá le feiceáil in *Na hAingle ó Xanadú* (2002), áit a bhfuil guth óg an fhile le cloisteáil. Dialann taistil de chuid an fhile atá le feiceáil in *Seal i Neipeal* (2003) agus é ag tiontú ar sheánra nua an leabhair taistil, téacs ina soláthraítear don léitheoir "[...] a rich sensuous personal account of a recent visit to Nepal, trekking from Kathmandu northwards to Namche and Lukla and the slopes of Everest, much of the time in the company of two companions Ang Wong Chuu, a Sherpa, and Pemba Thamang from Gatlang" (Mac Cóil 2005: 160)

Sa téacs *Gúrú i gClúidíní* (2005) [*GC*], tugann an file aghaidh ar thaisteal agus ar staidéar comparáideach idir an tOirthear agus a áit dúchais, ag tógáil ar an téama seo ó *Seal i Neipeal* (2003). Tá an file ag druidim i dtreo sheánra na heipice ina shaothar 'Oileán na Marbh'. Dhírigh an Searcach ar fhoirm na drámaíochta in *Mairimid leis na Mistéirí agus Drámaí Eile* (2006), ina bhfuil fáil ar an ngearrdhráma aerach 'An Chéad Mháirt d'Fhómhar', atá suite le linn chath an Somme in 1916. Sa nóibhille *Pianó Mhín na bPréachán* (2011) déantar scéal teaghlaigh i mbaile beag sléibhe a chíoradh. Is saothar éagsúil é an saothar seo nuair a chuirtear i gcomparáid é le saothair eile Uí Shearcaigh.

In 2015, dhírigh an Searcach arís ar théama na polaitíochta in *An Bhé Ghlas* (2015) agus é lán le téamaí a bhaineann le cúrsaí reatha agus cúrsaí timpeallachta. Feictear teacht in inmhe an tSearcaigh ina chuid dánta agus é ag teacht ar ghlór nua dá chuid féin. Mórscéal aerach de chuid Uí Shearcaigh is ea *Teach an Gheafta* (2018), úrscéal ina ndéantar plé domhain ar chúrsaí collaíochta, gnéasachta agus féiniúlachta. Ainmníodh an téacs do leabhar na bliana de chuid *An Post* in 2018 ach is é tuairim Chathail Phóirtéir go bhfuil inniúlachtaí scríbhneoireachta an tSearcaigh chun tosaigh sa téacs úd: "One of the great joys of reading Ó Searcaigh's writing is his mastery of the language, in particular his use of a dialect, which transports the reader immediately to the mountainsides of Donegal" (2018: 46). Bíodh sin mar atá, tagaim leis an méid a deir Ó Siadhail (2019) faoin leabhar go bhfuil bac mothúchánach idir an léitheoir agus carachtair an scéil go háirithe mar gheall ar an gclaoninsint a úsáidtear ann. Stíl reacaireachta aisteach chiotach atá le feiceáil sa téacs; carachtair neamhfhorbartha ann; agus, sa mhullach air sin, aibíocht dhochreidte an phríomhcharachtair, Mánas, ab ea príomhlaigí an téacs. Fós féin, éiríonn leis an Searcach scéal casta an fhir óig aitigh a léiriú, agus cé go bhfuil na lochtanna seo le cur san áireamh, is tábhachtach an t-úrscéal é i dtéarmaí na haiteachta.

Is sa bhliain chéanna a d'fhoilsigh an scríbhneoir *The View from the Glen* (2018), saothar próis Béarla ina bhfaightear sceitsí fánacha próis dá chuid. Filleann sé ar an drámaíocht arís ina dhiaidh seo in 2019 leis an athinsint *camp* ar cheann de sheanscéalta Chloich Chionnaola, *Rocabillie Balor* (2019) ina gceistítear ceangail ghinealaigh agus áit na mban i gceantar stairiúil samhalta. Ba in 2023 a foilsíodh, chomh maith, *Saighdiúir* (2023) de chuid Uí Shearcaigh, úrscéal a bhaineann leis an gCogadh Mór agus a spreagann ceisteanna faoi fhéiniúlacht na fearúlachta agus an t-iarchoilíneachas trí chéile, anuas ar *Errigal: Sacred Mountain* (2023), leabhar téagartha a bhfuil idir phrós agus fhilíocht ann a dhéanann ceiliúradh ar an sliabh agus ar phobal an cheantair.

> The poetry of Cathal Ó Searcaigh derives from two different and at first sight opposed cultures. The way in which me marks out his territory, describes, interprets, the different elements of those two cultures, effecting a poetic dialogue between them, is of much interest. The two cultures are those of the isolated diminishing townlands of the Irish-speaking mountain country of north-west Donegal, where he grew up and still lives, and the international, usually urban, end-of-century artistic gay consciousness of which he is also part. (Ó Dúill 1996: 14)

Ba thiar in 1996 a d'aithin Greagóir Ó Dúill príomhthéada tábhachtacha Uí Shearcaigh mar fhile. Léiríonn sé an chaoi a dtagann an dá dhomhan a maireann an file iontu, is é sin, domhan na gnéasachta aití agus domhan na Gaeilge. Ocht mbliana is fiche ina dhiaidh sin, is féidir a rá gurb amhlaidh atá an scéal. Tacaíonn meon Nic Eoin leis seo nuair a deir sí go bhfuil "[...] Ó Searcaigh fréamhaithe ach scaoilte ag an am céanna, é ar bís le cultúir eile a bhlaiseadh, le saol a chruthú dó féin sa bhaile agus i gcéin, agus lena ghaol lena cheantar agus lena phobal dúchais féin a athmheas i bhfianaise na dteagmhálacha eile. (Nic Eoin 2005: 148). Is scríbhneoir agus file cumasach é an Searcach nach mbíonn drogall air seánraí liteartha agus meáin dhifriúla chumadóireachta a chleachtadh go muiníneach. Thar aon ní eile, is file é an Searcach a thug droim láimhe do choinbhinsiúin sheanbhunaithe na filíochta Gaeilge agus a thug aghaidh ar théamaí agus ar ábhair a bhí ar an imeall, agus a thug glór do phobal aiteach na Gaeilge. "Aicíd na heileafóibe" (2005: 60) a mholann an Paorach maidir leis an gcritic atá tagtha anuas chugainn faoin Searcach. Maíonn Ó Laoire (2002) gur "Subversion of normative assumption" is ea bunchloch fhilíocht Uí Shearcaigh (ibid., 223) chomh maith. Éiríonn leis, mar sin, domhan nua Gaelach a aitiú ina chuid scríbhneoireachta agus is mithid spás ar leith a thabhairt dá cheardaíocht i dtéarmaí na haiteachta. Faoi mar a deir Tochigi faoi shaothair aistrithe an fhile "[...] he carefully redresses stereotypical images of the Irish-speaking people for whom he speaks" (Tochigi 2000: 143). Agus is ann a fhaightear an glór aiteach faoi bhláth ag file glórach oscailte muiníneach.

1.11 Tátal

Is léir, mar sin, go bhfuilimid in ann teacht ar thuiscintí, ar shainmhínithe agus ar shnáitheanna coincheapúla maidir le teoiric na haiteachta agus an chaoi ar féidir í a chur i bhfeidhm i dtéarmaí liteartha. Cé go gcáintear an téarma agus an cur chuige seo as bheith *en vogue*, téarma a d'eascair as an acadamh ard-intleachtúil Meiriceánach agus Francach, cuireann sé ar fáil dúinn pointí ar leith iniúchta don chritic liteartha agus don chriticeoir liteartha araon. Tháinig an cur chuige anailíse seo aníos chugainn as gluaiseacht shaoradh an phobail aitigh agus as frithchultúr an Iarthair sna seascaidí agus sna seachtóidí faoi mar a pléadh iad sa réamhrá. Thug an mheanma nua liobrálach seo deiseanna do scríbhneoirí na Gaeilge téamaí agus ábhair nua a phlé agus chun talamh nua a bhriseadh. Is sa chomhthéacs seo a chuir ár mbeirt scríbhneoirí bisiúla, Micheál Ó Conghaile agus Cathal Ó Searcaigh, tús lena ngairm mar scríbhneoirí comhaimseartha Gaeilge. Is léir go bhfuil téamaí comónta i saothar na beirte seo, agus is éard is féidir a dhéanamh ná scagadh comparáideach a dhéanamh ar an gcaoi a dtéann an bheirt acu i ngleic leis na téamaí seo (is é sin, an gaol leis an smacht, an taithí chathrach, an deoraí aiteach, gan ach cuid de na téamaí comónta a lua). Cé gur traidisiún sách nua é traidisiún chritic na Gaeilge, tá féidearthachtaí as cuimse ann chun léamha nua a chur i dtoll a chéile bunaithe air. Mar sin féin, níl an oiread sin spáis tugtha don léamh homaighnéasach, aerach ná aiteach i litríocht na Gaeilge.

Cuid 2

Noirm, Smacht agus an Teacht Amach

2.1 Pionós agus Pléasc: An (Bhith)chumhacht agus an Normatacht

Faoi mar a pléadh thuas, is éard atá i gceist leis an mbithchumhacht ná "[the] management of bodies", go háirithe i dtaobh an smachta (McCann agus Monaghan 2020: 29). Sna téacsanna thíos, déantar cíoradh ar an gcaidreamh a bhíonn ag an duine le lámh láidir an smachta. Taispeántar rian an smachta sa chéad chnuasach gearrscéalta de chuid Uí Chonghaile, *Mac an tSagairt,* ach go príomha in 'Mac an tSagairt' [*MAS*]. Molann Titley gur "Machnamh nó monalóg inmheánach is mó atá i scéal teidil a leabhair, 'Mac an tSagairt', stíl a oireann go seoigh d'aigne chráite an charachtair ann" (Titley 1987: 42). Gearrscéal luath de chuid Mhichíl Uí Chonghaile atá anseo, a bhfuil an crá síceolaíoch mar théama leanúnach ann. Scéal an phríomhcharachtair atá ann an oíche sula ndéantar é a oirniú. Cé go n-aithnítear laigí an ghearrscéil, is é sin go bhfuil sé "éadomhain agus míshásúil ó thaobh na carachtrachta de" (Ní Dhonnchadha 1987: 27), nuair a scrúdaítear ábhar an scéil, spreagtar ceisteanna ar an léitheoir i dtaca le cúrsaí cumhachta agus smachta. Tugtar "children of the ordained" air seo i dtéarmaí comhaimseartha, agus d'eascair an t-eagras Coping International as iarrachtaí Vincent Doyle an stiogma maidir leis an ábhar seo a cheistiú. Tugann Doyle, ar mac sagairt é, na dúshláin a bhíonn le sárú ag gasúir sagart faoi deara: "The psychological problems surrounding children of priests and religious germinate in society and are rooted in clericalism, thus psychosocial in nature. Imposed or assumed silence, masked as privacy becomes the hallmark of the child's life at conception. Out of this silent world emerges a child who is nervous and confused" (Doyle 2019: 41). Go cruthaitheach, agus i bhfad roimh bhunú an eagrais thuas, cuireann Ó Conghaile scéal a phléann leis an ábhar casta seo ar fáil go healaíonta. Tá an scéal féin mar fhreagra ar ionchais na sochaí ina maireann an príomhcharachtar agus cuirtear brú ar an bhfear céanna dul leis an tsagartacht dá bharr. Agus tuiscint Foucault á cur i bhfeidhm anseo maidir le ceistiú na cumhachta, d'fhéadfaí a rá go raibh iallach ar an mac a bheith ina shagart toisc gur rugadh é taobh amuigh de pharaiméadair inghlactha na sochaí (is é sin an teaghlach normatach) agus gur sháraigh a thuismitheoirí (agus é féin dá thoradh) noirm shochaíocha nó shóisialta dhomhan an ghearrscéil (Ó Conghaile 1986: 23). Tá tábhacht ar leith ag baint le cinneadh an scríbhneora an gearrscéal a scríobh sa tríú pearsa, rud a chuireann leis an oibiachtúlacht chun bearna mhothálach a chruthú idir an carachtar agus an léitheoir. Is féidir a áireamh gur de thoradh na bithchumhachta é sa chaoi is go ndéantar iarracht institiúideach (an Eaglais) ar leith smacht a choinneáil ar an bpríomhcharachtar de bharr noirm áirithe na sochaí. Sa chuid seo ó bhéal an phríomhcharachtair, feictear an tslí a n-imríonn cumhacht tionchar ar charachtar Uí Chonghaile agus an brú as cuimse a chuirtear air, "Cén rogha a bheadh ag duine ach iad a fhágáil ... saol nua a thosú ... saol ar mhór idir é agus éadaí dubha sagairt, ofráil Aifrinn agus ola dheireanach ..." (ibid.). Ní mór don ábhar sagairt glacadh le pionóis a athar de bharr an smáil a tharraing sé siúd ar a theaghlach. Agus an t-ábhar sagairt ag tabhairt aghaidh ar shaol cráifeach na hEaglaise, cuimhníonn sé ar a athair agus an chomhairle a chuireadh sé air. Ba léir go raibh ar an mac freastal ar an dá shaol (saol na hEaglaise agus saol mar thuata). Peaca agus pionós atá le haireachtáil anseo: mac an tsagairt ag dul leis an tsagartacht toisc gur thit a athair i gcathú go collaí. D'fhéadfaí a mhaíomh gurb í bithchumhacht Foucault atá le feiceáil anseo agus an mac á bhrú isteach san Eaglais le rialacha dochta na sochaí, agus na córais a bhaineann léi a shásamh agus chun a cholainn agus a mhianta a choinneáil faoi smacht. Éilíonn an gearrscéal seo léamh aiteach mar gur léir go bhfeidhmíonn noirm agus smacht a dtionchar ar mhac seo an tsagairt.

I gcodarsnacht lom le hiarracht Uí Chonghaile thuas, ní i gcónaí a chuirtear an bhithchumhacht os comhair an léitheora. In ainneoin institiúidí áirithe smachta, is féidir leis an gcolainn an bhithchumhacht a shárú chomh maith. Cnuasach sách luath é *Súile Suibhne* (1983) le Ó Searcaigh ina n-ardaíonn an file ceisteanna faoin gcolainn chollaí agus faoin smacht lena linn agus ceanglaítear iad le híomhánna na hEaglaise go minic sa chnuasach céanna (Mac Cárthaigh 2002: 35). Is iomaí dán ina ndíríonn an

Searcach ar an gceangal seo, agus is féidir 'Tearmann', 'An tAngelus', 'Briathra agus Bráithre' agus 'Transuibstaintiú' a áireamh mar eiseamláirí den cheangal seo. Dánta iad seo ina dtugann sé aghaidh ar an Eaglais go ginearálta agus ionchais na hEaglaise trí chéile: "[...] he contests the authoritative cultural interdictions laid down by the Catholic Church. This challenge parallels the present and same-sex practices in Gaelic culture of the past" (Ó Conchubhair 2002: 121). Sa luathdhán 'Searmanas' [*SS*] de chuid Uí Shearcaigh (1983), iompaítear an gníomh adhartha reiligiúnach ina raon aiteach. Is ag an altóir a "c[h]eiliúraim do chorpsa anocht, a ghile" (ibid., 157, líne 2). Baineann an file leas as an gcolainn mar mhóitíf leanúnach dá mhianta agus dá chráifeacht. Feictear úsáid á baint ag an bhfile as téarmaíocht reiligiúin le linn an dáin: "míorúilt ... cailís... s(h)acraimint..." (ibid.). Cé go ndéanann na hinstitiúidí seo iarracht smacht a choinneáil ar an gcolainn le "deasghnátha mo dhúile" (ibid., líne 3), is éard atá i gceist anseo ná ceistiú ar an gcolainn féin. Go feidhmiúil, tógann an file an cholainn mar altóir agus an chollaíocht mar dhia aige. Déantar tuilleadh iniúchta go céadfach ar an gcolainn lena linn. Cráifeacht an duine agus na hionstraimí institiúideacha a chuirtear i bhfeidhm ar an duine chun an cholainn a choinneáil faoi chois is ea na híomhánna meafaracha seo, agus an chaoi ar féidir leis iad a shárú. Sa dán seo idir lámha tugann reacaire an téacs "paidreacha na bpóg" (ibid., líne 6) dá leannán agus go mbeidh "diamhrachtaí do ghnéis" (ibid., líne 18) ann.

Ní i gcatagóirí na collaíochta amháin a bhíonn an bhithchumhacht le feiceáil i saothair na scríbhneoirí seo, agus bíonn an smacht a chuirtear ar cholainn le feiceáil go minic i mbealaí eile. Is in 'Mo Rogha Rud a Dhéanamh' [*FNG*] (Ó Conghaile 2003) a fheictear fórsa na bithchumhachta a fheiceáil sa teach cúirte agus ceanglaítear an fórsa céanna le pionóis. Cuirtear an príomhcharachtar os comhair na cúirte sa ghearrscéal seo chun a chuid coireanna (dúnmharú a thuismitheoirí) a mhíniú. Feictear an chaoi a gcaitear leis an bhfear seo, fear a raibh cúiseanna aige lena thuismitheoirí a chur chun báis, agus an chaoi a mbíonn an bhithchumhacht lárnach chun greim a choinneáil ar an bpríomhcharachtar agus ar a cholainn (ibid.). Córas cumhachta atá ar thóir céille is ea an teach cúirte seachas córas atá ag iarraidh pionós a ghearradh air. Míníonn an reacaire gur cóir é a chur chun báis, ach nach raibh an bhithchumhacht áirithe seo (breith an bháis) ceadaithe in Éirinn (ibid., 88). Míníonn an reacaire dúinn gur féidir leis an bhreith a sheachaint trí mheán an bháis. Mar a phléann Foucault é féin sa chaibidil "Right of Death and Power over Life" in *The History of Sexuality Volume* (1978), tá sé de cheart ag an Stát cinneadh a dhéanamh mar gheall ar bhás nó ar shaol an duine sa phobal. Mar sin féin, is léir gur féidir leis an tsuibiacht a "rogha rud a dhéanamh" agus bithchumhacht an stáit a chaitheamh bunoscionn. Nach féidir a áireamh, cuir i gcás, go bhfuil féidearthachtaí ann go bhfuil bithchumhacht ag an duine go ginearálta agus gur féidir leis an saol a fhágáil trí lámh a chur ina bhás féin? Cé go bhfuil fiúntas ar leith ag baint le tuiscintí Foucault ar an gcumhacht, meastar chomh maith gur féidir an léamh a leathnú sa chaoi seo agus an fhéinchumhacht a chur san áireamh.

Is staidéar an-chuimsitheach agus spéisiúil é 'An Buachaill Bán' [*NBB*] de chuid Uí Shearcaigh (31: 1996) ina spreagtar ceisteanna bunúsacha daonna faoin bhfírinne agus faoin normatacht. Déanann an

Searcach scagadh tuisceanach téagartha ar an bhfírinne seo agus é ag iarraidh "teangaidh a thabhairt don tost seo" (ibid., líne 2). D'fhéadfaí a áireamh, chomh maith leis sin, go bhfuil sé i gceist ag an Searcach iarracht a dhéanamh meon an duine aonair (an file) a chur os comhair an phobail; go dteastaíonn uaidh a fhéiniúlacht mar fhile aiteach a fhógairt go neamhbhalbh. Cé nach bhfuil na focail aige "go fóill lena insint, lena rá" (ibid., línte 2–3), briseann an dán talamh nua don Searcach, a leanann leis an gcur chuige seo go téamach i gcnuasaigh eile dá chuid. D'fhéadfaí a rá go dtiteann teoiric Foucault as a chéile i dtaca leis an mbithchumhacht arís eile anseo i gcomhthéacs an dáin thuas mar go bhfuil glór muiníneach aige a sháraíonn an bhithchumhacht ann agus déantar scagadh ar an gcaoi a múnlaítear an cholainn dá réir. Cé go ndéantar an cholainn agus a mhianta a smachtú, tá féinfheasacht ar leith i gceist leis seo. Míníonn de Paor (2005) go bhfuil téis ann gur ag aistriú ón leanbaíocht (Máthair) go dtí an fhearúlacht (Athair) atá i gceist leis an aiteacht (ibid., 29–30) agus gur easnamhach é an t-aistriú sin ón dá choincheap nó staid. Mar sin féin, is féidir glacadh leis go gceiliúrann an file an t-easnamh (más ann dó) seo agus go bhfuil sé ag iarraidh ciall a bhaint as féin mar fhile aiteach agus mar fhile Gaeilge. Ar an dóigh chéanna, déantar an téama seo a leathnú in 'An Sceilg' [*ATM*], ina ndéantar manach aiteach samhalta, Tuathal Mac Liag, atá ina fhile, a léiriú ann. Aitiú atá ar bun ag an Searcach anseo ar thraidisiún liteartha na Gaeilge, agus cuirtear ualach na saoirse ar phearsa an dáin a scéal a insint: "D'fhéach sé orm go géar amhail is le rá go raibh sé de dhualgas orm/ teangaidh a thabhairt don tost seo a thit ar a shaothar. Sin a tuigeadh domh/ ar scor ar bith" (ibid., 9–11). Faoi mar a pléadh cheana, baineann an bhithchumhacht leis an mbrú a chuirtear ar an gcolainn chollaí, agus anseo, fógraíonn an manach nach raibh trácht ar a shaothar mar gur dhuine aiteach a bhí ann: "Anois, de réir mar a chluinim, níl trácht ar mo shaothar i laoi nó i litir [...]" (ibid., 7–8). Deir an manach go raibh spéis aige i bhfir, agus tógtar bráithreachas idir é agus an phearsa chun a scéal a rá os ard, rud a fhágann tionchar ar aistear aiteach an fhile: "Ó shin i leith tá na dánta seo ag faibhriú i m'aigne" (ibid., líne 21).

Léiríonn na saothair seo an chaoi a mbíonn tionchar na cumhachta mar chuid lárnach d'indibhidiúlacht na gcarachtar nó na glóire, tuiscint atá i gcroí phríomhthéis Foucault (Rozmarin 2005: 2); an t-ábhar sagairt ag iarraidh tuiscint a fháil air féin i gcomhthéacs na cumhachta, an t-aitiú a dhéantar ar leaba an fhile i ndán Uí Shearcaigh, an teach cúirte mar shiombail den chumhacht i saothair Uí Chonghaile, nó an buachaill bán agus an manach aiteach ag iarraidh teanga a thabhairt don tost. Is cinnte go mbíonn tionchar ag gréasáin éagsúla chumhachta, is é sin, leibhéil éagsúla chumhachta, ag mianta príobháideacha an duine aonair agus go bhfeidhmíonn na saothair seo mar scáthán do na scríbhneoirí atá faoi chaibidil. Mar sin féin, is léir go bhfeidhmíonn an gaibhniú agus an scaoileadh rúin mar ghnéithe den normatacht agus mar ghnéithe den aiteacht araon. Tá brú as cuimse ar charachtair agus ar reacairí na saothar cruthaitheach thuas agus is ag glacadh le fórsaí dosheachanta an phobail nó na n-institiúidí a choinníonn an cholainn féin faoi smacht. Sa chéad aonad eile, caithfear súil ar an scaoileadh rúin agus ar an gcaoi a sáraíonn an duine aonair rialacha an phobail timpeall air.

2.2 An Gaibhniú agus an Fhaoistin

> Agus fiú mura dtig liom trácht ar an té atá le mo mhian
> mura dtig liom a chuid gruaige, a shúile, a bheola a lua
> i gcomhrá,
> mura dtig liom a chuid áilleachtaí a chanadh os ard
> faoi mar is dual don té atá i ngrá;
> beidh a aghaidh, atá i dtaisce i mo chuimhne,
> a guth atá ag cuisliú i mo chéadfaí
> na tráthnóna fómhair úd, atá ag buíú mo bhrionglóidí;
> beidh siad anois agus i dtólamh
> ag tabhairt blais agus bolaidh do mo bhriathra
> is cuma cén smaoineamh a nochtaim, is cuma cén dán
> a chumaim. (Ó Searcaigh 1997: 16, línte 1–10)

Faoi mar a phléann Ó Searcaigh ina dhán corraitheach thuas dar teideal 'Rúnsearc' [*NBB*], ní féidir leis an duine aiteach a shaol a chleachtadh mar is ceart agus mar is cóir toisc go n-imríonn an heitreanormatacht agus an homafóibe tionchar nach beag ar an duine. Spreagann an dán seo ceisteanna faoi rúin agus faoin náire a bhaineann leis an bhféiniúlacht aiteach ag tús an chéid seo caite. Tagann an dán seo le coincheapa i dtaca leis an scaoileadh rúin, teoiric lárnach de chuid Foucault (1978), is é sin an *Hipitéis Smachtúil,* áit a bpléann sé an chaoi a mbíodh an ghnéasacht, an chollaíocht, agus a mbaineann leo, ina dtost: "instances of muteness which, by dint of saying, imposed silence" (ibid., 17). Dar le Foucault go dtagann tost i bhfeidhm mar ghníomh féinchinsireachta agus an tsuibiacht (is é sin an duine) ag iarraidh é féin a choinneáil slán. Is trí mheán na faoistine seo a éiríonn leis an duine a mhianta príobháideacha collaí agus gnéasacha a léiriú agus is as sin a eascraíonn impleachtaí morálta agus sóisialta. An rud a fheictear sna saothair thíos ná sárú na hipitéise agus na carachtair ag iarraidh a gcuid mianta a chur i bhfoirm faoistine go hoscailte.

In 'Ar Pinsean sa Leithreas' [*AFP*] Uí Chonghaile (1997), tugann príomhcharachtar an scéil droim láimhe don domhan mór agus cuireann sé é féin faoi ghlas ina leithreas sa bhaile mar léiriú ar an tsaoirse dhaonna. Is sa leithreas seo a chaithfidh sé an chuid eile dá shaol. Déanann Ó Cofaigh (2004) cur síos an-soiléir i dtaca leis an téacs thíos:

> Cothaítear an rí-rá agus ruaille buaille le linn an scéil toisc nach bhfuil an dream taobh amuigh den doras in ann glacadh le tuairimí an fhir taobh istigh. Is é an chodarsnacht seo a chabhraíonn go mór le dráma iontach a chruthú sa scéal. Tá an reacaire cinnte dearfa de nach bhfuil sé chun bás a fháil san áit ina bhfuil sé agus níl drogall dá laghad air é sin a chur in iúl dá dhlíodóir a thagann ar cuairt chuige. (ibid., 46)

Feidhmíonn an leithreas mar mheafar don bhosca faoistine, raon príobháideach é ina mbíonn an reacaire in ann machnamh a dhéanamh ar chinntí agus ar *raison d'être* an tsaoil. Cé go nglacann sé leis go "[d]téann chuile dhuine chuig an leithreas ó thráth go chéile mar a bheifeá ag súil ó nádúr an duine" (Ó Conghaile 1997: 77), is cinneadh níos leithne, níos fadtréimhsí é a shaol a chaitheamh sa leithreas seo, áit a gcinntíonn agus a gcothaíonn sé a shaol agus a cholainn. Is istigh sa leithreas is féidir leis an reacaire droim láimhe a thabhairt don saol agus, go híorónta, don ghaibhniú sóisialta. Ceistítear, mar sin, an Hipitéis Smachtúil, toisc go ndearna an reacaire a rogha féin chun a shaol a chaitheamh i spás seo an leithris. Le linn dó a bheith ag cur faoi istigh ina áit chónaithe nua sa leithreas, tagann sagart ar cuairt chuige ag iarraidh go dtiocfadh athrú poirt air agus go bhfágfadh sé an leithreas ar deireadh. Ní dóigh le fear an leithris gur gá don sagart maithiúnas a thabhairt dó, toisc nach bhfuil sé tite i bpeaca. Ní dóigh leis go bhfuil an sagart uaidh leis an bhfaoistin a dhéanamh (ibid., 81). Dar leis nach féidir aon pheaca a dhéanamh san áit ina bhfuil sé: "Ar ndóigh, ní áit pheacúil an leithreas, an ea? Tá an áit seo saor ó chathú mealltach an diabhail" (ibid.). Is pointe spéise é seo a chuireann raon an pheaca i dtéarmaí an ghnímh. Níl fear an leithris sásta glacadh le tuiscintí a bhaineann leis an Hipitéis Smachtúil; sa chaoi is go dtiontaítear an leithreas go hiomlán ina raon collaí, agus é scoite amach ó chumhacht na hEaglaise. Cuirtear an sagart in iúl mar shiombail do ghuth na cumhachta agus go bhfuil "canonical law, the Christian pastoral, and civil law [...] the licit and illicit" i gceist leis (Foucault 1978: 37). Iarann an sagart ar fhear an leithris maithiúnas a iarraidh trí pholl na heochrach, go mbeidh sé in ann a anam a shábháil ó pheaca agus ó phionós, ach ní ghlacann fear an leithris leis an tairiscint. Bagraíonn sé ar an sagart go gcuirfidh sé broim as poll a thóna trí pholl na heochrach isteach i gcluasa an tsagairt agus é ag cuardach maithiúnais uaidh (Ó Conghaile 1997: 81). Cuireann an reacaire i gcuimhne dúinn go bhfuil sé sásta rialacha nó coinbhinsiúin shóisialta a bhriseadh agus é sa raon faoistiniúil cumhachtach seo:

> Tá na ballaí bána breac agam le graifítí. Bím ag scríobh go dtagann tálach i mo lámh. Bíonn cluas orm ag éisteacht leis an uisce ag sruthlú gach uair a tharraingím an slabhra. Bíonn a fhios agam cé mhéad braon a líonfas suas arís é. (ibid., 78)

Aitiú a dhéanann Ó Conghaile ar an raon príobháideach seo, áit a gcaitear nóisin i leith na cumhachta bunoscionn. Toisc gur féidir leis an bpríomhcharachtar an raon seo a úsáid chun coinbhinsiúin áirithe normatachta agus shóisialta a shárú, níor dhóigh leis gur ghá dó a rúin a inseacht don sagart, rud a fheidhmíonn mar shiombail smachta trí chéile. I gcomórtas leis an gcarachtar láidir a chuirtear inár láthair in 'Ar Pinsean sa Leithreas' [*AFP*] (1997), is cosúil go bhféadfaí an fonn scaoilte agus an gaibhniú a cheistiú i nóibhille Uí Chonghaile (2020). In *Sa Teach seo Anocht,* dírítear ar ghníomh na scríbhneoireachta chun scaoileadh le rúin. Fad is atá nóta fágála dá bhean chéile á scríobh go drogallach ag an bpríomhcharachtar, mar go mbeidh tionchar aige seo ar a mhac, is dúshlánach an gníomh dó é an rún a chur i bhfoirm scríofa. Ar ndóigh, níl an rún úd á rá amach os ard ag an reacaire lena bhean chéile sa mhír seo i gcaibidil 18 den nóibhille, ach is deacair leis teacht ar na focail chearta chun a mhianta fágála a chur os a comhair siúd. Deir sé, "Is deacair tada a rá lena rá ceart, a deireadh mo sheanathair agus tuigim anois brí a ráitis, go háirithe sna gnóthaí seo. Bheifí ag léamh idir na línte. Thabharfaí an oiread sin suntais don rud nár dúradh leis an méid a bheadh ráite." (ibid., 60). Mórbhua is ea seo, ar shlí, atá ag an údar teannas a chothú sa téacs. Cé gur gníomh príobháideach í an scríbhneoireacht seo, nóta beag fánach nach dtugann sé dá bhean chéile ar deireadh, ní éiríonn leis na focail chearta a aimsiú. Cuirtear, mar sin, radharc uaigneach os comhair an léitheora anseo sa scéal a cheistíonn an fhorbairt a thagann ar rúin trí chéile.

Ach ní i gcónaí a bhíonn ualach na rún ag imirt tionchair ar charachtracht na beirte scríbhneoirí. Fear óg aiteach 20 bliain d'aois is é Mánas, príomhcharachtar *Teach an Gheafta* (2018) [*TAG*] le Cathal Ó Searcaigh, agus déantar plé ar shamhradh cinniúnach a chaith sé i gceantar tuaithe i Mín na Móna, Gaeltacht shamhalta an scríbhneora. Bleá Cliathach é Mánas a bhfuil ceangal aige le Tír Chonaill, áit a bhfuil Teach an Gheafta, teach a mhamó. Sa chéad chuid den úrscéal tugtar cúlra níos leithne d'fhéiniúlacht aiteach agus uirbeach Mhánais nuair a bhuaileann sé le Trixie La Rue, banríon drag, a bhfuil sé mar aidhm aici an saol aiteach a chur os a chomhair. Eascraíonn teacht amach Mhánais as an gcaidreamh tacúil seo le Trixie. Díol spéise is ea gur sa chathair a thagann Mánas ar thuiscintí gnéasachta faoi féin, faoin saol aiteach, agus is ann a thagann sé amach. Tagraítear sa mhír thíos do phubanna agus do chlubanna aeracha, agus a thuisceanaí is a bhí tuismitheoirí an phríomhcharachtair faoina theacht amach. Le tacaíocht Trixie, sáraíonn Mánas a rún:

> 'Here we go, out of the closet and into the fairy ring.' A déarfadh sí leis agus í á thabhairt go dtí an George nó Out on the Liffey, beáranna aeracha na cathracha. Agus nuair a d'fhógair sé sa bhaile go raibh sé aerach bhí a mháthair an-tuisgeanach. Ba léir daoithi, a dúirt sí, ó bhí sé ina ghasúr beag go raibh an claonadh sin ann. Bhí lúcháir an domhain uirthi anois go raibh sé sásta é sin a admháil go poiblí. Mhol an t-athair é as a bheith fírinneach ach mhothaigh Mánas nach raibh a chroí ann agus go raibh col éigin aigse leis an chlaonadh a bhí ina mhac." (ibid.: 33–34)

Ar an gcuma chéanna a chuirtear cumhacht agus an fhaoistin in iúl le linn an ghearrscéil 'As Láimh a Chéile' [*AFP*] (Ó Conghaile 1997). Ráiteas láidir maidir le ceiliúradh na gnéasachta agus na collaíochta atá le feiceáil i gcorp an phíosa ina bpléitear fear óg darb ainm John Paul agus é ag cuardach leannáin i gclub aerach i mBaile Átha Cliath. Cuirtear íomhánna réadúla inár láthair d'atmaisféar an chlub aeraigh sa ghearrscéal seo áit a bhfuil John Paul "réidh *for the kill*" (ibid.: 37). I measc an tslua, ina bhfuil "fir bheaga, fir mhóra agus fir bhreátha freisin, a mhac, ag rince is ag damhsa os mo chomhair – déagóirí, fir sna fichidí, sna tríochaidí agus roinnt eile níos sine" (ibid.) tugann an reacaire fear óg faoi deara a bhfuil an-dúil aige ann:

> Strapaire ard d'fhear, téagartha gan a bheith ramhar, léine gheal lonrach air agus treabhsar dorcha' gruaig ghearr fhionn air, é thar a bheith dathúil, b'fhacthas dom, tríocha bliain d'aois b'fhéidir, má bhí ar éigean ... Ní sicín óg as an mblaosc amach is amach b'fhéidir, ach bhuel ní raibh sé róshean domsa le súp a bhaint as. (ibid., 39)

Buaileann an reacaire leis an bhfear ar deireadh tar éis do an-chuid sall is anall a bheith ar siúl ach gan *move* a bheith déanta (ibid., 40). Nochtar an imní atá sa suíomh tríd an ainmniú – an tarraingt siar agus an t-athainmniú a dhéanann John Paul air féin mar *Johnny* seachas John Paul:

> Rugadh mé an lá ceannann céanna a dtáinig sé go hÉirinn, an diabhal bocht. Anois! Tá tú i gcomhluadar fir ainmnithe as fear naofa, fiú muna bhfuil sé féin rónaofa. Johnny mar sin, a dúirt sé, cuma mhagúil ar a aghaidh. Is féidir leat Johnny a thabhairt anocht orm. (ibid., 41)

Léirítear anseo tuairimí Foucault i leith na cumhachta agus i leith na faoistine. Rinneadh an carachtar a ainmniú i ndiaidh siombaile atá thar a bheith cumhachtach (an Pápa) ach ainm nár mhaith leis a chur san áireamh toisc go bhfuil sé i ngéibheann na mianta collaí atá aige. Mar sin, is gá dó a ainm a sheachaint, comhartha soiléir dá fhéiniúlacht, agus ainm bréige collaí nó gnéasach a ghlacadh. Dá bharr, is féidir leis an bhfear coinníollacha sóisialta agus a mhianta pearsanta collaí féin a shásamh ag an am céanna. Tuigtear roimh dheireadh an ghearrscéil gur sagart é an fear úd agus é ag iarraidh an saol cráifeach a chaitheamh go rúnda mar fhear aiteach. Nuair a bhuaileann siad beirt lena chéile ar dtús níl John Paul sásta a bheith oscailte maidir lena ainm toisc go bhfuil baint aige leis an gcráifeacht. Níl sé sásta a rún a scaoileadh uaidh mar gheall ar an gceantar arb as dó nó a ainm fiú. Éiríonn leis an gConghaileach an raon príobháideach agus a aitiú le tuiscintí caolchúiseacha trína dtagann an chollaíocht phearsanta agus an fhaoistin le chéile.

Ina réamhrá ar *Na hAingle ó Xanadú* (2005) [*NAX*], déanann Ó Searcaigh trácht ar mhisean ealaíne *Innti* mar fhóram a raibh sé mar aidhm aige an cultúr agus an frithchultúr filíochta a chur os comhair an phobail. Faoi mar a deir sé, "Ansiúd ní raibh *taboo* ar théama ar bith. Ní raibh cosc ar a dhath ach drochfhilíocht" (ibid., 11). Leagann Ní Chléirchín béim ar an bhfuascailt fhuinniúil seo ina haiste cheannródaíoch ar ghlúin *Innti:*

> Theastaigh uathu dánta a scríobh a bhí macánta maidir le taithí na colainne agus na collaíochta agus iad ag ceistiú luachanna coimeádacha. Ba é an cultúr a bhí ann in Éirinn ná cultúr a chuir collaíocht na ndaoine – go háirithe collaíocht na mban – faoi smacht agus faoi chois leis na céadta bliain. Bhain tost agus náire leis an cholainn agus an chollaíocht agus an caidreamh collaí taobh amuigh den phósadh. (Ní Chléirchín 2023: 16)

Tá an tsaoirse chainte seo le feiceáil sa chnuasach céanna ina bhfuil an aiteacht ag feidhmiú mar théama leanúnach agus na rúin a bhaineann léi idir lámha ag an bhfile. Níl aon amhras ach go bhfuil an gaibhniú agus an scaoileadh rúin i gcroí théama an dáin 'Paidir' [*NAX*] ón gcnuasach céanna ina ndéanann an file scagadh ar an mbrú a chuireann an rún air agus an fonn air glór a thabhairt don tost a bhíodh ann. Baintear feidhm anseo as sraith íomhánna ina gcuireann an file síos ar an mbrú áirithe seo agus reacaire an dáin ag déanamh a mhachnaimh ar a chaidreamh le Dia. Léirítear anseo frustrachais an fhile agus é ag iarraidh a rúin a phlé leis: "Ba mhaith liom/ labhairt le Dia/ a inse dó/ suas lena bhéal/ Go bhfuil mé dúthuirseach/ de bheith ag ithe úll na haithne/ Go bhfuil mé/ bréan dearg/ de bheith ag fleá/ ina chuid feola" (ibid., 1–12). Tá an chuid eile den dán dírithe ar an tost a bhíonn ann nuair a dhéanann an file iarracht teagmháil a dhéanamh le Dia: "Ach ní féidir/ teangmháil leis/ mar gur Tost ar fad/ a Theangasan" (ibid., 17–20). Tá an bac cumarsáide seo le brath idir an reacaire agus Dia agus ní go dtí go bhfaigheann sé bás a bheidh sé "lánlíofa/ i dTost" (ibid., 32–33). Mar sin, cé go bhfuil fonn ar phearsa an dáin a rúin a scaoileadh uaidh trí chumarsáid a dhéanamh le Dia, tuigtear dó nach bhfuil a leithéid indéanta agus ceistítear, mar sin, an choimhlint inmheánach a eascraíonn as brú na rún.

Anuas air sin, is féidir lorg na cumhachta céanna a fheiceáil in úrscéal Uí Chonghaile *Sna Fir* (1999), téacs ina dtagann príomhphearsa an úrscéil, John Paul, in inmhe go collaí agus é ag glacadh leis féin mar fhear aerach roimh dheireadh an scéil, agus a fheidhmíonn mar réamhtheachtaí do Bildungsroman Uí Shearcaigh thuas (2018). Tá blas faoistiniúil le haireachtáil agus John Paul ag tabhairt faoina scrúduithe céime ollscoile, mír a spreag mé an leabhar seo a scríobh an chéad lá. Tá an cheist scrúdaithe os a chomhair bunaithe ar ghearrscéalta Phádraig Mhic Phiarais, agus tá fonn ar John Paul anailís chriticiúil a dhéanamh ar Shean-Mhaitias in 'Íosagán'. Léiríonn John Paul cé chomh ciotach is atá an gearrscéal sa chaoi nach dtabharfadh an sagart aspalóid dó as peaca éigin a rinne sé nuair a bhí sé óg (ibid., 84). Ní raibh Sean-Mhaitias, dar le John Paul, in ann maithiúnas a fháil ón sagart toisc gur dhuine homaighnéasach é: "B'fhearr an focal oifigiúil a úsáid sa bhfreagra" (ibid.). Tá ceann de na téamaí is lárnaí san úrscéal seo le feiceáil sa mhír thuas: an príomhcharachtar ag teacht in inmhe an tsaoil agus é ag iarraidh an domhan mór a thuiscint i gceart. Ina fhreagra scrúdaithe léiríonn John Paul a mhíshástacht leis an gcaoi a gcaitear le Sean-Mhaitias. Aithníonn John Paul go bhfuil réimse na haiteachta sa Ghaeilge fós le treabhadh i gceart agus go bhfuil an focal oifigiúil ag teastáil i réim oifigiúil agus é i mbun an scrúdaithe. Tá tuiscint mhaith ag John Paul ar áit na haiteachta i litríocht na Gaeilge agus is sa scrúdú a dhéanann sé iarracht dul i gcoinne an *status quo* agus normatacht léann na Gaeilge. D'fhéadfaí a rá gur cinneadh pearsanta cumhachtach é cinneadh John Paul seo a lua i bpáipéar scrúdaithe: go bhfuil sé ag iarraidh léamh mothálach a dhéanamh ar théama an ghearrscéil agus dá bharr go scaoileann sé uaidh a rún. Is léir, mar sin, go bhfuil faoistin Foucault le feiceáil sa phíosa úd ina ndéantar iarracht an chollaíocht neamhnormatach a chur i gcomhthéacs na teanga (1978: 21). Is i bhfoirm teanga a dhéantar ciallú agus cáiliú ar pheaca Shean-Mhaitiais, mar a shíleann John Paul, rud a thagann le tuiscintí Foucault i leith na collaíochta neamhnormataí: "The Christian pastoral prescribed as a fundamental duty the task of passing everything having to do with sex through the endless mill of speech. The forbidding of certain words, the decency of expressions" (ibid.).

Déantar uafás an ghaibhnithe agus an pionós a ghearrtar ar fhir aiteacha a scrúdú go healaíonta in 'Amhrán Grá is an tÁr inár dTimpeall' [*AA*] le Ó Searcaigh. Tá an dán seo fréamhaithe i gcultúr fhilíocht na hAraibise agus is furasta an baol agus an chontúirt fhisiciúil a bhaineann leis an duine aiteach a fheiceáil anseo go healaíonta. Agus beirt fhear ag suirí lena chéile, mínítear an chaoi a ndéantar an cholainn aiteach a chur i mbaol: "Ár macasamhail féin, buachaillí bána an cheana,/ á marú i mbéal an chatha, tuilleadh dár gcineál/ á gcéasadh i bpríosún na brúidiúlachta" (ibid., 6–8). Cé go dtugtar cuntas dúinn ar an éigniú ban, agus ar an gcaoi a gcaití le lucht léinn agus le gasúir, coinníonn an bheirt fhear leo ag suirí "ag móradh na beatha ar phíb ár ngrá/ mar ba ghnách le filí na hAraibise a rá" (ibid., línte: 18–19). Is éard atá ar bun ag an Searcach anseo, dar liom, ná scrúdú ar nádúr an ghrá – cé go dtuigeann an bheirt fhear aiteacha nach nglactar lena gclaonadh gnéasachta go cultúrtha, tuigeann siad nach féidir leo seo a shéanadh.

Sa mhullach ar an bhfaoistin, ba léir do Foucault in 'Birth of the Asylum' go raibh an gaibhniú thar a bheith tábhachtach mar choincheap i smachtú na collaíochta agus na neamhnormatachta:

> Compared to the incessant dialogue of reason and madness during the Renaissance, classical internment had been a silencing. But it was not total: language was engaged in things rather than really suppressed. Confinement, prisons, dungeons, even tortures, engaged in a mute dialogue between reason and unreason – the dialogue of struggle. This dialogue itself was now disengaged; silence was absolute; there was no longer any common language between madness and reason ... (Foucault 1984: 152)

Thuig Foucault, ina dhiaidh sin, go raibh an gaibhniú mar chuid lárnach de rialú an duine dhaonna agus go raibh sé mar aidhm ag ospidéil shíciatracha agus príosúin ón seachtú haois déag ar aghaidh go háirithe an neamhnormatacht a choinneáil faoi chois. Tugann sé ré an *Great Confinement* (O'Farrell 2005: 36) air nó an Gaibhniú Mór mar a thugaim féin air. Tá Foucault den tuairim gur tháinig fadhbanna síciatracha chun cinn mar ghalair chearta sláinte agus go raibh an catagóiriú sláinte seo tábhachtach i srianadh an ghnáthphobail. Is féidir leas a bhaint as tuiscintí a d'eascair as an nGaibhniú Mór (ó mhórshaothar Foucault, *From Madness and Civilisation*), is é sin, smachtú ar an neamhnormatacht tríd an ngaibhniú a úsáid mar fhráma tagartha iniúchta. Mar a thuigtear do Foucault, is féidir an gaibhniú seo a roinnt idir gaibhniú póilíneachta agus, ina dhiaidh sin, gaibhniú leighis (Foucault 1984: 128). Mar sin féin, síltear go bhfuil éagsúlacht an ghaibhnithe le feiceáil mar mhóitíf inti féin i saothair na scríbhneoirí atá faoi chaibidil.

Ag filleadh ar 'Ar Pinsean sa Leithreas' [*AFP*] (1997), léirítear áit a mbíonn an féinghaibhniú ag feidhmiú mar bhuncheist agus mar bhunargóint an phíosa. Tríd an scéal, mar a luadh cheana, feictear an fear sáinnithe d'aon ghnó ina leithreas agus é ag iarraidh an saol mór a sheachaint. Léirítear fear an leithris mar shiombail den ghaibhniú agus é ag iarraidh a chinneadh chun fanacht sa leithreas a mhíniú dá bhean chéile. Dar lena bhean chéile go mbaineann gach mac máthar leas as an leithreas ó am go chéile nuair is gá ach gur rud nádúrtha é sin (ibid., 77), rud a chinntíonn neamhnormatacht an fhir, ach níl fear an leithris sásta glacadh leis an róshimpliú a dhéantar ar an scéal. Dar leis an bhfear seo gurb é a rogha féin é a bheith faoi ghlas sa leithreas, tá an leithreas ina raon príobháideach atá go hiomlán scoite amach ó pharaiméadair inghlactha na sochaí. Déanann sé aitiú ar an leithreas, áit nach mbeidh rialacha na sochaí ag dul ina choinne. Tar éis dó dul ar scor, breathnaíonn sé ar an leithreas mar raon príobháideach dó féin; é ag iompar ó ghaibhniú na hoibre go gaibhniú an tsaoil laistigh de bhallaí cosantacha an leithris – ní éireodh an reacaire sean agus coinbhinsiúin an ama curtha ar leataobh aige:

> Ní áirítear aon am anseo. Níl clog ar an mballa os mo chomhair. Níl aláram. Níl angelus. Níl sprioclá. Níl féilire. Níl gealach. Níl taoille. An t-aon dáta is cuimhneach liom ná an lá ar chríochnaigh mé ag obair sa státseirbhís – an lá cinniúnach úd a ndeachaigh mé amach ar pinsean luath: agus isteach sa leithreas, d'aon truslóg fhada amplach amháin. (ibid.)

Is ar an dul céanna a choinníonn pearsa an dáin in 'Fios' Uí Shearcaigh [*SE*] (1993) é féin faoi choim. Léirítear príobháideachas na leapa mar áit shábháilte, áit a bhfuil sé in ann a mhianta a chleachtadh agus a chur i bhfeidhm de réir a nádúir féin. Tuigeann sé, chomh maith, cé chomh tábhachtach is atá sé téamaí den chuma seo a phlé i gcomhthéacs na Gaeltachta agus na Gaeilge (Ó Laoire 1997: 223). Feictear dom go n-éiríonn leis an Searcach domhan aiteach Gaelach a chur i dtoll a chéile, chun a mhianta collaí agus gnéasacha a léiriú agus a chur in iúl agus iad curtha i gcomhthéacs an cheantair tuaithe. Sa dán seo, tá sé mar aidhm ag Ó Searcaigh sceitse a chumadh den fhile agus dá leannán agus iad istigh i ngreim a chéile le húsáid íomhánna éifeachtacha. Tá an cur síos ar an gcolainn chollaí, faoistiniúil agus fuinniúil:

> Cnas le cnas, a chroí
> dhéanfaodh salann ár gcuid allais
> sáile don leabaidh
>
> Béal ar bhéal go docht
> beidh bradán feasa do theanga
> ag snámh ionam anocht. (línte: 1–6)

Trí úsáid a bhaint as macallaí ó thraidisiún na miotaseolaíochta, éiríonn leis an Searcach aitiú a dhéanamh ar an raon príobháideach agus an spás a léirítear ann. Úsáidtear íomhá na leapa go héifeachtach le ceisteanna a spreagadh sa léitheoir mar gheall ar an ngníomh collaí. Mar léiriú príobháideach de bhunchloch na méine, cuireann an Searcach inár láthair baill choirp agus léiriú céadfach de féin agus den leannán. Feictear go bhfuil cumhacht ar leith ag baint le teanga an leannáin – go bhfuil cumas agus buanna le baint amach trí mheán na teanga agus trí mheán an ghnímh chollaí. Tá sé suimiúil go leor go gcoinneofar an duine ina thost má úsáidtear an teanga agus d'fhéadfaí a rá go gcuireann an teanga tábhacht na rún i bhfeidhm ar an duine dá bharr.

Ag filleadh ar John Paul in 'As Láimh a Chéile' [*AFP*] (1997) de chuid Uí Chonghaile, feictear an gaibhniú sóisialta a chuirtear ar charachtair an phíosa. Is léir nach bhfuil an bheirt fhear iomlán ar a gcompord maidir lena gclaonta collaí nuair a oireann an suíomh nó an spás dóibh. Cé go bhfuil coinbhinsiúin áirithe na rún ag dul i gcoinne na beirte, tá siad fós in ann teagmháil chollaí a chothú. Tugann John Paul a uimhir ghutháin do Johnny ionas gur féidir leo caidreamh de shaghas éigin a chur ar bun, ach is cinnte go bhfuil rúndacht an chaidrimh sin thar a bheith tábhachtach dó (ibid., 48). Tugann tráchtaireacht Foucault léiriú ar an gcaoi gurb iad "[...] instances of muteness [of] imposed silence." (1978: 17) bun agus barr na collaíochta neamhnormataí agus go ndéantar iarrachtaí an chollaíocht sin a rianú trí leas a bhaint as raonta áirithe príobháideacha. Rianaítear go mbíonn an balbhú seo ag teacht chun tosaigh i dtógáil an chaidrimh idir an bheirt fhear. Gaibhniú sóisialta mar ghréasán atá ann don bheirt nach bhfuil tagtha amach mar dhaoine aiteacha ag tús an scéil.

Tá féidearthachtaí caidrimh fhisiciúla a chruthú nuair a iompaítear an carr ina raon príobháideach. Cothaítear uaigneas, fós fein, de bharr bhrú sóisialta:

"Mar nach dteastóidh ó éinne againn an tost uasal sin a ruaigeadh. Sórt uaignis ag rith linn beirt, shíl mé. Liomsa ar aon nós" (Ó Conghaile 1997: 49).

Feictear, dá thoradh sin, go bhfuil an gaibhniú agus an cruthú spáis araon le feiceáil i saothair na scríbhneoirí seo. Feidhmíonn úsáid áirithe seo na raonta mar iarracht chun an neamhnormatacht a chleachtadh agus a bhlaiseadh. Cé go bhfeictear tionchar uirlisí na cumhachta ar na carachtair, is cosúil gur féidir leo iad a shárú. Is pointe spéisiúil leanúnach é seo atá le fáil i saothair na scríbhneoirí Gaeilge seo agus iad ag filleadh ar an tsaoirse go rialta agus go téamach. Is cinnte go bhfuil caidreamh ar leith le feiceáil idir an duine sa raon príobháideach agus an chumhacht. Sa chéad aonad eile déanfar scrúdú ar an gcaidreamh áirithe seo maidir le cumhacht i dtéarmaí shaothair na scríbhneoirí céanna ach ó pheirspictíocht eile.

2.3 Máistir agus Máistrí: An Géillsineach agus an Smachtú

Cuireann Butler a tuiscint mar gheall ar an gcumhacht chun tosaigh ina haiste 'Revisiting Bodies and Pleasures' (1999). Dar léi go bhfuil sé dúshlánach, go hanailíseach, an fhéiniúlacht a cheistiú ón mbonn aníos toisc go mbíonn sé de chlaonadh ag criticeoirí an inscne a scaradh ón gclaonadh gnéasachta, dhá ghné nach féidir a scaradh ón bhféiniúlacht (ibid., 13). Déanann sí forbairt air seo sa teoiric a bhaineann leis an Máistir agus an Géillsineach. Ceistítear an bhféadfadh duine a bheith ina mháistir agus ina ghéillsineach ag an am céanna? Sa mhír seo, déanfar iniúchadh ar na slite a mbíonn tuiscintí i leith na cumhachta mar ghréasán ann féin, agus breathnófar ar an dinimic a chruthaítear trí mheán an ghéilliúnaigh agus an chaoi a dtagann téamaí ar leith chun cinn i litríocht na scríbhneoirí atá faoi chaibidil.

Athghabháil an dúchais atá i gceist leis an dán 'Gairm' [*TR*] ina nochtar na slite a bhfuil an duine in ann dhá ról dhifriúla a chleachtadh ag an aon am amháin. I gcaitheamh an dáin úd, déanann pearsa an dáin tagairt dá dhúchas agus do sprioc ealaíonta na filíochta. Is machnamh é an dán ar a thábhachtaí is atá an aidhm phearsanta féin i dtaca leis an bhfilíocht ach go bhfuil róil dhifriúla ag baint léi freisin; is é sin caomhnóir an dúchais (géillsineach) agus seachadóir an traidisiúin (máistir). Feictear go bhfógraíonn an phearsa na spriocanna seo ar bhealach a cheanglaíonn an dá choincheap seo le chéile: "Chan i bhfách leis na déithe,/ lena gCré ná le béithe/ a chanaimse sailm na seirce,/ ach ar mhaithe leis an ghrá;/ feis na fola is na feola/ a cheiliúradh gach lá." (ibid., 7–12). Tá an cur síos seo ag teacht leis an gcineál seo coimhlinte idir an máistir agus an géillsineach – cé go dtuigeann an phearsa go bhfuil sé ag tarraingt ar shaíocht agus ar oidhreacht na teanga, is ar mhaithe lena shaol féin a chuireann sé an ealaín féin chun cinn. Mothúchán in áit na maoine atá anseo; is é sin sprioc an ealaíontóra. Baineann an rann deireanach leis an gcineál seo cur chuige agus nochtar, ina dhiaidh sin, idirphlé fairsing ag baint le ceist na cumhachta trí chéile:

> Chan i bhfách le tiarnas,
> le cumhacht ná le ceannas
> a shantaímse urlámhas an dáin
> ach le neart a thabhairt
> do dhaonlathas an bhriathair
> agus do reacht an tSolais. (ibid., línte 19–24)

Ceist an dúchais mar chineál máistir ar cheird na filíochta atá in 'Go Díreach le Bheith Dúchasach' [*NS*] chomh maith. In ainneoin an bhrú shochaíoch a bhaineann leis an seachadadh traidisiúin, caitheann an Searcach nóisin i leith fhéiniúlacht an Ghaelachais bunoscionn. Déanann Ó hÓgáin (1982) plé spéisiúil air seo in *An File: Staidéar ar Osnádúrthacht na Filíochta sa Traidisiún Gaelach* nuair a mhaíonn sé go bhfuil "[...] cumas áirithe a bhí istigh san fhile nach raibh i ndaoine eile nárbh fhilí iad. Intleacht dhiamhair de shaghas éigin a bhí ag an bhfile, dar leis an bpobal, agus bheadh an intleacht sin mar mhaighnéad agus mar stóras ar léann agus ar eolas" (ibid., 5). D'fhéadfaí ceist an traidisiúin a chur san áireamh mar fhórsa cruthaitheach a chuireann brú ar an ealaíontóir cloí le tobar an dúchais, ach titeann sé seo as a chéile go haiteach nuair a mhúnlaíonn an file dán a sháraíonn seo:

Bheinn beo
ar bhiolar is ar shamhradh
i mám do mhása
is d'ardóinn bratach
na bpiteog, a chroí,
ar chrann scóide do bhoid
i mBáidín Fhéilimí. (ibid., línte 1–7)

Is féidir an chumhacht a fheiceáil agus a rianú ó thuiscintí den chuma sin in *Jude* (Ó Conghaile, 2007). Ba thiar i Márta 2007 a céadstáitsíodh *Jude* sa Taibhdhearc agus Seán Ó Tarpaigh mar stiúrthóir air. Sa bhliain chéanna a cuireadh leagan clóite de *Jude* ar fáil. I gcaitheamh an dráma, díríonn Ó Conghaile ar chaidreamh casta an phríomhcharachtair Jude, nó an *Bulldozer* mar a thugtar uirthi sa cheantar, lena hiníon Gráinne. Déantar ionramháil ar an teannas mór a fheictear sa téacs agus seo curtha i gcomhthéacs an spáis inscnigh lena linn agus an bheirt charachtar ag cuardach saoirse ina saol. Maíonn Ó Broin go “[m]Baineann an dráma le streachailt [...] Jude, leis an saol fireann thart uirthi agus na deacrachtaí a bhíonn aici tathant ar a hiníon Gráinne leanacht ar aghaidh leis an streachailt” (Ó Broin 2022: 215). Is féidir an chumhacht a léamh i dtaca leis an raon príobháideach idir Jude agus a hiníon Gráinne ar déagóir í. Is féidir a áiteamh go bhfuil cosúlachtaí móra le feiceáil idir an bheirt: iad éirimiúil agus dírithe ar shaol gairmiúil a bhaint amach dóibh féin, sásta talamh nua a bhriseadh agus iad ceanndána chuige. Feictear seo go háirithe sa chéad mhír nuair a mhíníonn Gráinne do Jude go bhfuil sí ag iarraidh dul leis an mbanaltracht, rud a chuireann iontas agus díomá ar a máthair (ibid., 33). Mar a mhíníonn sí agus an bhanaltracht i gceist aici, “Le go bhféadfadh tú do shaol ar fad a chaitheamh ag iompú seandaoine ina gcuid leapachaí, ag glanadh tóineanna smeadráilte brocacha is ag mapáil suas a gcuid fuail is a gcuid smaoisíl” (ibid.). Feictear mar sin, go ndéanann Jude láimhseáil ar chinneadh Jude mar chuid den dinimic idir an máistir agus an géillsineach. Déanann Jude léamh ar chinneadh Ghráinne mar bhealach ina ngéilleann sí don mháistir. Níl sí sásta lena cinneadh toisc nach bhfuil gairm an altra maith go leor do Jude. Mar sin féin, ní dócha gur féidir an léamh seo a dhéanamh ar Ghráinne toisc go bhfuil sí ag iarraidh talamh nua a bhriseadh í féin agus a rogha rud a dhéanamh. Drochmheas, go ginearálta, a léiríonn máthair Ghráinne ar an mbanaltracht mar ghairm, agus cothaítear dinimic rialála idir an bheirt a mbíonn an inscne mar chuid lárnach di. Tá Jude tar éis a saol a chaitheamh go díograiseach agus go pointeáilte ag iarraidh go n-éireoidh léi mar thréidlia, post a d’fhéadfaí a áireamh mar phost ‘fireann’, agus mar sin, mar acmhainn thábhachtach sa cheantar. Ní mar sin a áitíonn Jude an bhanaltracht. Téama leanúnach seasmhach is ea an choimhlint a chruthaítear idir an bheirt agus Gráinne chomh ceanndána lena máthair ag iarraidh a ród féin a ghlacadh. Tuigeann Jude an caidreamh cumhachta atá idir an bheirt acu agus raon príobháideach an teaghlaigh i gceist aici.

Dán uafáis, faoi mar a mhíníonn Ó Laoire (2000: 17) dúinn é in *Ag Tnúth leis an tSolas*, é 'Gort na gCnámh' [*NBB*] de chuid Uí Shearcaigh ina ndéantar cíoradh cúramach gránna ar an mí-úsáid ghnéis. Mar a chuireann Ó Laoire in iúl ina phlé tuisceanach, déanann an Searcach iarracht éifeachtach teanga a thabhairt don tost, go háirithe don iníon atá ina géillsineach (ibid., 25). Má ghlactar le nóisean Butler i leith na dinimice idir an máistir agus an géillsineach, feictear léiriú foréigneach den chaidreamh go han-soiléir agus go han-téagartha sa dán seo. I seacht mír an dáin, pléitear go hoscailte an caidreamh idir reacaire an dáin agus a hathair. Is ansin i nGort na gCnámh "a chaill mé mo bhláth" (ibid 25: 39–40). Míníonn an reacaire go gcailleann sí a maighdeanas dá hathair, rud a léiríonn an chumhacht mhíshláintiúil agus ghránna a bhí ag an athair i leith a iníne. Cé go gcothaíonn an dán míshuaimhneas sa léitheoir, déantar léiriú neamhleithscéalach ar ar tharla. Is léir go bhfuil dinimic na cumhachta le feiceáil go tréan sa dán, ina mbeireann an reacaire páiste a hathar:

> Thug mé a raibh agam dó
> mo chuid fola
> is mo chuid feola, ...
> ... Cha rabh mé ach trí bliana déag nuair a réab
> sé geasa
> an teaghlaigh (ibid., línte 44–46 agus 75–77)

Foilsíodh *Diabhlaíocht Dé* le Micheál Ó Conghaile thiar in 2015 agus tá gaiscí an scríbhneora le ceiliúradh i bhfianaise na scéalta cumasacha atá ann. Tá go leor de scéalta an chnuasaigh ag feidhmiú mar scéalta a bhfuil blas an Bhíobla orthu, scéalta a tharraingíonn ar thréimhsí ama nach n-aithneodh an léitheoir; léirithe ar an draíocht agus ar mhiotais shamhalta an údair atá i gceist le cuid mhór de na scéalta seo. Molann Ó Muirí iarracht an Chonghailigh agus maíonn sé go "[g]Cumann [sé] miotaseolaíocht agus meitifisic as a shamhlaíocht féin. Ortha dá chuid féin atá i ngach aon phíosa; iarracht ealaíonta le taisteal siar go tús ama chun ceist a chur faoi cheisteanna beatha agus báis" (Ó Muirí 2015). Gearrscéal luachmhar é seo de bhrí go bhfuil an coincheap seo ar mháistrí agus cúrsaí cumhachta ann. Buneilimint sa ghearrscéal seo, 'Mac an Ghadhair', is ea an plé a dhéantar ar an gciorrú coil freisin; ábhar casta íogair arbh fhiú tagairt a dhéanamh dó sa mhír seo den leabhar. Sa scéal seo insítear dúinn gur beo ar éigean a rugadh an iníon agus gur bhásaigh a máthair tar éis di an leanbh a thabhairt ar an saol. As seo amach, is ag gardáil an linbh atá a gadhar agus is eisean a chuireann stop leis an athair agus é ag éigniú an chailín. Fásann caidreamh an mhada agus na hiníne le linn an ghearrscéil, agus bíonn sé in áit athar aici. Nuair a fhilleann athair an chailín agus í seacht mbliana d'aois, ní thuigeann sé an caidreamh eatarthu agus ionsaíonn an t-athair i sa deireadh ionsaíonn an t-athair í; gníomh éignithe a gcuireann an mada stop leis faoi mar a léirítear thíos:

> Scread phianmhar a chuaigh go feirc ann. Rith sé timpeall an bhotháin go ndeachaigh de léim abhógach amháin isteach tríd an bhfuinneog uachtair a bhí fágtha oscailte. Aniar aduaidh a tháinig sé ar an bhfear a bhí ina luí go trom nocht adharcach ansin os cionn an chailín, saothar air, é á bhrú is á athbhrú féin uirthi. Rug sé ar cholpa air

> láithreach ag baint sceilpe as agus lean sé á ionsaí, á scríobadh agus á speireadh is ag baint greamanna fíochmhara fuilteacha as a rúitíní, a cholpaí is a ghléas nó gur ruaig i ndiaidh a chúil amach as an mbothán é. (ibid., 47)

An é sin le rá go nglacann an géillsineach leis an gcaidreamh go pointe áirithe agus go bhfuil sé/sí sásta an dinimic chaidrimh seo a choinneáil sa tsiúl? Míníonn Carline (2006) in 'Resignifications and Subversive Transformations: Judith Butler's Queer Theory and Women to Kill', go bhfuil an dinimic idir an dá choincheap theibí seo thar a bheith tábhachtach i dtéarmaí inscne agus cumhachta (ibid., 312). Síleann sí gurb í an chumhacht bunfhórsa an ghéillsinigh. Tá an dinimic chumhachta seo le feiceáil in 'An Chéad Duine Eile' (Ó Conghaile 1997) [*AFP*]. Anseo, feictear go mbíonn an Bás agus an Saol ag brath ar a chéile: "Is é an dá mhar a chéile acu é – Saol agus Bás – Bás agus Saol: iad chomh mór sin thíos i bpóca a chéile agus dá mba chúpla Siamach in aon bhroinn amháin iad" (ibid., 113). Dá bharr, bíonn caidreamh dlúth ag an gcumhacht leis an ngéillsineach, caidreamh nach bhfuil siombóiseach ach atá go hiomlán ag feidhmiú ar scáth a chéile. Tá an dinimic chumhachta le feiceáil idir an Bás agus an Saol le linn an ghearrscéil ó thaobh téama de agus éiríonn le Micheál Ó Conghaile é seo a chur in iúl go héifeachtach. Ach tá rogha an ghéillsinigh mar bhuntéama an ghearrscéil seo idir lámha, agus toil go pointe. I gcodarsnacht lom le hiarracht Uí Shearcaigh (1993) thuas, feictear go bhfuil ciall ag baint le caidrimh ghéilliúla ar leith. Cuireann an Conghaileach an cineál seo téama os comhair an léitheora trí leaganacha saoil a ainmniú; réamhshaol, idirshaol, iarshaol agus neamhshaol, ach laistigh d'achair na saolta sin, bíonn rogha an duine gan mórán tábhachta toisc go bhfuil ceannasaíocht ag an

Saol ar an duine. Léirítear, mar sin, nach mbíonn an rogha ag gach uile chaidreamh, ach gur féidir le cineálacha ar leith caidreamh a bheith ag obair ar mhaithe lena chéile.

Léirítear an chaoi a mbíonn an chumhacht mar théama agus mar mhóitíf leanúnach i saothar eile de chuid Uí Chonghaile, 'Leabhar na bPeacaí' [*AFP*]. Tá Ó Siadhail (2010) den tuairim go gcuireann Ó Conghaile an-chumas in iúl sa chnuasach seo a chruthaíonn domhan neamhréalaíoch ach sothuigthe ag an am céanna, ní atá le feiceáil go soiléir sa ghearrscéal áirithe seo (ibid., 148). Ceistíonn an scríbhneoir an Eaglais Chaitliceach go hoscailte agus é ag diúltú na cumhachta instiúidí a fheidhmíonn sa téacs (Ó Conchubhair 2014: 13). Éiríonn leis an gConghaileach seo a phlé go hoscailte agus go minic ina shaothair. Sa ghearrscéal úd thuasluaite, feictear go bhfuil míthuiscint ar an moinsíneoir agus a shagart cúnta i dtaobh na cumhachta agus iad cois leapa na seanmhná agus í ag fáil bháis (Ó Conghaile 1997: 66). Tagann corrthónacht agus mífhoighne ar an mbeirt sagart; iad ag iarraidh go gcaillfí an tseanbhean go luath chun go mbeidís in ann filleadh abhaile go dtí an teach paróiste. Tugann an moinsíneoir páipéar nuachta leis ar fhaitíos go mbeidh sé ag fanacht níos faide ná mar a cheapann sé – b'fhéidir nach bhfaigheadh sí bás go dtí an lá arna mhárach. Is léir don tseanbhean, agus í leath ina codladh, nár cheart don mhoinsíneoir a bheith ag caint faoi "amárach", ach gur chóir dó bheith ag caint faoi "inné" amháin. Níl aon chumhacht ag an moinsíneoir ar amárach toisc "[...] nach bhfuil amárach ar bith sa saol, nach seasfaidh amárach istigh ar leic teallaigh an tsaoil seo inniu go deo" (ibid.). Síleann an bheirt sagart go bhfuil cumhacht agus stádas ar leith acu agus iad ag fanacht go dtiocfaidh an bás agus go scaoilfear leo abhaile, ach tuigeann an tseanbhean nach bhfuil aon neart ar theacht an bháis, go dtiocfaidh sé nuair is mian leis. Mar sin, i gcomórtas leis an ngearrscéal úd 'An Chéad Duine Eile' [*AFP*], treisítear arís eile go mbíonn caidreamh áirithe cumhachta ann a bhíonn dosheachanta agus nach féidir le gach duine é a sheachaint. Anseo arís eile is é Bás máistir an tsaoil, agus ní féidir leis na sagairt pharóiste ach ról géilliúil a ghlacadh sa chomhthéacs sin.

Déanann Ó Searcaigh (1983) iarracht ceisteanna den chuma chéanna a phlé ina dhán 'Dia: Nóta Anailíse' [*SS*]. Arís eile an rud a fheictear sa dán seo ná scrúdú ar leith ar an gcaidreamh a bhíonn ag Dia leis an duine. Feidhmíonn Dia sa dán mar mháistir an tsaoil agus is ann a fhaightear ról feitheoireachta, a choinníonn súil ar mhuintir an domhain mhóir agus a choinníonn an duine ar an mbóthar ceart. Sa chéad rann go háirithe cruthaíonn an file tuiscint mhór gur chóir go mbeadh an duine géilliúil dó agus go bhfuil sé sásta go "... [g]coinníonn sé súil ghéar ar ghairdín na n-úll ..." (ibid., línte 1–3). Ar nós an reacaire in 'Gort na gCnámh' [*NBB*], tá caidreamh foréigneach idir an máistir agus an géillsineach arís eile. Tá Dia, i gcomhthéacs an dáin seo, sásta an géillsineach a dhíbirt agus a chlann a chur "... ar shiúl ..." (ibid., líne 4). Tagairt bhíobalta atá le feiceáil ina dhiaidh sin d'Ádhamh agus d'Éabha, iad caite ar leataobh de bharr alpadh na n-úll. Pléann an Searcach torthaí briseadh nósanna anseo agus na himpleachtaí a bhíonn i gceist nuair a bhristear na rialacha. Mar sin féin, an féidir a áiteamh go gcruthaíonn an sárú rialacha seo saoirse an duine? Cé nach mbeadh Gairdín Éidin ar fáil a thuilleadh ag Ádhamh nó Éabha, nach mbeadh saoirse acu? Ach, é sin uilig ráite, is mór an pionós a fhaigheann an bheirt thuasluaite nuair a sháraíonn siad rialacha Dé.

In *Bodies that Matter: On the Discursive Limits of Sex* (1993a), pléann Butler an chumhacht i dtéarmaí Foucault agus í den tuairim go mbíonn an géillsineach agus an máistir ag brath ar a chéile go comhfhiosach agus gurb é an comhdhéanamh seo bunchloch na cumhachta san aiteacht. Mar a mhíníonn Butler in 'Sexual politics, torture, and sexual time' (2008), "[...] there is no one time, that the question of what time this is, already divides us, has to do with which histories have turned out to be formative" (ibid., 1). Feictear, áfach, gur féidir teorainneacha an ghéillsinigh a shárú ó am go chéile. Sa chéad aonad eile caithfear súil ar shárú na dteorainneacha seo i gcomhthéacs na dtéacsanna atá faoi chaibidil.

2.4 An Géillsineach: Ag Sárú Teorainneacha

Sáraítear an dinimic idir an Máistir agus an Géillsineach i ndráma úd Uí Chonghaile *Jude* (2007), ina mbíonn an smacht collaí agus atáirgeach ag Jude i gceist i mír áirithe an dráma seo. Bhí tuilleadh gasúr óna fear céile Peadar agus é den tuairim go raibh comhluadar de dhíth ar a iníon Gráinne (ibid., 71). Míníonn Peadar do Ghráinne go raibh Jude i "ndrochchaoi" agus nach raibh sí ag iarraidh páiste eile a thabhairt ar an saol dá thoradh, rud a spreagann ceisteanna faoina ról inscneach i dtéarmaí an dráma seo. Feictear, ar bhealach soiléir, go bhfuil colainn na mná céile faoina cúram féin agus gur léi an rogha iomlán páiste eile a iompar. Is féidir a fheiceáil, anuas air sin, go bhfuil caidreamh na beirte fréamhaithe go maith i ndinimic áirithe chumhachta atá curtha go hiomlán i gcomhthéacs na collaíochta trí chéile. Glactar leis nach de bharr an ghrá a phós

Jude a fear céile, ach gur rogha phraiticiúil é agus dá bharr sin (ibid., 75). Caitear nóisin thraidisiúnta i leith na mban bunoscionn toisc go n-aithníonn Jude gur léi a colainn féin agus gur féidir léi an chumhacht a shárú. Mar sin, ní mar a shíltear a bhítear i gcónaí leis an bpósadh. Is féidir a áiteamh sa chaidreamh pósta go ndéanfaí an bhean a áireamh mar an géillsineach go traidisiúnta, ach is féidir a mhalairt de scéal a fheiceáil anseo. Feictear go bhfuil smacht ag Jude ar a colainn féin. Tá sé seo le feiceáil chomh maith leis sin i gcarachtar Mary, máthair Jude, a deir go hoscailte nach mbeadh sí sásta Jude a iompar dá mbeadh a fhios aici cén sórt duine a bheadh inti:

> An pill! Dá mbeadh a léithid a'inn. (*Sos*) Nach measa an príosún ina bhfuil mé ná fine ar bith. (*Gáire bréige. Sos fada. Ga dáiríre*) Agus is gearr eile é. Is gearr eile é anois. (*Leagann sí a lámh ar a bolg. Téann sí i dtreo chúinne na cistine.*) (ibid., 14)

Ina dhiaidh sin tá Jude ag iarraidh an lámh in uachtar a choinneáil sa chaidreamh lena hiníon ó thaobh na gairme de (ibid., 74). Mar a deir Gráinne: "An bhfuil tú cinnte nach ar mhaithe le do stádas fhéin atá tú?" (ibid.). Tá Jude ag iarraidh an teaghlach a choinneáil go hiomlán faoina stiúir. Is é a stádas féin mar bhean an rud is mó a sheasann amach di agus dá réir, an rud is tábhachtaí di.

> Cluinim an seandream ag rá
> gur duine gan lorg atá ionam
> a lig a n-ainm ar lár.
>
> Ach ní i bhfuil is i bhfeoil
> a dhéanaimse pórú orm féin
> ach i bhfocail.
>
> Is cá bhfios a fheara gaoil,
> nach mbeidh na focail seo
> níos buaine ná bhur síol. (Ó Searcaigh 2016: 13, línte 1–9)

Sa dán 'Cluinim an Seandream' [*ABG*] nochtann Cathal Ó Searcaigh an fhilíocht mar ghníomh atáirgeach ina ndéanann sé a oidhreacht a chinntiú trí mheán na filíochta. Tugann an Searcach droim láimhe don bhrú sóisialta a bhaineann le ginealach agus cuirtear an ealaín in áit an atáirgthe. Déantar seo a chur i gcomhthéacs na laoi xxxiii [*LC*] nuair a deir an phearsa leis an té a bhfuil sé tógtha leis, "Ba tusa mo ghrá, mo chuid bheag den tsaol,/ ach theastaigh uaitse broinn na mná/ le síol na giniúna a chur i gclais na beatha,/ is ní shíolródh uaimse ach dánta grá" (ibid., línte 9–12). Athghabháil aiteach atá ar bun ag Ó Searcaigh sa chnuasach thuasluaite. Tagann sé seo le tuiscint McKibben (2013) a deir gur féidir glacadh le dánta molta na bhfilí gairmiúla ó ré na Gaeilge clasaicí mar fhianaise ar spéiseanna homa-earótacha a bhí ag filí dá bpátrúin; "[...] the patron's undeniable sexual potency an additional proxy for leadership confirming the poet's own homoeroticism as merely conventional in an institutionalized structure" (ibid., 174). Dar léi go raibh "rivalries, quarrels, political realignments" (ibid., 172) i gceist leis na caidrimh. Labhraíonn sí faoin bhfile agus an *fear éinleabtha* nó leannáin leapa (ibid.). Tagann sé seo leis an tuairim go mbíodh caidrimh chollaí idir an pátrún agus an file go stairiúil. Mar a phléann McKibben, tá an fhéidearthacht ann, áfach, gur chonsaeit fileata é an caidreamh agus nach cóir glacadh leis mar chomhartha sóirt den aiteacht (ibid., 173). Mar sin féin, ní raibh sé mar aidhm ag McKibben caidrimh na bhfear seo a chinntiú nó a chruthú ach gur caidreamh homa-earótach a bhíodh i gceist leis (ibid., 172). Consaeit liteartha atá i gceist leis seo dar le Carney (1973) agus Eochaidh Ó hEoghusa á phlé aige:

> The popular romantic picture of a bard is that of a sell-abnegating and devoted slave who would willingly die for his master. Whether or not Ó hEoghusa would have died for Hugh Maguire we will never know, because he detested warfare, and kept himself as far as possible from the field of battle. He is interested in his personal status ... and possessions. He acts towards Hugh like a shrewish wife who is not being maintained in the style she has every right to expect, and who, occasionally, has to tolerate rivals in the shape of other poets. His full assumption of a feminine role which affects almost all his verse is the strangest feature of his work. Yet since he is working in terms of an established conceit we must be wary of drawing hasty conclusions as to his psychology. (ibid., 246)

Anuas air sin, is féidir toradh chumhacht an mháistir a fheiceáil go follasach i ndán de chuid Uí Shearcaigh dar teideal 'An Ghualainn Ghortaithe' [*NBB*] (17: 1996), ina bpléann sé an grá rómánsúil agus an foréigean le chéile. Spreagann an dán seo an léitheoir chun machnaimh, ag díriú ar an gcúis a gortaíodh reacaire an dáin. Tá sé mar chuspóir ag an bhfile ábhar an dáin a chur in iúl mar dhuine a thrasnaigh teorainneacha an ghéillsinigh agus tógtar suíomh collaíochta trí shraith íomhánna sa dán. Déanann an tsuibiacht iarracht an dallamullóg a chur ar an bhfile ach tuigeann sé "go raibh fáth éigin eile/leis an chneá ina ghualainn an brú dubh faoina shúil" (ibid., línte 2–3). Tá a fhios ag reacaire an dáin go raibh "fáth éigin eile/ leis an chneá ina ghualainn" (ibid., línte 2–3). Is furasta a thuiscint dá réir sin go bhfuil cúis náire ag an mbuachaill a gortaíodh. Is ina dhiaidh sin a thuigtear gur ag sárú teorainneacha atá an buachaill, agus cruthaítear suíomh rómánsúil grámhar idir an reacaire agus é. Léirítear le sraith íomhánna cúramacha an reacaire ag breathnú i ndiaidh chréachtaí an bhuachalla:

Rinne mé suas go húr é, ag glacadh m'ama leis an ghlanadh,
ag moilliú ar an chréacht, á cuimilt go cúramach le hungadh,
baineadh cnead nó dhó as ach d'fhan sé faoi mo lámh gan
bogadh.

B'aoibhinn liom a bheith ag friotháladh air, ag féachaint a cholainn
seang álainn, ag éisteacht le suaitheadh agus suaimhniú a anála.
Nuair a d'imigh sé, d'aimsigh mé os coinne na cathaoireach
cuid den tseanchóiriú, bratóg bheag fhuilteach;
ba chóir a chaitheamh sa tinidh láithreach:
ach d'fháisc mé le mo bheola é le dúil agus le grá
agus choinnigh ansin é ar feadh i bhfad; fuil an té a b'ansa liom thar chách ...

fuil the a chroí ag deargadh mo bheola
(ibid., línte 11–21)

Níl sé go hiomlán soiléir an fáth nó an chaoi ar thrasnaigh an buachaill teorainneacha áirithe sochaíocha. Mar sin féin, tá an chosúlacht ar an scéal go ngearrtar pionós an-mhór ar an mbuachaill agus gur faoin b*persona* atá sé a chréachtaí a leigheas. Is díol spéise é an chaoi a ndéantar an chéad dá rann sa dán a roinnt le cúig líne an rainn agus go bpléitear an dara cuid den dán (an *persona* ag tabhairt aire don bhuachaill) in aon rann amháin. Déantar iarracht aird an léitheora a dhíriú ar thoradh an phionóis agus ar an ngrá is féidir a léiriú nuair a chaitear go dona leis an ngéillsineach. Castar suíomh an dáin agus téama an dáin bunoscionn trí mhothúcháin ghrámhara an reacaire a nochtadh "fuil the a chroí ag deargadh mo bheola", (ibid., líne 21). Tá *persona* an dáin sásta créachtaí an bhuachalla a leigheas agus aire a thabhairt don ghéillsineach.

Tagann úrscéal Phádraig Standúin (1993), *Cion Mná*, chun cuimhne, ina bpléitear an chumhacht agus ceist na máistrí go héifeachtach. Léirítear san úrscéal gur féidir leis an máistir féin a bheith faoi réir cumhacht máistir eile. Anuas air sin, is féidir sárú na dteorainneacha cumhachta a fheiceáil i gcarachtar John in *Cion Mná* (Standún 1993). Fear céile foréigneach atá in John a scrios a chaidreamh lena bhean chéile Therese. Tiontaíonn John ar an ól chun an réaltacht a sheachaint ach fós is léir go bhfuil sé tógtha go hiomlán leis an gcollaíocht fhoréigneach. Tar éis dó seal a chaitheamh i bpríosún, toisc gur ionsaigh sé Therese go dona, tá John ag iarraidh bóthar eile a ghabháil ina shaol agus é ag iarraidh cloí le noirm na sochaí. Is gá glacadh leis na teorainneacha agus é faoi réir na cumhachta:

> An lá ar fhág John an príosún bhí a intinn socair aige nach bhfeicfidh sé an taobh istigh d'áit mar sin arís. D'fhanfadh sé glan ar an ól. Bhí an ceart ar fad ag Bridie, cé nár thug sé aon aird uirthi ag an am. An t-ól ba chúis leis an mbualadh agus an drochíde a thugadh sé di. Bhí fearg air ar feadh tamaill fhada nuair a cuireadh isteach i dtosach é, fearg nár tháinig sí ar cuairt chuige, ach de réir a chéile thuig sé a cás. Ba bhreá leis anois an rud uilig a chúiseamh léi, ach bhí tuairim mhaith aige nach mbeadh baint ná páirt aici leis. Cé a chuirfeadh an milleán uirthi? (ibid., 33)

Ag filleadh ar *Sa Teach seo Anocht* (2020) [*STA*] le Ó Conghaile, tuigtear an brú sóisialta agus teaghlaigh a bhaineann leis an ngéillsineach agus an chaoi nach i gcónaí a sháraítear na coinbhinsiúin. Scéal éifeachtach a gcuirtear buncheisteanna daonna ann; nóibhille faoistiniúil a nochtann an t-idirphlé inmheánach agus an príomhcharachtar á shocrú féin, go fisiciúil agus go síceolaíoch, chun a theaghlach a fhágáil. Creimeadh ciúin leanúnach an ghrá atá i gceist i gcás chaidreamh an phríomhcharachtair lena pháirtí. Sna coincheapa seo a bhaineann leis an dinimic idir an máistir agus an géillsineach, is minic a chuirtear brú as cuimse ar an duine cloí go docht daingean le hionchais éagsúla saoil – an caidreamh pósta traidisiúnta, mar shampla. Braitheann príomhcharachtar an úrscéil go bhfuil an bhean chéile "[...] ag glacadh gach stiúir ina seilbh go laethúil. Í ag déanamh na gcinntí móra. Ceann i ndiaidh a chéile. Gan fágtha fúmsa ach na cinntí beaga" (ibid., 83). Níos luaithe sa téacs, ní fheiceann an príomhcharachtar aon bhealach éalaithe ón bpósadh "go scarfaidh an bás muid" (ibid., 33). Is mar thoradh air seo go bhfuil a shaol anois teoranta, gan saoirse ar bith aige a rogha rud a dhéanamh. Cothaíonn a leithéid de mhúnla caidrimh nimh sa phríomhcharachtar, nimh a fhásann ann go réidh ach go rialta ina chaidreamh lena bhean chéile. Is ag breathnú ar an bealaí ar féidir le caidreamh pósta róil ar leith chumhachtacha a thógáil atá ar bun ag an gConghaileach in *STA*. Is ag iarraidh na noirm seo a shárú atá an fear céile ach é sáinnithe, dar leis, sa chaidreamh féin.

Rinneadh iarracht sa mhír seo fórsaí áirithe cumhachta agus smachta a phlé. Is cinnte go bhfuil an caidreamh (idir an Géillsineach agus an Máistir), thar a tábhachtach i gcothú caidrimh chumhachta i leith an raoin phríobháidigh. Ach tá dúshláin le sárú maidir leis an gcaidreamh seo. Is sa dioscúrsa amháin a thógtar an géillsineach (Bell 1999: 164) agus is féidir na slite a dtagann sé chun cinn i saothair na scríbhneoirí Gaeilge atá á scrúdú a fheiceáil. Cuireann Butler (1990) ceisteanna cigilteacha os ár gcomhair in *Gender Trouble: Feminism and the Subversion of Identity*. Má thrasnaítear teorainneacha na norm sa chaidreamh idir an chumhacht agus an géillsineach, an féidir catagóirí seanbhunaithe ar nós *bean, fear* nó *cumhacht* a iniúchadh, a shainmhíniú, a aitiú agus a úsáid mar chur chuige critice sa litríocht sa raon príobháideach?

2.5 An Raon Príobháideach

Ceistíonn Michael Warner (2005) ina shaothar *Publics and Counterpublics* spásanna ar leith poiblí agus teanga i dtéarmaí teoiriciúla (ibid., 24). Tá Warner den tuairim go bhfuil dhá chineál spáis chultúrtha ann: an raon príobháideach agus an raon poiblí. Is éard atá i gceist le raon, dar leis, ná spás sóisialta a mbíonn leibhéil éagsúla phríobháideachais ann; múnlaíonn an pobal na spásanna céanna go dioscúrsach agus go cultúrtha. Is féidir gach uile ghné den saol a chur i spás nó i raon áirithe, dar leis. Is gá ceisteanna a ardú i ngeall ar mhaitheas agus i ngeall ar fhiúntas léamha den chuma seo, áfach. Tá Lauren Berlant agus Michael Warner (1995) in 'What Does Queer Theory Teach Us About X?' den tuairim gur féidir aitiú a dhéanamh ar shlite ina dtugann an dá raon aghaidh ar a chéile agus go bhfuil teorainneacha na spásanna seo ag brath ar ionchur an phobail (ibid., 347). Is éard atá i gceist le haitiú, mar a míníodh cheana é, ná athcheistiú a dhéanamh ar chatagóirí atá in ainm is a bheith coincréiteach ina gcruth agus ina gcur chuige agus iad a nochtadh nó a scrúdú mar chonstráid shóisialta. Spreagtar ceisteanna maidir le hiompar an duine dhaonna go poiblí, dar leo, agus déantar scéal poiblí as micriscéal an duine dhaonna: "[...] questions of propriety and explicitness would no longer be burdened by the invisible normativity of heterosexual culture" (ibid.). Ceisteofar sa mhír seo áit na gnéasachta aití agus áit an raoin phríobháidigh i gcomhthéacs na saothar atá faoi chaibidil againn.

Tá iniúchadh déanta ag Ó Conghaile ar an gcaoi a dtagann an raon príobháideach agus an raon poiblí le chéile in *Seachrán Jeaic Sheáin Johnny* (2001). Léirítear sa nóibhille seo an caidreamh idir Jeaic, fear atá tagtha in aois i gConamara, agus bailitheoir óg amhrán. Cuireann Jeaic spéis chollaí i Niamh Chinn Óir le linn an scéil, cé gur deacair déanamh amach an dtiteann eachtraí na nóibhille amach i gceart nó go samhalta. Feictear ar an bpointe boise na codarsnachtaí carachtrachta atá le feiceáil agus é curtha i gcomparáid le gasúr an bhaile. Braitheann Jeaic go bhfuil sé ar an imeall, nach bhféadfadh sé áit cheart lárnach a bhaint amach sa phobal. Go poiblí, níl doimhneacht le Jeaic, tá sé ar nós na seanfhear eile sa bhaile, ach tá mianta pearsanta príobháideacha le feiceáil go tréan sa phíosa:

> Ach ní nach ionadh, ba bheag aird a thugadh na daltaí scoile – an scór acu a bhí fágtha – ar Jeaic Sheáin Johnny ná ar a sheachrán má b'eol dóibh faoina leithéid. Seanfhear a bhí ann. Seanfhear eile a bhí ann chomh fada agus a chonaic siadsan é. (Ó Conghaile 2001: 13)

Tá úsáid bhrionglóidí an fhir agus an chaoi a mbíonn príobháideachas iomlán aige le linn na mbrionglóidí sin ar cheann de na nithe is suntasaí maidir leis an raon príobháideach sa chéad mhír (ibid., 28). Is trí mheán na mbrionglóidí a chuireann Jeaic aithne níos fearr air féin. Tagann a mhianta pearsanta collaí chun solais go soiléir lena linn. Feictear an t-idéalú a dhéantar ar Niamh Chinn Óir le linn na mbrionglóidí seo:

> Bhíodh sé ag smaoineamh de shíor ina bhrionglóidí seachránacha agus i bhfinscéalaíocht a intinne go mbeadh ainm croíúil le fuaim fhileata ar nós Niamh

> Chinn Óir go deas cóiriúil mar ainm di mar gheall ar a folt óir gruaige, a bhíodh an ghaoth a scuabadh go grámhar siar ó chúl a cinn le linn di a bheith ag sodar abhaile ón scoil ... (ibid., 12)

Is é an t-uaigneas an rud is mó a chuireann isteach ar Jeaic nuair nach mbíonn sé ag seanchas nó ag amhránaíocht sa cheantar, agus fágann sé sin go mbíonn air comhluadar a chruthú; comhluadar príobháideach samhlaíoch le Niamh Chinn Óir (ibid., 26). Is féidir glacadh leis go bhfuil mianta Jeaic mar ghné den raon príobháideach, agus mar a shoiléiríonn Berlant agus Warner (1998) ina n-alt 'Sex in Public' (1998) "[...] the institutions of economic privilege and social reproduction informing its practices and organizing its ideal world are protected by the spectacular demonization of any represented sex" (ibid., 550). Tá institiúidí an raoin phoiblí agus an raoin phríobháidigh le feiceáil go follasach sa téacs ó tharla go bhfuil an phríomhphearsa ag iarraidh ciall a bhaint as a mhianta neamhnormatacha, is é sin go bhfuil spéis chollaí á cur aige i mbean óg agus bearna mhór aoise eatarthu. Áitítear nach cóir go mbeadh mianta den chuma seo ag seanfhear de shliocht na háite, agus go bhfuil stádas chaomhnóir na hoidhreachta níos seasmhaí nó níos inghlactha sa phobal sin. Sa chaoi sin, tógtar raon príobháideach bunaithe go hiomlán ar na mianta collaí a bhíonn ag Jeaic ag tús na nóibhille.

Scrúdaítear tábhacht an raoin phríobháidigh chomh maith in 'Níl Aon Ní' [*SS*] le Cathal Ó Searcaigh (1983), dán ina bpléitear an raonú a dhéantar ar an ngrá collaí. Is í tuairim Ní Chléirchín go bhfuil "[...] eilimint na súl, agus na ndearc-ealaíon" an-tábhachtach i bhfilíocht Uí Shearcaigh, áit a ndéanann sé "taiscéaladh ar an dúil homaighnéasach" (2011: 96). Sa dán seo, tá codarsnachtaí móra le haithint idir áit dúchais an reacaire agus na mianta príobháideacha a bhíonn aige má ghlactar leis an dán mar imscrúdú ar leith ar an ngrá aiteach. Tá príobháideachas le baint amach ag an bhfile ina cheantar dúchais agus é i gcodarsnacht lom leis an gceantar uirbeach cathrach atá le feiceáil sa chúigiú rann den dán. Tuigtear don léitheoir go bhfuil an grá faoi bhláth agus é faoin tuath ach go bhfuil an grá céanna i gcontúirt sa raon príobháideach. Baineann an file leas as teicnící fileata (go háirithe ó thaobh fhuaimeanna na bhfocal) chun ionramháil a dhéanamh ar an scéal. Cuirtear in iúl séimhe na logainmneacha i gcodarsnacht leis na fuaimeanna atá le cloisteáil sa raon uirbeach. Mar sin, is dócha go bhfuil an file ag iarraidh an grá a chur go hiomlán i dtiúin leis an raon príobháideach faoin tuath:

> Is dá dtiocfá liom, a ghrá
> bheadh briathra ag bláthú ar ghas mo ghutha
> mar siolastrach Ghleann an Átha (línte: 7–9)

Tá sé seo i gcodarsnacht lom leis na ceantair uirbeacha atá le feiceáil thíos. Is díol suntais é nach dtugtar ach rann amháin don chathair i gcomórtas leis na rainn eile dírithe ar áilleacht na tuaithe:

> Ach b'fhearr leatsa i bhfad
> brúchbhailte balscóideacha i mBaile Átha Cliath
> lena ghleo tráchta gan stad (ibid., línte 14–15).

Mar sin, feictear i gcorp an dáin an chaoi a mbíonn an raon príobháideach agus an raon poiblí á gceistiú ag an bhfile. Feictear séimhe na n-íomhánna atá á gcur in iúl ag an Searcach le linn an dáin agus é ag déanamh cur síos ar Chaiseal na gCorr agus iad seo i gcodarsnacht leis na híomhánna duairce eile sa dán. Trí mheán na bpictiúr a dhathaíonn an file, feictear an t-aitiú a dhéantar ar an gceantar Gaeltachta agus an grá aerach nó aiteach á lonnú aige ann. I gcodarsnacht leis an ngrá neamhnormatach atá le feiceáil thuas in iarracht Uí Chonghaile (2001), tá an grá aiteach le ceiliúradh sa cheantar Gaeltachta agus é curtha sa raon poiblí. Forluí atá le feiceáil anseo idir an raon príobháideach (mianta pearsanta) agus an raon poiblí (an Ghaeltacht):

> Níl aon ní, aon ní, a stór,
> níos suaimhní ná clapsholas smólaigh
> i gCaiseal na gCorr,
>
> ná radharc níos aoibhne
> ná buicéad stáin na spéire ag sileadh
> solais ar Inis Bó Finne.
>
> Is dá dtiocfá liom, a ghrá,
> bheadh briathra ag bláthú ar ghas mo ghutha
> mar shiolastracht Ghleann an Átha ... (ibid., línte 9)

Déantar tábhacht an raoin phríobháidigh a ionramháil go máistriúil in *Sa Teach seo Anocht* (2020) le Micheál Ó Conghaile. Úrscéal lán de theannas dosheachanta dromchlach pósta atá i gceist leis an úrscéal, áit a mbíonn "An síorsheachrán is seachaint. An idir dhá chomhairle. An mhéar fhada a fhadaítear. Nó an fan go fóill is go bhfeicfidh muid linn" (ibid.: 14). Cinnte, tá an réalachas liteartha le brath sa saothar úd, agus is inchreidte an plota é sa leabhar céanna. Tá an-mhianach sa Chonghaileach ceisteanna móra íogaire daonna a chur ar a léitheoirí, go háirithe maidir leis an gceangal a bhíonn ag a phríomhcharachtair le spásanna ar leith príobháideacha ina bhfeidhmíonn an teaghlach. Ceistítear an grá pósta go domhain lena linn agus na baic mhothúchánacha a thagann chun cinn ann. Caitheann sé solas úrnua ar an staid dhaonna san úrscéal seo, agus mínítear an chaoi a mbíonn tionchar ag an teach ar an bpríomhcharachtar mar raon ar leith príobháideach. Ag tús an úrscéil, tugtar cuntas ar cheangail shíceolaíocha an phríomhcharachtair lena theach, teach "[...] inar rugadh mé agus ar tógadh mé is mo shinsir romham" (ibid.: 7). Agus é á ullmhú féin chun an teach a fhágáil, cuireann an reacaire ceist air féin faoi thodhchaí an tí: "Cén t-athrú a bheas ar an teach seo feasta nuair nach mbeidh mo ghlórsa le cloisteáil istigh ann níos mó? Nuair nach mbeidh fágtha ann ach a mhacalla" (ibid.: 15). Faoi mar a mhíníonn an reacaire níos deireanaí san úrscéal, "Bíonn cluasa ar na ballaí i gcónaí. Bíonn. Fiú mura bhfuil teanga acu" (ibid.: 68). Agus is sa teach a chuirtear an pósadh míshona seo inár láthair. Ceistítear an caidreamh pósta i gcaitheamh an úrscéil ghearr seo agus fás is forbairt an phríomhcharachtair i gcomhthéacs ionchais an chaidrimh chéanna. Cé go n-admhaíonn sé go raibh mná eile ann, "Bhí fir eile ann chomh maith" (ibid.: 48), agus an príomhcharachtar ag rá nach monagamach a bhí a gcaidreamh pósta. Is léir go bhfuil an príomhcharachtar ag iarraidh an teach seo a fhágáil anocht, ach cé na himpleachtaí a bhainfeadh leis sin? Ach is sa teach seo, sa raon príobháideach, a loitear an caidreamh pósta seo trí chéile agus a cheistítear an caidreamh heitreanormatach pósta.

Tá úsáid an tsolais, go meafarach, mar mhóitíf leanúnach ag Cathal Ó Searcaigh ina chorpas scríbhneoireachta agus spreagann an solas an file go minic. Cuntas pearsanta ar an raon príobháideach a chuirtear inár láthair atá in 'Cinniúint' [*MC*], luathdhán de chuid an fhile. Is ó stór samhalta an tsolais a thagann an dán seo ó pheann an fhile agus é i gciúnas an raoin phríobháidigh agus an suíomh seo lán den solas féin. Is éard a dhéantar sa dán seo ná pearsantú ar an solas féin mar fhoinse fuinnimh a ndéanann an file teagmháil leis. Tá gaol agus idirphlé suntasach idir an file agus an solas le brath ó thús go deireadh an dáin agus an cholainn aiteach; an solas mar neach dána a léiríonn an caidreamh siombóiseach idir an file agus beocht an tsolais féin. Ceanglaítear go luath sa dán an file lena cheantar dúchais agus is gnáthmhóitíf choitianta é úsáid na logainmneacha agus an raon poiblí ina dhánta: "Síneann solas na maidine/ go soineanta sámh/ fríd bhearnaí sna cuirtíní/ agus mé i mo luí i dtámh/ maidin bhuí samhraidh/ anseo i Mín a' Leá" (ibid., línte 1–4). Is faoi gheasa atá an file aige agus an solas ag síneadh isteach go rómánsúil agus go grámhar. Cuireann an solas seo brí san fhile; fuinneamh a luchtaíonn an file; solas é a spreagann chun pinn é. Is léir, i bhfianaise an dara rann, go bhfuil dánacht ag baint leis an solas chomh maith. Ní ghinfidh an file páiste go deo, ach ginfear dán in áit an pháiste agus an solas mar mháthair aige:

Corann solas na maidine
isteach chugam, chomh muirneach,
muiníneach; chomh rógánta
ráscánta; chomh lán d'ámhaillí
na hamaidí; chomh beo
leis an pháiste, an ghin
shaolta nach dual domh
a ghiniúint go deo ... (ibid., línte 16–23)

Mar a mhíníonn Warner (2005) in *Publics and Counterpublics,* is féidir glacadh leis go dtéann an raon príobháideach agus an raon poiblí i gcoinne a chéile go mion is go minic. Tá tuiscintí i dtaobh na raon seo le feiceáil i gcuid mhór gnéithe den phobal agus i dtógáil an duine dhaonna. Ar ndóigh, is féidir leis an dá raon seo a bheith ag obair i dtiúin lena chéile nó a bheith ag dul i gcoinne a chéile faoi mar a fheictear sna téacsanna liteartha thuas (ibid., 28). Tá Warner den tuairim go mbíonn an inscne agus an fhéiniúlacht chollaí thar a bheith tábhachtach i dtógáil an raoin phríobháidigh (ibid., 23) agus dar leis, "In the case of gender, public and private are not just formal rules about how men and women should behave" (ibid.). Más rud é go dtagann an dá raon sin le chéile, spreagtar ceisteanna i dtaobh na bhféiniúlachtaí agus é i gcomhthéacs na raon. Faoi mar a pléadh cheana, is féidir leis an raonú spáis tuiscintí áirithe seanbhunaithe mar gheall ar phobal, ar an ngrá, agus ar an inscne mar théamaí na dtéacsanna, a cheistiú. Más rud é go bhfuil mianta mar chuid lárnach den raonú seo, ní mór ceisteanna a chur maidir leis an gcaoi a ndéanann na scríbhneoirí téamaí ar leith a láimhseáil mar gheall ar mhianta, mar gheall ar chaidrimh, agus mar gheall ar thrócaire ina saothair mar théamaí leanúnacha tábhachtacha.

2.6 Mianta, Caidreamh, Trócaire

Le linn di a bheith ag iarraidh mianta an duine dhaonna a shainmhíniú sa téacs teoirice *Desire/Love* (2012), pléann an teoiriceoir aiteach Lauren Berlant an chaoi a dtógtar mianta an duine go seachtrach. Maíonn sí gurb é an rud atá i gceist le mianta ná an chaoi a mbíonn nasc agat le duine nó oibiacht (ibid., 6). Deir sí, mar sin, nach bhfuil an oibiachtúlacht i gceist le mianta toisc go bhfuil siad faoinár scáth féin (ibid.). Tuigtear di go bhfuil mianta collaí ann chun domhan sainiúil a chur le chéile: "[...] prop up your world" (ibid.) agus mar sin, go bhfuil tuiscintí na mianta lochtach nuair a chuirtear i gcatagóirí simplí iad (m.sh. homaighnéasach, leispiach srl.). Mar sin, spreagtar ceisteanna maidir le mianta agus raonú na mianta sin i dtéarmaí an phríobháideachais agus an phobail. Is go minic i saothair na scríbhneoirí atá idir lámha a aimsítear na bealaí éagsúla a gcuirtear mianta collaí as riocht. Sna saothair a phléifear, déantar mianta agus caidreamh a áiteamh mar theicnící liteartha a chuirtear i bhfeidhm trí mheán na teagmhála fisiciúla. Léiríonn Love (2012) go bhfuil caidreamh nach beag le tabhairt faoi deara idir an raon poiblí agus an raon príobháideach, áit a mbíonn "[a] divide between private and public in an unfamiliar and even a disorienting way" (ibid., 321). Tá Lee Edelman (2004) den tuairim go bhfuil gach aon chlaonadh collaí nó mar chuid den *sinthomosexuality*. Is éard atá i gceist leis seo ná nach bhfuil spéis ag an duine aiteach i dtodhchaí an chine dhaonna toisc nach bhfuil feidhm atáirgeach aige. Mar chuid den téis atá ag Edelman, níl aon chlaonadh coincréiteach collaí ann, ach gurb í gluaiseacht i dtreo an tsásaimh an bhunchloch: "[...] a drive toward the libido object" (ibid., 162). Mar sin, is éard a chuirtear chun tosaigh anseo ná scrúdú a dhéanamh trí lionsa chultúr na collaíochta agus scagadh a dhéanamh ar an bhforluí atá ann idir mianta, caidreamh agus príobháideachas. Gan stró ar bith, is féidir glacadh leis go n-éiríonn le Ó Conghaile agus le Ó Searcaigh ceisteanna maidir le caidrimh a ardú agus is féidir linn cosúlachtaí idir sin agus an raon poiblí agus an raon príobháideach a thabhairt faoi deara.

Is de réir a chéile a chuirtear an cineál seo léirithe chun cinn i ngearrscéal de chuid Uí Chonghaile dar teideal 'Gabhal na gCloch' (1997) [*AFP*]. Is féidir an chaoi a mbíonn mianta príobháideacha an bhainisteora peile agus an pheileadóra óig, reacaire an scéil, a gcuireann sé dúil ann, a fheiceáil go héifeachtach sa ghearrscéal seo. Scéal faoin éigniú is ea é 'Gabhal na gCloch' agus déantar léiriú inchreidte ach éifeachtach den téama seo ann. Is go pléascach a thosaíonn an scéal nuair a chéadghluaiseann an gearrscéal le caint gharbh de chuid an bhainisteora: "An dtarraingeoidh tú mo bhod dhom?" (ibid., 101). Is le tuin lán le teannas a mhúsclaíonn an bainisteoir a chuid cainte i bpoll cluaise an reacaire, a anáil "[...] te agus tais" (ibid.). Méadaíonn imní an reacaire de réir a chéile, é míshuaimhneach lena bhfuil á rá ag an mbainisteoir peile. Den dara babhta, iarrann an bainisteoir ar an bhfear óg a bhod a tharraingt dó, ach ligeann sé siúd air nach féidir leis é a chloisteáil agus iad sa teach ósta. Is léir, anuas air sin, nach bhfuil an peileadóir óg sásta ar chor ar bith leis an gcaoi a gcaitheann a bhainisteoir leis agus go n-éiríonn sé míshuaimhneach imníoch ina theannta. Déanann an peileadóir óg machnamh siar ar an mbainisteoir agus an chaoi ar thrasnaigh sé teorainneacha áirithe pearsanta agus príobháideacha lena linn. Tuigeann an peileadóir óg gur fear aerach é an bainisteoir nó mar a deir sé "[...] duine acu siúd" (ibid., 103). Treisítear an míchompord a thagann ar an bpeileadóir óg nuair a chuireann sé claonadh collaí an bhainisteora san áireamh agus nach mbeadh a leithéid inghlactha sa phobal áirithe seo. Bíonn an príomhcharachtar á cheistiú féin, mar sin:

> Náireodh sé duine os comhair an tsaoil ... ar leic mo theallaigh féin ... Agus é ina duine acu siúd. Nár dhiabhaltaí aisteach ... Caithfidh sé go raibh a fhios ag daoine eile thar anseo le fada, b'fhéidir ... Caithfidh sé go mbíodh a shúile ag gobadh amach ag faire is ag fosaíocht orainn sna seomraí gléasta nuair a bhíodh muid ag tógáil amach is isteach ... Ag siúl thart scaití agus a dhorn dúnta aige á spreagadh, ag tarraingt as duine eicínt nach mbeadh ag imirt rómhaith ... is an t-am go léir ag casadh súl orainn, seans, ag athrú ar gcuid éadaigh ... is a liachtaí uair a chuaigh muid isteach faoin gcithfholcadh inár

> gcraiceann dearg agus an phleidhcíocht a bhíodh orainn ann scaití: chaithfeadh sé go mbíodh sé ansin ag faire orainn ... (ibid., 103)

Is féidir an chaoi a mbíonn an aiteacht mar ghníomh agus mar fhéiniúlacht a fheiceáil i gcuid mhór d'fhilíocht Uí Shearcaigh go háirithe ina dhán 'Laoi Cumainn' (1993) [*ABB*], dán a bhfuil an trócaire chollaí le feiceáil go cruinn ann. Pléann Ó Laoire (2000) ina réamhrá de *Ag Tnúth leis an tSolas* gur dán grá é 'Laoi Cumainn' a léiríonn gur file mór grá é an file:

> Bheir Ó Searcaigh dúshlán na gclaonmhiotas sin (más ceadmhach an téarma a úsáid) ina dhánta grá, atá, is dóigh liom, ar chuid de na cinn is láidre ina shaothar. Luaim go háirithe anseo 'Searmanas', 'Ceann Dubh Dílis', 'Laoi Cumainn' agus 'Ag Faire do Shuain', dánta a bhfuil saibhreas agus críochnúlacht ar leith iontu, dar liomsa, agus a n-aithneoidh an léitheoir tuisceanach na tréithe céanna iontu. Is i ndánta dá chineál a léiríos sé gur file mór grá é seachas file mór homaighnéasach. (ibid., 19)

Is díol spéise é nach n-áitíonn Ó Laoire gur "file mór homaighnéasach" (ibid.) é an Searcach ach go bhfuil sé tógtha go mór le téama an ghrá. Glacann Michael Longley (1993) leis an Searcach mar "[...] a convincing love poet; the natural laureate of his native Donegal's magnificent but threatened landscape" (ibid., 93). Ach más file é an Searcach atá ag iarraidh teanga a thabhairt don tost, ceistítear ansin cén tost atá ann. Is féidir an dán seo a áiteamh mar dhán a bpléitear an aiteacht agus an chollaíocht ann agus a cheanglaíonn an dá choincheap sin le chéile. Déanann an file iarracht glór fireann homaighnéasach a chur i mbéal reacaire an dáin. Sa dán seo, déantar mianta an reacaire a nochtadh go paiteanta dá leannán agus é ag iarraidh a ghrá a léiriú dó "fríd pluid agus piliúr" (ibid., 26–27). Mar fhógra neamhbhalbh ag tús an dáin, maíonn an file go bhfuil sé anois sábháilte ó chontúirt. I leagan amach an dáin, baintear leas as spásáil éagsúil chun sruth smaointe an reacaire a leanúint, agus a stadaí is atá an tuiscint nua a thagann chun cinn. Anseo thíos, feictear go bhfuil béim áirithe á leagan ag an reacaire ar an gcaoi a bhfuil sé sábháilte:

> Anocht agus tú sínte síos le mo thaobh
> a chaoin mhic an cheana, do chorp
> teann téagartha, aoibh na hóige ort,
>   anseo tá mé sábháilte
> cuachta go docht faoi scáth d'uchta:
> sleánna cosanta do sciathán
>   mo chrioslú go dlúth
> óir is tusa mo laoch, an curadh caol cruaidh
> a sheasann idir mé agus uaigneas tíoránta na hoíche
> (ibid., línte 1–9)

Is éard a dhéantar anseo ná iarracht laoithe na Gaeilge clasaicí a thiontú ina laoi aiteach le reacaire fireann ag moladh a leannáin tríd síos sa dán. Baintear leas éifeachtach as téarmaí míleata chun treisiú a dhéanamh ar fhearúlacht leannán an fhile. Tá an leannán slán ó chontúirt toisc go bhfuil sé láidir agus fearúil. Déantar mianta an fhile a shamhlú agus a chur chun tosaigh sa dán agus deir sé go muiníneach gurb é an leannán "mo laoch, mo thréan agus mo neart" (ibid., líne 10). Is iomaí sampla eile a tharraingíonn an file air le linn an dáin, ag iarraidh an leannán a mhealladh chuige agus é a choinneáil slán. Sa chaoi seo, déanann an Searcach iarracht an caidreamh trócaireach seo a thiontú agus "má tá cath le fearadh agat, a ghrá/ bíodh sé anseo i measc na bpiliúr" (ibid., línte 19–20). I "gciorcal draíochta an ghrá" (ibid., líne 35), ní bheidh an bheirt acu i mbaol. Éiríonn leis an Searcach tuiscintí nó tuairimí na dteoiriceoirí i leith na trócaire a cheistiú.

Cé go n-éiríonn leis dinimic a chruthú idir é féin agus an leannán, ina mbíonn an chumhacht fhisiciúil mar chuid de, tá cumhacht ar leith ag an bhfile fulangach – eisean a choinníonn domhan na leapa mar atá ionas gur féidir leis an tsábháilteacht a chur chun cinn. Is féidir a rá nach file é an Searcach atá an-tógtha go deo le téama an ghrá, ach is mithid aghaidh a thabhairt ar na bealaí a mbreathnaíonn sé go hiondúil ar an ngrá collaí idir é féin agus a leannáin. Faoiseamh chun sásaimh fhisiciúil agus faoiseamh spioradálta nó intinne atá i gceist leis an ngrá idir an bheirt sa dán thuasluaite. Tá sé le tuiscint, chomh maith, go bhfuil Ó Searcaigh sásta tréimhsí ama eile a scagadh agus traidisiún na Gréige á chur in iúl aige, go háirithe in 'Antinous' [*AA*], dán a phléann le Antinoös, déagóir a raibh caidreamh ag an impire Hadrian leis. Dán grá é seo, ar ndóigh, ina ndéantar mianta collaí agus an cholainn a phlé lena linn agus Antinous á chaoineadh ag an bhfile Ammon: "B'eisean mian súl an tslua, fir agus mná/ b'ionann a gcás, b'áil leo bheith i gcaidreamh/ leis an bhuachaill seo a b'áille dealraimh./ I dtaca liomsa de, ní raibh a thaibhreamh domh ach é,/ a bhéal le mo bhéal, a ghéaga i mo thimpeall;/ bhéarfainn a raibh i mo chnámha ach dlúthú leis." (ibid., 19–24).

Tá léiriú ar an sásamh aiteach agus ar an gcaoi a dtagraítear don scaoileadh rúin i ndráma Uí Chonghaile *Go dTaga do Ríocht* (2009), ina bhfeictear Keith agus Jimí ag iarraidh a gcuid mianta collaí a léiriú agus iad a chur i bhfeidhm. Lena linn, cuireann an bheirt acu a gcúlraí sóisialta in iúl agus an chaoi nach raibh aon teagmháil chollaí acu le cailíní, fiú go samhlaíoch. Tagann an pointe spéise seo chun cinn nuair a fhiafraíonn Keith de Jimí an bhfuil sé aerach, rud a bhaineann geit as Jimí toisc nár chuala sé a leithéid de cheist cheana. Léiríonn sé seo na difríochtaí cultúrtha atá le brath idir fear óg Gaeltachta agus fear uirbeach cathrach. Cé go bhfuil mianta den chuma chéanna acu beirt, déanann siad na mianta seo a thuiscint i mbealaí difriúla. Díreach ina dhiaidh sin, pógann Keith Jimí, rud a ndiúltaíonn Jimí dó ar dtús (ibid., 47). Níl Jimí iomlán compordach leis an gcineál seo féinléirithe de mhianta ach faoi mar a mhínítear i dtreoracha an dráma go bhfuil Jimí tógtha leis an léiriú grámhar seo:

> "Leagann JIMÍ a lámh ar a leiceann san áit ar pógadh é agus coinníonn ansin nóiméad. Osclaíonn sé a lámh ansin agus féachann ar a bhois. Suíonn sé síos ansin ag stánadh uaidh fad a shiúlann KEITH amach go tapa den stáitse gan oireadh agus sracfhéachaint a thabhairt ar ais. Leagann JIMÍ a lámh ar a leiceann san áit ar pógadh é agus coinníonn ansin í nóiméad. Osclaíonn sé a lámh ansin agus féachann ar a bhois. Tosaíonn na soilse ag ísliú go mall seachas spotsolas a fhanann ar JIMÍ. Tagann cuma shuaimhneach shásta ar a aghaidh is meangadh beag ar a bhéal" (ibid.).

Is éard atá anseo ná léiriú na trócaire, suíomh ina mbíonn ar Jimí cinneadh a dhéanamh maidir lena chlaonadh collaí agus le haistriú meoin ó chultúr na heitrighnéasachta ina bhfeidhmíonn "ethics of privilege" (Berlant 2004: 1) go leibhéal eile sainiúil íobartach. Tá trócaire ar leith á cur in iúl ag Keith chomh maith. Cé go ndiúltaíonn Jimí dó ar dtús, is léir nach raibh sé i gceist aige a bheith feargach. Léirítear sa dráma an chaoi a nglacann Jimí ar deireadh lena mhianta homaighnéasacha fiú má tá sé i gcontúirt an bhrú shóisialta a ghabhann leis agus fiú mura bhfuil a chúlra ag réiteach go néata leis na mianta sin.

Anuas air seo, is spéisiúil an léiriú a dhéanann an Searcach ar mhianta éagsúla collaí i dtéarmaí idirnáisiúnta chomh maith. Chas an Searcach i dtreo an Oirthir sa leabhar taistil *Seal i Neipeal* (2004). Molann de Paor agus Sewell saothar Uí Shearcaigh nuair a deir siad go bhfuil ar cheann de na "[...] leabhair is aoibhne agus is fearr dar scríobhadh sa Ghaeilge le deich mbliana anuas" (de Paor agus Sewell 2010: 28–29). Cé go ndéantar Neipeal a chíoradh go han-mhinic i ndánta Uí Shearcaigh, is sa téacs seo a dhéantar ionramháil chúramach ar an deoraíocht chollaí agus ar an aistear spioradálta. Go luath sa téacs déanann an Searcach cur síos ar a mhianta siúlacha agus go bhfuil "tairbhe le baint as [turas ar bith] ach a bheith i do dhúiseacht, a bheith airdeallach" (Ó Searcaigh 2004: 10–11). Tá mianta corpartha i gceist le cuid mhaith den úrscéal, go háirithe sa mhír ina ndéantar cur síos ar úsáid ióga chun fuinneamh collaí a ghiniúint, go háirithe sa dialóg a bhaineann le Sadhu go luath san úrscéal:

> Go tobann bhain sé [Sadhu, 20 bl] sracadh fiáin as, bhorr gach féith ann agus amhail is dá mba chrann tógála a bhí faoina stiúir aige d'ardaigh sé an chloch os cionn talaimh le pabhar tógtha a bhoid. Choinnigh sé crochta mar sin í ar feadh tríocha soicind, ansin lig sé léi. Láithreach d'imigh an seasamh suaithní as a bhod agus, cosúil le píobán infhillte, chub sé suas isteach ina chéile. Chuir sé mo sháith iontais orm an dóigh a raibh sé ábalta a bhod a bheartú, a neartú agus a smachtú de réir mar ba mhian leis. 'I no use Viagra,' a dúirt sé. 'I use yoga.' Sa chreideamh Hiondúch, a deir Prem liom, tá cleachtais áirithe ann a dtugtar tantra orthu, modhanna machnaimh a thugann ábaltacht agus máistreacht duit i gcúrsaí gnéis. 'Bodachas,' arsa mise agus mé ag gáire liom féin. 'An creideamh a thugann seasamh maith duit i measc do mhuintire.' (ibid., 25)

Is féidir léiriú ar an trócaire agus an aiteacht bhaineann a fheiceáil chomh maith in *Cion Mná* (1993) de chuid Phádraig Standúin, áit a ndéantar plé ar an leispiachas agus é curtha i gcomhthéacs na Gaeltachta. Déanann an bheirt phríomhcharachtar iarracht dul i ngleic leis an bhforéigean collaí, go háirithe roimh dheireadh an úrscéil. An rud a dhéantar a chíoradh san úrscéal seo ná na slite ina gcuireann an chollaíocht fhoréigneach leis an dearcadh i leith na collaíochta. Taispeántar na slite ina sáraítear an trócaire nuair nach ndéantar an heitrighnéasacht a aithint. Mar fhreagairt homafóibe, caitheann John seile le Bridie. Níl trócaire le léiriú anseo aige toisc go bhfuil Bridie sásta ród eile collaí a ghlacadh. I gcodarsnacht le Keith in *Go dTaga do Ríocht* (Ó Conghaile 2009), is léir nach léirítear an trócaire nuair a bhristear coinbhinsiúin dhosheachanta na sochaí:

> Luigh sí siar ar nós an chorpáin, na deora ina sruth óna súile nuair a bhí sé á bhrú féin idir a cosa. Ghortaigh sé í mar go raibh sí tirim, ach ba bheag an gortú sin i gcomparáid leis an ngortú intinne agus anama a bhain lena héigniú. Chaith sé smugairle san aghaidh uirthi sular imigh sé, nuair nach ndéarfadh sí *'I love you'* leis. Bhí Bridie fós ina luí ar an leaba, a cosa scartha nuair a thainig Therese ar ais. Is ar an *Rape Crisis Centre* a ghlaoigh sise nuair nach ligfeadh Bridie di glaoch ar na gardaí, nach raibh sí ag iarraidh fear ar bith i ngar di. (Standún 1993: 219)

Anuas ar an ngrá homaighnéasach, nó na mianta homaighnéasacha, a phléann Ó Conghaile, Standún agus Ó Searcaigh, feictear tagairtí don ghrá homashóisialta i litríocht na Gaeilge chomh maith. An rud atá i gceist leis an ngrá homashóisialta ná ceangail ghrá bunaithe ar chairdeas. Tá an cineál seo caidrimh rianaithe ag Berlant (2012) in *Desire/Love* go háirithe i dtaobh imní an choillte (ibid., 33). Is é bunchloch an chairdis seo ná iarrachtaí fear an coilleadh a sheachaint agus cairdeas a bhunú go hiomlán ar an bhforéigean i gcoinne na mban. Tagann tráchtaireacht Uí Chonghaile (1986), go príomha in 'Féincheist', i leith na trócaire chun solais. Tá Breathnach agus Ní Neachtain (2010) agus Ó Dúshláine (1987) den tuairim go ndéantar léiriú éifeachtach ar fhadhbanna agus cúinsí pearsanta mhuintir na Gaeltachta comhaimseartha i scéalta an chnuasaigh seo, an scéal úd ina measc. Rianaíonn Ó Dúshláine go bhfuil "éascaíocht, nádúrthacht, foirfeacht" teanga le brath sa téacs tríd síos (1987: 4). Feictear cultúr is nádúr mhuintir na Gaeltachta sa chnuasach le linn an scéil agus na ceisteanna a eascraíonn as cultúr na Gaeltachta sna ceisteanna a chuirtear os ár gcomhair. Anuas air sin, glacann Titley (1987) leis an tuairim seo, agus é ag breathnú ar stíl Uí Chonghaile, leis an gcaoi ar chuir sé síos ar an saol a bhí timpeall air go hionraic agus go hoscailte" (ibid., 41). Mar thoradh air sin, feictear léiriú ionraic ar an gcairdeas fireann a bhíonn ann de bharr imní an choillte, mar léamh amháin a d'fhéadfaí a dhéanamh. Gluaiseann an caidreamh agus é bunaithe ar mhianta collaí (sa chomhthéacs seo, glactar leis go bhfuil an bheirt fhear heitrighnéasach agus iad ag cuartú ban). Agus na fir bailithe leo abhaile, spreagtar cuid mhaith ceisteanna maidir le paraiméadair an ghrá homashóisialta. Léiríonn cara an reacaire nach raibh sé ag cuardach mná an oíche úd: "Céard a chuir i do chloigeann gur bean a bhí uaimse anocht!" (Ó Conghaile 1986: 13). Mar sin féin, tá cairdeas na beirte an-tábhachtach chun mianta collaí a shásamh; gan an comhluadar seo ní bheadh an bheirt in ann mná a aimsiú.

Ar thóir an tsásaimh agus na féinfhírinne atá na carachtair uile agus feictear go bhfuil tuiscintí bunaithe ann ina dtaobh a chuireann an léitheoir ag machnamh faoin gcaoi a luíonn siad le réasún. Is cinnte go bhfuil an cáiliú a dhéantar ar na coincheapa seo go dioscúrsach agus ní mór na tuiscintí seo a shuíomh, dá bharr sin, ó thaobh na teanga de. Feictear, mar sin, go bhfuil modhanna ar leith iniúchta ag teastáil ionas gur féidir téamaí ar leith de chuid na scríbhneoirí a mheas agus a léamh go héifeachtach. Breathnófar sa chéad mhír eile, mar sin, ar an ngníomh teanga agus ar fhorghairm na cumhachta sa raon príobháideach.

2.7 An Gníomh Teanga agus Forghairm

> When we claim to have been injured by language, what kind of claim do we make? We ascribe an agency to language, a power to injure, and position ourselves as the objects of its injurious trajectory. We claim that language acts, and acts against us, and the claim we make is a further instance of language, one which seeks to arrest the force of the prior instance. (Butler 1997a: 1)

Is i réimse na teangeolaíochta is mó a rianaíonn Judith Butler (1997a) an chaoi a mbíonn idirphlé le feiceáil idir an tsuibiacht agus an teanga sa saothar *Excitable Speech: A Politics of the Performative*. Is léir di, agus í ag breathnú go cruinn ar an ngníomh teanga, go n-imríonn próisis shuntasacha teanga tionchar ar an duine; is é sin le rá go mbíonn tionchar ag foca(i)l ar an duine. Go bunúsach, pléann an saothar ceannródaíoch seo le díospóireachtaí sóisialta a bhaineann leis an bpornagrafaíocht, leis an bhfuathchaint agus leis an aiteacht san Iarthar. Maíonn sí nach mbíonn smacht ag an urlabhraí ar thionchair chainte – is é sin go gcuireann struchtúir chumhachta agus comhthéacs sóisialta na cainte cruth ar thionchar na cainte. D'fhéadfaí a rá go bhfuil sé seo bunaithe ar thuairim Jacques Derrida (1983) in 'Signature Event Context'. Dar leis go bhfuil cúrsaí teanga míshocair agus nach bhfuil aon chumarsáid neamhspleách ar an gcomhthéacs cultúrtha agus/nó cumhachta: "Every sign, linguistic or non-linguistic, spoken or written [...] can be cited, put between quotation marks; thereby it can break with every given context, and engender infinitely new contexts in an absolutely non-saturable fashion" (ibid.). Is féidir an gníomh teanga a dheighilt ina dhá chuid: mar mhodh cumarsáide agus mar ghníomh teanga ann féin. Cuirtear ciall nó teachtaireacht in iúl nuair atá teanga in úsáid mar mhodh cumarsáide ach is féidir le teanga feidhmiú go gníomhach. Is éard atá i gceist leis seo ná an teanga a bheith mar ghníomh cultúrtha a bhaineann le comhthéacs cultúrtha nó le comhthéacs cumhachta.

Is léir ó thaighde agus ó theoiricí Butler go bhfuil aithne ag an duine air féin trí mheán na teanga (Butler 1997b: 4) nuair a deir sí gurb ionann an cholainn agus nóisean seo na hurlabhra: "... the body is given through language" (ibid.). Faoi mar a áitíonn Salih (2002), bíonn cumhacht faoi leith taibhithe ag an ngníomh urlabhra (ibid., 102) agus is féidir a leithéid a chur i gcomhthéacs na haiteachta dá bharr. Breathnófar anois ar thábhacht na teanga atá le feiceáil i saothair na scríbhneoirí seo.

A fhocail bhig chorr
atá lomlán de bhrí
bhorr tú mo shamhlaíocht
le do chuid tíolacthaí.

Seo mé ar mo chorr
ag déanamh suáilce
i do thaisce, a stór;
i raon do thuigse (Ó Searcaigh 2018: 13, línte 1–8)

Ós rud é go bhféadfadh an teanga féin a bheith ina gníomh aiteach, is léir ina dhán (atá le feiceáil thuas) 'An Focal Corr' [*TC*] thuas go ndéanann an Searcach a chaidreamh le focail a iniúchadh agus ceanglaíonn sé iad lena fhéiniúlacht aiteach féin. Tuigeann an file go mbeireann focail leo sainmhínithe difriúla ach is ea an t-imeartas focal idir 'corr', sa chiall aiteach, an bhrí is tábhachtaí sa dán seo dar liom: "*Crane, heron, stork/ hallow, rounded, odd,/ curved, pointed, edge.* Is níl ansin ach nod!" (ibid., línte 13–16; liomsa an bhéim). Déantar tagairt don ainm áite Caiseal na gCorr in *Errigal: A Sacred* Mountain [*ESM*] (2023) chomh maith ina leathnaítear tuiscint Uí Shearcaigh ar 'corr': "[It is] equally loaded with meanings. It can be a bird of the crane or heron kind, a long-necked person, a rounded hill, a corn of the foot, an odd person, an outsider, *a queer person,* a bog-hole in a hollow, the horn of an anvil, a snout, a conical hill" (ibid., 163; liomsa an bhéim). Tá próiseas na healaíne ina ábhar spéise don Searcach in *TC* agus is mar seo a dhéanann sé a *modus operandi* a iniúchadh san aiste phróis 'Ag Ealaín Liom Féin' ón gcnuasach céanna. Is cosúil gur gníomh pearsanta ach polaitiúil í an fhilíocht a chuireann cruth ar an duine agus a thugann teanga áirithe dá phearsantacht agus dá anam. Sin ráite, níl smacht iomlán ag an Searcach ar an bhfilíocht. Ní hionann sin agus a rá nach máistir é ar an gceird, ach go mbaineann an ealaín féin le neamhchinnteacht an duine dhaonna agus a fhéiniúlacht:

> Fiafraítear domh cad is ciall le filíocht. Ceist dhoiligh mar go bhfuil an fhilíocht chomh héalaitheach leis an Aonadharcach, chomh seachantach leis an *Yeti.* Anois agus arís, sílim go bhfuil teacht agam uirthi, go bhfuil ar mo chumas caidreamh a chothú léithe each díreach is gach rud faoi réir, imíonn sí as mo radharc, cumascann sí le haer an tsaoil macasamhail

> taibléad ag drithliú i ngloine sula leánn sé, sula súitear isteach san uisce é. (Ó Searcaigh 2018: 37)

Tá an neamchinnteacht seo faoi fhéiniúlacht an scríbhneora sonraithe chomh maith sa sliocht thíos ó *Errigal: Sacred Mountain* (2023), áit a dtagraítear ar bhealach thar a bheith fileata d'fhocail:

> As I speak, as I write I'm giving birth to words.
> Words that are smeared with the afterbirth of ambiguity.
> Words that eat, sleep and excrete in the house of sense.
> A painter's little tube of colour speaks with a clear, pristine silence. [...]
> Writers have to confront their readers with words that carry the nightmare of their histories, the trauma of their origins on their back. (ibid., 152)

Filleann an Searcach ar fhocail sa dán 'An Buachaill Caol Dubh' [*TC*] arís eile ach an babhta seo, is mar thoradh ar an ngrá a thachtann an file. Feictear sa chéad rann den dán úd léiriú rómánsúil ar an mbuachaill a ndéanann pearsa an dáin trácht air. Faoi mar a dhéanann an Searcach go minic, is sampla maith eile é seo don chaoi a n-imríonn an grá tionchar ar an gcolainn: "Dubh, seangálainn, fireann,/ a aghaidh chomh gnaíúil sin/ ina chló agus ina chruthaíocht/ go mbaintear an anáil domh/ ag breathnú ar a dhóighiúlacht" (ibid., línte 1–4). Bíonn dícheangal síceolaíoch i gceist ar deireadh leis na mianta collaí seo agus deir an file go dtógann a bhriathra "glan amach asam féin" (ibid., líne 10). De réir mar a ghluaiseann an dán ar aghaidh, leagtar béim ar an tost a thagann air dá bharr: "ionas nach bhfuil aon ghá/ le focal ná le fios" (ibid., 15–16). Ar an dul céanna leis an dán thuas, maíonn an Searcach an rud céanna i laoi iv. [*LC*] nuair a deir sé "níl ar mo chumas d'áilleacht a laoidheadh/ le húdarás ná le dlús na bairdne./ Ach ba mhaith liom a dhearbhú duitse i ndán/ cé gur dealbh é i gcló agus i gcruth,/ gur tusa is áille d'fheara Fáil/ is gur sheol tú mo réasún le sruth" (ibid., línte 9–12). Go paradacsúil, sin ráite, is i bhfoirm dáin a thugtar glór don fhile.

Tá muintir an Ghleanna in 'An Mála Freagraí a Goideadh' (Ó Conghaile 1997) [*AFP*] go hiomlán gafa le ceisteanna an tsaoil; ceisteanna éagsúla faoi dhroichid nár tógadh fós, cé a phéinteáil an spéir agus an fharraige agus ceisteanna eile nach iad agus focail agus teanga i gcroí na gceisteanna céanna. Is leis an gcur chuige neamhréalaíoch a chuardaíonn an Conghaileach creatlach áirithe léitheoireachta ina mbeifear in ann cúrsaí teanga a léamh. Ina haiste 'Ag Taisteal Gan Mhapaí: An Ficsean Neamhréalaíoch agus Gníomh na Léitheoireachta' pléann Máirín Nic Eoin (2006) an neamhréaltacht agus an chaoi a dtógtar domhan nua don léitheoir ionas go mbeidh sé in ann a dhomhan féin a cheistiú go cruthaitheach. Ar cheann de na smaointe is mó atá ag Nic Eoin ná na slite a dtugann an ficsean neamhréalaíoch ar nós *An Fear a Phléasc* (1997) muid ar shiúlóid "ón leadrán" (ibid., 79) agus ón domhan laethúil. Is san alt céanna a phléann Nic Eoin tuairimí Denvir agus Ní Dhonnchadha agus conas a "[...] m[h]eallann a loighic uathúil agus a n-áibhéil ghreannmhar an léitheoir isteach i gcruinne aduain fantaisíochta ina gcuirtear an gnáthshaol iarbhír trína chéile" (ibid., 84). Mar sin, dar le Nic Eoin, gur máistir de shaghas éigin é an Conghaileach atá fíorábalta agus cumasach iarrachtaí réalaíocha a chumadh agus a chruthú (ibid., 92). Céim chun tosaigh atá in *An Fear a Phléasc* (1997) agus *An Fear nach nDéanann Gáire* (2003) don Chonghaileach. Cuireann Breathnach agus Ní Neachtain (2010) an téacs úd i gcomparáid le scríbhneoireacht Uí Chadhain:

> Má bhí na síolta ar fad sa chéad leabhar [*Mac an tSagairt*] is amhlaidh gur tháinig siad chun blátha sa cheann seo. Rud ar leith is ea an tsíorchaint, an comhrá buan, an guairdeall, an t-athrá in *An Fear a Phléasc* [1997]. Déarfá ar an gcéad fhéachaint gur rud Cadhnúil é seo, gurb é cabaireacht shíoraí charachtair an Chadhnaigh a bhí ar siúl. Ach is cabaireacht shíoraí Chonamara atá ann le fírinne, cabaireacht nach bhfuil bun ná barr ná tóin ná tosach ná tús ná tionscal ag baint léi, ach caint ar son na cainte, agus bladar ar son an bhéil. Go deimhin, cuireann sé muintir Chonamara mar atáid go beo beathach – agus go beo beithíoch freisin – os ár gcomhair, daoine a dhéanann mórán cainte ach nach bhfuil litir faic le rá acu, fág go ndeir siad go hálainn é. (ibid., 65)

Éiríonn leis an gConghaileach domhan iomlán úr a chruthú sa téacs ina mbíonn an fhorghairm agus an gníomh teanga mar chuid lárnach de thógáil théamach an scéil. Mar a phléitear thuas, tá an osréaltacht áirithe seo le tuiscint trí mheán na teanga agus ceistítear na noirm a eascraíonn as dá bharr. Glacann muintir an Ghleanna sa ghearrscéal seo lena gceisteanna faoin saol go fisiciúil – iompraíonn siad timpeall an bhaile iad, gach aon duine acu seachas an tOifigeach Ceisteanna atá saor ón ualach oibre (Ó Conghaile 1997: 90). Cuireann ceisteanna mhuintir an Ghleanna isteach orthu go fisiciúil – ní féidir leo na ceisteanna a chaitheamh chun srutha. Is féidir glacadh leis, mar sin, go bhfuil ceisteanna an phobail mar chuid lárnach den ghníomh teanga – ar bhealach thar a bheith pearsanta, titeann ceisteanna gach uile charachtar anuas orthu agus bíonn na ceisteanna seo mar chuid lárnach de shaol laethúil mhuintir an Ghleanna.

Téama na teanga agus an gníomh teanga atá ar intinn ag Ó Searcaigh in 'Cainteoir Dúchais' (1997:

134) [*OOO*] ina mbíonn an fhéiniúlacht agus an teanga ag teacht le chéile i dtuiscintí a shamhlaítear leis an raon príobháideach. Pléann Máirín Nic Eoin é seo go sonrach ina monagraf taighde *Trén bhFearann Breac: An Díláithriú Cultúir agus Nualitríocht na Gaeilge* (2005). Déanann an criticeoir iomráiteach plé éifeachtach ar chódmheascadh an fhile le linn an dáin, rud a chuireann saothair liteartha Mhichíl Uí Chonghaile i gcuimhne di (ibid., 368). Téama na teanga agus tionchar an Bhéarla ar an nGaeilge atá i gceist ag Ó Searcaigh ina dhán siúd, rud a chaitheann nóisean i leith na collaíochta bunoscionn. Pléann an Searcach na slite ina mbíonn brú an Bhéarla le feiceáil ar Ghaeilge nádúrtha an chainteora dúchais agus imríonn sé go cruthaitheach leis an dá theanga. Feictear arís eile trí mheán na teanga gur féidir noirm ar leith a cheistiú – céard is Gaeilge mhaith ann? Baintear leas as earraí an tí go háirithe chun an domhan mór a cheistiú agus chun ceisteanna a bhaineann le cruth an domhain chéanna a scagadh nó a thuiscint. Ar nós an mhála freagraí a goideadh ó théacs Uí Chonghaile, spreagtar ceisteanna ionainn mar léitheoirí i leith sainmhínithe. Cén chaoi a ndéantar sainmhíniú ar chainteoir teanga agus ar chineál teanga chomh maith? Cumadh téarmaíochta atá i gceist ag an gcainteoir sa dán seo agus é ag aitiú, nó ag caitheamh noirm i leith teanga bunoscionn. Measaim gur sampla é seo den aitiú mar go ndéanann an Searcach tuiscintí i leith na teanga a ionramháil. Más speictream gnéasachta nó inscne í an aiteacht, nach féidir a rá go bhfuil an teanga á háitiú aige trí úsáid an Bhéarla?

> Bhí sé *flat-out*, a dúirt sé
> i gcaitheamh na maidine.
> Rinne sé an t-árasán a *hoover*eáil,
> na boscaí bruscair a *jeyes-fluid*eáil,
> an *loo* a *harpice*áil, an *bath* a *vim*eáil.

Ansin rinne sé an t-urlár a *flash*áil
na fuinneoga a *windolene*áil
agus na leapacha a *eau-de-cologne*áil.
(Ó Searcaigh 1997: línte 1–8)

Cé go bpléann an Searcach catagóir an chainteora dúchais agus an idirtheanga atá le cloisteáil ó bhéal an reacaire, déantar cíoradh chomh maith ar an ngrá aiteach sa dán céanna. Curtha i gcomhthéacs na Gaeilge, déanann an reacaire cur síos ar an gcainteoir ag dul amach ag crúsáil agus é fós ag cumadh téarmaí brocacha:

Bhí sé *shag*áilte, a dúirt sé
ach ina dhiaidh sin agus uile
rachadh sé amach a *chruise*áil;
b'fhéidir, a dúirt sé, go mbuailfeadh sé
le boc inteacht
a mbeadh Gaeilge aige (ibid., línte 9–14)

Tagann domhan na Gaeilge agus domhan na haiteachta le chéile anseo – áit a ndéantar iarracht an gníomh aiteach collaíochta a cháiliú trí mheán na hidirtheanga sin. Ní féidir féiniúlacht a bhunú taobh amuigh den dioscúrsa nó taobh amuigh den teanga ach is mar sin a dhéantar é i ndán Uí Shearcaigh. An rud a éiríonn leis an Searcach a dhéanamh anseo ná idirphlé a dhéanamh idir féiniúlacht an Ghaelachais agus an aiteacht. Ach an bhfuil cumhacht ar leith ag baint leis an teanga, cé go gceistíonn an gníomh teanga noirm (nó, cinnte, go dtagann siad chun solais), céard iad na tuiscintí eile atá i gceist leis an ngníomh teanga i dtaobh Butler?

Eascraíonn tuairim Butler as fealsúnacht Louis Althusser, ar criticeoir Marxach é, i leith na forghairme. Baineann an coincheap seo go háirithe leis an gcaidreamh idir an duine agus an chumhacht (ibid., 106). Is éard atá i gceist leis an bhforghairm, go simplí, ná an chaoi a mbronntar féiniúlachtaí ar dhuine agus go bhfoghlaimíonn an tsuibiacht go leor faoina bhféiniúlacht trí mheán na teanga. Dar le Althusser go nglacann an duine le glaoch an mháistir (is é sin, an chumhacht) agus go mbíonn an duine comhfhiosach ar choinníollacha agus ar rialacha an chaidrimh sin (ibid.). Dar le Salih (2002) gur féidir glacadh leis go bhfuil cúrsaí inscne agus collaíochta mar chuid d'fhorghairm Althusser – go nglacann mná, mar shampla, leis an inscne, agus go ndéantar cailín den pháiste mar go gcuirtear iad i gcatagóirí néata sóisialta (ibid., 80), nó mar a léiríonn sí, "A girl is not born a girl, but she is 'girled' [...] at or before birth on the basis of whether she possesses a penis or a vagina" (ibid.). Léiríonn Jagger (2008) an tuairim chéanna nuair a mhíníonn sí go dtagann cineálacha éagsúla inscne agus claontaí gnéasachta chun solais trí mhodh na teanga nó "[...] it is through being interpellated through linguistic categories that bodies/subjects come into social existence" (ibid., 93). Fiú leis an téarma *queer* féin, d'fhéadfaí a rá gur forghairm atá á himirt i dtógáil na téarmaíochta sin – go dtagann ceisteanna chun cinn maidir le déanamh téarma agus an chaoi a n-eascraíonn tuiscintí as (Butler 1993: 18).

Ar an mbealach céanna, is í an fhorghairm is mó a fheictear in 'An Fear Gorm' (Ó Conghaile 2003) [*FNG*], áit a mbíonn caidreamh na forghairme le feiceáil idir na carachtair. Meafar agus pearsantú ar an dúlagar atá san Fhear Gorm i ngearrscéal úd Uí Chonghaile. Trí úsáid a bhaint as an gcéad phearsa uatha den chuid is mó, éiríonn leis an gConghaileach an Fear Gorm a mhíniú dúinn go pearsanta agus go soiléir. Tuigtear go raibh aithne ag an reacaire ar an bhFear Gorm sular cailleadh a bhean ach "smearaithne" (ibid., 79) a bhí ann, ní aithne cheart. Bhuail sé leis an bhFear Gorm tar éis dá dheartháir "greadadh leis go Sasana" agus "an lár ar ghlan mé féin an leathchéad" (ibid.) Is tríd an bhforghairm a fhreagraíonn an reacaire don Fhear Gorm. Feictear, dá thoradh sin, an chumhacht atá i gceist nuair a bhíonn sé sin i gceist. Is é an t-uaigneas is mó atá le brath ag reacaire an ghearrscéil agus is san fholús seo a ghlacann an Fear Gorm cruth agus raon pearsanta an reacaire (ibid., 82). Mar a mhíníonn Ó Conghaile don léitheoir, "Ba é an Fear Gorm a thug le chéile mé. A thiomsaigh is a d'fháisc le chéile na smionagair ionam" (ibid.). Tríd an bhforghairm, agus an t-ainmniú a dhéantar ar an ngalar dubh i dtús báire, a thagann an reacaire agus an galar le chéile in aon aonad amháin i ndinimic chumhachta:

> Is nach féidir linn ar gcionn a roinnt lena chéile ar an gcaoi seo óir beidh sé ansin i gcónaí a smaoinímse. Nach mbeidh ... mar a bheadh aghaidh chomnach nach dtréigfeadh cianta. (ibid., 84)

Is tríd an ngníomh teanga seo a chuirtear cruth ar an ngalar ar dtús agus ar an teagmháil a dhéanann an reacaire leis. Nuair a thagann an reacaire in aon chruth leis an bhFear Gorm, tiontaíonn sé ina aonarán go háirithe ó bhásaigh a bhean chéile Mairéad (ibid., 83). Anuas ar aithint an reacaire ar fhorghairmiú an ghalair, déantar iarrachtaí an galar nó an mothúchán pearsanta seo a thiomáint go galar leighis, galar ar féidir leis an othar "cúpla táibléad a thógáil" (ibid.) dó agus go dtiocfaidh biseach air dá bharr. Cáilíonn an leigheas seo, agus an t-athrá forghairme seo, an Fear Gorm sa chiall bhriathartha, agus is céim eile chun tosaigh í ar an bhforghairmiú a dhéantar air sa scéal.

Ceoldráma agus athinsint ar cheann de sheanscéalta Chloich Chionnaola atá i gceist le *Rocabillie Balor* (Ó Searcaigh 2019) ina gceistítear ceangail ghinealaigh agus áit na mban i gceantar stairiúil samhalta. Tugtar léiriú eile ar an ngníomh teanga agus ar an bhforghairm le linn an tsaothair seo. Bunaithe ar shaothar próis agus ar athinsint eile *Lugh na Bua/The Deliver* (Ó Searcaigh agus Ó Gaoithín 2017), tá tábhacht lárnach ag suíomh an dráma seo sa phlota féin agus déantar na ceantair thuaithe seo a fhí isteach go minic lena linn go fileata. Is in oscailt an cheoldráma a léirítear an ceantar tuaithe mar a bhí sular tháinig Tuath Dé Danann: "San am fadó i bhfad ó shin,/ an tír fós óg is glas;/ An torc allta is na faolchoin/ faoi shómas ins an teas./ A cuid tailte méithe meallacha/ saor ó scríobh na seisrí;/ A cuid garbhchríocha uaigneacha/ saor ó ghleo na seilge" (ibid.: 11). Ach is sna tailte céanna a thiteann eachtraí an dráma seo amach, agus is ann a chruthaítear teannas. Is de thoradh ar thairngreacht na gCailleach a thugann foláireamh do Bhalor, *Honcho* na bhFomhórach, go "[d]Tiocfaidh an baol ó do ghlúin gaoil./ Fainic iníon an choim chaoil" (ibid.: 16). Déantar iníon Bhalor, Eithne, a chur faoi ghlas le smacht a choinneáil ar a colainn atáirgeach agus ar bhás Bhalor a léiríonn gur fear "[...] neolithic [é], ag coinneáil a iníon féin sa nick" (ibid.: 47). Ceanglaítear uafás an ghéibhinn le háilleacht an cheantair tuaithe nuair a deir Eithne, "Bhí lá ann is ba deas liom/ ribíní glasa gruaige/ is glas na smaragaide/ i mo shlabhra brád,/ is seoda glasa luachmhara/ ó thrádálaithe na mara./ Is anois tá mé faoi ghlas/ is beidh go bás" (ibid.: 28). Cuirtear an smacht a choinnítear ar cholainn Eithne le caint Cheannfhaola, a bhfuil sé mar aidhm aige Balor a ruaigeadh as Toraigh: "Ba mhaith liom na putóga a tharraingt as Balor agus iad a scaipeadh ar cheithre chreasa na háite seo. Sin an cineál taom buile a thig orm nuair a tchím an slad atá sé a dhéanamh ar ár ndaoine" (ibid.: 35). Mian a croí is ea caidreamh grámhar agus collaí d'Eithne agus í uaigneach i ndún seo na gnéasachta, rud a léirítear go háirithe in amhrán Eithne: "Níl lá ná oíche nach bhfeicim é, níl uair faoin ghréin/ nach léir domh an fear seo atá mé á thuar domh féin;/ Loach tréan téagartha a thabharfas meas domh agus grá/ agus a sheasóidh liom go teasaí, mo ghaiscíoch go brách" (ibid.: 43). Díol spéise is ea an bob a bhuailtear ar Bhalor ar deireadh, nuair a ghléasann Ceannfhaola mar bhean chun tairngreacht na gCailleach a chomhlíonadh. Tugann Eithne fearúlacht Cheannfhaola faoi deara agus iad sa dún, agus gabhann Ceannfhaola a leithscéal léi is deir "Ach caidé a thig liom a dhéanamh? Barraíocht testosterone a deir m'aintín Gráinne is cúis leis, cé bith ciall atá leis sin. Ar chuid mhór bealaí tá Gráinne i bhfad chun cinn orainn" (ibid.: 51). Saolaítear Lugh Lámhfhada ina dhiaidh sin, agus tagann deireadh le ré Bhalor. Déanann an Searcach cíoradh ar thábhacht an ghinealaigh agus ar shaoirse atáirgeach na mban le linn an hathinsinte seo.

Mar sin, is féidir a áiteamh go spreagann na téacsanna thuas ceisteanna a bhaineann leis an bhforghairm agus leis an ngníomh teanga i saothair na scríbhneoirí seo. Feictear na slite difriúla a gcíorann siad an gníomh teanga ina n-iarrachtaí próis agus fileata agus an tionchar a bhíonn aige ar charachtracht nó ar phríomhthéama an téacs. Cé go gceistítear an gníomh teanga go ginearálta sna téacsanna seo, ní mór a chur san áireamh gur féidir linn aitiú a dhéanamh ar an gcur chuige seo agus iad a chur in oiriúint do shainchás na Gaeilge. Is éard atá i gceist agam anseo, ar ndóigh, ná an tslí ar féidir linn ceisteanna féiniúlachta, an aiteacht san áireamh, a fheiceáil sna saothair thuas. Mar sin féin, nuair a bhuaileann an tsuibiacht le foinse na forghairme, bíonn faoistin nó scaoileadh rúin i gcónaí mar chuid den phróiseas tuisceana. Dá bharr sin, ní mór breathnú ar an gcaoi a mbíonn an fonn scaoilte mar chuid lárnach in iarrachtaí na scríbhneoirí agus an chaoi a mbíonn tionchar ar a mianta agus ar an raonú príobháideach iontu a mheas.

2.8 An Fhaoistin: An Fonn Scaoilte agus Maithiúnas

De réir mar a thuigtear do Michel Foucault, bíonn fonn as cuimse ar dhaoine a rúin a scaoileadh, rud a ndéanann sé iniúchadh air in *History of Sexuality, Volume 1* (1978: 59). Scaoileann an duine uaidh rúin mar gheall ar a choireanna, a pheacaí, a smaointe neamhnormatacha agus a mhianta, agus tá na deiseanna seo faoistine le feiceáil in institiúidí smachta an phobail (ibid.). Tá an fonn scaoilte seo ar fáil go dlúth sa tsochaí go cultúrtha, dar leis, agus is mó a dhírítear ar an bhfonn seo le faoiseamh a fháil ó chuing an rúin. Tá an fonn seo, mar mhian inmheánach phearsanta agus phríobháideach, "ingrained in us", agus tá Foucault den tuairim gurb é seo buntéis a chuid tuiscintí ar an ngnéasacht agus ar an gcollaíocht (ibid., 63). Imríonn an fhaoistin páirt mhór i scéal agus i stair na gnéasachta agus na collaíochta, dar leis an teoiriceoir (ibid.). Ní hé go raibh insint dhíreach i dtaobh na collaíochta i gceist leis an bhfaoistin, nó athinsint faoin ngníomh collaí, ach go raibh i bhfad níos mó i gceist léi: "[...] the thoughts that recapitulated it, the obsessions that accompanied it, the images, desires, modulations, and quality of pleasure that animated it" (ibid.). Cé go raibh níos mó i gceist leis an scaoileadh rúin, thug Foucault faoi deara go raibh an chollaíocht i gcroí na faoistine go han-mhinic. Ach cé a rinne bainistiú ar na rúin seo? Bhí fórsaí sochaíocha (amhail dochtúirí, múinteoirí, sagairt, srl.) go hiomlán gafa le ceisteanna collaíochta ag tús an ochtú haois déag dar le Foucault agus iad curtha i gcomhthéacs an raoin phríobháidigh (ibid.). Bhí Foucault in ann seo a fheiceáil trí shampla an athar faoistine. Bhí caidreamh cumhachta idir an t-athair faoistine agus an peacach – thabharfaí maithiúnas don pheacach trí mheán na faoistine má bhí sé sásta a chuid rún a rá os ard (ibid., 67). Bhí iallach ar an bpeacach a chuid scéalta pearsanta a aithris ar mhaithe leis an maithiúnas agus dá bharr sin cothaíonn an t-iallach seo an rún féin (Downing 2008: 91). De thoradh na dtuiscintí a d'eascair as seasamh Foucault i leith an scaoilte a tháinig *scientia sexualis* chun cinn in Iarthar na hEorpa – áit, i dtéarmaí an teoiriceora, a raibh an fhaoistin agus an chollaíocht go hiomlán nasctha le chéile (ibid.). Bhí Foucault den tuairim gurbh é seo tús leis an droch-chaoi ar caitheadh le daoine aiteacha agus leis an ngnéasacht neamhnormatach, agus go raibh an fhaoistin ina modh cumhachtach le greim a choinneáil orthu mar fhadhbanna (Foucault 1994: 171). Is féidir an scaoileadh rúin agus iallach an scaoilte seo a fheiceáil i saothair na scríbhneoirí atá á scrúdú sa leabhar seo.

Ar an gcéad dul síos, tá an fonn scaoilte le feiceáil san úrscéal *Sna Fir* (Ó Conghaile 1999). Léirítear brú an scaoilte sa raon príobháideach go háirithe i gcás an phríomhcharachtair John Paul agus é ag cuimhneamh ar a chlaonadh gnéis agus a thuismitheoirí. Níl fonn air a rún (gur duine aerach é) a nochtadh go fóill mar "B'in mar ab fhearr liom é" (ibid., 131), ach mar sin féin is féidir glacadh leis go bhfuil brú de shaghas éigin air sa mhéid is go gcuireann sé in iúl nach bhfuil fonn air é a scaoileadh uaidh *fós*. Ní shíltear go bhfuil fonn ar John Paul a rún a ligean. Mar sin féin, déanann an Conghaileach tochailt ar an scaoileadh rúin agus na slite a mbíonn na carachtair ar imeall na sochaí nó mar chuid de *submerged populations* O'Connor:

> I roinnt mhaith scéalta de chuid an Chonghailigh feictear carachtair nach bhfuil in ann cloí le gnáthnósanna na sochaí ina maireann siad. Bíonn na carachtair seo beagáinín difriúil leis na daoine eile sna scéalta. Feictear nach ábhar mór buartha dóibh a bheith difriúil agus gheofar cur síos íogair maoithneach atá lán le teannas nuair a bhíonn na carachtair siúd ag iarraidh teacht amach leis an bhfírinne chun iad féin a fhuascailt chun saoirse éigin a fháil dóibh féin. (Ó Cofaigh 2004: 7)

Is cinnte, mar sin, go ndéanann an Conghaileach an fonn scaoilte seo a rianú go sonrach tar éis do John Paul bualadh le duine a bhí i mbun cúrsála sa pháirc, Seán. Fiafraíonn Seán de John Paul an gceapann sé go bhfuil Dia feargach leo as a bheith ag cuardach collaíochta sa pháirc. Is léir go bhfuil Seán trína chéile faoina chlaonadh collaí agus deir sé go ndeachaigh sé chuig an bhfaoistin chun cabhrú leis "a intinn a chíoradh" (Ó Conghaile 1999: 127). Breathnaíonn John Paul i ndiaidh Sheáin agus ansin déanann sé machnamh ar an scaoileadh rúin go háirithe:

> Thuig mé ansin gur bhuntáiste mór dom a bheith glúin níos óige ná Seán. Ach ba luachmhaire ná sin mo chúlra féin dom, a smaoinigh mé. Deaid agus Mam. Deaid agus Mam nach raibh suim dá laghad i gcreideamh acu féin, is nár bhrúigh siar inár scornach ariamh é ag tabhairt chead ár gcinn dúinn den chuid is mó ... Ní dúirt me leo go raibh mé aerach. Ná ní dhéarfainn, go ceann fada fós. B'in mar ab fhearr liom é. An rud nach mbeadh ar eolas acu ní chuirfeadh aon imní orthu. (ibid., 131)

Is ríléir go bhfuil brú ar John Paul a rún a choinneáil slán agus gan é a nochtadh dá thuismitheoirí.

B'fhéidir nach bhfuil fonn air a rún a chur os comhair a theaghlaigh faoi láthair ach tuigeann sé cumhacht an rúin agus an chaoi a mbeidh air a rún a chur os a gcomhair am éigin amach anseo. Ní dóigh leis go bhfuil an chollaíocht, mar a shamhlaítear go minic í, ina geis rúnda chontúirteach (ibid., 26). Tá gnéasacht John Paul, mar sin, le feiceáil trí mheán na faoistine – mura mbeadh rún le scaoileadh aige, níorbh fhiú plé a dhéanamh ar an gcollaíocht ar an gcéad dul síos. Tugann rún na gnéasachta sprioc de shaghas éigin don tsuibiacht le ciall a dhéanamh as a eispéireas collaí. Sa chaoi chéanna, mar a léiríonn Foucault, is é seo bun agus barr na collaíochta – go bhfeidhmíonn sí go hiomlán i gcomhthéacs na faoistine agus na rúndachta (Foucault 1978: 76). Feictear an chaoi a dtéann cumhacht na rún i bhfeidhm ar an duine agus Seán ag iarraidh lámh a chur ina bhás féin as a chlaonadh a choinneáil ciúin. Ionas gur féidir leis tacú leis an rún seo, téann John Paul go Baile Átha Cliath chun a mhianta a chur i bhfeidhm. Pléann Nic Eoin (2008) an tslí a dtéann carachtair Uí Chonghaile anonn is anall, ón nGaeltacht go dtí an Ghalltacht agus ar ais arís le deiseanna áirithe collaíochta a thapú (ibid., 190). Déantar seo i mbealach rúnda chun a chúinsí pearsanta a choinneáil faoi chois. Feictear John Paul *Sna Fir* agus é ar cuairt ar an gcathair; déanann sé freastal ar thithe tábhairne aeracha, clubanna gnéis agus é amuigh ag crúsáil i bpáirceanna poiblí; rudaí a léiríonn féinmhuinín John Paul chun a mhianta a shásamh (Ó Siadhail 2010: 149). Ní dóigh le John Paul gur féidir leis a bheith ar a shuaimhneas i gConamara. Tugann cathair Bhaile Átha Cliath saoirse don charachtar a mhianta collaí a bhlaiseadh agus an saol aerach san ardchathair a fheiceáil mar is ceart (ibid., 152). Cuirtear an bhéim, mar sin, ar an idirdhealú idir an raon príobháideach agus an raon poiblí trí shaoirse na collaíochta sa chathair a chur in iúl. Cé nach bhfuil John Paul sásta a rúin a chur os comhair a thuismitheoirí, tá sé breá sásta saol na haiteachta a chaitheamh.

Is faoi choim atá an dúil chollaí agus an grá go minic i saothar Uí Shearcaigh agus déantar trácht rialta ar na himpleachtaí a bhíonn ag an rúndacht ina chuid filíochta. Cuirtear béim air seo i luathdhán dá chuid, 'Searc', a atheisíodh in 2021 (Ó Searcaigh 2021: 90) [*MC*], a ndéantar cumhacht an rúin agus na náire a phlé ann. Cliseadh caidrimh is ea príomhthéama an dáin, cliseadh nach mínítear, nach dtugtar comhthéacs dó, lena linn. Is éard a thiteann amach sa dán ná sraith gealltanas; gealltanais nach bhfuil sé mar aidhm aige dul siar orthu, chun é féin a chosaint ó ghortú. Ní foláir don reacaire an liosta seo a bhreacadh i bhfoirm dáin le meabhrú dó a phianmhaire is atá an grá féin, grá atá i dtost. Sa chéad rann, tuigtear don léitheoir láithreach nach bhfuil an solas i gceist leis an dán seo, solas a bhíonn le brath i go leor dá chuid dánta; easpa solais atá ag baint leis an dán úd agus an briseadh croí a leanann briseadh caidrimh: "Chuir mé mo shúile i bhfolach/ faoi smúid na hoíche;/ Ní amharcfaidh mé ort níos mó" (ibid., línte 1–3). Mar is dual don Searcach, cruthaítear teannas agus éifeacht fhisiciúil sa léitheoir ach ní hionann sin is a rá gur gimic mhaoithneach é seo ach fírinne an fhile – an tacht agus an tost a eascraíonn as an ngrá seo, tacht agus tost nach féidir leis a fhógairt i gceart, ach é a fhógairt, sin ráite, sa dán seo: "Chuir mé mo theangaidh i dtost/ i ndíthreabh an tsléibhe;/ Ní labharfaidh mé leat níos mó" (ibid., línte 7–9). D'fhéadfaí dhá léamh dhifriúla a dhéanamh ar an rann seo: go bhfuil an file faoi scáth an bhróin nó faoi scáth an rúin. Freagraíonn an file ceisteanna an léitheora agus deir gurb é an gortú seo bun agus barr an dáin: "Anois cuirim mo chroí chugat/ i mias seo na filíochta,/ Ionas nach dtitfidh mé i ngrá leat ... aríst" (ibid., línte 16–18). Ar an gcuma chéanna taispeántar an marc a fhágann an grá aiteach ar an duine in 'Ceacht' (1978) [*T*] nuair a léirítear an tráma a bhaineann leis an ngrá: "An colm ar a bheola: comma ar ghnách liom moilliú air tráth/ agus mé ag foghlaim a phóige" (ibid. línte 1–3). Ní faoistin phoiblí atá á fógairt ag an bhfile anseo, ach faoistin ealaíonta a chuireann cruth ar a mheon i leith an ghrá aitigh – is i ndán a bheidh deis aige gortuithe an ghrá a scaoileadh uaidh.

Anuas air sin, is féidir an rúndacht agus an fonn scaoilte a fheiceáil mar léiriú ar an raon príobháideach i ndán úd Uí Shearcaigh (1996: 106) 'Piccadilly: Teacht na hOíche' [*SE*]. Eascraíonn léamh áirithe as teideal an dáin: go mbeidh an file ag breathnú agus ag déanamh plé ar an dorchadas atá mar shiombail den raon príobháideach. Faoi scáth na hoíche, is féidir leis an bhfile a mhianta collaí rúnda a chur i bhfeidhm agus a léiriú i mbealach príobháideach ach i raon poiblí. Ag tús an dáin tá an file ag iarraidh teannas a chothú sa léitheoir: "Tá mé ag fanacht ar dhuine inteacht/ le teacht na hoíche" (ibid., línte 1–2). Ceistítear ansin cén fáth go gcaithfear fanacht go teacht na hoíche chun go mbuailfidh an file leis an duine seo. Tá rúndacht áirithe á cruthú ag an bhfile ar an bpointe boise. Cé gur féidir a rá go mbíonn an fhaoistin agus an rúndacht i gcónaí ag obair as láimh a chéile, d'fhéadfaí a mhaíomh gur féidir leis an duine an rúndacht a choinneáil ar an mbóthar slán trí straitéisí den chuma seo a chur i bhfeidhm. Mar sin féin, dathaíonn an file teannas nach beag chomh maith nuair a deir sé go bhfuil sé ag fanacht "fá bhéal bagrach an fhostáisiúin" (ibid., líne 4). Déantar an pearsantú seo a léiriú go héifeachtach agus cruthaítear fiosracht sa léitheoir dá bharr – cén fáth a bhfuil an áit áirithe seo "bagrach" (ibid.). Treisítear seo go céadfaíoch agus an file ag cur síos ar "...ochlán an ocrais i mo phutóga/ is na néaróga luaile as tiúin ..." (ibid., línte 7–8). Mar sin féin, agus an file ag fanacht ar leannán collaí, briseann an dúchas trí shúile an chait. Agus é ag éirí níos corrthónaí, déanann an file machnamh siar ar chomhairle a cuireadh air sular fhág sé a cheantar dúchais:

> Is smaointím anois
> ar Joe Beag i bProchlais
> a chomhairligh domh lá amháin
> sular fhág mé m'áit dhúchais:
> 'Más lámh chuidithe atá uait, a stócaigh,
> gheobhaidh tú an ceann is úsáidí
> sáite ar cheann do sciatháin.' (ibid., línte 21–27)

Cé go bhfuil an phearsa amuigh faoin aer, beidh air a mhianta pearsanta a shásamh go príobháideach, ach, cinnte tá an rúndacht i gcroí na mianta sin. Deir an file gurb é seo "... ré ... na mBréag" (ibid., líne 59) agus é ag breathnú ar striapacha agus iad ag siúl na sráide. Músclaíonn an ráiteas seo ceisteanna móra mar gheall ar an bhfaoistin agus an rúndacht chollaí. Ar nós na striapach ina thimpeall, tá an file curtha sa chomhthéacs céanna – é i ré na mBréag – agus é ag fanacht ar leannán collaí. Is trí mheán na filíochta a scaoileann an file uaidh a rún faoi phríobháideachas an raoin agus an tsuímh a léirítear sa dán seo, agus tá sé seo ag teacht le tuiscintí Foucault ar an gcaoi a dtagann an chollaíocht agus an rúndacht le chéile.

Is féidir ceist na faoistine a fheiceáil chomh maith in 'Leabhar na bPeacaí' de chuid Uí Chonghaile [*AFP*] (1997). Sa ghearrscéal seo, éiríonn leis an ngearrscéalaí cumhacht na hEaglaise i leith na faoistine a chur os comhair an léitheora. Agus an tseanbhean ag fáil bháis agus beirt sagart ag colbha a leapa, pléann an moinsíneoir páiste neamhdhlisteanach a bhí ag an tseanbhean, agus é ag iarraidh an nimh a fháisceadh as an bhfocal. Fiafraíonn an sagart cúnta den mhoinsíneoir an féidir leo an peaca collaí sin a ghlanadh ón tseanbhean ar leaba a báis (ibid., 71). Tosaíonn an sagart cúnta ag labhairt isteach i gcluais na seanmhná ag iarraidh í a "ghlanadh" tríd an aithrí. Is díol spéise é go gcuirtear brú ar an tseanbhean a gníomhaíochtaí collaí a bhí ag dul i gcoinne rialacha dochta na hEaglaise a phlé ag deireadh a saoil. Déanann an Conghaileach scagadh cuimsitheach anseo ar an bhfaoistin agus ar pheacaí an duine:

> "Anonn leat taobh thall den leaba agus leabhair isteach ina cluais i mo dhiaidh-sa. Clúdóidh mise an chluas seo ón taobh seo ... ar fhaitíos nach dtiocfadh aon dé ar ais inti níos mó. Ar fhaitíos nach mbeadh deis aithrí aici féin choíche" (ibid.)

Tagann sé seo le tuairimí Foucault (1978) faoin rúndacht a bhaineann le gníomhaíochtaí collaí neamhnormatacha nó peacúla na seanmhná. Is trí mheán na faoistine agus an mhaithiúnais a ghabhann léi a dhéantar iarracht an gníomh a smachtú agus a chur ina cheart. Glactar leis, mar sin, go bhfuil gníomhaíochtaí ar leith níos normataí ná a chéile agus go bhfuil ar an tseanbhean seo a chur os comhair an phobail (na sagairt) trí mheán na faoistine. D'fhéadfaí é seo a léamh i dtéarmaí Foucault (1978), a deir go bhfuil an cineál seo smachta fréamhaithe i dtuiscintí a bhain go hiomlán leis an ngeis agus an chaoi a mbíonn smacht ó fhoinsí éagsúla in ann gnéasachtaí nó gníomhaíochtaí faoi leith a ionramháil (ibid., 44). Tugtar faoi deara an chaoi a bhfuil na sagairt ag iarraidh an chollaíocht a smachtú agus an fonn scaoilte a mholadh trí mheán na faoistine. Mar sin féin, ní chuireann Foucault san áireamh go bhfuil cumhacht áirithe fiú ag an bpeacach – léiríonn an tseanbhean aineolas na sagart ar an mbás agus ar an saol chomh maith:

> "Ní thuigeann an saol seo an bás. Ní thuigeann sibhse an bás. Ná habair liom go dtuigeann sibhse an bás – a dhá bhréagadóir bhradacha, a dhá scaibhtéarra shéasúracha, a dhá bhligeard sráide ..." D'oscail béil na beirte. Ansin deir sí "... Cén chaoi a dtuigfeadh agus gan cead ag an mbás teacht isteach sa saol seo. Níl scáile an bháis ar a theitheadh fiú ceadaithe anseo. I bhfad uaidh. Ach beidh a lá féin ag an mbás, le cúnamh Dé, a bhuaicphointe caithréimeach féin, nuair a thiocfas an saol loite seo go dtí a lánstad." (Ó Conghaile 1997: 73)

Tá faoistin agus scaoileadh rúin le feiceáil i ngearrdhráma Uí Shearcaigh 'An Chéad Mháirt d'Fhómhar' a foilsíodh in *Mairimid leis na Mistéirí agus Drámaí eile* (2009), nuair a thugann an tsuibiacht aghaidh ar a chuid rún. I míreanna an dráma cuirtear aithne ar bheirt saighdiúirí agus iad ag troid i gCath an Somme in 1916. Bheifí ag súil le dráma fearúil, dráma a chothaíonn an t-inscniú a dhéantar ar chogaí mar raonta fearúla. Comhrá idir Éamann agus Peadar, beirt fhear Gaeltachta, atá i gceist leis an dráma agus iad i lár an chatha an oíche úd. Ag tús an dráma, meabhraítear dúinn nach i gCaiseal na gCorr atá an bheirt, agus iad i bhfad ó bhaile, nuair a deir Peadar le hÉamann, "Chan sa bhaile i gCaiseal na gCorr atá tú anois ag baint pléisiúr as aer úr folláin an fhómhair" (ibid.: 31). Tagann fórsa dosheachanta an rúin agus an fonn scaoilte chun cinn agus iad beirt sna trinsí. Tar éis d'Éamann fear Gearmánach a mharú le linn na troda, tagann claochlú ar a mheon. Téann an bheirt ar bhóithrín na smaointe. Smaoiníonn Éamann siar ar lá saor a bhí aige i bPáras nuair a luigh sé le bean in óstán den chéad uair. Ach ní bean ar luigh Éamann léi ach fear, Philippe, agus deir sé go "[... d]tiocfaidh an lá, bíodh sin fada nó gairid, agus beidh glacadh ag an phobal le mo leithéidí. Beidh fir óga, mo mhacasamhail féin agus lánchead acu titim i ngrá lena chéile. Beidh mo leithéidí le fáil i Mín a' Leá, i bhFána Bhuí, ar an Bhealtaine" (ibid: 44). Ní sásta atá Peadar le macántacht Éamainn agus deir sé leis, "Níl mé ag gabháil a sheasamh anseo ag éisteacht le piteog fir mar thusa; Síle shalach d'fhear, ag caitheamh masla agus salachair ar an bhaile" (ibid: 44). Treisítear meon homafóibe Pheadair anseo, agus is ann a cheistítear an chaoi a dtéann cumhacht i ngleic leis an bhfonn scaoilte. Roimh dheireadh an dráma, impíonn Éamann ar Pheadar a scéal a insint, é a rá os ard, mar go rachaidh "[...] mo scéal chun sochair d'fhear óg inteacht i gCaiseal na gCorr, fear óg inteacht a bhfuil an claonadh céanna ann agus atá ionamsa" (ibid.: 45). Is sa Somme a thugtar saoirse d'Éamann a fhéiniúlacht aiteach a rá go faoistiniúil le go gcuideoidh sé le fir eile an cheantair sa bhaile. Tuigeann sé go bhfuil sé i mbaol an bháis agus go bhféadfadh sé a ghlór a úsáid sa chomhthéacs seo; go bhféadfadh sé tionchar a imirt ar an gceantar as ar tháinig sé, agus nach gá dó cloí le hualach an rúin a thuilleadh. Tugann baol an bháis saoirse chainte agus oscailteacht nua d'Éamann.

Anuas air sin, tagann *Cion Mná* (Standún 1993) chun cuimhne chomh maith nuair a dhéantar trácht ar an bhfaoistin agus ar an rúndacht chollaí. Feictear John, carachtar trioblóideach atá ina alcólaí, ag iarraidh a mhianta a léiriú i bpictiúrlann. Músclaítear suíomh collaí sa phictiúrlann ina sásaíonn John é féin agus é ag breathnú ar scannán pornagrafach. Is léir go gcuireann sé a mhianta príobháideacha i bhfeidhm i gcomhthéacs na pictiúrlainne. Léirítear chomh maith náire na gníomhaíochta agus John sásta an suíochán os a chomhair amach a loit seachas é féin a loit lena shíol. Ceanglaíonn Ó Dúshláine seo le fearúlacht nó cé chomh *macho* is atá John: "[...] nochtar [é] i leith an fhéincharta, agus John á shásamh féin ón scannán pornagrafach a chonaic sé i bPicadilly. John á mhíniú féin agus á leiscéalú féin feadh an ama" (Ó Dúshláine 2022: 179). Coinníonn an t-údar air ag sárú theorainneacha na cumhachta trí leas a bhaint as an bpictiúrlann mar shuíomh a dtagann an géillsineach (John) agus an chumhacht (ionchais na sochaí) le chéile:

> Ní fhéadfadh duine ar bith breathnú ar a leithéid i bhfad gan a bheith adharcach. Bhreathnaigh sé timpeall. Bhí súile chuile dhuine ar an bpictiúr. D'oscail sé a bhríste agus shásaigh sé é féin le steall in aghaidh an tsuíocháin os a chomhair amach. Cén rogha a bhí aige. Ní fhéadfá dhul amach ar an tsráid agus fliuchán ar do threabhsar. Shleamhnaigh sé trasna cúpla suíochán ansin, ar fhaitíos go gcuirfí ina leith gurb eisean a bhí ag truailliú na háite. (ibid., 70)

Is trí thimpiste a thagann John ar shéipéal Protastúnach agus é ag iarraidh cathuithe collaí Londan a sheachaint go hiomlán. Is go héifeachtach agus go fíorchúramach a chíorann an Standúnach an fhaoistin agus a ceangal leis an gcollaíocht. Faoi mar a fheictear sa sliocht beag a leanas, tuigeann sé tábhacht na faoistine agus nach bhfuil fáil uirthi i séipéal na bProtastúnach. Tá nasc mór á dhéanamh ag an Standúnach anseo idir mianta collaí agus an fhaoistin:

> Nach fearr a bheith ansin [sa séipéal] ná bheith amuigh ag cuartú craicinn, fear pósta mar é. Ní raibh uaidh ach Bridie. Ní bhreathnódh sé ar aon bhean eile go deo. Ghabhfadh sé ag faoistin ag an nóiméad sin dá mbeadh faoistin acu, ach sin rud nach raibh ag na Protastúnaigh. Ní raibh an ceart ar fad ag an

sagart beag sa bpríosún, a cheap sé. Bhí difríochtaí suntasacha idir an dá chreideamh. Ba mhór an rud é faoistin, a cheap John. (ibid., 72)

Ceist atá i gcroílár *Teach an Gheafta* (2018) le Ó Searcaigh ná a thrioblóidí is atá rúin agus na tionchair shíceolaíocha a imríonn siad ar shláinte mheabhrach an duine, go háirithe nuair is rúin neamhnormatacha iad na rúin chéanna. Tuigtear seo, go háirithe, i gcarachtracht Éamoinn, duine de bhunadh an cheantair Gaeltachta shamhalta seo, Mín na Móna. Casann príomhcharachtar an úrscéil leis, Mánas, ar Baile Átha Cliathach é, san úrscéal agus fásann caidreamh collaí eatarthu go mall lena linn. Tugtar le fios go luath san úrscéal go bhfuil spéis chollaí ag Mánas ann nuair a chasann sé i dtosach leis, ach fréamhaítear in aigne an léitheora nach bhfuil muinín iomlán ag Mánas as: "Buachaill cothrom tíre a bhí ann nach raibh casachtaí rómhór ar bith ag baint leis, a mheas Mánas. Agus bhí sé dathúil, lena ghile, lena dhuibhe agus lena ghoirme. Ach d'fhág na súile gorma sin míshuaimhneas éigin i Mánas nár thuig sé go hiomlán" (ibid., 60). Nuair a fhiafraíonn Éamonn de Mhánas an mbíonn uaigneas air i dTeach an Gheafta, teach mhamó Mhánais, tuigtear go bhfuil comhluadar uaidh (ibid., 62). Sa sliocht thíos, cuirtear an teannas collaí in iúl dúinn agus faoistin de chineál le brath sa dialóg féin:

> 'An bhfuil bean agat féin?' a d'fhiafraigh sé d'Éamonn chomh neamhbhuartha agus a thiocfadh leis. Bhí Éamoinn fadálach ag freagairt. Thug Mánas faoi deara gur lig sé é féin chun tosaigh ar an roth tiomána, amhail is dá mbeadh taca de dhíth air. 'Anois agus arís,' a dúirt sé sa deireadh agus é ag féachaint amach roimhe go smaointeach, 'nuair a bhíonn an iúmar orm. 'D'amharc sé i leataobh a chinn ar Mhánas. 'An bhfuil girseach agat féin?' Mothaigh Mánas nach raibh ann ach go raibh siad ag

> tomhas a chéile i rith an ama ag fanacht le focal a d'fhoilseodh gach rud. 'Anois agus arís. Nuair a bhíonn an iúmar orm,' arsa Mánas, ag déanamh aithrise ar thuin cainte Éamoinn. 'Bhal, caithfidh sé go bhfuil muid sa bhád chéanna,' arsa Éamonn agus é ag méanfach. (ibid., 63)

Níos deireanaí sa téacs agus caidreamh na beirte faoi bhláth, déanann Mánas nasc idir rúin na haiteachta agus an oidhreacht Ghaeltachta. Cuid lárnach sa scéal is ea féinaithne na beirte, cé go bhfuil aibíocht Mhánais ábhairín dochreidte mar fhear óg, is cosúil nach bhfuil an cineál seo féinfheasachta ag Éamonn. Míníonn Mánas dó gur neacha aiteachta a bhí sna sióga, rud a chuireann náire ar Éamonn: "D'fhéach Éamonn air go fiafraitheach. "Bhfuil tú ag rá liom go raibh siad an dóigh adaí ... tá a fhios agat? D'ísligh sé a ghuth beagán amhail is go raibh sé ag labhairt i modh rúin" (ibid. 124). Deargann aghaidh Éamoinn nuair a fhiafraíonn Mánas de an bhfuil aon duine dá chairde ar an dóigh adaí – cuireann a leithéid de cheist náire air agus feictear an míchompord fisiciúil a thagann air dá bharr. Tagann racht feirge ar Mhánas mar gur léir nach bhfuil sé réidh lena chuid rún a scaoileadh. In áit na fírinne agus in áit na saoirse, iompaítear an caidreamh grámhar seo ina chaidreamh collaí ach an náire anois mar dhrochthionchar an chaidrimh:

> Nuair a ba léir dó go raibh Mánas ag stánadh go gear ar a ghabhal, luigh sé siar fad a dhroma, a lámha ar chúl a chinn aige ionas go bhfeicfí an t-éirí a bhí air ní b'fhearr. Bhí Éamonn ag déanamh leithid as a bhod. Phreab an croí i Mánas. Bhí dúil chráite á chur aige sa chuisle bhorrtha seo agus chaithfeadh sé breith ar láithreach. Ní thiocfadh leis an mhian theaspaigh seo a chosc níos mó. Bhí barr an Earagail fúthu féin acu agus spéir ghorm na glóire os a gcionn. Leag sé a láimh ar ghabhal an fhir eile agus

> níor diúltaíodh é. Ar feadh bomaite bhí lána a chráige de bhod Éamoinn á fháisceadh aige go teann. Ní raibh húth ná háth as Éamoinn ach é sínte siar agus a shúile druidte aige, ach ansin ón dóigh a dtáinig oibriú tiubh ar a anáil agus ar bhrúigh sé é féin chun tosaigh d'aon iarraidh sháite amháin, bhí a fhios ag Mánas gur sceith sé. Láithreach bonn, dhírigh Éamonn é féin suas agus phreab sé ina sheasamh. 'Tchím gur fear acu seo tú a bhfuil aige sa bhacán,' ar seisean go giorraisc agus mhothaigh Mánas goimh ina chuid cainte a ghoill air. Ach d'fhan seisean ina thost. I dtaca le cúrsaí gnéis den chineál seo, thuig Mánas go dtig an t-aiféaltas go minic i ndiaidh an tsásaimh, agus an náire i ndiaidh an phléisiúir (ibid., 127)

Sonraítear an ceangal idir an fhaoistin agus collaíocht na haiteachta in 'As Láimh a Chéile' [*AFP*] (Ó Conghaile 1997), áit a mbíonn an fhaoistin le feiceáil i gcomhthéacs na crúsála. Agus an reacaire ag cuardach leannáin i gclub aerach i lár Bhaile Átha Cliath, buaileann sé le fear a bhfuil dúil aige ann (ibid., 41). Roimh dheireadh an scéil tagann sé chun solais gur sagart é leannán an reacaire. Is féidir glacadh leis an gcaidreamh idir an bheirt i dtéarmaí na faoistine. Léiríonn John Paul, reacaire an scéil, gur rugadh é ar an lá a tháinig an Pápa Eoin Pól II go hÉirinn agus go bhfuil sé i gcomhluadar fir "ainmnithe as fear naofa" (ibid., 41). Beidh ar an bhfear roinnt oibre a dhéanamh an lá dár gcionn. Déanann John Paul iarracht ansin peacaí a phlé agus rialacha Dé á n-ionramháil aige. Díol spéise é seo ina ndéanann an Conghaileach iarracht an fhaoistin agus cumhacht na bpeacaí a phlé go soiléir:

> Ag obair Dé Domhnaigh a deir mé féin ag spochadh as. Údar mí-áidh. B'in peaca freisin. Ag briseadh dlí Dé agus dlí na hEaglaise. Bhí na heaspaig féin ag labhairt amach go mór ina choinne le deireanas. Ba cheart géilleadh d'easpaig! Chas ár súile ar a chéile ...

> Bíonn ar chuid againn dul ag obair Dé Domhnaigh, a dúirt sé, easpaig nó gan easpaig agus sin sin. (ibid., 41)

Tá peacaí eile fós le déanamh ag an mbeirt acu i gcarrchlós an tséipéil roimh dheireadh na hoíche, agus tá blaiseadh na faoistine le feiceáil anseo chomh maith. Tá John Paul ag iarraidh maithiúnas a thabhairt don fhear seo agus treisítear arís an dinimic agus an caidreamh idir an fhaoistin agus an chollaíocht. Déantar spás an charrchlóis a aitiú ón mbonn aníos agus pléitear rúndacht na hoíche, peacaí na gníomhaíochta agus naofacht na faoistine go hoscailte. Is maith a thuigeann an Conghaileach na coinbhinsiúin atá á sárú ag carachtair an ghearrscéil go ginearálta agus an plé neamhbhalbh oscailte atá á chothú aige ní hamháin i leith na faoistine ach i leith na rúndachta. Is léir, mar sin féin, go bhfuil uaigneas ar an reacaire agus nach bhfuil sé go hiomlán ar a chompord leis na babhtaí seo craicinn (Ó Cofaigh 2004: 32). Mar a fheictear thíos, déantar aitiú fiú ar sheirbhís Aifrinn mar sheirbhís 'rúnda', ag cur na gníomhaíochta collaí i dtiúin leis an bhfaoistin:

> Níor cheart drochbhail mar sin a chur ar shagairt naofa, go háirithe ar sheansagairt. Gháir an bheirt againn le chéile. Níorbh aon dochar a súile a oscailt beagán – múineadh dóibh faoin saol mórthimpeall. B'fhéidir nár ghá. Cá bhfios fiú nár mhaith leo féin seirbhís rúnda oíche a fháil. (Ó Conghaile 1997: 44)

Tionchair inmheánacha atá i gceist leis an turas fisiciúil seachtrach don Searcach a chuireann míreanna éagsúla dá thuras go Neipeal inár láthair in *Seal i Neipeal* (2004). Déantar cur síos ar threic sa mhír seo den leabhar agus deir an reacaire a leanas: "Domsa chan é an seasamh ar bharr buacach Paldor buaicphointe an turais ar chor ar bith. Ba é mo bhuaicse an spreagadh a thug an tír domh, an tógáil croí a thug na daoine domh, an t-ardú meanman a thug an treic domh [...] Chan ar na mórbhealaigh a fhásann na sméara dubha is milse ach ar na cosáin chúil, ar chosáin scoite an uaignis. Triailfidh mé iad" (Ó Searcaigh 2014: 10–11). Is spéisiúil an turas go Neipeal mar go gcasann an Searcach ar fhéiniúlachtaí aiteacha agus Gaelacha agus é i bhfad ó bhaile, agus ceanglaítear na féiniúlachtaí seo le ceantair uirbeacha in Éirinn. Cé go n-aithníonn Ní Riain (2020: 13) paradacsa na féiniúlachta (go mbíonn ar an duine é féin a scaradh ón tsochaí mar oibiacht), is cinnte go mbíonn tionchar ag an tsochaí i bhforbairt na féiniúlachta trí chéile. Cé go bhfuil an téacs suite i Neipeal, is cosúil go bhfuil glór muiníneach aiteach acu siúd a gcasann an Searcach orthu agus é ar shiúl. Déantar an raon gallda seo a thiontú ina raon aiteach ach é ceangailte leis an bhféiniúlacht Ghaelach, go háirithe leis an imeartas focal a dhéantar as palandróm na hUaimhe mar atá le feiceáil thíos. Faoi mar a fheictear thíos, bíonn brú ar an duine a chuid mianta aiteacha nó neamhnormatacha a rá os ard agus a admháil. Ní i gcónaí brónach a bhíonn an admháil chéanna ach is féidir leis an scaoileadh rúin feidhmiú mar cheiliúradh ar an ngnéasacht agus ar an éagsúlacht ghnéasachta trí chéile. Sa sliocht thíos, déantar plé ar an drag, ar an gcollaíocht, agus ar chúrsaí eile a bhaineann leis an aiteacht go glórach, go muiníneach ar bhealach greannmhar:

> From Ireland, dearie. I hope you are forty shades of pink,' arsa Laxmi, a lámh ag slíocadh mo ghabhail go neamheaglach. 'I want to go naked in these mountains,' arsa Parvati agus é ag fáisceadh T-léine bhán a bhí báite le hallas. 'Clothes are such a drag.' 'But darling, you have no clit.' Bhí cuach mhéaldrámata i nguth Saraswati a chuirfeadh

> Kenneth Williams, lá den tsaol, i gcuimhne duit. 'Oh balls! I'm slit at the back, Saraswati sweetie. I have the rearmost pussy in the west.' Bhí Parvati ag cumhrú an smál allais ar dhroim a léine le sprae de chuid Armani. "It's divine aberration,' arsa Mayadevi, údarás razzmatazzach ina ráiteas. 'Everybody loves the Grand Canyon of your vagina.' 'My fairy godmother was from some goddamn place in Ireland called Navan.' Níor labhair Kali go dtí seo. 'It's a word that reads the same whether you take it from the front or from the back.' (ibid.: 110)

Is léir go bhfuil dinimic áirithe le feiceáil idir collaíocht na haiteachta agus an fhaoistin sna saothair faoi chaibidil. Mar a mhíníonn Foucault dúinn, agus an fhaoistin á plé aige i dtaca leis an ngnéasacht: "[the secret is] written immodestly on his face and body because it was a secret that always gave itself away" (1978: 43). Is féidir glacadh leis go bhfuil an chollaíocht mar chuid de phróiseas na faoistine agus an scaoilte; ní mór rúin a scaoileadh toisc go mbíonn an chumhacht i gcroí na faoistine. Mar sin féin, glactar leis go bhfuil ról fulangach ag an bpeacach agus go bhfuil air a rúin a chur os comhair an athar faoistine. É sin uilig ráite, áfach, d'fhéadfaí a rá go bhfuil cumhacht áirithe na rúndachta á coinneáil ag an bpeacach. Chonacthas na bealaí áirithe a bhféadfaí léamh ar leith a dhéanamh ar théacsanna sa chomhthéacs seo ach tuairimí Foucault a shintéisiú agus a threisiú. Is féidir an fhaoistin agus an fonn scaoilte a fheiceáil go háirithe i ngnéasachtaí neamhnormatacha agus ábhair eile na haiteachta sa raon príobháideach. Más rud é go bhfuil an raonú spáis mar chuid lárnach den cheangal idir an chollaíocht agus an fhaoistin, an féidir é seo a chur i gcomhthéacs eile na haiteachta? Déanfar iarracht anois tuiscintí áirithe i leith na collaíochta a chur i gcomhthéacs an teachta amach.

2.9 An Ghaelt(e)acht Amach: Raonú Spáis agus Scaoileadh Rúin

Ar nós na faoistine, baineann Micheál Ó Conghaile agus Cathal Ó Searcaigh leas éifeachtach as modh na scéalaíochta agus na reacaireachta chun an aiteacht a ionramháil, a scagadh, agus a iniúchadh. Tagann léitheoir na scríbhneoirí ar thuiscintí éagsúla maidir leis na carachtair trí mheán na scéalaíochta, agus iad ar thóir na fírinne pearsanta. Déanfar scagadh sa mhír seo ar an gcaoi a dtagann carachtair agus téamaí na scríbhneoirí in inmhe agus go nglacann siad leo féin i gcúinsí áirithe collaí agus eile. Scaoileann siad lena gcuid rún ar son an fhaoisimh mhothálaigh agus chun baic an rúin a shárú. Is téama thar a bheith coitianta é an teacht amach, nó an scaoileadh rúin, i litríocht na haiteachta go hidirnáisiúnta (Jolly 2001: 476). Feidhmíonn an teacht amach mar ghné thar a bheith tábhachtach don phobal aiteach agus é léirithe in iarrachtaí éagsúla ealaíne (Davies 1992: 75). De ghnáth is minic a scagtar an scéal seo i bhfoirm na dírbheathaisnéise agus i gcomhthéacs an fhicsin chomh maith. Is minic a ghlactar leis an teacht amach mar mhalairt ar an ansmacht agus go mbíonn saoirse nua ag an té a thagann amach le hinsint a rúin (Beck 2013: 254). Oibríonn an *clóiséad* mar shiombail den raon príobháideach agus den rún; áit a mbíonn an duine aiteach i bhfolach taobh istigh de agus go mbíonn náire i gcroí an chinnidh a bheith ann. Pléann na scríbhneoirí atá faoi chaibidil anseo an teacht amach ar bhealaí éagsúla. Tá an aiteacht fós le feiceáil i ndiminsin chollaí éagsúla agus tá an teacht amach mar chuid de. Mar a mhíníonn Bacon (1998), bíonn gluaiseacht faoi leith le brath ag an duine agus é ag iompú ón raon príobháideach (an clóiséad) go dtí an raon poiblí (an teacht amach nó an scaoileadh rúin) (ibid., 251).

Mar a léiríonn Bacon (ibid.), is trí mheán na teanga a thagann an duine ar thuiscintí faoi féin agus faoina chaidreamh leis an saol mór. Is féidir leid de phróiseas an teachta amach a fheiceáil i gcarachtar Jimí in *Go dTaga do Ríocht* le (Ó Conghaile 2009). Glactar leis go bhfuil cara Jimí, Keith, ógfhear cathrach, i bhfad chun tosaigh sa chomhthéacs seo ar Jimí, déagóir Gaeltachta. Is léir go bhfuil Jimí fós ag streachailt lena mhianta collaí ag pointí áirithe le linn an dráma. Is féidir le Keith an streachailt seo a thuiscint agus a aithint gan mórán deacrachta go luath sa dráma nuair a deir sé, "Tá rud eicínt ag cur isteach ort. Le ... le bliain nó dhó anuas, gné eicínt de do shaol. (*Sos*) Cuireann tú go leor ceisteannaí ort fhéin ... ceisteannaí fút fhéin. Sensitive" (ibid., 33). Tagann an teacht amach chun tosaigh níos déanaí sa dráma nuair a chuirtear brú ar Jimí a rún a scaoileadh lena athair, Patrickín:

> "Céard sa diabhal nach dtuigeann tú? Ag dúineadh do shúile atá tú aríst. Nó an é nach bhfuil tú ag iarraidh tuiscint mar is gnáth ná do shúile a oscailt! (*Sos*) Tá mé aerach. Gay, mura dtuigeann tú. Tá do mhac aerach agus má tá sé le bheith ina dhuine daonna níl mórán áite dhó i do shoiscéalsa, ná i do Bhíoblasa, fiú áit na leathphingine ... Gay, ab ea? Ná habair an focal dá laghad é faitíos go dtachtódh sé thú! Go salódh sé do bhéal nó do chuid briathra!" (ibid., 56)

Go feargach, leanann Jimí ar aghaidh lena theacht amach, ag fiafraí dá athair an ligfidh sé do dhochtúirí aistriú fola a thabhairt dó má chuireann sé scian thar a rostaí. Cé go ndeir teoiriceoirí ar nós Bacon (1998) go bhfuil faoiseamh ag baint leis an teacht amach, is féidir léiriú an-difriúil a fheiceáil sa chaoi a scaoileann Jimí a rún uaidh. Is léir go bhfuil brú áirithe ar chaidreamh na beirte ó thús an dráma, go háirithe toisc go bhfuil Patrickín an-tógtha lena chreideamh agus an chaoi go ndéanann sé iarracht an creideamh a scaipeadh i measc mhuintir na háite. Le linn an ghnímh seo, tagann Jimí amach ar bhealach feargach foréigneach, agus é ag maslú chráifeacht a athar ag an am céanna. Feictear go han-soiléir, chomh maith, go bhfuil laincisí áirithe saoil ar Jimí lena mhianta toisc gur tógadh sa Ghaeltacht é agus nach bhfuil sé in ann an raon príobháideach a shárú dá bharr. Tá tuiscint dhifriúil ag Keith ar an nGaeltacht, fiú nuair a deir sé amhrán le Johnny Bán roimh dheireadh an dráma. D'fhéadfaí a áiteamh gur teacht amach é seo ar bhealach do Keith agus iad ag rá 'Dónall Óg' lena chéile. Nuair a thagann Jimí amach, áfach, pléascann sé, go mothálach, is deir, "An bhfuil tusa chomh huaibhreach is a bhí tú ariamh nó an ligfidh tú dhomsa bás a fháil freisin?" (Ó Conghaile 2009: 59). Mar a mhíníonn Davies (1992) in 'The Role of Disclosure in Coming Out Among Gay Men', tá próiseas an teachta amach lán le castachtaí – go sainmhínítear an duine é féin trí mheán an teachta amach agus go ndéantar forbairt ar an bhféiniúlacht trí phróiseas an scaoilte (ibid., 76). Ach ní i gcónaí a bhíonn an teacht amach seo ina ghné fhiúntach dhearfach don té a thagann amach, ach go bhfuil éagsúlacht i gceist leis.

Sa chnuasach *Na Buachaillí Bána* (1996), pléann an Searcach mianta collaí príobháideacha go hoscailte. In 'A Chavafy, a Chroí' (ibid., 11), déanann an Searcach cíoradh ar dhuine dá réamhtheachtaithe idirnáisiúnta, Constantine P. Cavafy, a phléigh ina shaothair téamaí a bhaineann leis an aiteacht ar bhealach oscailte faoistiniúil. Is léir go bhfuil iarracht mhór á déanamh ag an Searcach glór Cavafy a chur in oiriúint dó féin. Is mar theacht amach a chuireann an Searcach an dán seo le chéile agus a phléann sé téama an ghrá ann. Molann an Searcach Cavafy go hard na spéire as an ngrá a cheiliúradh "gan eagla" (ibid., líne 2). Ceistíonn an léitheoir ina dhiaidh sin an raibh eagla de shaghas éigin ar Ó Searcaigh roimhe seo. Má mholann sé Cavafy as a bheith oscailte neamhleithscéalach i ngeall ar a mhianta pearsanta agus iad a chur os comhair an phobail ina fhilíocht, an raibh leisce nó imní ar an Searcach roimhe sin an ghné seo a threabhadh ina chuid filíochta féin? Déanann an file ionramháil éifeachtach ansin ar an gcaoi a gcuireann Chavafy síos ar an mbuachaill bán (teideal an chnuasaigh):

> Cheiliúraigh tú bogstócaigh do shamhlaíochta
> I do chuid filíochta: buachaillí bána an cheana
> Lena ngéaga téagartha is a mbeola maotha meala
> Ag imirt a mbáire baoise ar léana do leapa (ibid., línte 3–6)

I gcomórtas le háilleacht na colainne agus na suímh áirithe chollaí, tá codarsnacht mhór le feiceáil sna línte a thagann ina dhiaidh sin. I lár abairte, athraítear an port go hiomlán:

> Go háthasach. Ach anseo i gCloich Cheann Fhaola
> Agus an mbeifeá ag súil lena athrach –
> Tá an Grá Géagach mínáireach, mínádúrtha:
> I nDuibhlinn, i nDroim na Tineadh, i Máigh Ratha
> I gCaoldroim, i gCollchéim agus i mBaile an Átha
> Níl ann ach ábhar magaidh agus masla. (ibid., línte 7–12)

Ina léirmheas ar úrscéalta a bpléitear an aiteacht iontu, admhaíonn Beck (2013) nach mbíonn gach uile charachtar ag streachailt lena chlaonta nó a mhianta collaíochta, agus nach scéal simplí é an teacht amach i litríocht chomhaimseartha an Bhéarla (ibid., 251). Mar an gcéanna atá againne i gcomhthéacs na

Gaeilge. Áiríonn an file anseo go ndéantar magadh ar an ngrá homaighnéasach ach tá sé sásta aghaidh a thabhairt ar an imní agus iarrann sé ar Cavafy é a neartú agus a chuid focal a neartú chomh maith (Ó Searcaigh 1996: 11). Ag deireadh an dáin, iarrann sé ar an bhfile a dhánta a bhuanú agus an oscailteacht sin a léiriú go misniúil agus go cróga ina dhánta féin. Teacht amach ó ualach na himní atá i gceist anseo sa dán úd ina n-iarrann sé ar an bhfile lámh chúnta a thabhairt dó, an spreagadh a thabhairt dó agus fiú na focail a thabhairt dó. Cé go bhfuil míchompord go pointe áirithe le feiceáil anseo, éiríonn leis an bhfile a mhianta aiteacha a chur os comhair lucht léite na Gaeilge.

Tá léiriú an-spéisiúil ar an teacht amach in 'Athair' Uí Chonghaile [*AFP*] (1997) agus é ag streachailt lena mhianta collaí chomh maith. Is scéal é seo faoi theacht amach phríomhcharachtar Uí Chonghaile, scéal é a thuill moladh agus gradaim. Scéal íogair, dar le Breathnach agus Ní Neachtain (2010), atá ann a deir cuid mhaith i mbeagán focal (ibid., 66). Tá an stíl áirithe seo an-chliste go deo agus cuireann sé go mór le teannas an tsuímh agus leis an míshuaimhneas atá le feiceáil ann, go háirithe i gcomhthéacs an teachta amach (Ó Cofaigh 2004: 10). Scéal tostach atá ann, dar le Breathnach agus Ní Neachtain (2010), a phléann an teacht amach go cruthaitheach. Déanann an reacaire iarracht a mhianta collaí a mhíniú dá athair atá ina fhear traidisiúnta Gaeltachta. Is go foighneach, agus de réir a chéile, a dhéanann an reacaire iarracht cúlra an chlaonta gnéasachta a mhíniú agus an chaoi ar tháinig sé ar an bhféintuiscint seo. Ag tús an ghearrscéil, is léir go bhfuil an reacaire tar éis teacht amach. Léirítear teannas agus mothúcháin go han-soiléir sa scéal. Is geall le dealbh é an reacaire, mar dhuine gan mhothúchán:

> Shuigh mise ansin i mo dhealbh – gan fanta ionam ach teas mo choirp. Níor fhan smid aige: ag ceachtar againn. Is ansin a thuig mé gurbh fhearr an tseitreach de chaoineadh féin ach breith i gceart air, ná an tost ... "Agus tá tú ..." a deir sé, ag stopadh mar a dhéanfadh an focal staic stobarnáilte ina scornach, at nó stad mar a bheadh an focal ag breathnú roimhe, féachaint an mbeadh sábháilte teach amach – nó agus súil b'fhéidir go ndéarfainnse aríst é – an focal sin a rinne fuaim ghlugarnach ina chluasa tamaillín roimhe sin, focal nach móide a múnlaíodh as a scornach tuaithe féin ariamh. Focal strainséartha ... Focal nach raibh fiú nath measúil Gaeilge ann dó nó má bhí, ní in aice láimhe ... (Ó Conghaile 1997: 148)

Faoi mar a fheictear thuas, tá athair an reacaire ag cuardach céille, ag iarraidh an scéal a thuiscint mar is ceart agus ag cur ceisteanna ar a mhac le ciall a bhaint as a chuid cainte (ibid., 151). Le linn an chomhrá idir an bheirt a fheictear an chaoi a mbíonn tábhacht faoi leith ag an gcardáil i leith na haiteachta idir daoine óga agus tuismitheoirí. Bhí an t-athair iomlán cinnte go raibh bean éigin i mBaile Átha Cliath aige agus go raibh seo ar siúl aige go príobháideach taobh amuigh d'fhiosracht an bhaile. I ndeireadh thiar, bíonn an reacaire foighneach agus tuisceanach lena athair, ag iarraidh é féin a mhíniú le híogaireacht agus le cineáltas. Glacann an t-athair leis an scaoileadh rúin ar deireadh (Nic Dhiarmada 2006: 619). Mar sin féin, míníonn Schubotz agus McNamee (2009) go bhfuil bagairt an imeallaithe ann don té a thagann amach (ibid., 193).

Is go hindíreach a thagann scéalta eile chun cinn faoin teacht amach in *Sa Teach seo Anocht* (2020) le Ó Conghaile. Cara mór leis an reacaire is ea Séamas, a bhíonn á threorú agus a dhéanann tearmann mothúchánach a thairiscint dó. Is éard a thiteann amach i gcomhrá na beirte go luath sa téacs ná an éagsúlacht chollaí agus féiniúlachta a bhaineann leis an staid dhaonna. I gcodarsnacht leis an gcasadh mór a thagann chun cinn leis an teacht amach i saothar eile Uí Chonghaile, tagraítear do chlaonadh gnéasachta Shéamais *en passant*, ach léirítear, anuas air sin uile, tábhacht na féinaithne don duine aiteach. Glacann an príomhcharachtar leis seo mar chúis leis an gcliseadh pósta. Roghnaíonn Ó Conghaile an cúlra seo scéil a thabhairt dúinn chun an ghnéasacht agus mianta collaí neamhnormatacha a chur inár láthair. Tagann Séamas amach ar deireadh agus cliseann ar a chaidreamh pósta dá bharr, ach is i gcomhthéacs dearfach a dhéantar léiriú ar an teacht amach féin i gcomhthéacs na n-eiseamláirí ionadaíocha eile don teacht amach a phléitear go minic sa litríocht aiteach:

> Tá sé aerach anois, a deireann sé. Níor chóir dom an focal "anois" a úsáid san abairt sin, a dúirt sé nuair a d'inis sé i dtosach dom roinnt mhaith blianta ó shin. É aerach riamh ach nár thuig sé sin nó nár thug aghaidh air ... Scartha théis dhá bhliain nuair a bhí tuirseach den phósadh. An t-ádh dearg air nach raibh cúram clainne orthu. Gan tada a choinneodh le chéile iad ... Is ba mise, i ngan fhios dom féin, a chuir é féin is a chéad leannán, ar chaith sé trí bliana leis, in aithne dá chéile ... agus braitheann sé é féin faoi chomaoin eicínt agam dá bharr ainneoin gur trí dheargsheans a tharla sé ... Sraith leannán agus comrádaithe craicinn aige ó shin. Siad a choinníonn lasracha ina shaol, a áitíonn sé. (ibid., 50)

Is féidir an scaoileadh rúin trí mheán na filíochta a fheiceáil i ndán úd Uí Shearcaigh (1996: 31) 'An Buachaill Bán', dán ina ndéantar plé ar an teacht amach ealaíonta. Cuireann Ó Searcaigh tús borb agus cróga leis an dán, agus scagann sé in aon rann amháin na deacrachtaí pearsanta príobháideacha a chothaíonn an aiteacht don fhile. Maíonn an Searcach nach bhfuil na "focla agam go fóill" (ibid., líne 2). Mar sin féin, nach dócha go bhfuil na focail ag an bhfile toisc go bhfuil an dán seo á scríobh aige? Is teacht amach pearsanta atá i gceist ag an bhfile agus é ag cur eolais i leith a ghrá os comhair an phobail. Is féidir leis an bhfile teannas an tosta a mhothú agus a chur san áireamh. Tá an file ag iarraidh "teangaidh a thabhairt don tost seo/ a thachtann mé;/ a phlúchann mé achan lá" (ibid., 5–8). Is mar fhaoiseamh mothálach a chuireann an file a mhothúcháin in iúl. Sa chaoi chéanna in 'Athair' (Ó Conghaile 1997), déantar an teacht amach seo a shuíomh go príobháideach i suíomh an tí (Ó Searcaigh 1996: 31). Sa chomhthéacs seo, déantar cíoradh ar an gcaoi a ndéantar aitiú ar an raon príobháideach.

> Bíonn an t-urlár ina chac ...
> a chuid brístí ar crochadh leis
> is é ag sciorradh thart gan bhac.
> Chan amháin go mbodhraíonn an citeal mé,
> cuireann sé bior go beo ionam
> nuair a thosaíonn sé ag cnagaireacht
> amach go fuarchaointeach
> a chruacheol miotalach. (ibid., 17–24)

Is éard atá i gceist ag an Searcach anseo ná a iarracht an tost a bhriseadh agus glór nó teanga a thabhairt dó. Dá bharr sin, is teacht amach áirithe é seo a chuireann Ó Searcaigh in iúl go héifeachtach ina shaothar. Sa cheathrú rann déanann an file iarracht teacht ar raon ar leith collaíochta arís agus léirítear caidreamh collaí an fhile lena leannán.

Tá sampla eile den teacht amach le feiceáil in *Sna Fir* (1999), ina ndéantar léiriú ar John Paul agus é ag teacht in inmhe i dtéarmaí na féiniúlachta collaí.

Feictear John Paul ag sochraid an fhonnadóra Johnny Rua ag deireadh an úrscéil. Baineann sé úsáid as an amhrán 'Dónall Óg' chun insint dá sheanathair go raibh cara mór aige darbh ainm Dónall agus gur cailleadh le déanaí é. Trí leas a bhaint as an amhrán, scaoileann John Paul a rún uaidh ach i gcomparáid le Jimí in *Go dTaga do Ríocht* (2003) nó reacaire 'Athair' (1997), ní bhaintear siar as seanathair John Paul. Go grámhar agus go fáilteach, míníonn seanathair John Paul dó go bhfuil "Deaideo ar an saol anois le trí scór bliain go leith, a mhac. Tuigeann sé rudaí go leor. Tá go leor feicthe aige ... Níl nuaíocht ná úire ag baint le mórán rudaí dó níos mó" (Ó Conghaile 1999: 256). Ar deireadh, glacann an seanathair lena gharmhac aerach agus deir, "Tá tú fásta suas. Tá tú sna fir ..." (ibid., 258). Tríd an nglacadh seo, cuirtear tacaíocht ar fáil do John Paul; tuigeann sé anois nach bhfuil aon chontúirt ann go rachadh a sheanathair ina choinne de thoradh a chlaonta. Tuigtear do Coleman (1982) go mbíonn "Acceptance or rejection at this point [of coming out is] critical. Acceptance can have a powerfully positive effect" (ibid., 473).

Is ar an gcuma chéanna a chuireann Pádraig Standún (1993) an teacht in inmhe collaíochta agus tionchar na sochaí ó thaobh na collaíochta in iúl in *Cion Mná*. Caitear solas san úrscéal seo ar na himpleachtaí a d'fhéadfadh a bheith ag caidreamh leispiach ar pháiste agus an tionchar ó thaobh inscne a bheadh ann ar an bhfearúlacht. D'eascair cuid mhaith teannais ón úrscéal *Cion Mná* toisc gur pléadh san úrscéal an leispiachas i nGaeltacht Chonamara seo den chéad uair sa Ghaeilge (Uí Anluain 1997: 23). Áitíonn Ó Dúshláine tábhacht fhorbairt an chaidrimh idir an bheirt bhancharachtar agus go "[n]Déantar forbairt ar an gcaint chraicneach mhagúil, nádúrtha eatarthu mar lánúin, céim ar chéim, é ag eascairt as gnáthchúraimí na clainne" (Ó Dúshláine 2022: 176). Tá Ó Coigligh (1993) den tuairim go bpléitear an aiteacht san úrscéal toisc go bhfuil "deacrachtaí pearsanta" ag an bpríomhcharachtar (ibid., 25) agus moltar an t-úrscéal in áiteanna eile as a bheith bunaithe ar an leispiachas, cé gur ceapadh gur ar mhaithe le conspóid a bhí sé (Uí Anluain 1997: 23):

> [...] *Cion Mná* (1993), focused on the lesbian relationship between the fictional Chief Executive of Údarás na Gaeltachta, the state's agency for Gaeltacht industrial and community development, and her housekeeper, while also exploring issues of local politics, spousal abuse and community rights. Though his portrayal of the lesbian couple and their relationship lacked depth, Standún once again blazed a trail in presenting the couple's story and their experiences to his Irish language readership, and prepared the way for writers ... to explore other relationships and situations which were perceived as being controversial. (Ó Siadhail 2010: 147)

Is féidir glacadh leis an úrscéal seo mar iarracht téacs aerach a chur os comhair lucht léite comhaimseartha na Gaeilge agus an leispiachas á shuíomh i láthair Ghaeltachta. Tuigtear nach í an charachtracht an chloch is mó ar phaidrin an Standúnach ach gurb iad ceisteanna móra na sochaí an rud is tábhachtaí dó (Uí Anluain 1996: 23). Níl Ó Coigligh (1993) den tuairim gur iarracht í seo cosaint a thabhairt don aiteacht ach iarracht léiriú a thabhairt ar an gcaoi a bhféadfaí droim láimhe a thabhairt do mhianta pearsanta (ibid., 25). Mar sin féin, ní féidir a shéanadh gur iarracht í seo an aiteacht a shuíomh i láthair Ghaeltachta agus an Ghaeilge mar theanga an úrscéil. Maíonn Ó Siadhail (2010) gur thug an t-úrscéal seo spreagadh nua do scríbhneoirí na Nua-Ghaeilge agus gur chuir sé téamaí úrnua agus conspóideacha os comhair lucht léite na teanga (ibid., 147). San úrscéal é féin, pléann Bridie agus Therese an chaoi a ndéanfadh a gcaidreamh dochar do Chaomhán. Toisc gur fhás sé aníos le beirt bhan leispiacha, síleann siad beirt go bhfuil contúirt ann go mbeadh sé féin aerach. Is é aidhm an Standúnaigh anseo ná léiriú a thabhairt ar theaghlach na haiteachta. Bheadh an tsochaí, nó an raon poiblí, ag súil le teacht amach de shaghas éigin ón teaghlach agus go mbeadh tionchar dá bharr ar fhearúlacht an pháiste:

> Má iompaíonn féin, cén dochar? Bíonn formhór acu an-mhúinte agus béasach le mná. Ní thuigim féin cén mhaith a dhéanann an iomarca fearúlachta, an t-íomhá *macho* sin a bhíonn ag fir. Ceapann roinnt mhaith acu nach fir ar bith iad muna dtugann siad corrleidhce do bhean agus do ghasúr, nó go deimhin d'fhear eile. Ní athrófar cleachtadh na gcianta thar oíche, is dóigh. (ibid., 90)

Tá gnéithe áirithe den raonú seo agus den teacht in inmhe nó an teacht amach le feiceáil anseo. Feictear go n-úsáidtear an scéalaíocht agus an fhilíocht mar mhodhanna chun súil úr a chaitheamh ar an teacht amach i gcomhthéacs na Gaeilge. Cuirtear seo i gcrích trí leas a bhaint as an raonú úd, an ceantar Gaeltachta, an raon uirbeach nó an tuath chun an raon príobháideach a chur i gcomhthéacs an raoin phoiblí. Faoi mar a shamhlaíonn Bacon (1998), is féidir scéalta den chuma seo a fheiceáil mar straitéisí chun cur i gcoinne na norm (ibid., 252). Is í an scéalaíocht an uirlis is mó don teacht amach agus tá sé seo le feiceáil mar ghné lárnach sa phobal homaighnéasach trí chéile (ibid., 252). Is féidir éagsúlacht na faoistine a fheiceáil i saothair na scríbhneoirí Gaeilge seo agus an chaoi ina mbeifí in ann aghaidh a thabhairt ar an aiteacht i raoin éagsúla spáis. Téann carachtair shaothair na scríbhneoirí seo i leith an phobail chun tuiscintí a fháil orthu féin go pearsanta:

> To live as a queer when the word 'queer' is itself being contested, forces me into my own reflexive mode of inquiry. To be 'other' when the boundaries between subject and object begin to give way calls into question the modes of representation that we all engage in – both rhetorically – and ethically. (ibid., 258)

Feictear go bhfuil an teacht amach fíorthábhachtach don duine aiteach agus dá theagmháil leis an bpobal. Is díol spéise é an teagmháil a bhíonn ag an aiteacht le raonta difriúla spáis, an Ghaeltacht san áireamh, agus feictear arís is arís eile an t-aitiú a dhéantar ar spásanna nach samhlaítear leis an aiteacht ina saothair úd:

> Bhí muid ann i gcónaí, an pór cian sin ó lios an léin,
> go leor againn i gCaiseal na gCorr, ár ngrá faoi choim na dtor;
> an ró-ghrá d'fhearaibh a choinnigh muid i bpéin
> is a d'fhág muid in imigéin i measc ár ndaoine féin.
> Ach tá an lios sin fágtha inár ndiaidh anois, sí-ghaoithe na haigne
> agus scréach léin na hoíche. Fa-la-fa-la is mór mo rá,
> óir tá Éire go fíor ag Cáit Ní Queer. (Ó Searcaigh 2022: 110, línte 14–21)

2.10 Mise istigh: Colainn, Collaíocht agus Gaeltacht

> An dtig liom
> Port an Óir a sheinnt
> ar do fheadóg mhór?
>
> ——
>
> Coinnigh do ghunna
> agat féin.
> Ní seo Ionsaí na hInse.

Nancy Pickin's
a thugann sé air féin
agus é in éide mná. (Ó Searcaigh 2015: 76, línte 1–9)

Ceanglaítear an aiteacht leis an raon Gaeltachta go minic i saothar na beirte seo, faoi mar a dhéanann Ó Searcaigh thuas ina dhán 'Ag an Gayli' [*ABG*] (Ó Searcaigh 2015 76–77). Dar le Halberstam (2005) gur féidir aitiú a dhéanamh ar choincheapa an ama agus an spáis chun noirm faoi leith a cheistiú (ibid., 4). Ina alt bunaithe ar an réigiúnachas mar chur chuige critice, tagraíonn Miller (1987) don chaoi nach n-úsáidtear an réigiúnachas mar phointe iniúchta a thuilleadh sa Bhéarla (ibid., 2). Mar sin féin, tá an réigiúnachas mar phointe anailíse fós sa Ghaeilge agus is féidir léamha as an nua a dhéanamh ar théacsanna trí fhráma tagartha den chuma seo. Míníonn Knopp (1995), go bhfuil an spásúlacht agus an chollaíocht ina n-eispéiris bhunaidh agus is féidir é seo a bhlaiseadh san uirbeachas agus sa deighilt idir an ceantar uirbeach agus an ceantar tuaithe (ibid., 145). Tá sé seo le feiceáil chomh maith in 'Landscape and Literature' ag Mitchell (1987), ina bpléitear an réigiúnachas agus an litríocht mar mhodhanna anailíse (ibid., 23). Má ghlactar le téis Mitchell go bhfuil "space, place, and sex [are] inextricably linked" (Johnston agus Longhurst 2010: 2), is féidir súil chruinn a chaitheamh ar na slite a n-éiríonn leis na scríbhneoirí atá faoi chaibidil an raon príobháideach, go háirithe, agus an chollaíocht a chur i gcomórtas leis an réigiúnachas agus i dtéarmaí na Gaeltachta.

Ina ghearrscéal 'Caillte i gConamara' déanann Ó Conghaile (2003) [*FNG*] plé ar an ngrá aiteach agus an chaoi a dtagann an réigiún agus an raon príobháideach le chéile (Ó Siadhail 2010: 155).

Cuirtear tús leis an ngearrscéal leis an bpríomhcharachtar nach bhfuil in ann codladh mar is ceart toisc go bhfuil taobh amháin den leaba "bánaithe" (Ó Conghaile 2003: 11) de bhrí gur cailleadh a leannán. Feictear ar an bpointe leas á bhaint ag an scríbhneoir as téarmaíocht na talmhaíochta chun cailleadh an leannáin a léiriú. Chuige seo, baineann an scríbhneoir leas as spás chun a uaigneas agus a bhrón a chur in iúl. Cuirtear síos ansin ar fhiántas na háite agus íomhánna den chriathrach bog agus bláthanna timpeall air (ibid., 12). Tugann fiántas Chonamara deis don reacaire cuimhneamh siar ar a leannán (Ó Cofaigh 2004: 22). Cíorann Ó Conghaile (2003) cumhacht an cheantair ar an gcollaíocht nuair a chuireann sé síos ar chuairt an tsagairt paróiste chuig leannán homaighnéasach nuair a bhí a ghrá fós i saol na mbeo. Pléann Ó Conchubhair (2014) scil Uí Chonghaile i dtaca leis na híomhánna agus an cur i láthair a dhéanann sé i dtaca le léiriú Conamara ina iarrachtaí próis (ibid., 8). Cíorann Ó Conchubhair na bealaí áirithe a n-éiríonn leis an scríbhneoir Conamara atá comhaimseartha a léiriú éifeachtach (ibid.). Trí úsáid éifeachtach íomhánna, cuireann an scríbhneoir síos ansin ar charraig an Aifrinn agus déantar comparáid idir an charraig agus leaba dhúbailte (ibid., 13) agus é amuigh faoin aer ag siúl. Cuireann an charraig ag machnamh é agus cuimhníonn sé siar ar an am nuair a thugann an sagart paróiste cuairt orthu beirt. Níl an sagart sásta ar chor ar bith go bhfuil siad in aontíos agus i ngrá lena chéile, rud a bhí glan in aghaidh thoil Dé, dar leis (ibid.). Síleann an scríbhneoir seo go bhfuil an réigiún Gaeltachta thar a bheith tábhachtach mar raon agus mar phointe príobháideach don chollaíocht sa chomhthéacs seo. Mar a mhíníonn Berlant agus Warner (1998) in 'Sex and Public', is freagra heitreanormatach é seo, heitreanormatacht atá "more than ideology or prejudice, or phobia against gays [...] it is produced in almost every aspect of the forms and arrangements of social life" (ibid., 554). Tá sé seo pléite go mion ag Atkins agus Laing (2012) in 'Walking the beat and doing business: Exploring spaces of male sex work and public sex' nuair a deir siad "The normative notion that sexual encounters should be performed behind curtains, closed doors and within four walls ..." (ibid., 623). Mar sin, feidhmíonn an sagart paróiste mar gharda morálta a choinníonn greim ar mhuintir na háite agus an tslí a mbaineann siad leas as an raon príobháideach ina saol.

Éiríonn le Cathal Ó Searcaigh mianta grá agus téamaí réigiúnacha agus coirp a phlé ina dhán 'Tá mo Chéadsearc i Londain' [*ABB*] (1993). Le linn an dáin seo, pléitear téama an ghrá i gcomhthéacs na cathrach agus na Gaeltachta. Is fuarasta a thuiscint go bhfuil briseadh croí an fhile le sonrú aige i gcorp an dáin seo, agus cuireann sé a bhrón in iúl go sonrach agus go hildaite ina phíosa scríbhneoireachta. Baintear leas éifeachtach as codarsnachtaí éagsúla chun mothúcháin phearsanta a léiriú agus a bheachtú ag leibhéal ard cumais. Trí leas a bhaint as comhardadh deiridh, cuireann an file béim ar fhuaimeanna áirithe séimhe in iúl.

> Tá mo chéadsearc i Londain le bliain agus trí ráithe,
> Ach focal beag ná scéala char sheol sé thar sáile.
> Tá a sheoladh ar mo theangaidh is a ainm i mbéal mo chléibhe
> Ach go gcuirfidh sé mo thuairisc cha bhíonn ach tost ó na sléibhte. (ibid., línte 1–4)

Is go tostach a fhreagraíonn na sléibhte, a chuireann go mór le téama an dáin. Déantar an spás mór idir an file agus a leannán a threisiú go bhfuil sé "thar sáile" (ibid., líne 2). Cé go bhfuil a leannán anois i Londain, ní bhriseann sé nósanna a chaidrimh agus téann sé amach ag siúl go 'Loch an Ghainimh' (ibid., líne 6). Tá an file fágtha ar nós na seanbhailte bánaithe agus é gan "gnaoi ar mo shaol" (ibid., líne 8). Déantar téamaí a bhaineann leis an spás a chur os comhair an léitheora arís is arís eile agus an file ag rá go bhfuil "talamh méith m'aigne ag tiontú aríst ina shliabh" (ibid., líne 12). Is díol suntais é nach ndéantar cur síos sonrach ar Londain in aon rann den dán seo atá faoi chaibidil. Seachas teideal an dáin agus céad líne an dáin, ní dhéantar cíoradh ar bith ar an spás uirbeach seachas é a ainmniú. In ainneoin an léirithe a thugtar ar áilleacht an cheantair, tugtar faoi deara go ndéantar neamhaird den spás nua atá aige. Tá an raon príobháideach, an spás istigh, níos tábhachtaí ná an spásúlacht nua atá ag a leannán.

Tá saol Danny in *Cúigear Chonamara* Uí Chonghaile (2003) bunaithe ar bhealaí chun an raon príobháideach a choinneáil slán ó bhagairt sa réigiún Gaeltachta. Tá rian den mhac ó ghearrscéal 'Athair' Uí Chonghaile le feiceáil cinnte sa dráma seo (Ó Cofaigh 2004: 12). Cúrsaí inscne is mó a phléitear sa dráma a mbíonn an trasfheisteoir mar ábhar ann (Ó Siadhail 2010: 152). Pléann Breathnach agus Ní Neachtain (2010) *Cúigear Chonamara* agus an cineál stíle a chleachtann Ó Conghaile sa téacs:

> Ba é sin *Cúigear Chonamara* (2003) a raibh idir ghreann agus thruamhéil agus aoibhneas agus úire ann. Fearann contúirteach an fhir a chaitheann éadaí ban is ea a théama, agus ghlac muintir Chonamara chucu féin é ós rud é gur aithin siad iad féin go binn ann, ní foláir agus iad ag cuimhneamh ar an bhfilleadh beag. (ibid., 69–70)

Déanann Danny iarrachtaí as cuimse a rún a choinneáil: gur trasfheisteoir é agus go bhfuil suim nach beag aige in éadaí ban. Rianaíonn Martin (1994), in 'Sexualities without Genders and Other Queer Utopias', go ndéanann an tsuibiacht aiteach iarracht "the boundaries between public and private" (ibid., 106) a choinneáil scartha óna chéile ionas go mbeidh sé in ann leanúint ar aghaidh ag gléasadh i bhfeisteas ban gan droch-chlú a tharraingt air féin. Tá bagairt le feiceáil i nDarach atá ag éirí fiosrach maidir le seomra leapa Danny: "Bhuel, a Cynthia, an dtuigeann tú, níl aon chead a'msa dul isteach i seomra Daniel so ní bheadh fhios a'm céard atá istigh ann is céard nach bhfuil. Privacy, an dtuigeann tú! Duine an-phrivate é Danny s'againne." (Ó Conghaile 2003: 87). Míníonn Darach ansin do Cynthia go bhfuil Danny lán le "Private affairs. Nuair a bhíonn an cat amuigh bíonn an luch ag rince" (ibid., 89). De réir a chéile, tagann deacrachtaí agus bagairt chun cinn i saol Danny agus tá contúirt ann go scaoilfear a rún. Dá thoradh sin, socraíonn sé ar dhul go Londain toisc nach bhfuil aon rud i gConamara dó: "Níl tada ann" (ibid., 115). Ina dhiaidh sin, cuireann Danny comhairle ar Dharach rud éigin a dhéanamh lena shaol féin, "Nó fágfar i do phríosúnach aonair sa teach seo tú" (ibid., 121). Is léir go bhfuil Danny ag iarraidh brú an phobail a sheachaint agus a chosa a thabhairt leis go Londain, áit a mbeadh saoirse aige i gcomparáid le príosún Chonamara agus an tí. Tá an baile mar chuid de ghréasán ina gcuirtear an chollaíocht i gcruth atá go hiomlán faoi smacht. Níl aon raon príobháideach ann do Danny taobh istigh den bhaile, rud a chuireann brú air a aghaidh a thabhairt ar Londain ar nós leannán an phersona in 'Tá mo Chéadsearc i Londain' (1993). Pléitear an chaoi nach féidir an dá rud (an raon príobháideach agus an baile) a scaradh óna chéile, rud a theipeann ar Danny a chosaint agus a thógáil. Dar le Johnston agus Longhurst (2010), ní féidir an raon a scaradh ón gcollaíocht agus dá bharr sin tá naisc mhóra idir an ceantar agus an chollaíocht (ibid., 3).

Tá tuilleadh samplaí de thábhacht an raoin phoiblí le feiceáil i ndán Uí Shearcaigh (1993) 'Idir Mám an tSeantí agus Loch na mBreac Beadaí'. Mar is gnách don Searcach, baintear úsáid éifeachtach as an nádúr agus as an timpeallacht chun teachtaireacht chruinn a chur in iúl i leith an ghrá aitigh go háirithe. Cuireann an file tús leis an dán "Anseo, díreach anseo, a chroí" (ibid., líne 1), chun iarracht a dhéanamh raon a chur ar fáil dá leannán. Sraith d'íomhánna nádúir atá le feiceáil ina dhiaidh sin, rud a chuireann go mór le príomhtheachtaireacht an dáin. I ndiaidh a chéile, tógann an reacaire áit ar leith dó féin agus dá leannán agus feictear go bhfuil an chollaíocht mar chuid lárnach sa raonú a dhéantar:

fág síos mé le turnamh an lae
agus cuirfidh tú sonrú sna seangáin
a bheas ag caolú leo go righin réidh
as mo shúile cinn
agus grian mhullach an Chairn
á dtreorú lena cuid gealán –
ach ná bíodh aon scanradh ort go deo
faoin taispeánadh aduain seo; mo bheatha a bheas
ann, a ghrá,
mo bheatha ag bogadh go buach
go cónaí éigin nua. (ibid., 3–13)

Tá cuid mhór samplaí ann den réigiúnachas agus den chollaíocht nó den chorp ar fáil in *Sna Fir* (Ó Conghaile 1999) chomh maith. Áitíonn Ó Dúshláine (1987) go bhfuil sé tábhachtach gur tháinig ceisteanna den chuma seo chun cinn i saol na Gaeilge. Maíonn Ó Dúshláine thíos go bhfuil muinín ag baint le glór na scríbhneoirí comhaimseartha agus iad sásta ábhair nach samhlaítí leis an nGaeilge a ionramháil:

> Le fiche bliain anuas nó mar sin tá litríocht na Gaeilge tar éis cuibhreach morálta na hathbheochana a bhriseadh agus a cloigeann (nó a tóin) a shá isteach go dána stóinsiúil sna réimsí a bhí faoi their uirthi roimhe seo. (ibid., 4)

Mar a léiríodh go mion sa réamhrá, tháinig athrú meoin chun cinn i leith na collaíochta in Éirinn ó na seascaidí ar aghaidh. Mar atá luaite ag Ó Dúshláine, tháinig deireadh leis an gcoimpléasc priompallánach a bhí ann i litríocht na Gaeilge (ibid.) agus chonacthas athrú mór ag teacht ar litríocht na Nua-Ghaeilge (Ó Siadhail 2010: 145). Eiseamláir is ea an Conghaileach toisc go músclaítear téamaí collaíochta ina chuid saothar, cinnte, ach go músclaítear téamaí aiteacha anuas air sin i dtaobh an spáis. Suíonn a chuid iarrachtaí laistigh de counter-narrative Uí Chonchubhair (2005: 219) agus an plé oscailte a dhéanann sé ar an aiteacht.

Faoi mar a mhaíonn Butler (1989) in 'Foucault and the Paradox of Bodily Inscriptions' is suíomh é colainn an duine, áit a gcuirtear an chumhacht i bhfeidhm (ibid., 601). Dar léi go dtógtar an cholainn féin go cultúrtha (ibid.). Ach ní chuireann Butler san áireamh na slite a dtagann an réigiún agus an cholainn le chéile go cultúrtha chun aghaidh a thabhairt ar cheisteanna ar leith collaí. Is é an réigiúnachas agus an fonn i dtreo an phríobháideachais an dá rud is suntasaí a bhaineann leis an gcolainn agus an chaoi a rialaítear é, rud nach gcuireann Butler san áireamh. Mar shampla, feictear John Paul ar cuairt i mBaile Átha Cliath, áit a mbíonn sé in ann raon príobháideach a chothú dó féin go collaí, agus casann sé ar ghrúpa Gaeilgeoirí i raon poiblí an bheáir aeraigh. De réir Uí Chofaigh (2004), is deoraí de chineál é John Paul sa chaoi seo – é ag cuardach faoiseamh collaí sa chathair (ibid., 9). Ach mar sin féin, briseann an dúchas trí shúile an chait agus pléann John Paul na deacrachtaí a bhíonn aige lena chúlra: "*By dad*, a dúirt mé liom féin, nach deacair éalú ón nGaeilge is ón dúchas, cuma cá mbeifeá. Fiú i mbeár aerach i mBleá Cliath" (Ó Conghaile 1999: 113). Fiú agus iarrachtaí móra déanta aige raon príobháideach a chur chun cinn i measc strainséirí na cathrach, filleann John Paul ar ais ar a dhúchas Gaeltachta. Tá an grúpa *Gay-Linns* spéisiúil go leor mar ábhar toisc go gcuireann sé in iúl cé chomh deacair is atá sé don ógfhear Gaeltachta pobal a aimsiú a thuigfeadh a chás (Nic Eoin 2005: 364). Is cosúil gur bhain na *Gay-Linns* leis an eagras *GAA* (Gaeilgeoirí Aeracha Aontaithe) a bunaíodh sna nóchaidí (Woods 1998: 4), a léiríonn an chaoi ar tháinig an aiteacht chun cinn i bpobal na Gaeilge. Pléann Woods (1998) an t-eagras áirithe seo, eagras a áitíonn sí mar chuid de dhioscúrsa a threascraíonn na déantúis idé-eolaíochta a bhí i gceist leis an teanga ón naoú haois déag i leith (ibid., 41). Bíodh sin mar atá, is léir go ndeachaigh an GAA, grúpa a bhí gníomhach sna nóchaidí go háirithe, ag diúltú norm i gcomhthéacs na Gaeilge. Tá Queercal Comhrá á reáchtáil i mBaile Átha Cliath agus i mBéal Feirste le roinnt blianta anuas ina áit. Mar sin féin, is díol spéise é go bhfuil caidreamh le Gaeilgeoir ón reacaire, rud a threisíonn an t-aitiú a dhéantar ar raon na Gaeltachta go ginearálta.

> Bhí *fix* ag teastáil uaim anocht mar a bhí mé. Ach chuir sé seo tuilleadh teaspaigh orm. Cá bhfios nach mbeadh sé deich faoin gcéad níos fearr é a dhéanamh le Gaeilgeoir. Marcanna breise ... (ibid., 113)

Ina dhiaidh sin, is léir go bhfeidhmíonn Aint Kate mar thacaíocht do John Paul agus cónaí uirthi san ardchathair. Leithscéal is ea Aint Kate lena mbíonn John Paul in ann lóistín i mBaile Átha Cliath agus suaimhneas mothúchánach a fháil ó chuing na rúndachta sa Ghaeltacht. Ní thugtar mórán eolais nó cúlra i dtaobh Aint Kate agus an chúis a bhfuil sí ag cur fúithi i mBaile Átha Cliath. Déanann sí féin agus John Paul plé ar strainséirí Chonamara agus an chaoi a bhfuil níos mó strainséirí i gConamara ná daoine ón gceantar (ibid., 26–27). Fágann John Paul ceantar Cheathrú na gCloch ionas go mbeidh sé in ann an raon príobháideach collaí a thapú. Is trí mheán a choirp a ghluaiseann sé ó Chonnachta go dtí an ardchathair lena mhianta collaí a shásamh. Cé go dtuigeann Aint Kate contúirtí an tsaoil, agus contúirtí na cathrach, tuigeann sí go caolchúiseach go bhfuil an t-éalú ó Cheathrú na gCloch ó John Paul:

> "Bí cúramach agus tú amuigh. Tóg tacsaí abhaile más gá. Níl sé sábháilte bheith ag siúl deireanach san oíche sa gcathair seo níos mó is leath dá bhfuil inti ar dhrugaí. An bhfuil do dhóthain airgid agat?' agus ansin arís "Níl 'fhios a'm céard a dhéanfainn de d'uireasa." Bhí tocht i mo ghlór. "Anois a John Paul, ná bí ag caint mar sin. Siúr, níl agam ach thú." (ibid., 27)

Tá forluí cinnte le feiceáil ar an gcaoi a ndéantar scagadh ar an gcolainn, ar mhianta collaíochta, ar an ngrá agus ar an raon príobháideach i saothair na beirte scríbhneoirí Gaeilge seo. Is éard a fheictear iontu ná ceangal idir na slite a mbíonn an cholainn agus an réigiún ag teacht le chéile chun dinimic a chur ar bun. Feictear, dá bharr, an chaoi a gcuirtear an raon príobháideach le chéile.

2.11 Tátal

Sa dara cuid den leabhar seo rinneadh iniúchadh ar cheisteanna a bhaineann leis an gcumhacht agus leis an raon príobháideach go téamach. Breathnaíodh ar theoiricí Foucault go príomha i leith na bithchumhachta agus na normatachta agus féachadh ar na slite ar tháinig imní chun cinn i dtaobh na collaíochta go sóisialta agus ar na slite a raibh tionchar aige seo ar an litríocht. Caitheadh súil, anuas air sin, ar an raon príobháideach agus an tslí a mbíonn an príobháideachas, an teanga agus féiniúlachtaí mar chuid de. Cuireadh seo i dtiúin le saothar Michael Warner *Publics and Counterpublics* (2005) agus an tsúil aiteach a chaitheann sé ar bhunú na sochaí agus an chultúir trí mheán an raoin phríobháidigh. Anuas air sin, rinneadh staidéar ar conas is féidir aitiú a dhéanamh ar théacsanna liteartha agus na slite a dtrasnaíonn agus a sleamhnaíonn raoin áirithe chultúrtha isteach iontu féin. Cuireadh téamaí áirithe i leith an teachta amach, na faoistine agus na haiteachta san áireamh agus cuireadh i gcomhthéacs an raoin phríobháidigh iad. Is téamaí príobháideacha, ar ndóigh, iad na téamaí seo trína dtagann na carachtair ar thuiscintí nua orthu féin. Ba é croí na caibidle seo ná an raon príobháideach agus téamaí a thagann chun cinn ina thaobh a scrúdú agus a rianú i saothair Uí Chonghaile agus Uí Shearcaigh.

Cuid 3

Pobal, Crúsáil agus Collaíocht

3.1 An Heitreanormatacht

Sibhse ar fad atá ar seachrán
ar an duibheagán, atá ar fán
i mbéal átha na beatha, atá caillte i ngleann
na ngealt, atá dallta ag drabhlás an tsaoil,
        guím oraibh anocht
i bhfannsholas na gcoinnle
i dtearmann seo na gile.
Taraigí thar an tairseach, taraigí chun na tineadh,
geallaim aíocht na hoíche daoibh
sa chroí seo
        atá lán de thocht. (Ó Searcaigh 2006: 11, línte 1–11)

A bhuachaill ionúine, beirigí ar bhur pléisiúr
is teannaigí le chéile go teasaí óir is baol
nach bhfuil saol ar bith eile a shásóidh bhur gcéadfaí
is sibh ag déanamh cré i measc na ndaol.
(Ó Searcaigh 2020: 49, línte 1–4)

Dán é 'Cuireadh' (Ó Searcaigh 2006: 11) [GC] leis an Searcach a thugann cuireadh dúinn dul thar an tairseach agus is minic a sháraíonn an file féin coinbhinsiúin inghlactha shóisialta trí mheán na healaíne; agus is ar an dul céanna atá an téama úd á chur in iúl in 'xxix' a mholann an oscailteacht chéanna – an siúlfaí thar an tairseach leis [*LC*]? D'fhéadfá a mhaíomh gurb é bun agus barr thionscnamh fileata Uí Shearcaigh na noirm a cheistiú agus iad a bhriseadh síos agus iad a chaitheamh san aer. Mar scríbhneoir a phléann leis an aiteacht, déanann an file scagadh ar na noirm seo; agus mar ghearrscéalaí a dhéanann Ó Conghaile na noirm chéanna a cheistiú ón mbonn aníos. Ach céard is brí leis na noirm seo a dtarraingíonn an bheirt scríbhneoirí seo orthu? Go teoiriciúil, is féidir glacadh leis an heitrighnéasacht mar chultúr inti féin; dar le Warner agus Berlant (1998) cultúr is ea an heitrighnéasach a mbíonn institiúidí muintearais (e.g. pósadh heitrighnéasach) agus idé-eolaíochtaí ag feidhmiú iontu agus iad mar dhromchla áirithe cultúrtha (ibid., 553). Maíonn siad beirt nach bhfuil tuiscintí comónta i gceist sa chultúr seo ach go bhfuil doiléire ann maidir lena haidhmeanna (ibid.). Mar sin féin, nach féidir a rá go bhfuil cultúr na heitreanormatachta, feiniméan normalaithe, mar sprioc chinnte ag cultúr na heitrighnéasachta? Glactar leis an heitrighnéasacht mar chultúr atá normalaithe a mbronntar pribhléid shóisialta uirthi go minic (Warner agus Berlant 1998: 584). Agus nach bhfuil an raon poiblí mar bhunchloch na heitreanormatachta sa chaoi is go ndéantar é a bhainistiú trí mheán pobail? Tá an heitreanormatacht, mar chonstráid shóisialta bunaithe agus eagraithe ag leibhéal institiúideach, le feiceáil mar théama agus mar chineál machnaimh i saothar na scríbhneoirí seo idir lámha. Breathnaítear sa mhír seo ar an rian a fhágann an heitreanormatacht go cultúrtha ar an litríocht seo agus fiafraítear dínn an bhfuil aon bhunús leis na tuairimí agus na tuiscintí atá ag an mbeirt úd, is iad sin Warner agus Berlant, ar an ngnéasacht agus ar an gcollaíocht.

File é an Searcach atá sásta an teanga a athmhúnlú agus a athshealbhú i dtéarmaí na haiteachta trí straitéisí ealaíne a chruthaíonn oscailteacht i leith an traidisiúin faoi mar a mhaíonn Strange: "[Cathal's] strategy seeks to make the Irish language, and arguably Irish national identity more broadly, seem compatible with and more inclusive of those who have been excluded from the hegemonic version of Irish identity, defined in traditional, Catholic, patriarchal, and heteronormative terms" (Strange 2023: 220). Ní bhaineann an heitreanormatacht leis an aiteacht amháin agus is féidir linn an cineál seo tuisceana a fheiceáil i réimsí éagsúla an tsaoil; baineann sé seo le cineálacha éagsúla daoine a mhaireann lasmuigh de noirm na sochaí. Dán uaigneach corraitheach a chuireann an saol eascairdiúil heitreanormatach inár láthair atá in 'Maigdiléana' Uí Shearcaigh [*SE*]. Is féidir a áiteamh go sáraíonn an t-oibrí gnéis noirm ar leith shochaíocha agus éiríonn leis an Searcach an téama seo a ionramháil sa dán úd tríd an sceitse focal a chuireann sé inár láthair. Mar is dual don Searcach, bíonn an solas in úsáid aige go meafarach chun an téama úd a phlé. Ag tús an dáin, mínítear dúinn go bhfuil an bhean seo "[...] ar a *beat* ag *crúiseáil* go huaigneach. Sa mharbhsholas chnámhach" (ibid., 5–6). Sa dara rann den dán seo, déantar an bhean uaigneach seo a scrúdú arís agus feictear go ndéantar í a imeallú ón bpobal. Ligeann an cineál seo dáin dúinn an heitreanormatacht i gcomhthéacs an oibrí gnéis a cheistiú anseo – ní ghlactar leis an oibrí gnéis toisc nach bhfuil a leithéid de dhuine inghlactha go cultúrtha: "Nuair nach labhraíonn éinne leat, a ghrá,/

thíos ansiúd, dubh bán nó riabhach/ bhéarfaidh na fógraí béal bán duit agus béadán/ i dtumba folamh an *underground*/ nó b'fhéidir scéala ón Ghalaileach." (ibid., 13–17). Go bunúsach, is éard a theastaíonn uaithi ná maithiúnas Críostúil, dar leis an bhfile. Tagann forbairt ar íomhá na striapaí in 'Bé na Sráide' [NS], a bhfuil léiriú difriúil di le fáil in 'Maigdiléana' [SE]. An babhta seo, ní bean leithscéalach leochaileach atá sa striapach, ach bean a bhfuil an misneach inti aghaidh a thabhairt ar an bpatrarcacht. Tá an bhean úd in 'Bé na Sráide' [*NS*] "[...] á reic féin i margadh na fola is na feola, á díol féin/ go rómhinic faoina luach, faoina ráta reatha ar mhaithe/ lena beatha a shaothrú ar ghruamhín crua na hoíche" (ibid., línte 12–14). Díol suntais is ea an léiriú a dhéantar ar mhianta neamhnormatacha a théann i gcoinne na heitreanormatachta. Ofrálann an striapach seo sásamh don uile chineál fear: "[...] an t-íseal/ agus an t-uasal, fear an tsaibhris, an sagart faoi stró,/ an t-oibrí bóthair, fear an ghnó, an fear nach dtig leis a mhianta/ a shásamh i leabaidh an phósta, an seanbhuachaill graosta/ an fear óg a bhfuil léim uaidh agus póg, an fear nach n-éilíonn/ ach fáisceadh béil is barróg, an fear lách, an fear in éide mná" (ibid., línte 15–20). Tá féinfheasacht agus féinmhuinín na mná i gcroí an dáin, agus is sásta atá sí saol a bhriseann rialacha sóisialta a chleachtadh, fiú nuair is léir nach bhfuil beannacht an phobail aici ina leith: "Tá seantaithí aici ar chos ar bolg na cráifeachta/ agus ar lámh láidir na moráltachta [...]" (ibid., línte 22–23) ach "[...] tuigtear díthe/ ina croí istigh gur ise is a cineál, sábháil an phobail, iadsan/ siúracha na trócaire a dhéanann friotháladh ar na fir úd/ a d'imeodh chun donais de dhíobháil a gcaidreamh faoi choim" (ibid., 32–35). Is í saoirse na mban an phríomhargóint agus an pointe anailíse atá ag Weakliam (2023), a chaitheann solas ar a thábhachtaí is atá an téama seo i saothar Phádraig Uí Chíobháin, a thagann leis an gcineál seo smaointeoireachta faoin bpatrarcacht agus ar choincheap na heileachta (ibid, 63). I gcodarsnacht leis an léiriú baineann a dhéantar thuas den striapach, déanann Ó Conghaile plé ar striapach fir in 'An Buachaill Cíosa' [*LB*], áit a nochtar colainn an bhuachalla agus é á réiteach féin do na sráideanna: "Ina chulaithe ghágach ghaisce/ Leath uachtarach t-léine, bríste giortacha, mionseaicéad/ oscailte/ Bróga troma dubha le búclaí airgid is boinn arda" (Ó Conghaile 2023: 31, línte 2–5). Arís eile bíonn an t-uaigneas le brath i ndiaidh dó jab na hoíche a chur i gcrích: "A chroí trom, a cholainn traochta/ Nótaí airgid thíos ina stoca nó ina phóca tónach/ Cniotálann sé chuige smaointe a spioraid mhúchta ..." (ibid., línte 18–21).

In *Sna Fir* de chuid Uí Chonghaile (1999), d'fhéadfaí a mhaíomh go bhfuil léamh i leith na heitreanormatachta le feiceáil i gcaidreamh John Paul lena dheartháireacha. Is cinnte nach bhfuil na deartháireacha, atá níos óige ná John Paul, ar an eolas faoina chlaonadh collaí agus déanann siad talamh slán dá chlaonadh heitreanormatach ag tús an úrscéil. Caidreamh álainn grámhar John Paul atá léirithe ag Ó Conghaile lena dheartháireacha Oisín agus Jason. Tugtar le fios go bhfuil an bheirt ghasúr fiosrach ag ceapadh go bhfuil *girlfriend* i mBaile Átha Cliath ag John Paul agus gurbh é sin an chúis go mbíodh sé ag dul ann chomh minic agus a bhíodh (ibid., 22). Glacann an bheirt ghasúr leis go bhfuil an heitreanormatacht go hiomlán chun tosaigh ar an gcollaíocht neamhnormatach don saol. Glacann siad leis go bhfuil cailín ag John Paul toisc go mbíonn sé ag tabhairt aghaidh ar Bhaile Átha Cliath chomh minic agus is féidir leis. Is in aghaidh thoil John Paul, beagnach, a ghlacann sé le ról fearúil athar dá bheirt deartháireacha. Sonraítear go bhfuil John Paul sáinnithe, go bhfuil fonn éalaithe air agus é ag iarraidh "... imeacht liom as an n*Goddamn place* seo" (ibid., 25):

> Táim ag súil agus ag guibhe Dé nach ndúiseoidh an rírá [taobh amuigh] na gasúir atá ina gcodladh chaon taobh díom. Shílfeá gur mé a n-athair an chaoi a ngreamaíonn siad díom aon uair a dtagann siar ar cuairt chugainn ... mé sáinnithe eatarthu anois mar a bheinn istigh i dtrap ann – cosa Jason caite trasna orm agus Oisín ina luí go místuama ar mo leathláimh ionas go bhfuil leisce orm í a chorraí go n-iompóidh sé féin uaim faitíos go ndúiseoinn é. (ibid., 24)

Léiríonn John Paul an tslí a mbíonn an heitreanormatacht de réir a chéile (mar a mhíníonn Berlant agus Warner é), agus go mbíonn an lámh in uachtar i gcónaí ag an heitrighnéasacht. Ní hé sin le rá go dtéann John Paul i gcoinne na heitreanormatachta agus é ag teacht in inmhe collaí, nó mar a mhíníonn Berlant agus Warner (1998), "To be against heteronormativity is not to be against norms" (ibid., 557) ach go bhfuil sé de nádúr aige na mianta sin a chur i bhfeidhm. Tá "significant change" go cultúrtha ag teacht chun tosaigh sa saothar seo (Ó Siadhail 2010: 145). Cé gur aitheantas é an mhír seo ar an heitreanormatacht agus ról ar leith atá á ghlacadh ag John Paul, d'fhéadfaí a mhaíomh go bhfuil spásanna áirithe i gcroí na heitreanormatachta. Níl John Paul sásta ar chor ar bith go bhfuil sé sa bhaile agus é ag iarraidh éalú chun a mhianta collaí príobháideacha a chur i bhfeidhm. Is léir, mar sin, go suíonn a chuid iarrachtaí laistigh de *counter-narrative* Uí Chonchubhair (2005: 219). Mar sin féin, imríonn clóiséad na rún tionchar ar an heitreanormatacht mar a mhíníonn Warner dúinn (2005).

Anuas air sin, tá an heitreanormatacht a bhaineann léi chun tosaigh in *Pianó Mhín na bPréachán* (2011), nóibhille ó pheann an tSearcaigh, ina ndéantar scéal teaghlaigh ag baile beag sléibhe a phlé lena linn. Go luath sa téacs, caitear solas ar thábhacht na gcaidreamh heitreanormatacht i dtaobh an phríomhcharachtair Mags, agus brú sóisialta a bhaineann le máithreacha singile sa cheantar céanna. Dar lena máthair, Nancy, "Níl a dhath níos fearr le spin a chur ort ná lúb istigh a bheith agat i bhfear inteacht" (ibid.: 13), ag tagairt don dúlagar atá uirthi mar thoradh ar a droch-chaidreamh le hathair a mic, Stevie. Ní aithníonn Mags an tábhacht a bhaineann leis an mbrú áirithe seo agus deir "Na boic a bhfuil aithne agamsa orthu, a Mháthair, níl a dhath den fhear iontu" (ibid.: 14). Feictear do Nancy go bhfuil fir an cheantair in ann gortuithe Mags a leigheas tríd an ngrá agus trí chlocha míle seo na heitreanormatachta, agus is ar an mbonn sin a chuirtear brú uirthi cloí leis na hionchais seo. Díol spéise is ea an briseadh síos caidrimh idir Nancy agus athair a mic, Stevie, a mhol di "clinic cúlsráide" a úsáid ar mhaithe le ginmhilleadh a fháil agus iad in Blackpool Shasana. Ní ghlacann Nancy leis an gcinneadh seo agus filleann sí ar an mbaile tar éis di scaradh ó Stevie. Bhí bua an cheoil agus an phianó ag Stevie agus feidhmíonn an pianó, uirlis a sheinneann mac Nancy, Danny, go rúnda, mar mheafar don bhrú atá uirthi róil inscneacha a thógáil agus páirt a thógáil sa heitreanormatacht a bhaineann leis. Tá an pianó "[...] róchóngarach don chnámh. Ina meabhair b'ionann é agus a bheith tréigthe, a bheith trombhuartha leis na blianta. Ghoin sé í an pianó a fheiceáil i lár an tí agus Danny ina bhun" (ibid.: 51).

D'fhéadfaí a mhaíomh gur tráma atá i gceist le híomhá an phianó di, ach de réir a chéile déanann an Searcach forbairt ar an gcaidreamh grá idir Nancy agus Johnny, comharsa a thugann aire dá mac, agus a thugann spás dó an piano a sheinm. Eascraíonn teannas as róil a bhaineann leis an gceantar mar nach nglactar, go sochaíoch, leis an nginmhilleadh sa bhaile.

Pléitear an heitreanormacht agus an raon poiblí in 'Miontragóid Chathrach' [*MC*] leis an bhfile Cathal Ó Searcaigh (2021: 64). Is éard a chuirtear os comhair an léitheora ná iarracht aitiú a dhéanamh ar shuíomh poiblí agus an file ag ceistiú norm a bhaineann leis an raonú úd agus an heitreanormatacht. Sa dán casann an file tuairimí i leith an raoin phoiblí bunoscionn trí leas a bhaint as suíomh poiblí atá curtha i gcomhthéacs an raoin phríobháidigh. Agus an samhradh "... ag borradh i mo chéadfaí" (ibid., líne 7), cíorann an Searcach raonta ar leith agus an t-aitiú a dhéantar orthu. Léamh frithuirbeach a dhéanann Nic Eoin (2005: 146), nuair a chuireann sí iarracht an fhile i gcomparáid leis an Direánach. Arís eile, d'fhéadfaí a rá go dtreisíonn an raon uirbeach collaíocht an tsuímh. Cé go mbaintear leas an-éifeachtach as íomhánna nádúir, tá fuinneamh collaí le brath fós ann. Staidéar cuimsitheach a dhéanann Ó Searcaigh ar an spás ina thimpeall ina n-úsáidtear logainmneacha chun an raon a threisiú agus a shoiléiriú:

> Tá beochán beag gaoithe ag tógáil sciortaí gorma
>   an tsiolastraigh
> agus mé i mo shuí ar bhinse i measc na mbláth
>   i bFinchley
> ag féachaint ar shaighdiúir óg atá ag féachaint
>   ar na *poppies* (ibid., línte 8–13)

Arís eile cíorann an Searcach an grá collaí agus déantar é a mhaisiú trí leas a bhaint as íomhánna ar leith na páirce. Nochtann an file bealaí chun ómós áite, chun áilleacht spáis agus an claonadh collaí a nascadh go dlúth lena chéile. Fós féin, fanann siombailí na heitreanormatachta i gcroí a phríomhthéama. Feidhmíonn "an chailleach dhearg" (ibid., líne 30) mar mheafar den heitreanormatacht agus í ag cur an tsuímh chollaí as a riocht. Arís eile, feidhmíonn suíomh an dáin mar bhealach éalaithe don fhile agus é ag dul chun na cathrach chun a mhianta a shásamh (Nic Eoin 2005: 147):

> Tá lus an ghrá ag sileadh deora dearga éagmaise
> is tá na *lupins* ina gcolgsheasamh
> sa choirnéal, á dtaispeáint féin go magúil do na
> *pansies*.
> Tá mise agus an chailleach dhearg
> suite ar bhinse, an leanbh ina staic chodlata anois;
> saighead álainn Chúipid
> ag díriú a bheara labhandair orainn ón
> bhláthcheapach. (Ó Searcaigh 2021: 64, línte 27–33)

Ar an gcuma chéanna, chonacthas an heitreanormatacht ag feidhmiú mar théama in 'Comhaduimhreacha' [*MAS*] Uí Chonghaile (1986). Feictear fiúntas an léimh atá déanta ag an gConghaileach ar shaol agus ar chultúr na Gaeltachta faoi mar a phléann Titley (1987) é:

> Tuairiscíonn Micheál Ó Conghaile [in *Mac an tSagairt*] an saol mar a fheiceann sé féin é, an saol mar atá sé a déarfadh go leor, agus ní healaí dúinn é a agairt mar locht air mura bhfuil gach aon ní go deas amuigh ansin. Tagann an t-ábhar chuige ón saol ina thimpeall, óna thabhairt faoi deara agus ní léir go ndeachaigh scríbhneoir nó scríbhneoirí faoi leith i bhfeidhm air. Sracann sé an cuirtín, bréidín, nó go deimhin an dallóg veinéiseach anuas agus nochtann sé an lofacht agus an neamothacht, an bhréine agus an mhíchiall, an dochraide agus an mhaoithe chomh stuama, chomh breithiúnda agus is

> féidir leis, ach go mbraithimid, leis, go bhfuil imir bheag de shalann na feirge á ghríosadh chomh maith. (ibid., 41)

Mar sin féin, ní dócha go gcuireann Titley san áireamh tuiscintí i dtaca leis an heitreanormatacht atá mar théama sa ghearrscéal. Léirítear Nóra agus a buachaill Peadar agus iad i Sasana le haghaidh ginmhillte. Tá sé soiléir ó thús go deireadh an ghearrscéil go bhfuil an heitreanormatacht mar fhórsa ann féin thar a bheith contúirteach agus cumhachtach don bheirt acu. Pléann Ó Cofaigh (2004) an gearrscéal úd agus deir gur gearrscéal "éachtach, corraitheach" (ibid., 17) é. Cé go dtuigeann Ó Cofaigh an srian a chuirtear ar Nóra, ní dócha go ndéantar tuilleadh forbartha ar Nóra mar charachtar agus an smacht a chuirtear uirthi (ibid.). Déantar collaíocht Nóra a bhainistiú go poiblí, ach i suíomh na cathrach, "ní fheicfeadh an seandream iad, ná an sagart paróiste, ná an cigire. Toisc go bhfuil Nóra ag iompar clainne agus í neamhphósta, tá brú sóisialta poiblí uirthi an fhadhb a réiteach. Ní chloisfí fúthu seachas an tuairisc bhliantúil a bheadh amuigh ina dtaobh ag deireadh na bliana" (Ó Conghaile 1986: 54). Fiú má tá sí ar nós cailíní eile na tíre a d'fhág Éire le ginmhilleadh a fháil i Sasana, tuigeann Nóra gurb ise 'Nóra Pháidín Pheaitín' (bid: 55); go bhfuil stádas ag baint lena hainm Gaeltachta agus lena háit sa phobal sin. Mar sin, ní mór di géilleadh don heitreanormatacht agus an ginmhilleadh a fháil. Sáraíonn Nóra heitreanormatacht na sochaí as a bheith neamhphósta agus torrach. Brúnn an náire shóisialta Nóra ar aghaidh leis an nginmhilleadh a fháil cé nach bhfuil a leithéid sin uaithi, rud a léirítear trí mheán na himní a thagann uirthi (ibid., 53). Is díol spéise é, áfach, go léann Nóra cóip de *Woman's Choice* (ibid., 60). Feictear codarsnacht anseo idir rogha Nóra agus an brú sóisialta a chuirtear uirthi. Is féidir glacadh leis an gcineál seo mothúcháin mar chuid de pholaitíocht na náire, agus mar a mhíníonn Warner (2000b) é, "Most people cannot quite rid themselves of the sense that controlling the sex of others, far from being unethical, is where morality begins" (ibid., 1). Is tríd an heitreanormatacht seo a spreagtar Nóra le cinneadh an ghinmhillte a ghlacadh. Soiléiríonn Warner (2000b) an chaoi a mbíonn an náire seo thar a bheith luachmhar agus contúirteach agus go n-eascraíonn polasaithe áirithe collaíochta as an heitreanormatacht (ibid., 7).

Mar an gcéanna, tá an cineál seo léirithe den heitreanormatacht agus an normatacht le feiceáil in 'Ag Ithe Daoine' [*FNG*] (Ó Conghaile 2003) agus súil á caitheamh go háirithe ar thógáil na normatachta. Buaileann príomhcharachtar an scéil le fear mistéireach agus déantar aitiú air. Agus an reacaire ar a bhealach abhaile agus mála earraí grósaera ina ghlac aige, tagann an fear ar an reacaire agus deir sé leis go bhfuil sé ag dul sa treo mícheart (ibid., 27). Is breithiúnas é seo ar an gcollaíocht phríobháideach, go bhfuil an reacaire ag dul sa treo mícheart i dtéarmaí na moráltachta. Feictear, mar sin, go bhfuil baint ag an spás (an bealach abhaile) agus mianta an fhir nuair a deir an fear, "Nár dhúirt mé leat anois díreach go raibh tú ag triall an bhealaigh mhíchirt?" (ibid.). Tugtar léiriú ar an normatacht anseo agus na tuiscintí atá ag an bhfear a itheann daoine faoi bhealaí cearta. Fiafraíonn an fear den reacaire an ina theach atá a leaba (ibid., 28), rud a threisíonn an t-aitiú spáis a dhéantar sa phíosa. Meafar nó pearsantú é an fear a itheann daoine do neamh-chomhfhios an reacaire. Scáthánú is ea an fear do mhianta pearsanta collaí an fhile agus na tuiscintí atá aige faoin heitreanormatacht agus faoin aitiú. Tá an reacaire sáinnithe i saol normálta atá inghlactha ag sochaí a shuíonn laistigh sa scéal – a theaghlach, a bhean agus a ról sa phobal. Cuirtear tús leis an ngearrscéal le tasc atá thar a bheith normatach, is é sin tasc na siopadóireachta (ibid.). Is gnáthshuíomh normálta é seo ina dtagann an fear i láthair chun na slite a ndéantar normalú ar an saol a cheistiú. Is tríd an aitiú seo a cheistíonn Warner (2000b) an modh normalaithe agus an chaoi a sáraítear é (ibid., 54). Is léir go bhfeidhmíonn an heitreanormatacht trí mheán an phobail; go ngluaiseann sí trí bhéal an phobail agus go leagtar srianta uirthi, ní atá le feiceáil go cruinn sna saothair seo.

Dar le Plummer (2003) gurb é príomhthéis Warner an pobal agus an frithphobal (nó an pobal aiteach) a cheistiú (ibid., 1419). Dar le Warner (2000) gur coincheap trom leathan é an heitreanormatacht a bhfuil cuid mhaith fuinnimh agus cumhachta taobh thiar de. Is feiniméan éagsúil é an heitreanormatacht agus na noirm a théann léi (ibid., 22). Is follasach do Berlant agus Warner (1998) go bhfuil an gníomh collaíochta ina ghné lárnach den heitreanormatacht. Dar leo go bhfuil an gníomh príobháideach seo curtha i gcomhthéacs an phobail go minic (ibid., 555) nó mar a thugann siad air, *institutions of intimacy* (ibid., 553). Pléann na scríbhneoirí Gaeilge seo leis an gcaoi a dtagann an cineál seo téama chun cinn agus an chaoi a bhfuil an heitreanormatacht mar ghné den náire. Nasctar an náire i gcónaí leis an normatacht, mar a mhíníonn Warner (2000b: 7): Is minic a cheistítear go lom srianta na heitreanormatachta sna saothair liteartha Ghaeilge is ábhar don leabhar seo agus na bealaí éagsúla a mbíonn an fórsa uilechumhachtach seo le feiceáil iontu sa raon poiblí. Pléann Micheál Ó Conghaile agus Cathal Ó Searcaigh ceisteanna cigilteacha i leith an fhórsa seo agus pléann siad iad go cruthaitheach agus go héifeachtach. Ach nach bhfuil caidrimh dhaonna mar bhun agus barr na haiteachta? An caidreamh a bhíonn ag an duine leis an bpobal agus a chaidreamh leis féin chomh maith? Ceisteofar seo sa chéad mhír eile.

3.2 An Soirbhíochas Cruálach agus Córas na nGaol

Ina saothar teoirice *Cruel Optimism,* déanann Lauren Berlant (2001: 1) cur síos s ar an gcaoi a bhfeidhmíonn an soirbhíochas ar bhealach nimhneach don duine. Leagann tuairim Berlant béim ar spriocanna an duine go sóisialta agus conas a chuireann na spriocanna seo bac mothúchánach ar shonas an duine. Dar léi go mbíonn sé mar aidhm ag an duine daonna aidhmeanna pearsanta a leagan síos atá paradacsúil, agus go bhfuil an tráma de ghnáth i gcroí na n-aidhmeanna céanna. Dar léi gur téama uilíoch é an chaoi a mbíonn an duine meallta ag na nithe contúirteacha seo (ibid., 1); fiú mura bhfuil an duine in ann a chuid spriocanna a bhaint amach, agus fiú nuair a chuireann sé seo díomá air, leanann sé ar aghaidh agus déanann sé iarracht eile an sprioc chéanna a bhaint amach. Go bunúsach, baineann sé seo le haidhmeanna a d'fhéadfadh an gnáthdhuine a chur i gcrích agus go mbeireann an duine leo iad ó thús go deireadh a shaoil. Baineann sé seo, dar liom, le noirm agus le hionchais na sochaí. Cuireann na spriocanna normatacha seo brú ar an duine arís is arís eile go dtí go n-ídítear fuinneamh an duine go hiomlán. Díol spéise is ea an chaoi a n-eascraíonn na tuiscintí agus an coincheap céanna seo as taighde Gayle Rubin (1975), teoiriceoir aiteach, atá den tuairim in 'The Traffic in Women: Notes on the "Political Economy" of Sex' go bhfuil córas na ngaol seanbhunaithe go cultúrtha agus gur féidir an pobal nó an tsochaí a rangú i gcatagóirí dá chuid. Tagann patrúin ar leith aníos dá barr, agus bíonn ionchais ar leith shóisialta ag baint leis an gcineál córais ina bhfeidhmíonn an duine. Dar léi go bhfuil an cineál seo córais seanbhunaithe agus iad le tabhairt faoi deara go huilíoch, fiú i gcúrsaí gnéasachta agus collaíochta: "[they are in] pre-state societies, kinship is the idiom of social interaction [...] as well as sexual activity" (ibid., 169). Bíonn na córais sin in úsáid chun béim a leagan ar dhifríochtaí inscne nó mar a deir sí, "Gender is a socially imposed division [...] Kinship systems rest upon marriage. They therefore transform males and females into "men" and "women"" (ibid., 179). Má tá fir in ann cairdeas a chothú le chéile, agus má tá siad dírithe ar an gcollaíocht leis an gcóras gaoil a chur chun cinn, beidh orthu a bhfearúlacht a chosaint (Butler 1993: 7). Cé go n-eascraíonn tuairimí Berlant (2001) as tuiscintí Rubin (1975), ní dócha go síneann Berlant a teoiricí i ngeall ar chóras na gcaidreamh don heitreanormatacht go hiomlán. I gcóras na ngaol, feictear go bhfuil an soirbhíochas cruálach le feiceáil toisc go bhfuil an tsábháilteacht nó an chontúirt i gcroí na teoirice. Sa heitreanormatacht, déantar aon chaidreamh a thiteann taobh amuigh dá paraiméadair a dhiúltú agus mar sin cothaítear an heitreanormatacht trí mheán chóras na ngaol. Pléifear thíos, mar sin, an chaoi a gceistítear an soirbhíochas cruálach i leith na heitreanormatachta i saothair na beirte scríbhneoirí seo.

In 'Féincheist' Uí Chonghaile [*MAS*] (1986) cuirtear beirt fhear óga in iúl don léitheoir agus iad ag cuardach teagmháil chollaí. Is léir go bhfuil tábhacht theanga na ngaol le brath sa scéal sa chaoi a mbíonn an reacaire agus cara leis ag brath ar a chéile chun gaoil a chothú. Pléann Ó Cofaigh (2004) an chaoi a raibh an dlúthchairdeas seo thar a bheith tábhachtach don bheirt phríomhcharachtar i gcaitheamh an ghearrscéil (ibid., 13). Déantar plé ar an gcaoi a bhfuil spéis ag an mbeirt acu sna mná agus tógtar an caidreamh trí mheán na mban (ibid., 11). Roimh dheireadh na hoíche, tagann buíon *leaids* le chéile le *bleaist chips* agus *burgers* a fháil. Molann Denvir (1991) agus Ó Cofaigh (2004) stíl teanga an scríbhneora agus an códmheascadh a bhíonn ar fáil sa scéal chun an cairdeas a léiriú. Léiríonn an códmheascadh seo an tsaoirse a bhíonn acu lena chéile, rud a chuireann go mór le hatmaisféar an scéil (Nic Eoin 2005: 362). Treisítear teanga ar leith an ghrúpa trí leas a bhaint as an gcódmheascadh seo. Éiríonn leis an scríbhneoir an Ghaeilge agus an Béarla a ionramháil go neamhchiotach le chéile, ag caitheamh solais ar mhodhanna cumarsáide nádúrtha aos óg na Gaeltachta (ibid., 34–35). D'aon ghnó a bhaineann an Conghaileach úsáid as an dá theanga le chéile le peirspictíocht agus réalachas na hóige i gConamara a léiriú (Titley 1987: 42). Pléann Ó Conchubhair i réamhrá an chnuasaigh *The Colours of Men* de chuid Uí Chonghaile (2012), an leas a bhaineann an Conghaileach as tiontú teangacha, nó malartú cóid, go nádúrtha ina chuid iarrachtaí próis:

> Ó Conghaile's use of language is contemporary, uncluttered and comfortable in its own skin. In keeping with the thematic consistency of these stories, there is here an embrace and celebration of the demotic, the natural spoken vernacular, rather than a kowtowing to some idealised petrified form of language. If the scene are at times fantastical, the language is always grounded and playful, honest and true, yet keenly aware of, and alter to, its own hidden meanings and metaphorical protentional. (ibid., 9)

Cuirtear an cairdeas in iúl go han-réalaíoch dá bharr agus cothaítear féiniúlacht na teanga sin dá bharr. Deir Ó Conchubhair (2005) gur iarracht é seo a léiríonn "[...] rejection of the cultural nationalist passion for cultural purity" (ibid., 221). Mar sin féin, ní raibh criticeoirí áirithe sásta le léiriú Uí Chonghaile ar theanga bheo an cheantair agus rian an Bhéarla uirthi. Bhí sé mar aidhm ag an gConghaileach, áfach, teanga chomhaimseartha a úsáid ó thús go deireadh an chnuasaigh seachas géilleadh don nós traidisiúnta an Béarla a sheachaint go huile is go hiomlán:

> I remember people complaining [about *Mac an tSagairt*] and writing letters to *Comhar* about it. However, I had wanted to capture the contemporary language of the characters in the Gaeltacht I was writing about ... how would a teenager in the local bar, for example, say this or that? Normally, when writing conversation, I would stick to that and that might mean mixing some words or phrases in English in through the Irish. There are times when the word in English is a lot stronger than the word in Irish. It can hit a lot harder ... I always say that literature is bigger than any one language. If a writer can or has to go outside his own language to create something better, stronger, or more precise, a writer should do that, and will do that to try and reach that higher level of power in his writing. (Ó Siadhail 2005: 55–56)

Tá teanga an ghrúpa mar chuid de dhéantús an chaidrimh eatarthu agus treisítear an ceangal sin trí mheán na teanga. Fós féin, cuirtear caidreamh na bhfear i gcomhthéacs na mban i gcónaí; "Scaití ag moladh, scaití ag cáineadh, scaití ag tabhairt breithe" (Ó Conghaile 1986: 15) [*MAS*]. Nuair a fhágtar an bheirt ógfhear ansin ina n-aonar i dteach chara an reacaire, feictear go dtagann siad nach mór ón gcúlra céanna: "Chuaigh muid chuig an scoil lena chéile agus chaintigh muid air. D'fhág an bhliain chéanna. Ar an *dole* ansin" (ibid.). Is léir, dá bharr sin, go dtagann cairdeas na beirte agus an tóraíocht ar theagmháil chollaí a bhíonn ar siúl acu chun tosaigh sa scéal seo. Is léir, agus a chara básaithe, go bhfuil cumha ar an reacaire toisc go bhfuil deireadh tagtha leis an gcaidreamh. Agus mar sin féin, treisítear an caidreamh a bhí ag an reacaire leis an bhfear trí léiriú éifeachtach an chairdis roimh dheireadh an phíosa. Éiríonn leis an gConghaileach deireadh an ghaoil eatarthu a rianú go caolchúiseach agus go héifeachtach:

> Is bhí mise in éineacht leis an oíche sin ... Go deimhin tá cineál áthas aisteach eicínt orm a rá gur mé an duine deireanach a chonaic é ... é ag dultáil an gheata ón taobh istigh. Pólónec dearg a bhí air. Pólónec dearg, seanjeans gorm ... agus scairf dearg Man. United fáiscithe suas timpeall a mhuiníl. (ibid., 19)

Is féidir léiriú chóras na ngaol a fheiceáil in 'Ceann Dubh Dílis' [*SE*] le Cathal Ó Searcaigh (1993: 149). Agus é curtha san áireamh ag Mac Murchaidh in *Filíocht Ghrá na Gaeilge: Cnuasach ar Théama an Ghrá,* is cinnte gur bhain an dán aitheantas amach mar dhán éachtach grá:

> Pléann an dán cumhachtach seo le Cathal Ó Searcaigh leis an ngrá cosctha. Tarraingíonn an file scéal an chreidimh isteach sa dán lena chur in iúl go dtuigeann sé go bhfuil an cineál grá atá i gceist in éadan rialacha na heaglaise institiúidí agus nach bhfuil beannacht ná séala oifigiúil air. Fágann sin go mothaíonn an file go bhfuil sé féin agus a leannán 'i mbéal an uaignis' ach is léir nach ngoilleann sé sin rómhór air. Léiríonn sé gur tábhachtaí i bhfad dó an caidreamh grá agus gur ar a shon sin a shéanfadh sé gach aon soiscéal. (Mac Murchaidh 2008: 263)

Ag baint leas as macallaí ó thraidisiún na n-amhrán grá sa Ghaeilge, éiríonn leis an bhfile an aiteacht a phlé go héifeachtach, faoi mar a luann Ó Laoire: "From a lyric of the same name, Cathal adapts the song to his own experience, dealing with homosexual love, a theme which has until now seldom appeared in Irish language literature" (Ó Laoire 1993: 28) [*ABB*]. I rith an dáin, scaoileann an file uaidh téama a chuireann síos go cruinn ar chaidreamh grá collaí agus an chaoi a mbíonn córas na ngaol taobh thiar de. Ag tús an dáin, déantar grá collaí agus dílseacht chóras na ngaol a threisiú trí athrá a dhéanamh ar an aidiacht sa chéad abairt. Cuireann fuaimeanna agus ceol an chéad rainn le séimhe an ghrá agus na dílseachta. Mar sin féin, feictear an heitreanormatacht sa chéad rann chomh maith toisc go n-osclaíonn a bpóga créachtaí Chríost. Tá rúndacht ar leith ag baint leis an ngrá seo dá bharr. Sonraítear caidreamh an fhile leis an leannán mar chuid de heitreanormacht chaidreamh na ngaol:

> A cheann dubh dílis dílis dílis
> d'fhoscail ár bpóga créachtaí Chríost arís;
> ach ná foscail do bhéal, ná sceith uait an scéal:
> tá ár ngrá ar an taobh tuathail den tsoiscéal. (ibid., línte 1–4)

Baintear úsáid as comparáidí le créachtaí Chríost go héifeachtach agus go healaíonta mar mhóitíf ar an dochar is féidir le grá agus leis an rúndacht a dhéanamh. Deir sé "... ná sceith uait an scéal" (ibid., líne 3) agus mar thoradh air sin, glactar leis go bhfuil tuiscintí áirithe ag an bhfile i leith an chaidrimh agus an rún atá á choinneáil mar gheall air:

> Tá cailíní na háite seo cráite agat, a ghrá,
> 'siad ag iarraidh thú a bhréagadh is a mhealladh gach lá;
> ach b'fhearr leatsa bheith liomsa i mbéal an uaignis

> 'mo phógadh, 'mo chuachadh is mo thabhairt chun aoibhnis. (ibid., línte 5–8)

Is sa tríú rann den dán a chasann treo an fhile agus breathnaíonn sé ansin air féin seachas ar an leannán. Tá córas na ngaol á bhainistiú agus á chothú ag an bhfile sa chomhthéacs seo. Ach é sin ráite, is féidir déanamh amach go bhfuil an heitreanormatacht faoi bhláth sa dara rann. Is anseo a úsáideann an file iarracht a ghrá a choinneáil leis agus ó chathú na gcailíní. Ina dhiaidh sin a léiríonn an file rúndacht agus heitreanormatacht an chaidrimh idir eatarthu:

> Is leag do cheann dílis dílis dílis,
> leag do cheann dílis i m'ucht, a dhíograis;
> ní fhosclód mo bhéal, ní sceithfead an scéal
> ar do shonsa shéanfainn gach soiscéal. (ibid., línte 9–12)

Ina dhiaidh sin, éiríonn le Micheál Ó Conghaile (1997) caidreamh atá ag briseadh síos a léiriú in 'Faoi Scáth Scáile' [*AFP*]. Feictear go bhfuil an caidreamh atá aige lena scáil á bhriseadh síos aige (ibid., 54). Tar éis dóibh an saol a chaitheamh in éineacht lena chéile, cosúil le "lánúin shona phósta", tagann deireadh lena gcaidreamh. Is léir go bhfuil an chumhacht ar cheann de na cúiseanna nach bhfuil siad ar aon intinn lena chéile a thuilleadh. Easaontas a thagann chun cinn idir an bheirt acu agus iad ag teacht in inmhe an tsaoil, ach "scéal fada an anró a bhí san intinnscaradh" (ibid., 54) Léiríonn Butler (1990) gurb é an ciorrú coil a chruthaíonn fadhbanna do chóras na ngaol. Nuair a chuireann an ciorrú coil isteach ar chóras na ngaol, tagann an caidreamh chun deiridh (ibid., 73). Agus an reacaire ina thost i gcomhthéacs scaradh an chaidrimh, ritheann sé le ciall go bhfuil an caidreamh tagtha chun deiridh de bharr an fhéintruaillithe agus gurb é scáil an reacaire bunús na faidhbe. Toisc nach sásaíonn caidreamh an reacaire critéir éagsúla an chórais gaoil agus nach bhfuil aon rud fiúntach faoin gcaidreamh idir an bheirt, tagann deireadh leis.

Ina ghearrscéal 'Treas Rúndiamhair na bhFear' [*DD*], is féidir linn tábhacht na teanga a fheiceáil agus ceisteanna inscne á n-ardú ag Ó Conghaile. Faoi mar a phléann Rubin ag tús na míre seo tá tábhacht chóras na ngaol i gceist fiú i dtréimhsí réamh-Chríostaíochta. Sonraítear tréithe an duine dhaonna agus tógáil chultúrtha na sochaí le linn an ghearrscéil agus daoine "ag síolrú is ag athshíolrú leo go rábach nádúrtha le gach babhta leathair dár buaileadh" (ibid., 117). Léirítear ansin plé suimiúil ar cheart tagairt dó ina dhiaidh sin ar an mball fearga agus an téarmaíocht ba cheart a úsáid dó go sóisialta, nuair a thagann an chaint chucu. Ba chasta an gníomh é teacht ar théarma dó. Go normatach, agus muid ag breathnú ar thábhacht an chaidrimh fhisiciúil, bítear a súil go nglacfadh fir agus mná páirt ghníomhach sa chóras atáirgeach. I múnlú seo na téarmaíochta, tuigeann an pobal stairiúil seo daoine go bhfuil gá le teanga a thabhairt don bhall fearga. Is i gcomhairle an Phápa Gan Plapa a théann na daoine, ag iarraidh an cheist seo a réiteach. In ainneoin iarrachtaí an Phápa, ní thagtar ar bhealach ceart, a bheadh an gnáthdhuine in ann a thuiscint, chun an téarmaíocht chuí cheart a thabhairt dóibh. Pléitear, mar sin, an chumhacht agus ionchais an phobail go ginearálta chun páirt a thógáil i gcóras atáirgeach agus i gcóras na ngaol. Cé nach dtagann an Pápa Gan Plapa ar théarma don bhall fearga, tuigtear go bhfuil orainn fós cloí leis an gcóras agus páirt ghníomhach a thógáil ann.

Tá constaic den chuma chéanna ar fáil in *Sna Fir* le Micheál Ó Conghaile (1999) agus an caidreamh atá ag Johnny Rua le muintir na háite i gCeathrú na gCloch. Is minic a bhíonn Johnny Rua ag iarraidh a chuid amhrán a roinnt le muintir an tí ósta, ach níl dream an tí sásta ardán a thabhairt dó (ibid., 19). Tosaíonn muintir an tí ag spochadh as, iad dírithe ar an spórt ar an teilifís agus ag iarraidh ceol an tseanfhir a sheachaint. Is éard a chuirtear os ár gcomhair anseo ná gné den *sanctioned heterosexuality* de chuid Judith Butler (74: 1990). Cuirtear brú ar Johnny Rua gan a chuid amhrán a rá toisc go bhfuil fir an tí ósta dírithe ar an gcairdeas a thaispeántar trí mheán an spóirt. Tá Johnny Rua ag déanamh a sheacht ndícheall paraiméadair an chaidrimh sin a chaitheamh bunoscionn agus aird an chaidrimh a dhíriú air féin, rud nach gceadaítear i dtógáil an chaidrimh idir na fir. Is díol spéise é an cúram a thugann an Conghaileach do na himreoirí nuair a bhuann siad an cluiche. Sonraíonn an scríbhneoir an caidreamh homashóisialta. Léirítear caidreamh na ngaol ar siúl ag na himreoirí, na caidrimh atá á gcoinneáil slán acu, agus é ar mhaithe le caomhnú na heitrighnéasachta:

> Tá scata de na himreoirí á leanacht, ar a míle dícheall ag iarraidh teacht suas leis. Iompaíonn sé thart os a gcomhair ansin agus léimeann duine acu isteach ann – ag scaradh a chos, á ardú féin den talamh de thruslóg amháin, ag breith barróige air agus á phógadh go díograiseach. Is gearr go mbíonn siad tite ar an talamh agus ceathrar nó cúigear eile carntha ina mullach, iad `burláilte ina snaidhm ollmhór fáiscthe de chosa, de lámha agus de chloigne. Nuair a scarann siad óna chéile ina nduine is ina nduine déanann an scórálaí a bhealach ar ais chuig a ionad féin ar an bpáirc, na himreoirí nár theagmhaigh leis go dtí seo á bhualadh agus ag fí a gcuid méaracha trína chuid gruaige ... (Ó Conghaile 1999: 17)

Filleann an Searcach (1993) ar rúndacht chóras na ngaol ina dhán úd 'D'Ainm' [*ABB*]. Oscailt phléascach a chuireann an file os comhair an léitheora nuair a mhíníonn gur dúradh leis gan ainm a leannáin a lua a thuilleadh. Arís eile, cothaítear córas na ngaol agus an heitreanormatacht atá i gcroí an chórais sin, agus feictear é go han-soiléir sa rann seo. Leanann an reacaire treoracha a leannáin, tuigeann sé go maith go bhfuil air coinbhinsiúin ar leith na heitreanormatachta a shásamh chun a ghaol leis a chothú. Sa dara rann, léirítear fulangacht an tSearcaigh sa rann sin "Cé go raibh sé dian agus ródhian" (ibid., líne 5). Tá ar an bpearsa díograis a chaitheamh chun córas na ngaol a chaomhnú agus chun an heitreanormatacht a choinneáil slán ó bhagairt. Mar sin féin, cuireann rúndacht an atmaisféir lena mhothúcháin:

> Rinne mé mar a dúirt tú, a chroí,
> Ach mar shíol,
> Phéac d'ainmse sa dorchadas,
> Phéac sé agus d'fhás sé
> I dtalamh domasaí mo dhoichill
> Go dtí gur shín a ghéaga
> Aníos agus amach
> Fríd bhlaosc mo chinn is mo chéille ... (ibid., línte 11–18)

Baineann an file leas éifeachtach as siombail an ainm chun rúndacht chóras na ngaol sa chomhthéacs seo a thabhairt chun solais. Déanann an Searcach seo a phlé agus éiríonn leis téama na heitreanormatachta, atá i gcroí chaidreamh na ngaol, a chur i bhfeidhm. Ina dhiaidh seo, úsáidtear an t-athrá chun béim a leagan ar na hiarrachtaí a rinneadh srian a choinneáil ar ghrá an fhile. Tá sé i gceist ag an Searcach príomhthéama an dáin a chur os comhair an léitheora trí mheán an athrá. Cé go bhfuil air cuing na rúndachta a choinneáil ar an mbóthar ceart, cloiseann sé ainm an reacaire arís is arís eile:

> Dúirt tú liom agus tú ag imeacht
> Gan d'ainm a lua níos mó ...
>
> Ach níl leoithne dá dtig
> Nach gcluintear an crann seo ag sioscadh ... Joe ...
> Joe. (ibid., línte 19–22)

Cíorann Butler (2002) in 'Is Kinship Always Already Heterosexual?' córas na ngaol i dtéarmaí Éideapacha go minic. Dar léi go dtiteann caidrimh as a chéile de bharr an choimpléisc sin (ibid., 30). Is éard atá le feiceáil ná go mbíonn an Coimpléasc Éideapach mar ghné de chóras na ngaol agus é ag iarraidh an dinimic inscne atá léirithe a chur i gcrích go slán sábháilte. D'eascair na tuiscintí seo as taighde Gayle Rubin (1975) a ghlac le tuiscintí Lévi-Strauss agus a chuid tuairimí i dtaobh chóras na gcaidreamh (ibid., 183). Éiríonn leis na scríbhneoirí Gaeilge seo córas na ngaol a aitiú agus a chaitheamh bunoscionn. Ceistítear cineálacha caidreamh agus na claontaí atá ann chun an heitreanormatacht a choinneáil slán ó bhagairtí na haiteachta. Mar sin féin, is gá an chaoi a ndéantar láimhseáil ar an gcolainn agus ar mhianta na colainne a cheistiú i saothair na scríbhneoirí céanna.

3.3 Mianta Collaí agus an Cholainn: *The Field of Interpretive Possibilities*

> How, then, can one think through the matter of bodies as a kind of materialization governed by regulatory norms in order to ascertain the workings of heterosexual hegemony in the formation of what qualifies as a viable body? How does that materialization of the norm in bodily formation produce a domain of abjected bodies, a field of

> deformation, which, in failing to qualify as the fully human, fortifies those regulatory norms? What challenge does that excluded and abjected realm produce to a symbolic hegemony that might force a radical rearticulation of what qualifies as bodies that matter, ways of living that count as "life", lives worth protecting, lives worth saving, lives worth grieving? (Butler 1993a: 16)

Ní oibiacht sheasta í an cholainn, dar le Butler ina téacs *Bodies that Matter: On the Discursive Limits of Sex* (Butler 1993a: 16). I dtaca leis an gcolainn, maíonn Butler go gcuireann an tsochaí (agus ionchais na sochaí céanna) cruth uirthi. Déantar an cholainn a bhainistiú go sóisialta agus go cultúrtha le go mbeidh an cholainn in ann páirt a ghlacadh san atáirgeadh féin (Jagger 2008: 76). Tugann Butler an mórcheannas heitrighnéasach air seo. Ina dhiaidh sin, ceistíonn Butler an chaoi ar féidir leis an gcolainn noirm a shárú tríd an aithint agus tríd an athshealbhú a dhéanann an duine ar an gcolainn (ibid., 16). Ach is sna mórcheannais heitrighnéasacha a thagtar do thuiscintí inscne agus a cuid ról samhalta: "[...] ingratiating and obsequious and imitative and aggressively passive and silent – you learn, in a word, femininity" (MacKinnon 1993: 7). Mar sin, tógtar an cholainn go dioscúrsach, is é sin trí mheán na teanga. Tuigtear do Butler gur coincheap é an cholainn atá nasctha cuid mhaith, nó "inscríofa", le mianta agus dioscúrsaí (1986: 46). Dar léi gur gné shuntasach í an cholainn den fhéiniúlacht agus den láimhseáil inscne, nó mar a deir sí "the body is a *field of interpretive possibilities*" (ibid., 45). Is as seo a thagann an cholainn chun cinn mar chumarphointe cultúrtha (*cultural nexus*), áit a mbíonn an cholainn fréamhaithe sna noirm timpeall uirthi (ibid.). D'eascair an cineál seo smaointeoireachta as tuiscintí an fhealsaimh fheiminigh Simone de Beauvoir (1953), ar theoiriceoir Francach í, a d'imir tionchar mór ar Butler (ibid., 284). Cé go dtráchtann de Beauvoir agus Butler ar an gcolainn agus na slite ina dtógtar í trí mheán na heitreanormatachta agus an chultúir, ní dóigh go léirítear na slite ina bhfuil an raon poiblí agus an spás mar chuid lárnach i dtógáil na colainne – is é sin an t-idirphlé a bhíonn i gceist eatarthu. Is féidir tuiscintí áirithe na scríbhneoirí Micheál Ó Conghaile agus Cathal Ó Searcaigh i leith na mianta agus na colainne a aithint ina gcuid scríbhneoireachta agus na ceangail mhóra a dhéantar idir í agus an t-aitiú spáis (is é sin, an chaoi a ndéantar noirm a cheistiú). Breathnófar anois ar na slite a mbíonn an ceangal idir an cholainn agus mianta an duine le feiceáil i dtéacsanna dá gcuid.

Is cinnte gur féidir a rá go dtarraingíonn an Searcach ar an ngrá mar théama coitianta ina chuid filíochta agus is féidir tábhacht na colainne a fheiceáil go sonrach in 'Brionglóid' [*NAX*]. Sa dán céanna cuireann an Searcach síos ar an ngrá agus ar thaise na colainne chomh maith, áit a léiríonn an file an grá collaí trí shraith íomhánna a bhaineann go dlúth le leachtanna: "Anseo níl a dhath tais ach do bhéilín tláith,/ a bhuachaill álainn na coigríche. Tá a bhfuil ag borradh dreoite i mbrothall an Mheithimh. An tír tur, tirim; cuma dhúr ar gach gnúis" (ibid., 1–4). Tá iarracht déanta anseo an cholainn thais a chur i gcodarsnacht le haimsir bhrothallach an Mheithimh. Agus an file ag péinteáil suímh dúinn den súnás collaí, tagann an bháisteach ar deireadh: "Nuair a chuireann tú do theangaidh i mo bhéal,/ a bhuachaill bog na maothshúl, bogaim. [...] Seolaimid beirt inár scamaill bháistí/ thar ghleannta olóige agus cnoic chaisleánach do dhúiche" (ibid., 7–10).

Ina ghearrscéal 'Cos Liombó', léiríonn Ó Conghaile (2003) [*FNG*] neamhord na colainne mar shárú ar an normatacht agus nasctar an raon leis an gcolainn mar aitiú. Tá éagsúlacht ábhar le cur san áireamh anseo agus na slite a n-éiríonn leis an údar ábhar casta teibí a láimhseáil go cumasach. Tá raidhse mór d'ábhair le blaiseadh i scríbhneoireacht Uí Chonghaile; cnuasach amháin ina bpléascann coirp ón leathanach: "[...] daoine, coiscíní, teagasc na heaglaise, baothchaint polaiteoirí, ráflaí, ábhair gheise ar nós na homaighnéasachta rúnda" (Byrne 1998: 25). Fiú i gcás rud éigin chomh simplí leis an gcois, éiríonn leis an gcolainn a léiriú go sothuigthe soiléir. Tá tábhacht na colainne sonraithe ag Ó Conghaile leis an léiriú a dhéantar ar Réamonn Rua Ribeach agus a chos gortaithe go dona aige. Timpiste bhóthair ba chúis leis (Ó Conghaile 2003: 47). Cé go bhfuil sé gortaithe go dona aige, ní ligeann sé scread as an "seac" (ibid.) a bhí air. Éiríonn an Simpleoir, príomhcharachtar an phíosa, an-fhiosrach faoin suíomh áirithe seo agus é an-tógtha le colainn Réamoinn. Is éard a chuirtear os comhair an léitheora ná teacht le chéile an phobail agus iad ag breathnú agus ag stánadh ar an bhfear gortaithe ag suíomh na timpiste (ibid.). Tá an pobal, agus an Simpleoir, ag stánadh ar chorp gortaithe Réamoinn agus iad ag aitiú an raoin. Cuirtear, ina dhiaidh sin, guth an phobail i mbéal an tSimpleora, gealt de chuid an bhaile, a fheidhmíonn mar chosantóir na norm nuair a fhógraíonn sé, "Is cosúil nach dtabharfaidh an diabhal bocht na cosa leis – ceann acu, ar aon nós" (ibid.). Tagann dochtúirí an phobail ar deireadh le cos Réamoinn a leigheas. Cuireann an Simpleoir ceist ar an bhfear gortaithe ansin maidir leis an áit arbh fhearr leis go ngearrfaí a chois ionas go mbeadh sé in ann éalú óna charr (ibid., 49). De réir mar a ghluaiseann an scéal ar aghaidh, tagann an Simpleoir ar neart ceisteanna eile maidir leis an gcois agus cá háit a gcuirfear í nuair a ghearrfar de Réamonn í (ibid., 52). Feictear an tábhacht a leagtar ar an gcolainn agus naisc a bhaineann leis an raon. Is gá don Simpleoir colainn Réamoinn a chur in áit ar leith toisc go sáraíonn sé coinbhinsiúin inghlactha na sochaí. Dar leis an Simpleoir go mbeadh Liombó maith go leor don chos ghearrtha toisc nach bhfuil pian ná sonas ann i gcodarsnacht leis an raon poiblí (ibid.). Míníonn Réamonn go mb'fhearr leis a shaol a chaitheamh gan cos ar bith seachas a bheith ar leathchois (ibid., 54). Tá an t-idirstad seo, mar a léiríonn Réamonn le húsáid na leathchoise, ar nós Liombó. Leis an leathchois, ní féidir le Réamonn a shaol a chaitheamh i gceart, tuiscint a chuireann an Simpleoir in iúl sa ghearrscéal. Nuair a chuirtear an cholainn i gcomhthéacs na polaitíochta, maíonn Butler gur gá ceisteanna a chur ar nós "Is 'the body' or 'the sexed body' the firm foundation on which gender and systems of compulsory sexuality operate? Or is 'the body' itself shaped by political forces with strategic interests in keeping that body bounded and constituted by markers of sex?" (1990: 129). Más rud é go mbriseann colainn Réamoinn na critéir sin a bhaineann go dlúth le hinscne, an féidir a rá nach gcuirfí spéis ó thaobh an collaíochta ann? An mbíonn aon chorp a luíonn laistigh de noirm fágtha ar an imeall (Butler 1993: 23)? Is féidir a áiteamh go bhfuil ceangal feiceálach i gceist chun an cholainn a chur i gcomhthéacs na háite. Díol suntais é go ndéantar an cholainn smálaithe a aitiú agus a chur as a riocht.

Faoi mar a pléadh ar ball, is minic i saothair Uí Shearcaigh a bhíonn an cholainn agus an raon mar théamaí coitianta. Feictear go n-úsáidtear an cholainn mar théama agus mar mhóitíf leanúnach in iarrachtaí fileata an scríbhneora. Is féidir an t-aitiú a dhéantar ar an gcolainn agus ar an spás a fheiceáil ina dhán 'Gorm' [*NBB*] (Ó Searcaigh 1996: 21). Dathaíonn an file sraith íomhánna éifeachtacha ina dhánta a spreagann ceisteanna a bhaineann leis an gcolainn agus an chollaíocht. Ag tús an dáin deir an file gur chas sé ar "Buachaill breá, b'álainn a ghné agus é i mbláth na hóige" (ibid., 1). Fiú ag tús an dáin, déantar óige an bhuachalla a rianú agus é curtha i gcomparáid le bláth. Feictear ar an bpointe boise go bhfuil tábhacht ar leith ag baint leis an gcolainn, áilleacht na colainne, agus an spás timpeall air. Is suimiúil an chaoi a ndéanann an Searcach seo a léiriú agus a chur i gcomhthéacs an nádúir i gcónaí. Déantar an Fál Carrach a aitiú trí mheán na collaíochta agus trí mheán na colainne:

> Buachaill breá, b'álainn a ghné agus é i mbláth na hóige.
> As Doire, bhí sé ar saoire carabháin ar thrá an Fhál Charraigh.
> Chuaigh muid araon, lá amháin, ar siúlóid sléibhe go Loch na mBreac Beadaí;
> Muid ag gleacaíocht lena chéile go pléisiúrtha agus ag déanamh spraoi
> fá na túrtóga fraoigh agus fá na hísleáin siar ó Abhann Mhín an Mhadaidh. (ibid., línte 1–5)

Leantar le móitíf na colainne sa chuid eile den dán nuair a deir an file go raibh "a chraiceann grianghortha cumhara le mus na raideoige/ tráthnóna Domhnaigh úd" (ibid., línte 6–7). Tá an raon poiblí agus an nádúr a bhaineann leis, curtha i gcomhthéacs na colainne sa líne thuas. Éiríonn leis an Searcach nóisin i dtaca leis an gcolainn a cheistiú go héifeachtach trí úsáid na siombaile. Treisítear teideal an dáin trí mheán an athrá i línte deireanacha an dáin nuair a chuirtear dath shúile an bhuachalla i gcomparáid le "uisce fómhair faoi ghléaradh na spéire" (ibid., líne 12). Tugtar suntas anseo don chorp agus don aitiú a dhéantar air dá bharr. Tógtar an cholainn trí leas a bhaint as meafair agus siombailí an nádúir.

Ar an dul céanna leis an dán thuas, tá aigne agus mianta corpartha an fhile dírithe ar an ngrá aiteach agus ar an gcolainn aiteach faoi seach in 'Dúil' [*MC*]. Tugtar léargas dúinn sa dán seo ar an lorg fisiciúil a fhágann an grá ar an duine agus a chuireann na héifeachtaí corpartha a bhaineann leis inár láthair. Tugann an dán seo le fios dúinn gurbh fhearr le pearsa nó reacaire an dáin "buachaill thigh an leanna/ a bhfuil a chroí lán de theas ceana" (ibid., línte 1–2) ná "Nefertítí í féin i mo leabaidh/ is iontaisí na bhFarónna ar fud an tí" (ibid., línte 9–10). Nochtar anseo an dúil aiteach sa bhuachaill atá ag obair sa teach tábhairne seo agus diúltaíonn an file, nó pearsa an dáin, ríogacht na normatachta, is é sin Nefertítí, ina áit. Glacann an file leis an ngrá aiteach ar deireadh agus déantar plé ansin ar an gcaoi a n-imríonn an dúil chollaí seo tionchar ar an gcolainn trí chéile mar fhórsa fisiciúil nó mar fhuinneamh corpartha. Léirítear lena linn an t-aidréanailín cumhachtach a fhásann agus a fháisceann timpeall air: "Is a chaitheann spréacha óna shúile/ a lasann tinidh mo dhúile" (ibid., línte 7–8).

Ar an gcuma chéanna a chuirtear an cholainn in iúl mar shuíomh ina dtagann dioscúrsa chun cinn in 'As Láimh a Chéile' [*AFP*] le Micheál Ó Conghaile (1997). Cuirtear suíomh tábhairne aerach in iúl sa ghearrscéal a léirítear an raon poiblí ann. Déantar scagadh ar an gcaoi a ndéantar catagóiriú ar chollaíocht agus ar inscne mar "point of departure of the various cultural constructions it has come to bear" (Butler 1993: 28). Breathnaíonn an reacaire air féin mar rí sa chlub agus tá gach aon duine eile mar rogha "banríon le bronnadh" air (Ó Conghaile 1997:

38). Tá mórtas coirp le blaiseadh anseo ag an reacaire agus cuireann sé an t-atmaisféar sa chlub in iúl don léitheoir. Deirtear go raibh an club *hot*: "Bhí an áit seo *hot* anocht, a mhac, thar a bheith *hot*. Ní te anois ach *hot*" (ibid.). Tá an spás agus an cholainn tagtha le chéile anseo agus éiríonn leis an bhfile seo a chur in iúl go héifeachtach. Míníonn an reacaire go bhfuil aithne aige ar chuid mhór de dhream an chlub agus gur aithne fhisiciúil atá i gceist. Díol spéise is ea an "... aithne chraicinn ..." a chuireann an cholainn agus mianta na colainne anseo (ibid). Tá an aithne chraicinn seo nasctha go dlúth leis an spás sa chaoi is go gcuirtear aithne ar na coirp sin trí mheán an raoin seo ina ndéantar aitiú air. Is sa chlub aerach a thagann an reacaire ar dheiseanna collaí chun coirp a aithint.

Anuas ar léiriú an chlub oíche, cuireann an reacaire síos ar cholainn na beirte i gcarrchlós an tséipéil atá ina raon poiblí collaí. Más rud é go ndéantar an cholainn a inscniú (1988: 523), is léir go bhfuil fearúlacht na beirte curtha in iúl le linn dóibh a bheith ag luí lena chéile. Is féidir a mhaíomh, anuas ar thuiscint Butler, go bhfuil an raon poiblí nasctha go dlúth lena chéile. Feictear thíos an chaoi a ndéantar an cholainn a aitiú agus an bheirt ag luí lena chéile i raon poiblí an charrchlóis:

> Bhí mo lámh ar a ghlúin. Leag sé a lámh féin os a cionn, gur fhigh a mhéaracha isteach idir mo mhéarachasa go fáisciúil leochaileach tláithe. D'iompaigh mé aníos bois mo láimhe gur shnaidhmigh ár méaracha. D'fháisc muid bosa a chéile tuilleadh ... Spadhar gnéis thús na hoíche ar neamhní. An suaimhneas síochánta de mo phriocadh, d'fhéach mé sna súile air, mo lámh thais i ngreim go fáisciúil i gcroí láimhe féin. Bhí cineáltas an strainséara sa bhfáisceadh sin. (Ó Conghaile 1997: 45)

Éiríonn leis an Searcach an cholainn a chur i gcomhthéacs an spáis ina dhán 'Crainn' [*SE*] (1993: 158), áit a gceistítear fisiciúlacht na colainne agus an t-inscríobh inscneach a dhéantar uirthi mar chonstráid shóisialta. Le húsáid íomhánna dúlra, gnáthchleas agus gnáthnós an fhile, léiríonn an Searcach na slite a dtagann an cholainn agus an chollaíocht le chéile leis an inscne agus spás. Nascann an file leis an dúlra trí mheafar an chrainn. Áitíonn an Searcach gur dídean é a ghrá agus go bhfeidhmíonn sé mar chosaint dó. Trí mheán an athrá déantar an pearsantú seo a threisiú arís is arís eile:

> ... is tusa crann darach fearúil is lán d'fhéile.
> Is tusa an crann darach a thugann dídean
> don taistealaí a thuirsíonn ionam i lár na hoíche;
> Is tusa an crann darach a thugann dearcáin
> don pháiste a shúgraíonn asam oíche na gaoithe.
> (línte: 4–8)

Gluaiseann príomhthéama an dáin chun cinn ina dhiaidh sin nuair a dhéanann an file tuilleadh léirithe ar an gcrann a fheidhmíonn mar shiombail ghrá. Tá Ó Dúill (1996) den tuairim go n-éiríonn leis an Searcach tírdhreach dúchasach na háite a chur i bhfeidhm go héifeachtach agus go snoite ina chuid filíochta. Spreagann a áit dhúchais chun pinn é, nó mar a deir de Paor: "Throughout his work, there is a powerful sense of being sustained physically and spiritually by his natural surroundings, a reinforcement of enduring connections to his family's place of origin" (de Paor 2022: 246). Cé go bhfuil tuiscintí Uí Dhúill bunaithe ar an spás, is féidir déanamh amach sa dán áirithe seo go bhfuil an cholainn agus an spás nasctha go dlúth lena chéile:

> Cathal Ó' Searcaigh [sic] has the unusual advantage as an Irish-language poet that he was born into and grew up in a Gaeltacht area, and thus has linguistic resources enjoyed by hardly any other poet. But it is proposed to concentrate here on what the poet says rather than on the way he says it. While Ó Searcaigh does not share the religious and behavioural norms of the society in which he lives, he is able to draw on that society's tradition ... (ibid., 14)

Ar an gcuma chéanna, tá an cholainn ceangailte go dlúth leis an raon i dtéarmaí na leapa in *Sa Teach seo Anocht* (2020) de chuid Uí Chonghaile. Tagraítear don cholainn agus an raon timpeall air ach i dtéarmaí an tí. Cé go mbaineann an mhír seo ó chaibidil 28 leis an raon príobháideach, feictear go bhfuil impleachtaí ag an gcaidreamh lena bhean chéile ar an gcolainn féin: "Ach níl an t-údarás is lú agam ar mo cholainn anois, an cholainn sin a rinne gach rud dom a d'iarr mé air go dtí seo in mo shaol, níl ann anois ach mar a bheadh mumaí casta i stropaí d'éadach bealaithe cosanta na mílte bliain ó shin. Chun an cholainn a choinneáil slán is an spiorad is an fuinneamh a thabhairt sábháilte ón saol seo go dtí an saol eile" (ibid., 28). Gné thar a bheith mothúchánach é seo, agus an tionchar mothúchánach a bhíonn ar an gcolainn atá gceist anseo. Ní dóigh leis an bpríomhcharachtar gur leisean a cholainn a thuilleadh agus é sáinnithe sa phósadh míshona seo.

Más rud é go ndéantar an cholainn a chiallú trí mheán an raoin phoiblí, is cinnte go ndéanann an Conghaileach iarracht greim a fháil ar an tslí a ndéantar an cholainn a chur i gcomhthéacs na collaíochta. Cuirtear tuiscintí i leith an spáis aitigh in iúl in *Seachrán Jeaic Sheáin Johnny* (2001) de chuid Uí Chonghaile. Cuirtear mianta collaí Jeaic in iúl sa saothar agus an caidreamh a chruthaítear le Niamh

Chinn Óir, ainm a thugann sé uirthi "a threiseodh a háilleacht féin agus a bheadh ag rince ina saol" (ibid., 20). Tá caidreamh neamhghnách, de réir Uí Chofaigh (2004: 34), le feiceáil i gcaitheamh an téacs, idir fear ag dul in aois agus Niamh óg. Cuirtear mianta Jeaic in iúl go soiléir ina chuid aislingí. Dúisíonn sé tar éis dó a bheith i mbun brionglóidí fúithi agus é báite ina fhuarallas (Ó Conghaile 2001: 53). Cuireann an reacaire síos ansin ar chomh fliuch is atá Jeaic, a bhí ag sceitheadh uaidh ach nach dtuigeann sé cén fáth. Freagairt dhíreach chollaí atá i gceist leis an bhfliuchadh dá mhianta collaí. Cé gur de thoradh ar an mbrionglóid an fliuchadh, mothaíonn sé go gcaithfidh sé an raon timpeall air a iniúchadh, rud a chuireann go mór leis an téama idir lámha: an cholainn, an chollaíocht agus an t-aitiú spáis:

> D'ardaigh an laiste agus d'oscail isteach chuige. Bhreathnaigh amach. Ní fhaca tada. Thóg dhá choisméig amach taobh amuigh ar na céimeanna sa bhfionnuaire. Ach tada ní raibh sé in ann a chloisteáil, a fheiceáil, a bholú, nó a mhothú, ach amháin an dorchadas dubh a bhí pacáilte ina bhlocanna tiubha chuile áit ina thimpeall. (ibid., 53)

Chomh maith leis sin, ag druidim i dtreo dheireadh na nóibhille, fanann sé ina theach i ndiaidh do Niamh Chinn Óir cuairt a thabhairt air ionas go mbeidh sé in ann a rian a choinneáil sa teach (ibid., 79) agus "Bholaigh sé a boladh bándearg milis a bhí ar foluain ar fud an tí os a chomhair mar a bheadh féileacán daite damhsach samhraidh ann" (ibid., 80). Déanann an Conghaileach cur síos ar cholainn Jeaic agus an chaoi a bhfuil an chollaíocht nasctha go dlúth leis an gcolainn agus an spás timpeall air. Is minic a thagraíonn Butler do chúlra teangeolaíoch na colainne agus an chaoi a gcuirtear an cholainn i gcónaí in iúl trí mheán teanga (Jagger 2008: 57). Mar sin féin, ní dócha go ndéanann tuairimí Butler i leith na colainne treabhadh ceart ar an slite ina dtagann an raon agus an t-aitiú spáis chun cinn ina leith.

Is í ábharthacht na colainne agus an chaoi a dtógtar í ó thaobh na teangeolaíochta de an ghné is tábhachtaí do Butler (1993: 11). Dar léi nach féidir ábhar casta ar nós na colainne a shimpliú go héasca ná go teangeolaíoch, nó mar a deir sí bheadh an cholainn *reduced to a verbal action* (ibid., 6). Tá trasghearradh na colainne agus na mianta a théann leis le feiceáil i saothar Uí Chonghaile agus Uí Shearcaigh ach mar sin féin tá ceisteanna ann. Más rud é gur constráid í an cholainn a tógadh, cé a thóg an tógálaí? Míníonn Butler é seo tríd an gceist a chur ar ais orainn, cén fáth ar chóir a bheith gafa leis an gcineál sin ceiste ar an gcéad dul síos (ibid., xi). Tá mianta agus an cholainn mar ghnéithe polaitíochta feimineacha agus samhlaíonn Butler iad mar chonstráidí daingne seasmhacha (Butler 1990: 128). Léiríonn Kelly agus Nayak (2006) go bhfuil sé mar aidhm ag Butler na cineálacha smaointe seo a cheistiú agus na noirm a bhaineann leo a chur i gcomhthéacs na colainne (ibid., 467). Mar a fheictear dóibhsean, leathnaíonn Butler tuairimí Foucault i leith na colainne agus deir sí go bhfuil an cholainn ann mar thoradh ar institiúidí éagsúla agus na slite a dtagann na hinstitiúidí sin i bhfeidhm ar an gcolainn go ginearálta. Nó mar a mhíníonn sé féin é, gur *social temporality* í an cholainn (ibid.). Mar sin féin, tá Jagger (2008) den bharúil go bhfuil an cineál seo cur chuige ag luí de réir nádúir leis an léiriú a thugtar ar an gcolainn (ibid., 55). Is léir go bhfuil ceangal le feiceáil idir an cholainn agus an chollaíocht ach is féidir an tuairimíocht seo a láidriú. Feictear go bhfuil an t-aitiú spáis le feiceáil go tréan i saothair na beirte scríbhneoirí atá faoi chaibidil. Ach an féidir ceisteanna den chuma chéanna a chruthú faoi chultúr na heitrighnéasachta?

3.4 An Mhaitrís Heitrighnéasach: *The Straight Mind* agus an tAitiú

Is é tuairim Monique Wittig (1992: 55) in *The Straight Mind* gur ceart ceisteanna a chur i leith an mheoin dhírigh agus cultúr na norm a d'eascair as. Dar léi go gcruthaítear an fhéiniúlacht phríobháideach trí mheán tuiscintí a eascraíonn as an bpobal go háirithe i dtaobh thógáil na hinscne. Ina réamhrá le haiste Judith Butler (1993b), 'Imitation and Gender Insubordination', pléann eagarthóirí *The Lesbian and Gay Studies Reader* (Abelove et al. 1993) an chaoi a dtógtar an heitrighnéasacht go sóisialta. Is léir nach n-aontaíonn Butler go hiomlán le tuairimí Wittig go bhfuil an chollaíocht agus an heitrighnéasacht ar fáil de bharr na maitríse heitrighnéasaí (Salih 2002: 48). In 'Critically Queer' (Butler 1993c), pléann Butler an t-idirphlé idir collaíocht agus inscne agus an chaoi a bhfuil mianta agus caidrimh i gcroí na gcoincheap (ibid., 28). Dar léi go mbíonn an claonadh ann glacadh leis go mbíonn fir i gcónaí meallta ag mná agus mná i gcónaí meallta ag fir. Tagann an loighic shamhailteach seo chun cinn atá bréagach, dar léi (ibid.). Fiú má theipeann ar an maitrís agus nach féidir í a bhainistiú i gceart, glactar leis an heitrighnéasacht mar bhunchlaonadh collaí agus luíonn an inscne leis an gclaonadh collaí sin de réir nádúir. Cé go bhfuil an mhaitrís seo, lena feidhmeanna normalaithe inscní, ag iarraidh noirm a choinneáil ar an mbóthar ceart, is féidir fós an gort seo a cheistiú agus a chur trí shúil na haiteachta (Butler 2008: 5). Ach an bhfuil aon fhiúntas maidir ag baint leis na teoiricí seo? Má thógtar inscne, má thógtar an heitrighnéasacht, nach féidir a áiteamh go dtógtar na teoiricí seo agus go dtógtar an spás timpeall air? Déanfar luach na tuairimíochta seo a cheistiú go turgnamhach san aonad seo: an bhfuil an meon díreach nó an mhaitrís heitrighnéasach le feiceáil i saothair na scríbhneoirí Micheál Ó Conghaile agus Cathal Ó Searcaigh?

In 'An Chéad Duine Eile' le Micheál Ó Conghaile (2003) [*AFG*], pléitear an chaoi a ndéantar inscniú ar an leanbh agus é fós i mbroinn a mháthar (ibid., 121). Is éard a chuirtear os comhair an léitheora sa ghearrscéal an saol normalaithe agus an páiste fós sa réamhshaol. Ceistíonn an gasúr an bás fiú sula dtagann sé ar an saol. Faoi mar a áitíonn Butler (1993), tagann an difríocht inscne seo chun cinn ar nós "[...] the articulation of the forms suggest that sexual difference operates in the very formulation of matter" (ibid., 52). Is é sin, go dtagann an inscne chun cinn mar chonstráid fiú ag leibhéal an réamhshaoil agus an gasúr fós i mbroinn a mháthar:

> Dá bhféadfá an t-aistear fliuch seo romhat a sheachaint. Stopadh anois. Anseo. Gan dul stróc amháin níos faide. Ba shábháilte go mór an bheobhroinn ina raibh tú cuachta. Agus na saolta uile eile sin a bhí ag faire amach go héagórach ort? Airdeallach ort. Iad mistéireach strainséarach. Spreag dé éigin ionat. Má bhí tú drogallach, bhí tú fiosrach – óir bhí do neamhshaol cealaithe go héagórach ort feasta. Tú ar aimsir. Ar thuras. Ní turas ach oilithreacht d'aistear achrannach. Romham is dóigh. Romhat faraor! Rud ar bith ach Saol ... (Ó Conghaile 2003: 113)

Mar sin féin, léiríonn an scríbhneoir nach bhfuil cumhacht ar bith ag an bpáiste sa saol, nó fiú ina scéal féin (ibid.). Pléann an Conghaileach go héifeachtach na bealaí a mbíonn easpa cumhachta i gceist leis an saol ach go mbíonn cúrsaí cultúrtha ag coinneáil smacht ar an duine. Luíonn an inscne, an fhearúlacht, le *compulsory heterosexuality* mar a thugann Butler air. Mar thoradh air sin, ní bheidh rogha an chlaonta chollaí ag an ngasúr le linn dó a bheith ag fás aníos. Dar léi go gcuirtear brú ar an duine glacadh leis an mbunchlaonadh seo agus é curtha in oiriúint don mhaitrís heitrighnéasach. Dá réir sin, bíonn coinníollacha áirithe cultúrtha inscríofa ar chorp an ghasúir agus beidh air glacadh le seasamh áirithe sóisialta beag beann ar aon tuiscint a dtagann sé air faoi féin go nádúrtha, "[...] for every oppositional discourse will produce its outside, an outside that risks becoming installed as its non-signifying inscriptional space" (Butler 1993: 52). Is féidir an gasúr a aitiú dá thoradh sin agus glacadh leis mar chuid den mhaitrís heitrighnéasach. Mar sin, más rud é go bhfuil noirm ann mar chuid den mhaitrís inscne seo, ba chóir go mbeadh rian den difríocht ar fáil ionas go dtreiseofaí noirm (ibid., 226). Ach más rud é go ndéantar an mhaitrís inscne seo a chur san áireamh i dtuiscintí Butler, nach bhfuil catagóir eile á bunú aici? Trí mheán na teanga, an féidir catagóirí d'aon chineál a sheachaint? Ar nós an bháis le linn an ghearrscéil, ní féidir catagóirí nó teanga a sheachaint:

> Piocfaidh sé leis sibh – ceann i ndiaidh a chéile mar a dhéanfadh faoileán droma dhuibh le faochain sa gcladach, le haghaidh béile sealadach. Nach léir go mbeadh sé míréasúnta do Shaol troid le Bás faoine duine beag is lú amuigh. (Ó Conghaile 2003: 115)

Is mar bhunchlaonadh inscne agus collaí a fheictear an heitrighnéasacht mar ghné den mhaitrís heitrighnéasach san úrscéal *Stigmata* le Pádraig Standún (1974). Is éard a léirítear san úrscéal seo ná torthaí na maitríse ar an tsuibiacht a théann i gcoinne an *status quo*. Feictear go ndéantar imeallú sóisialta ar

Bhidín, bean atá tagtha in aois anois, toisc go raibh sí ag iompar clainne agus í ina hógbhean. Mar sin féin, is léir go bhfuil Áine agus Mairéad ag iarraidh aire a thabhairt di ar son na carthanachta. Níl Bidín sásta glacadh leis an gcarthanacht ar chor ar bith toisc go dtagann an bheirt bhan ón tsochaí ina ndearnadh imeallú uirthi. Go híorónta, deir Mairéad "... nach bhfuil sí i dteideal an sórt saoil atá uaithi a chaitheamh, más é sin atá uaithi" (ibid., 14). Má ghlactar leis go bhfuil brú as cuimse ar an duine trí mheán na maitríse heitrighnéasachta, nach bhfuil saoirse áirithe ar fáil nuair a bhristear na rialacha sin, faoi mar a léirítear é i gcás Bhidín? An dtiteann teoiricí Butler and Wittig as a chéile sa chaoi seo? Rinneadh imeallú sóisialta uirthi toisc nár lean sí an saol a bhí i ndán di laistigh den mhaitrís heitrighnéasach, b'fhéidir, ach nach in mar a roghnaigh sí an saol? Fós titeann Bidín i gcatagóir eile chumhachta a choinníonn greim uirthi. Fiú más duine heitrighnéasach í, is bagairt fós í toisc go dtéann sí i gcoinne fórsaí sochaíocha. Pléann Jeaic, fear céile Mhairéad, atá ag iarraidh trócaire a léiriú do Bhidín, seo go lom:

> Deir daoine go raibh sé marbh ag teacht ar an saol de bharr na drochíde a thug a máthair di nuair a fuair sí amach go raibh Bidín ag súil. Deir daoine eile gur thug sí uaithi le haghaidh adoption é agus í i Londain. Cá bhfios dúinn nach ceann de na habortions sin a bhí aici? Níl a fhios ag duine ar bith ach aici féin, is dóigh. (ibid., 16)

Is féidir an mhaitrís heitrighnéasach a fheiceáil go sonrach sa dán le Cathal Ó Searcaigh dar teideal 'Amhráin Bheaga' [*OO*] (1997: 130). Feictear an file agus a bhriseadh croí nuair a thugann sé faoi deara nach bhfuil spéis ag a leannán ann ach gur fear heitrighnéasach é. Sa dán seo déanann an file cíoradh ar théama an ghrá agus ar thuiscintí atá aige ar a leannán. Sa chéad rann, feictear ionramháil á déanamh ag an Searcach ar an rúndacht a bhaineann lena ghrá:

> dá bhfosclóinn mo bhéal, dá nochtóinn mo smaointe,
> dá ligfinn mo rún leis agus é i mo dháil ... (ibid., línte 2–3).

Cuireann an file dallamullóg air féin ina dhiaidh sin, ag iarraidh a mhothúcháin a cheansú go hiomlán. Sa líne dheireanach de chuid an rainn áirithe sin, deir sé go brónach nach "[...] dtógann tú cian domh ach amháin i mo bhrionglóidí" (ibid., líne 6). Léirítear, mar sin, go dtuigeann an file nach féidir leis caidreamh collaí nó grá a chothú lena leannán ach ina bhrionglóidí, rud a chuireann as dó. Treisítear an mhaitrís heitrighnéasach, ina dhiaidh sin, sa dara rann. Cé go mb'fhéidir go bhfuil na tuiscintí seo á scrúdú ag an Searcach, fós d'fhéadfaí a áiteamh go bhfuil smacht ag an duine an dá thrá a fhreastal; gur féidir leis a mhianta collaí a shásamh ach chomh maith leis sin a rúndacht a choinneáil slán ó bhagairt:

> Níl sé i ngrá liom agus ní bheidh go brách
> an buachaillín bán nach mian leis ach mná.
>
> Rachadh sé a luí liom agus dhéanfadh an gníomh
> is d'éireodh ina dhiaidh sin faoi mar nár tharla
> ariamh. (ibid., línte 10–13)

Ar an gcuma chéanna, feidhmíonn an mhaitrís heitrighnéasach in 'Aingeal' [*TR*] de chuid an tSearcaigh toisc go léirítear arís eile an briseadh croí a eascraíonn as a chaidreamh le fear eile. De bharr na maitríse heitrighnéasaí, cuirtear brú ar an duine aiteach, cloí le hionchais áirithe normatachta ó am go chéile. Faoi mar a deir an file: "agus cé nár rathaigh ár gcumann ná ár ngaol,/ tugaim glóir dó de shíor le béal gan scáth" (ibid., 3–4). Ar deireadh, áfach, imíonn an fear uaidh "trí bhíthin mná,/ is níl lá ó shin nach móraim á Chuimhne – / an sanctóir ina gcoinním taisí ár ngrá" (ibid., 6–8).

Bíonn fáil ar an maitrís heitrighnéasach, ar an gcuma chéanna, i ndráma úd Uí Chonghaile (2001) *Jude*. Léirítear an mhaitrís heitrighnéasach sa dráma, go háirithe ó thaobh na geise de agus an tslí a dtagann an gheis aerach chun cinn (Cadwallader 2009: 292). Ag cur leis an méid sin, feictear go bhfuil an duine tógtha leis an ngeis toisc go bhfuil sé taobh amuigh de pharaiméadair inghlactha na sochaí. Léirítear gur féidir an gheis a shásamh trí mheán na collaíochta. An féidir, mar sin, go n-éiríonn leis an maitrís heitrighnéasach i gcónaí? Mar sin féin, éiríonn leis an drámadóir idir lámha é seo a phlé sa dráma i gcomhthéacs Ghráinne toisc nach bhfuil deartháir aici agus go bhfuil, mar sin, easpa taithí aici ar fhir ar comhaois léi. Ní leor, is léir, athair Ghráinne mar thionchar ina saol toisc go bhfuil sé faoi chuing an phósta. I rith mhír a dó, míníonn Gráinne an chaoi ar mhaith léi deartháir agus "Dá mbeadh deartháir níos sine a'm, bhreathnódh sé i mo dhiaidh. (*Sos*) Sheasfadh sé suas dom. Bheadh sé ann i gcónaí dom" (Ó Conghaile 2001: 46). D'fheidhmeodh deartháir Ghráinne mar ghné den mhaitrís heitrighnéasach agus bheadh sé in ann inscne Ghráinne a threisiú trí mheán na difríochta. Cuireadh go scoil lánchailíní í chomh maith agus mar sin ní raibh sí cleachta ar bhuachaillí (ibid., 47). Tá compord ar leith le feiceáil sa mhaitrís heitrighnéasach (ag seasamh suas di, mar shampla) agus d'fhéadfadh sí na gnéithe sin a fhágáil aige agus ní bheadh uirthi a bheith i gcónaí ag dul i gcoinne a máthar. Taispeántar an ciorrú coil, agus an gheis taobh thiar de, i gcaidreamh Ghráinne lena buachaill Liam. Bíonn brú ar Liam cur i gcuimhne di nach eisean a dearthháir fiú má tá Gráinne mór leis. Deir sé, "Ach ní mise do dhearthháir. Ní mar a chéile é" (ibid.). Is cosúil go bhfuil an taom imní seo mar chuid den imní a bhíonn ann ó thaobh na fearúlachta de (Butler 1993a: 51). Ach cé go bhfuil gnéithe ar leith den mhaitrís heitrighnéasach le feiceáil go cruinn i saothar Uí Chonghaile, tá sé soiléir gur féidir a fheiceáil go bhfuil sé ar chumas Ghráinne na coinbhinsiúin a aithint go soiléir. Nuair a aithnítear catagóir ar nós na maitríse heitrighnéasaí, an féidir í a shárú trína haithint?

Mar mhalairt ar an léiriú a tugadh go dtí seo, áfach, déanann Ó Searcaigh (1983: 25) iarracht tuiscintí áirithe i leith na hinscne agus na collaíochta a cheistiú ó bhonn ina dhán 'Dídean' [*SS*], áit a bpléitear an fhearúlacht agus mothúcháin na bhfear. Tá tábhacht shainiúil agus choincheapúil ag baint leis an gcolainn agus an spás i rith an dáin seo. Cruthaítear teannas ag tús an phíosa nuair a deir an file go bhfuil "[...] stoirm air,' a deir tú. 'Stoirm mhillteanach.'/ Míshocair, coinníonn tú ag siúl an urláir ..." (ibid., línte 1–2). Déantar fiántas na stoirme a threisiú trí úsáid éifeachtach fuaimeanna, agus is dá thoradh sin a léirítear téama an ghrá. Arís eile, éiríonn leis an Searcach a ghrá dá leannán a léiriú trí mheán íomhánna an dúlra a chuireann go mór leis na tuiscintí atá aige i leith na maitríse heitrighnéasaí. Tá stoirm na hoíche mar shiombail de chontúirt atá ag dul i gcoinne an ghrá thraidisiúnta.

> Lasmuigh tá an oíche ag séideadh is ag siabadh
> timpeall an tí, ag cleatráil ag na fuinneoga,
> ag béicíl is ag bagairt trí pholl na heochrach.
> 'Dhéanfadh sé áit a bhearnú le theacht isteach,'
> a deir tú, ag daingniú an dorais le cathaoir uillinne.
> (ibid., línte 4–8)

Is léir go bhfuil leannán an fhile imníoch de dheasca stoirm atá ar siúl agus gur gá dó greim a fháil ar an bhfile le colainn duine eile a mhothú ag iarraidh an grá a choinneáil slán ó bhagairtí an spáis amuigh. Is éard atá á dhéanamh ag Ó Searcaigh anseo ná ceistiú ar inscne na colainne agus na slite a mbíonn an fhearúlacht mar chuid de:

> Ag breith barróige ort, téann mo lámha i ngreim
> i do chneas ag teannadh is ag teannadh. Teas
> le teas, scarann do bheola ag súil le póga
> díreach is an stoirm ag teacht tríom ina séideoga.
> Splancaim is buaileann caor thine do chneas. (línte: 13–17)

Baineann Ó Conghaile (2003) leas as an inscne go tréan ina ghearrscéal 'An Díoltóir Tí' [*FNG*] nuair a dhéanann sé léiriú éifeachtach ar inscne an díoltóra. Feictear go bhfuil an díoltóir ina "Fear sách óg ... Culaith agus carbhat gorm air. É glanbhearrtha, néata, réitithe" (ibid., 116). Is cuid de phróiseas na maitríse é an léiriú inscne a dhéantar ar an díoltóir tí agus is comharthaí sóirt iad a charbhat agus a chulaith dá fhearúlacht. Síltear go gcuireann sé seo in iúl "... the crucial role that heterosexual hegemony plays in the naturalization of performatively instituted gender identities and power relations, and calls attention to practices of masculinity and femininity as constitutive of sexed and gendered identities" (Jagger 2008: 161). Diúltaíonn an díoltóir tí do chomharthaí sóirt na mban mar chuid den phróiseas maitríse. Tá an heitrighnéasacht mar chuid lárnach den diúltú seo (Salih 2002: 132), cé gur féidir a áiteamh gur aerach é reacaire an scéil agus é tógtha go mór leis an díoltóir tí (Ó Cofaigh 2004: 23). Mar sin, is gá don díoltóir tí géilleadh do riachtanais na maitríse heitrighnéasaí (Jagger 2008: 32). Mar a mhíníonn Salih (2002) tá Butler den tuairim go bhfuil an fhéiniúlacht i gcónaí fréamhaithe sa tuairim seo (ibid., 55). Is léir go bhfuil dénárthán na n-inscní tábhachtach toisc go mbíonn an inscne mar chuid lárnach de thógáil na féiniúlachta i leith na collaíochta (Butler 1993c: 312).

Cruthaíonn agus pléann na scríbhneoirí Gaeilge atá á meas tuiscintí maidir leis an inscne agus an heitrighnéasacht trí mheán an raoin phoiblí. Mar a fheictear do Butler (1993b) in 'Imitation and Gender Insubordination', tagann deacrachtaí agus constaicí chun cinn maidir le catagóiriú na féiniúlachta agus an catagóiriú trioblóideach seo mar fhráma anailíseach (ibid., 308). Mar thoradh air sin, áfach, bíonn an fhéiniúlacht, an chollaíocht agus an inscne i gcónaí ag imirt i gcoinne a chéile le coinníollacha an mheoin dhírigh a shárú. Tagann an diúltú seo chun cinn mar réiteach ar fhadhb na haiteachta (Kelly agus Nyak 2006: 466) agus trí mheán an diúltaithe a thógtar an fhéiniúlacht sheasmhach seo (Disch 1999: 548). Ach is ó am go chéile a dhéantar an cholainn aiteach a chur faoi scáth tinnis, agus is ar an téama sin a ndéanfar trácht sa chéad mhír eile.

3.5 An Cholainn Shocair agus Tinneas

Míníonn Foucault (1980a) in 'Body/Power' gur bréag choitianta í go bhfuil an cholainn mar chuid den tsochaí agus go mbíonn an cholainn i gcónaí curtha le chéile i bhfoirm na norm (ibid., 55). Mar sin féin, deir sé gur féidir leis an gcolainn aghaidh a thabhairt ar an gcumhacht (Mills 2003: 82) agus gur trí mheán na teanga a dhéantar seo de ghnáth (Foucault 1984a, 83). Dá réir sin, cuireann Foucault a thionscnamh os ár gcomhair mar "[...] somebody who tries to deal with reality through those things which are always – often – far from reality" (Foucault agus Dillon 1980:

4). Is trí mheán na réaltachta sin, áfach, a thagann an cholainn i dtiúin leis an gcumhacht, "... moulded by rhythms of work, eating habits and changing norms of beauty ... they too have a history" (Oksala 2011: 85). Ach céard a dhéantar leis an gcolainn smálaithe agus céard a dhéantar le colainn aiteach? Léirítear an cholainn thinn agus an chaoi a gcaitear leis an gcolainn aiteach ar bhealach tarcaisneach thíos. Ní dócha go n-éiríonn le Foucault seo a chur san áireamh ina thuiscintí ar an gcolainn, an nasc feiceálach idir an cholainn thinn (nó smálaithe) agus an t-aitiú a dhéantar air.

Is mar sin a chuireann Micheál Ó Conghaile an cholainn agus na tuiscintí a théann léi in iúl. In *Go dTaga do Ríocht* (2009), feictear an séanadh colainne i leith an chreidimh mar théama. Inscríobh sa cholainn chráifeach atá ann ina mbíonn fáil ar thuiscintí agus ar shrianta na colainne agus iad curtha in oiriúint don chreideamh. Ba ghá go mbeadh an cholainn faoi chuing an chreidimh chun an cholainn a choinneáil glan agus slán. Míníonn Jimí do Johnny Bán go gcuireann a athair an-bhrú air i dtaca lena chráifeacht. Dar le Jimí go bhfágfaidh sé na "... Jehovahs ... i dtigh deabhail" (ibid., 18). Feictear go gcuirtear brú ar Jimí cráifeacht a athar a ghlacadh agus cuidiú leis an creideamh sin a chraobhscaoileadh timpeall an cheantair. Tá treoracha stáitse le fáil thios a léiríonn an míchompord atá ann ó thaobh a athar de agus an smacht i gceist:

> *Confronting Jehovah's Witnesses next time they ...* (*Gáire beag.*) Leanann sé air ag léamh. É soiléir go bhfuil sé ar bís agus ag sú eolais isteach. Tar éis tamaillín cloistear carr ag tarraingt isteach ar an tsráid taobh amuigh. Léimeann JIMÍ ina sheasamh, é fós os cionn an ríomhaire agus deifir air ag dúnadh an tsuímh. Cloistear doras an chairr á dhúnadh taobh amuigh

> agus coiscéimeanna ag déanamh ar an doras. Múchann JIMÍ cnaipe an ríomhaire agus léimeann isteach sa gcathaoir atá ar an mbord. Tosaíonn sé ag tógáil na mbileog agus na mbróisiúr atá ar an mbord. Tá trí charnán díobh ann agus piocann sé ceann as gach carnán agus cuireann síos i gclúdach litreach iad. (ibid., 16)

Déanann Jimí, mar sin, an teach a aitiú agus é ag iarraidh nósanna áirithe de chuid a athar a bhriseadh. Mar fhear aiteach, a thagann amach níos deireanaí sa dráma, feidhmíonn cráifeacht a athar mar ábhar imní dó. Teannas a chothaítear ina chaidreamh lena athair toisc go gcuireann sé milleán air ag ceapadh gurb é féin is cúis le bás a mháthar. Feictear go raibh an cholainn i gcroí an teannais seo. Cheap Jimí nár ligeadh dá mháthair aistriú fola a fháil toisc go raibh Patrickín róchráifeach agus é ag dul i gcoinne rialacha Iehova. Ar deireadh míníonn Patrickín dó céard a tharla sular cailleadh í. Feictear thíos srianta a chuirtear ar an gcolainn thinn agus gur cóir don duine géilleadh don bhás chun glaineacht agus socracht a choinneáil slán:

> Níl sa saol seo ach seal beag gearr, a dúirt sí. Ach tá an creideamh síoraí. Síoraí, seasta agus buan. Agus céard faoin bpáiste, a deirimse. Céard faoi Jimí? Cé a thógfas é? (*Sos*) "Tusa," a dúirt sí. "Tusa. Chomh maith agus atá tú in ann sa bhfíorchreideamh. Agus geall dhom anois nach dtréigfidh tú an creideamh sin choíche ar mo shonsa." Is chuir sí faoi bhrí na mionn mé. Cén rogha a fágadh a'msa? (*Sos. Tocht air.*) Ach a bheith dílis di is dá cuimhne! Is an méid laethantaí ó shin a chuir mé ceist orm fhéin, scaití is mé ag dul ó theach go teach agus tusa faoi mo chosa ... céard a tharlódh dá dtabharfainn a dúshlán. Is gan an éagóir ar fad a bheith leagtha ormsa os comhair an tsaoil. Gan an saol a bheith ag piocadh orm is ag magadh fúm. Daoine a bheith ag roghnú na scéalta is maith leo a chreistiúin. (ibid., 99–100)

Is féidir linn tionchar an smachta fhoréignigh a fheiceáil ar an gcolainn aiteach sa dán 'Caoineadh Mhaitiú Shepard' [*TR*] ó pheann an tSearcaigh (2022: 178). Is féidir breathnú ar an gcaoi a ndéantar an cholainn aiteach, mar cholainn 'smálaithe', a mhilleadh agus a scriosadh sa dán úd. Ag tús an dáin chéanna, níl i gcolainn Mhaitiú, dar le pearsa an dáin, ach "[...] alltán beag cnámh/ agus craicinn" (ibid., línte 1–2) i ndiaidh ionsaí marfach homafóbach. Baineann an dán féin le dúnmharú Matthew Shepard, ar dúnmharaíodh go barbartha é, in 1998. San alt "'Last Night, I prayed to Matthew': Matthew Shepard, Homosexuality, and Popular Martyrdom in Contemporary America", déantar cur síos gránna corraitheach ar dhúnmharú Shepard sa sliocht seo a leanas:

> [...] Matthew Shepard, a twenty-one-year-old University of Wyoming student. Small and slightly built, he stood only five-feet-two-inches tall and weighed some 105 pounds. Friends described him as a gentle person, passionately committed to human rights. Shepard was also bold, being openly gay in a conservative state. The night before, two Laramie roofers, pretending to be gay, had lured him out of a popular local bar. Driving Shepard to this spot a mile outside town, they stopped their truck and, turning to him, said: "Guess what? We're not gay and you just got jacked." (Hoffman 2011: 121)

Chuir finné a tháinig ar cholainn Shepard síos ar a cholainn mar fhear bréige agus a cholainn scriosta go marfach (ibid.: 121). Baineann an Searcach leas as an íomhá seo agus cur síos á dhéanamh aige ar cholainn an ógfhir: "Fágtha amuigh ansiúd i ndeireadh na hoíche/ crochta ar *Wyoming buck fence,*/ chomh fágtha le fear bréige ag lobhadh,/ dearmadta faoi ghrian is faoi ghealach fhiáin" (Ó Searcaigh 2022: 178, línte 4–8). Cé go bhfuil an dán féin breac le híomhánna gránna den cholainn féin a ndearnadh ionsaí uirthi, éiríonn leis an Searcach seasamh cumhachtach atá fréamhaithe sa bhráithreachas aiteach a léiriú: "Ach ar bhealach éigin maireann do réim is do rian/ i gcnámh is i gcuisle ár grá. Is anois, a chroí/ ag bun do chroiche, ofrálann muid go sollúnta/ ár gcaointe duit, ár ndánta agus ar moltaí (ibid., 29–32). Ceanglaítear anseo snáitheanna éagsúla den cholainn a ndéantar ionsaí uirthi go scáfar agus go corraitheach. Scéal paiteanta atá anseo ina bhfuil pionós géar ar an gcolainn aiteach.

Is ar an gcuma chéanna a chuirtear an cholainn in iúl in *Jude* (Ó Conghaile 2007), áit a mbíonn fáil ar an gcolainn shocair agus an smacht a choinnítear uirthi. Léirítear an cholainn thinn go háirithe i gcarachtar Mhary, máthair Jude. Ag tús an dráma, léiríonn Mary a míshástacht lena hiníon agus aiféala uirthi nach raibh an *pill* ar fáil nuair a bhí sí óg: "An *pill*! Dá mbeadh a leithid a'inn. (*Sos*) Nach measa an príosún ina bhfuil mé ná fine ar bith" (ibid., 15). Tagraíonn sé seo don iarracht a dhéanann an duine srian agus cumhacht a choinneáil ar an gcolainn go príobháideach. Feictear do Mhary go bhfuil an *pill* mar bhealach amháin di chun a colainn a choinneáil faoi smacht. Déantar an cholainn a shrianadh trí mheán an leighis ach is trí mheán sóisialta (nach raibh fáil ar an *pill*) a chothaítear teannas ann. Éiríonn leis an gConghaileach an cholainn smálaithe a ionramháil anseo agus an chaoi ar féidir le cógas cruth na colainne a athrú ó bhonn. Tá sé seo i gcodarsnacht lom le Peadar agus é tinn agus Mary ag iarraidh comhairle a chur air chun é a leigheas (ibid., 13). Tá colainn thinn, smálaithe Pheadair in ann glacadh le leigheas (an mhil agus an t-análóir) ach is díol spéise é nach bhfuil an tsaoirse sin tugtha do na mná. Feictear anseo go bhfuil saoirse áirithe ag fir i mbainistiú a gcolainne i gcomparáid leis na srianta a chuirtear ar na mná. Tá an cineál seo claonta le feiceáil chomh maith i dtaobh an ghinmhillte sa saothar. Tugann Mary "murderer" ar Jude (ibid., 26) agus go sóisialta, déantar rogha Jude a cháineadh cé go bhfuil Mary den tuairim gur chóir di féin an *pill* a ghlacadh sular tháinig Jude ar an saol. Léirítear go neamhbhalbh anseo fimíneacht Mhary agus an dúshlán sonrach idir an cholainn shocair agus an cholainn atá ag dul i gcoinne an *status quo*. Nuair atá Mary ag iarraidh scéal an ghinmhillte a scaoileadh uaithi do Ghráinne is léir go dtuigeann Gráinne go maith nach bhfuil sé "... náireach ..." a thuilleadh *stillborn* a bheith agat (ibid., 57). Ar deireadh, déanann Jude iarracht an scéal a mhíniú do Ghráinne – na cúiseanna a bhí taobh thiar den ghinmhilleadh agus an léiriú colainne a dhéanann sí ar an bpáiste ginmhillte:

> D'fhéadfá feiceáil thrína chraiceann nach mór, na féitheachaí leochaileacha is iad ag sní trína mhéarachaí is trí gach ball dá chorp, á bheoú ... Ach bhí sé ródheireanach, agus is mise a chuir deireadh leis. Is mé sin. A stop an croí bídeach sin ag preabadh. Shílfeá gur ... gur frog fuar fliuch a bhí mé á iompar, shílfeá sin. Is ba mhó an seans saoil a bheadh ag síol frogannaí i lochán lathaí ná aige. (ibid., 82)

Mar mhalairt ar an gcolainn thinn, déanann an Searcach plé ar an gcolainn ghlan ina dhán úd 'Fios' [*SE*] (1987). Pléitear go han-simplí an cholainn mar shiombail agus mar chonstráid shóisialta agus í curtha i gcomhthéacs na collaíochta. Roinnte ina dhá rann, déanann an Searcach iniúchadh ar fhisiciúlacht na colainne agus téama an ghrá. Déantar mianta grá agus collaí an fhile a phlé le linn an dáin trí leas a bhaint as friotal simplí. Sa chéad rann déantar an raon a cheistiú agus cé chomh gar is atá an bheirt dá chéile. Úsáidtear baill na colainne agus teas chun gníomh na collaíochta a phlé go domhain anseo. Feictear sa chéad rann na slite a mbíonn tionchar ag an ngníomh collaí ar an gcolainn:

> Cnas le cnas, a chroí
> dhéanfaidh salann ár gcuid allais
> sáile don leabaidh (ibid., línte 1–3)

Pléann an file colainn a leannáin, conas a bhíonn an cholainn le feiceáil mar thoradh ar an gcollaíocht agus na gníomhaíochtaí a théann léi. Is éard a chuirtear os comhair an léitheora sa dara rann agus é i gcomórtas leis an gcéad rann ná léiriú ar mhianta pearsanta an fhile. Feictear an t-athrá a dhéantar ar an gcolainn sa dá rann. Déanann an file comparáid idir teanga a leannáin agus an bradán feasa agus an file ag baint leas as traidisiún na Fiannaíochta anseo. Tá macallaí an traidisiúin le feiceáil anseo chun glaineacht na colainne a phlé i gcomparáid leis an gcolainn thinn mar a pléadh go dtí seo:

> Béal ar bhéal go docht
> Beidh bradán feasa do theanga
> Ag snámh ionam anocht. (línte: 4–6)

Tá léiriú déanta ag Ó Conghaile (2003) in *Cúigear Chonamara* ar ghalair agus an caidreamh a bhíonn idir tinneas agus an cholainn shocair. Mar is léir do Dharach, tá Conamara lán d'ailse: "Nach bhfuil sé ráite go bhfuil Conamara lán le cancer, go bhfuil sé sna clocha" (ibid., 66–67). Agus Darach ag impí ar Danny teacht anuas óna sheomra, feictear go bhfuil tuiscint ann go bhfuil an cholainn agus an raon ag trasnáil ar a chéile. Déanann Darach a áiteamh ina dhiaidh sin gur cailleadh é le *breast cancer* (ibid.). Tá cuid mhór taobh thiar de mhasla Dharaigh; cé go bhfuil sé ag spochadh as Danny, is ríléir go luann

Darach an ailse chíche mar ghalar baineann. Is díol spéise é, lena chois sin, go n-áitíonn sé an galar mar chuid de dhéantús an cheantair. Tá an galar agus an cholainn i gcónaí nasctha go dlúth leis an raon a bhíonn timpeall ar na carachtair. Feidhmíonn an spás mar mhóitíf leanúnach agus is trína mheán sin a dhéantar an cholainn a shuíomh agus a cheistiú. Cuireann Darach an galar san áireamh nuair a chaitheann sé anuas ar Danny.

Lena chois sin, feictear go ndéantar an cholainn thinn a cheistiú ó bhonn in 'Altú' [*ATS*], dán de chuid an tSearcaigh (2001: 269). Ag tús an dáin, léiríonn an Searcach go gcuireann sé fáilte roimh an gcolainn thinn. Faoi mar a léiríonn sé, tugann sé "altú do na creatha fuachta a mhothaím/ i mo chuid néalta" (ibid., línte 2–3). Is léir, i gcodarsnacht le glaineacht na colainne in 'Fios' (2001: 147), feictear go ndéanann an file ceiliúradh ar an gcolainn thinn. Go céadfaíoch cuireann an file síos ar na slite a gcuireann an galar isteach ar a chorp agus dathaíonn sé le híomhánna agus meafair é seo go héifeachtach. Éiríonn leis an Searcach, go téamach, ceisteanna a chur i ngeall ar an bhfisiciúlacht agus ar an laige chomh maith. Baineann an file as íomhánna an dúlra sa dara rann ionas gur féidir leis an gcolainn a chur i dtiúin leis an dúlra. Úsáidtear an fallás mothaitheach sa rann thíos agus úsáid á baint ag an bhfile as an aimsir chun cur síos a dhéanamh ar an gcolainn thinn:

> Tugaim altú don lá atá ag gabháil chun gaoithe
> i mo phutógaí;
> agus don oíche atá ag dorchú chun báistí
> i mo dhuáin. (ibid., línte 5–8)

Spreagtar tuilleadh ceisteanna cigilteacha i dtaca leis an gcolainn níos faide ar aghaidh sa dán nuair a léirítear an samhradh i gcomhthéacs na colainne. Cé go ndíríonn an Searcach anois ar cheist eile, is é sin na séasúir agus an cholainn curtha i gcomórtas lena chéile, spreagtar ceisteanna eile faoin tslí a gcuireann an file trasnáil ar leith ar fáil i dtaca leis an gcolainn thinn. Is dán turgnamhach é seo a bhreathnaíonn ar na tuiscintí atá ag an bhfile ar an gcolainn. Ardaítear ceisteanna faoin gcaoi a mbíonn tionchar ag an raon ar an gcolainn chomh maith sa dán. Feictear don fhile go bhfuil an cholainn faoi réir an bháis agus na beatha agus go bhfuil an tinneas mar chuid de. Níl sa cholainn féin ach spás atá le líonadh ag na fórsaí áirithe sin:

> Tugaim altú don spás a cruthaíodh ionas go líonfaí é
> le beatha agus le bás;
> agus don tsamhlaíocht a bheir seans domh fiántas na
> síoraíochta
> a mhíntíriú is a dhaonnú. (ibid., línte 17–20)

Ag filleadh ar *Cúigear Chonamara* Uí Chonghaile (2003) feictear go ndéanann Coilimín léiriú ar an mbás agus ar an gcolainn thinn nuair a thráchtann sé ar an gcaoi ar cailleadh a bhean chéile. Is léir gur bhuail tintreach an bheirt acu agus iad ag baint mhóna (ibid., 74). Buaileann an tintreach Coilimín den dara huair ach ina dhiaidh sin, tugann sé faoi deara go bhfuil a bhean chéile "[...] sínte siar ansin ar a droim sa bhfraoch" (ibid.). Is éard a éiríonn leis an údar a dhéanamh ná bás na colainne a chur i láthair mar oibiacht fhisiciúil agus an deireadh saoil sin a léiriú go cruthaitheach. Mar is léir do Oksala (2011), ní ritheann an cholainn i gcónaí le ciall agus ó am go chéile ní féidir teacht ar shainmhíniú deifnídeach (ibid., 99). Is mar sin a thiontaíonn an grá go fuath – fuath don bhás agus don neamhbheocht seo (Foucault 1983: 223). Mar sin féin, cuirtear in iúl anseo bás na colainne agus spreagtar ceisteanna faoin dúlra agus faoin spás níos mó ná aon rud eile.

Téann colainn Kate as amharc go hiomlán, agus an scríbhneoir ag breathnú go cruinn ar na slite nach bhfuil sa chorp ach rud gearrthéarmach:

> Ba ansin a bhuail lasair mise a chuir meadhrán ionam. Thit mé ... Bhí drochthinneas cinn orm is mé ag éirí is nár bhuail an tintreach den dara huair mé. Bhuail. Ach má bhuail féin níor leag sé ceart mé an babhta sin ... ach nuair a bhreathnaigh mé anonn san áit a raibh Kate ní fhaca mé ar chor ar bith í ... murab é an meadhrán é, a smaoinigh mé i dtosach ... (Ó Conghaile 2003: 74)

Dar le Foucault gur tháinig an scagadh seo den chorp chun cinn de bharr na hanatamaíochta polaitiúla (1980b: 182). Más amhlaidh gur tháinig an cholainn chun cinn mar ghléas a d'fhéadfaí a fheabhsú, is féidir leis an gcolainn shocair seo cur i gcoinne an ghalair agus an tinnis (Oksala 2011: 88). Tagann an cholainn seo chun cinn mar ionstraim faoi leith: "It inscribes itself in the nervous system, in temperament, in the digestive apparatus; it appears in faulty respiration, in improper diets" (Foucault 1984e: 82). Mar sin, d'fhéadfaí a mhaíomh go bhfuil an cholainn faoi réir na míshocrachta agus an tinnis seo (Baily 2003: 115). Dá bharr sin, is féidir an cholainn a chur in iúl trí mheán an ghalair agus an tinnis, rud nach bhfuil go hiomlán i dtiúin le tuiscintí Foucault. Déanann Ó Searcaigh agus Ó Conghaile iarracht teacht ar bhealaí chun an cholainn thinn a phlé ina saothair liteartha. Chomh maith leis sin, déantar iarracht an cholainn fhisiciúil a léiriú ó thaobh téama agus na healaíne de. Éiríonn leo an cholainn a ionramháil mar íomhá agus mar mhóitíf leanúnach agus léirítear ilghnéitheacht agus éagsúlacht na colainne sa raon poiblí.

3.6 An Chollaíocht faoin Aer: Aitiú an Raoin Phoiblí agus Crúsáil

Breathnaíonn Jürgen Habermas (1991: 27), in *The Structural Transformation of the Public Sphere,* ar an gcaoi a mbunaítear tuiscintí sóisialta faoin bpobal ar nóisean an raoin phríobháidigh. Feidhmíonn na spásanna seo chun díospóireacht a chothú agus a chruthú faoi ghnéithe ar leith de chultúr an phobail agus liostáiltear na meáin chumarsáide, caiféanna, clubanna srl. ina ndéantar an raon seo a chruthú. Mar is léir do Benhabib (1996), in 'Models of Public Space: Hannah Ardent, the Liberal Tradition and Jurgen Habermas', tá an raon príobháideach mar chuid den raon ina mbíonn fáil ar mhoráltacht agus creideamh agus is ann a thógtar noirm ar leith phobail; is é sin na rudaí a nglactar go forleathan leo go sóisialta agus go cultúrtha, nó an normatacht (ibid., 91). Más rud é go gcuireann Habermas os ár gcomhair an tslí a dtagann an raon poiblí chun cinn mar aontú tuairimí, áfach, rianaíonn sé sin go roinntear tuairimí pearsanta/príobháideacha trí mheán an raoin phríobháidigh. Soiléiríonn Warner (2005) seo, ag rá go raibh sé mar aidhm ag Habermas "[...] the public-sphere environment [...] seen as the context of social movements" (ibid., 50) a chur in iúl. Laistigh de phobail shamhlaithe tagann a lán ceisteanna chun cinn i dtaobh an tsainmhínithe seo ar an bpobal agus i dtaobh thábhacht an tsainmhínithe (ibid.). Tá an t-iolrú seo déanta ag Warner toisc go dtuigeann sé go bhfuil go leor slite ann leis an bpobal a mhúnlú agus a chruthú. Mar sin, is ceist chasta í an téarma *pobal* a shainmhíniú (Warner 2005: 9). Mura bhfuil i gceist sa spás nó sa raon poiblí seo ach "[...] a space of discourse organized by nothing other than discourse itself [...]" (ibid., 65), is féidir an inscríbhinn dhioscúrsach seo a cheistiú. An bhfuil aon mhaitheas ann an cineál seo scagtha a dhéanamh, áfach? Dar le Warner is Berlant (1995) in 'What Does Queer Theory Teach us About X?' gur léir go bhfuil an pobal mar phointe tagartha amháin aiteachta agus go dtagann tuiscintí ilghnéitheacha i leith an phobail chun cinn nuair a dhéantar é a scagadh de réir na haiteachta (Berlant agus Warner 1995: 322). Móitíf leanúnach atá i gceist leis an aitiú spáis a dhéantar don raon poiblí i saothair Uí Shearcaigh agus Uí Chonghaile. Ach an dtagann léamha nua chun cinn i leith na dtéacsanna seo?

Bíonn an t-uaigneas go minic i gceist leis an gcrúsáil chollaí agus leantar leis an gcineál seo téama in 'Ag na Pioctúirí ar na Crosbhealaí' leis an Searcach [*NBB*]. Tá castachtaí ag baint leis an gcineál seo gníomhaíochta, mar a phléann Ó Searcaigh anseo, ach is i raon poiblí a bhíonn deis chollaí aige agus é sa phictiúrlann. Déanann *persona* an dáin seo tagairt don suíomh seo ag cur phléisiúr na beirte in iúl. Ó thús an dáin, luaitear go bhfuil an bheirt fhear scoite amach ón lucht féachana agus cé go bhfuil siad i raon poiblí, tá príobháideachas ag an mbeirt acu anseo: "Sa chúl a bhí muid, cúpla suíochán óna chéile sa chéad ró./ Cha raibh an scannán ach i ndiaidh toiseacht, na *credits* tosaigh/ ag teacht aníos ar an scáileán nuair a thaobhaigh sé i mo threo" (ibid., línte 1–3). Go hiondúil, i dtéarmaí na crúsála aití, bíonn an neamhainmníocht i bhfeidhm. Sa chomhthéacs collaíochta seo, bíonn ceangal fisiciúil, nach ceangal thar a bheith rómánsúil é, idir an bheirt fhear. Agus cé nach bhfuil aithne ag an mbeirt acu ar a chéile, tagann colainn na beirte i dtiúin lena chéile go fisiciúil agus go collaí: "ach ba chuma linne, cha raibh greim nó guaim le coinneáil ar ár gcéadfaí ach muid ag dul i dtámh le háthas, ár n-anáil ag teacht ina séideogaí tiubha;/ cha raibh teannadh ar chúl nár ar aghaidh againn ach snámh le brúcht/ an tsrutha" (ibid., 14–17). Déantar an bhaint idir an fhisiciúlacht agus an dúil chollaí a fhorbairt anseo ach fágann an teagmháil seo uaigneach é ach iad anois sábháilte mar chuimhní cinn i bhfoirm an dáin: "[...] trí bliana fichead ar fán/ i mo chloigeann tá dídean faighte acu i ndán." (ibid., 27–28).

Is minic a bhaineann Micheál Ó Conghaile leas éifeachtach as móitíf an phobail agus an raoin phoiblí ina chuid scríbhneoireachta. Feictear an tslí a gcuireann seisean, go háirithe, raonú ar an gcollaíocht ina shaothair phróis. Maíonn O'Leary (2011) in *Writing Beyond the Revival: Facing the Future in Gaelic Prose, 1940–1951* gur tháinig úsáid na cathrach mar théama i litríocht na Gaeilge ó na caogaidí ar aghaidh (ibid., 133). Feictear é seo sa ghearrscéal 'An Mercyfucker' [FNG] (Ó Conghaile 2005). Téann an reacaire i dtaithí ar raoin chrúsála sa chathair. Míníonn a chara don reacaire go mbíonn grúpa ógánach ag crochadh thart ar an gcearnóg sa chathair chun teagmháil chollaí a dhéanamh le seanfhir nó fir mheánaosta nó chun iad a "fhocáil" (ibid., 59). Is ar éigean a bhí cara an reacaire ocht mbliana déag ach é sásta an caidreamh collaí seo a chleachtadh le fir eile a bhí i bhfad Éireann níos sine ná é. Míníonn an buachaill go raibh bearna le feiceáil i saol an fhir agus an chuid is mó acu ina maighdeana. Dar leis an mbuachaill gur gné de "Carthanacht Dé" é seo agus míníonn sé go bhfuil an trócaire seo de dhíth orthu (ibid., 60). Feidhmíonn an chearnóg, mar sin, mar áit chun an teagmháil chollaí seo a bhaint amach agus d'uireasa an cheantair, ní bheadh fir na cearnóige in ann bearna na collaíochta a líonadh. Cuireann an buachaill síos ar fhear meánaosta ó iarthar na hÉireann a casadh leis agus é dhá bhliain déag is dhá scór d'aois. Míníonn an fear don bhuachaill gur maighdean é fós. Tá sé den tuairim go raibh an fear sáinnithe sa bhaile ar fheirm, spás faoin tuath i gcomórtas le huirbeachas na cearnóige, ag tabhairt aire dá thuismitheoirí. Dá thoradh sin ní raibh sé in ann taithí chollaíochta le fir eile a fháil. Laistigh den raon poiblí seo tagann an fear i dtaithí ar a fhéiniúlacht chollaí trí mheán an phobail agus trí mheán an raoin phoiblí. Ceistíonn Warner (2005) an claonadh atá ann a bheith ina bhall den phobal agus an chaoi a dtagann an pobal agus an duine daonna (mar chuid den raon príobháideach) le chéile (ibid., 69). I gcomhthéacs an ghearrscéil seo atá faoi chaibidil, feictear go dtagann an duine ar thuiscintí faoi féin agus an raon príobháideach mar chuid leanúnach de.

Ar aon dul le saothar Uí Chonghaile thuas, tá an deoraíocht chollaí agus ghnéasachta sonraithe go cumhachtach i ndán Uí Shearcaigh dar teideal 'Deoraíocht' [*MC*] ina ndéantar plé ar an mbrú sóisialta agus cultúrtha a bhaineann le noirm a mbítear ag súil leo. Is sa chathair ghallda seo atá reacaire an dáin, "Slogtha gan iomrá/ i gcraos alpach na cathrach" (ibid., 1–2) agus an file ag dul i ngleic leis an saol uirbeach, is "glas-stócach an tsléibhe/ ar strae i dtoitcheo na cathrach" (ibid., línte 9–10) an reacaire. Shamhlófá gurb ann a gheobhaidh an deoraí collaí faoiseamh, timpeallacht ina gcuirfí fearadh is fáilte roimhe, ach is ann a bhuaileann sé le duairceas na cathrach. Ábhar spéisiúil sa dán seo is ea an chrúsáil chollaí agus an ceangal a dhéantar idir í agus an t-uaigneas. Sa dán seo téann an reacaire i ngleic leis an gcollaíocht agus leis an gcrúsáil chollaí. I gcodarsnacht le reacaire 'An Mercyfucker' Uí Chonghaile, déanann an reacaire sa dán seo iarracht 'súmairí' na collaíochta a sheachaint:

> Agus é sa tsiúl mar is gnách
> cé acu i dtráth nó in antráth
> tchíonn sé iad ag stánadh air
> ó chúl-lánaí caocha agus ó leithris liatha;
> súmairí airceacha na sráide
> mar shúistí, is iad ag santú
> lí is bláth a bhreáthachta
> lena gcraos a shásamh;
> ach deis a fháil, dhéanfadh siad an buachaill a shú as
> ó chnámh go smior is
> ó smior go smúsach
> gan a n-aithne a ligean leis. (Ó Searcaigh 1975: línte 28–40)

Tá raonta eile crúsála agus collaíochta le feiceáil sa dán 'Samhain 1976' [*NBB*] le Cathal Ó Searcaigh (1996: 73), áit a bpléitear pointe teagmhála an fhile le hógfhear eile agus an bheirt acu i Londain. Éiríonn leis an Searcach raon uirbeach crúsála a chur in iúl sa chéad rann. Arís eile, feictear do léitheoirí an tSearcaigh go bhfuil an raon uirbeach, go háirithe Londain, chun teagmháil chollaí a bhaint amach. Anseo, tá an file ina sheasamh in aice Soho Square nuair a thugann sé an fear faoi deara. Tá éiginnteacht ag baint leis an gcearnóg agus cá háit go díreach a bhfuil an file i gcomparáid le cinnteacht na cearnóige in 'An Mercyfucker' (Ó Conghaile 2005):

> Áit inteacht idir an Strand agus Soho Square
> a casadh orm é, mé amuigh ag déanamh aeir.
> A shúile suáilceacha, thuirling siad orm sa tsráid
> chomh haerach le dhá fhéileacán agus mé ag gabháil thar bráid.
> Thug siad an samhradh leo isteach sa gheimhreadh.
> Ansin i dtapú na súl bhí siad ar shiúl, slogtha sa tslua.
> Mór an trua, thug mé cion daofa láithreach agus taitneamh. (ibid., línte 1–7)

Feictear teannas collaí idir an reacaire agus an fear agus tiontaítear suíomh uirbeach ina raon poiblí collaí. Déantar seo a phlé go háirithe nuair a chuireann an file síos ar cé "chomh haerach le dhá fhéileacán agus mé ag gabháil thar bráid" (ibid.). Mar sin féin casadh fileata a bhíonn i gceist sa dara rann ina mbíonn athrú mór atmaisféir le feiceáil. Ag tús an rainn fógraíonn an file nár casadh an fear leis an bhfile agus gur "[...] imigh sé le haer an tsaoil" (ibid., 8). Tá an file fágtha anois gan a ghrá agus é ag iarraidh íomhá den fhear a fheiceáil in aon teagmháil chollaí a bhíonn aige le haon duine eile. Díríonn an file go hiomlán ar dheiseanna eile collaí a bheadh in ann bearna an fhir seo a líonadh. Is éard a dhéanann an file anseo ná iarracht tionchar an spáis chollaí a leathnú amach go réimsí eile shaol an fhile:

> Ó shin tá cathú dochloíte orm i ndiaidh a scéimhe.
> Cuartaím an aghaidh sin i ngach aghaidh dá ngráim;
> an tsiúráilteacht shéimh sin i ngach súil dá ngrinním
> ach oíche ná lá níl a mheá le fáil is ní bheidh go
> brách ... (ibid., línte 11–14)

Déanann an Conghaileach aitiú ar an raon poiblí chomh maith in 'Gabhal na gCloch' [AFP] (1997), áit a mbíonn an t-éigniú collaí mar théama lárnach. Díríonn an Conghaileach ar théama na collaíochta neamhnormataí sa scéal seo, scéal a bhain aitheantas amach toisc go bpléitear ionsaí gnéis homaighnéasaigh go lom ann (Byrne 1998: 26). Is éard a phléitear sa ghearrscéal ná úsáid tí ósta mar shuíomh crúsála atá tiontaithe go domhan ait, raon a ndéantar aitiú air. Cé go bhfuil an teach tábhairne plódaithe le daoine, go bhfuil sé mar chuid den raon poiblí, déantar mianta príobháideacha a phlé go domhain sa téacs. Cruthaítear teannas idir an bheirt charachtar go héifeachtach. Deir an bainisteoir go hoscailte go bhfuil sé ag iarraidh a bheith ag plé go collaí leis an reacaire, ach nuair is léir dó nach raibh sin uaidh, déanann sé iarracht tiontú ar an raon poiblí:

> Bhí blas beagán níos séimhe ar a ghuth anois. Rinne mé casacht bhréige: agus casacht eile ag súil le go mbáifí a chuid cainte mura ndúnfadh sé a bhéal. Ghlan mé mo scornach ... (Ó Conghaile 1997: 101)

Is ríléir nach bhfuil reacaire an ghearrscéil sásta mianta collaí an bhainisteora a shásamh (ibid., 101). Déanann an reacaire iarrachtaí an bhainisteora a dhiúltú agus déanann sé a mhíshástacht leis an gcaidreamh a léiriú go cruinn. Níor thug aon duine sa teach tábhairne aon aird airsean ná ar an mbainisteoir agus an bheirt ag labhairt lena chéile nó ar an teannas collaí a chothaigh an bainisteoir (ibid., 102). Aithníonn an reacaire dá mbeadh cailín ina theannta go mbeadh "... comhluadar ceart agam: ach nuair nach raibh éinne faoi leith liom ..." (ibid.) go raibh brú air a bheith páirteach i ndomhan áirithe collaí lena bhainisteoir peile. Ar aon dul leis an gcearnóg chathrach in 'Mercyfucker' (2005) agus an suíomh uirbeach in 'Samhain 1976' (1996), tá domhan nó raon collaí déanta den raon poiblí seo. Mar a phléann Reus agus Usandizaga (2008) bíonn an raon poiblí "[...] never critically transparent, and its artistic representation is always intentional, dialectical and culturally embedded" (ibid., 2008). Mar sin, ní chuireann muintir an tí ósta san áireamh go bhfuil aitiú á dhéanamh ag an mbainisteoir sin ar an raon poiblí. Léiríonn an reacaire go bhfuil trua aige don bhainisteoir, maíonn sé gur i mBaile Átha Cliath go mbeadh "deiseanna aige meascadh leo. Cairdeas a dhéanamh leo. Caidreamh a bheith aige leo nó cibé rud a bhí uaidh. B'fhearr dá leithéid a bheith ann deich n-uaire ná a bheith sáinnithe i nGabhal iargúlta na gCloch, ag faire thar a chuid" (ibid., 108). Tuigeann an reacaire go maith gur fear aerach é an traenálaí agus nach féidir leis deiseanna collaí a thapú i nGabhal na gCloch. Ní mór don bhainisteoir fanacht go dtí go bhfuil sé amuigh faoin aer, agus an reacaire ag siúl abhaile, chun a mhianta collaí a shásamh agus a bhlaiseadh. Déantar léiriú mothálach cruálach ar an ionsaí ina n-éiríonn leis an scríbhneoir buaicphointe a gcaidrimh a phlé go hoscailte agus go healaíonta mar a fheictear sa mhír thíos:

> Bhí a dhá lámh scartha amach aige le mé a *ghrab*áil: boladh trom óil uaidh. Theann sé isteach liom. É i ngreim ionam láithreach. Mé beagnach gan anáil. Mé ar tí titim siar ar chúl mo chinn ... Chuir mé mo dhá shúil trína shúile mar a chuirfí meanaí géara seaca ... mé ag sú boladh an óil níos láidre de réir mar a bhrúigh sé isteach liom. D'ardaigh mo ghlúin ... go ciotach." (ibid., 109).

Faoi mar a pléadh cheana, baineann úrscéal aiteach Uí Shearcaigh, *Teach an Gheafta* (2018), le caidreamh míshocair trioblóideach a bhíonn ag an bpríomhcharachtar Mánas le duine de mhuintir na háite, Éamonn. Déantar suíomh gránna éignithe a scagadh anseo freisin agus an bheirt acu ag spraoithiomáint timpeall an cheantair. Deir Mánas le hÉamonn nach bhfuair sé sásamh ceart collaí ón gcailín a bhfuil spéis aige inti, Miranda. Tapaíonn Éamonn an deis Mánas a éigniú sa raon poiblí seo, faoi mar a fheictear thíos.

> Bhí na súile ag teannadh air. Mhothaigh sé lagachar coirp ag baint na brí as a ghéaga is ag lagú a chéadfaí. Sular thit sé thart i dtaom laige chonacthas dó go bhfaca sé Éamonn, straois uafásach mhagaidh air a ghnúis, agus é ag cur smearadh seileoige ar a bhod. Ansin níor chuimhneach leis a dhath ach a bheith caillte i gceo dlúthdhorcha agus aingeal mallaithe éigin, a aghaidh smeartha le cac, á

> sháthadh le stumpán giúise. Nuair a tháinig sé chuige féin bhí sé i bpian, é caite ina stolp sa fhraoch, a bhríste síos leis agus é conáilte. Ar feadh scaithimh ba doiligh dó meabhair ar bith a bhaint as an staid thruacánta seo inar fágadh é ach de réir a chéile tuigeadh dó gur Éamonn a ba chúis lena aimhleas (ibid., 149).

Ar deireadh, agus an t-éigniú seo thart, déanann Mánas seo a fhógairt agus insíonn sé seo do Miranda tamall ina dhiaidh nuair a deir sé a leanas: "'Rinne sé mé a rapeáil, mar a déarfá féin,' arsa Mánas. Leath na súile uirthi le dú-iontas, d'fhoscail sí a béal, stán sí air. 'Holy-shit,' ar sise nuair a fuair sí na focail léithi. 'Tá sin wicked!'" (ibid., 173). Cé gur gníomh rúnda é an gníomh éignithe anseo, ag buaicphointe an úrscéil tagann neart Mhánais chun cinn agus scaoileann sé uaidh a rún.

Téama leanúnach is ea an briseadh croí poiblí i bprós an tSearcaigh, faoi a fheictear sa mhír thíos ó *Light an Distant Hills* (2009) de chuid Uí Shearcaigh a chuireann an diúltú brónach uaigneach in iúl a eascraíonn as caidreamh collaíoch le chomhscoláire sa *Tech* áitiúil. Lonnaítear an mhír chéanna i suíomh poiblí, a chuireann leis an tuiscint atá ag an aiteacht i gcomhthéacs na collaíochta poiblí. Titeann an gníomh collaí amach sa seomra ranga: "I'd nudge his legs with my hand and if he didn't pull back, I'd rub it slowly until I felt it twitch and yield. He'd slide forward in the chair and part his legs so that I could feel and knead the full of his thigh [...] Whenever his stiff became unbearable, he'd take off his jacket and lay it across his lap. That was the signal for me to sneak my hand underneath and touch it" (ibid., 176). Faoi mar a deir an buachaill óg, ní ghlacann sé leis an gcaidreamh seo go normatach agus é ag fanacht le teagmháil chollaí le bean, fiú nuair is léir go bhfuil sé sásta sásamh a bhaint as an ngníomh aiteach áirithe seo:

> 'Do you like me?' I asked him and ran my fingers through the hairy cleft of his arse. 'Get away out of that with ye,' he grinned up at me. 'I'm not a nancy boy.' 'And what are you?' I asked irritably. He stood up, brushed away the wisps of moss that could stuck in his pubic hairs and laughed: 'I'm just horny and waiting for the real thing.' He looked down at his shrivelled penis and patted it. 'I'm promising this footy wee thing that he's going to get it soon.' 'Didn't he just get it now?' I spoke severely. How could he dismiss what we had done? (ibid., 179)

Feictear aitiú an raoin phoiblí in 'Cor na Sióg' [*TT*] de chuid Chathail Uí Shearcaigh (2001: 42) freisin. Is éard a chuireann an Searcach roimhe ná iniúchadh a dhéanamh ar nósanna crúsála fir homaighnéasacha agus muid ar ais i Londain. Ag baint leas as an damhsa *Cor na Sióg,* imríonn an Searcach le teideal an damhsa agus teideal an dáin mar léiriú ar ghníomhaíochtaí collaí trí chéile. Is díol suntais a fheiceáil go mbaineann an Searcach leas as Londain chun a mhianta collaí féin a ionramháil agus chun scrúdú a dhéanamh ar an aiteacht go ginearálta. Úsáidtear Londain mar fhóram plé don Searcach inar féidir leis an chollaíocht a cheistiú ó bhonn. Ach, i dtosach báire, sula ndíríonn an Searcach a aird ar an gcollaíocht, léirítear an chathair i go leor bealaí éagsúla. Sa chéad rann den dán cíorann an file uirbeachas na háite agus muintir na cathrach ag rith agus ag rás timpeall na háite. Éiríonn leis an Searcach arís eile léiriú céadfaíoch a dhéanamh ar an gceantar trí leas a bhaint as íomhánna éifeachtacha chun iad a chur i dtiúin leis an gcathair. Cuirtear i láthair na léitheoirí sraith íomhánna atá dírithe go hiondúil ar normatacht an tsuímh agus a mhionsonraí. Treisítear normatacht an tsuímh arís is arís eile trí mheán na n-íomhánna seo:

Tráthnóna samhraidh. Súil theasaí na gréine
ar an tsráid, ag griogadh na gcéadfaí
i ngach ní ar a dtuirlingíonn sí, scóig buidéil,
cnaipe *blouse*, úll i bhfuinneog, murlán práis.
Agus mé ag siúl thart ag baint sú as suáilcí an
tsómais,
tá sí ag caitheamh drithlí áthais ar an déagóir
téagartha
atá ag imirt báil leis féin ar léana na himeartha.
(ibid., 1–7)

Tá sé seo i gcodarsnacht lom leis an tríú rann ina gcuirtear cor na sióg, nó an chrúsáil féin, in iúl don léitheoir. Déantar an raon poiblí a chaitheamh bunoscionn agus an chollaíocht neamhnormatach a cheistiú ann, áit a " [g]caithim seal ag spásáil thart i Soho" (ibid., líne 29). Mar cheantar gnéis, feidhmíonn Soho mar raon poiblí a ndéantar aitiú air. Is spéisiúil an chaoi a maíonn an file sa rann céanna go bhfuil an ceantar seo níos uaisle ná Coillidh Prochlais" (ibid., líne 31) agus é ag baint leas as logainmneacha Éireannacha chun codarsnacht a léiriú idir na ceantair. Lena chois sin, trí úsáid mheafar na sióg, cuireann an file síos ar an gcrúsáil a dhéantar i gclapsholas an lae timpeall an cheantair, rud a chuireann in iúl rúndacht na gníomhaíochta atá i gceist. Feictear go bhfuil fir an cheantair ann díreach ar mhaithe le héalú ó "rathanna an uaignis" agus "as liosanna na heagla" (Ó Searcaigh 43: líne 33).

Tá siad ar a suaimhneas i saoirse shiamsach na
sráide,
i measc na mianta agus na n-ainmhianta, na
bhfaisean agus na bpaisean;
i measc banríonacha na m*boutique*anna, i measc
hustléirí haisíse,
i measc hipstéirí an cheoil. Tá siad ag baint suilt as
an tséideán sí
atá ag éirí ina gcéadfaí is a bhuaileas an tsráid ar ball
ina ghuairneán grá ... ina chuaifeach ceana. (ibid.)

Tá an cineál úsáide spáis seo, é luchtaithe go collaí agus go haiteach, curtha in iúl sa ghearrscéal 'Ag an Stáisiún' [*AFP*] (Ó Conghaile 2003). Is éard a chuirtear in iúl sa scéal seo ná úsáid an raoin phoiblí, agus spásanna uirbeacha a chuirtear in oiriúint don chollaíocht. Déanann Ó Conghaile pearsantú ar an stáisiún agus forbraíonn sé é mar charachtar: tá an stáisiún "... tuirseach den fhanacht" (ibid., 39). D'fhás an tseanchathair amach uaidh agus anois tá an stáisiún fágtha go huaigneach cé go bhfuil sé suite i spás áirithe uirbeach. Baintear an raonú seo den stáisiún, atá fágtha ina aonar agus folamh seachas "butaí buí toitíní" agus "boladh géar na mblianta" (ibid.). Is le linn na hoíche a bhíonn an stáisiún an-uaigneach ar fad; bíonn easpa cumarsáide agus calláin (ibid., 41) ann agus cuireann an stáisiún fáilte roimh "traimpeannaí" agus fir mheánaosta ag dul timpeall sa dorchadas ag stánadh agus ag stopadh go tostach agus an raon á aitiú acu. Deir an stáisiún gur thóg na fir seo a ndún féin, dún príobháideach ait i ndorchadas an stáisiúin. Bhíodar ag "déanamh a gcoda féin ... An muirniú mór cairdiúil a thugadar do stór seo an stáisiúin" (ibid., 42). Is léir, mar sin, go dtógann na fir mheánaosta seo domhan príobháideach collaí sa raon poiblí. Ní chuireann an pobal aon spéis sa stáisiún a thuilleadh agus mar sin baineann na fir leas as mar dhomhan ait lena mianta pearsanta a shásamh. Dá bharr sin, ceistítear na slite a mbíonn tionchar ag an raon príobháideach ar an raon poiblí ag leibhéal seo na haiteachta. Cuireann sé seo na beartais éagsúla chathrach i gcuimhne dúinn, faoi mar a phléann Warner in 'Zones of Privacy' (2000a) agus an srianadh a dhéantar ar an gcollaíocht agus ar an ngnéasacht ag leibhéal an phobail. Pléann Warner an chaoi ar dúnadh a lán de shiopaí agus de phictiúrlanna collaí leis an bpobal a choinneáil sábháilte ó bhagairt (ibid., 79). Ach mar sin féin, cé go n-áitíonn Warner go ndéantar an chollaíocht a bhainistiú go poiblí, is féidir fós raon a aitiú fiú i stáisiún traenach. Mar sin, d'fhéadfaí a mhaíomh go ndéantar nósanna spáis a bhriseadh an t-am ar fad fiú nuair a dhéantar an t-aitiú a chur faoi chosc.

An rud is mó a chuireann Warner (1998) os ár gcomhair ná an chaoi a bhfuiltear in ann raon poiblí agus na bealaí a ndéantar an chollaíocht ann a bhainistiú (ibid., 546). Tá sé seo tábhachtach agus muid ag déanamh plé ar an spás i dtéarmaí na bhféiniúlachtaí neamhnormatacha agus aiteacha. Más rud é go dtarraingíonn an cultúr an pobal le chéile, bíonn an chollaíocht lárnach sa phobal aiteach (ibid.), pobal a n-éiríonn leis an Searcach agus leis an gConghaileach a chur in iúl go minic ina gcuid scríbhneoireachta. Mar a mhíníonn Warner, "[...] sex is everywhere present ..." (ibid.) ach is féidir an léamh a dhéanamh ar theoiricí Warner gur féidir an raon poiblí a aitiú i gcónaí. Fiú más rudaí príobháideacha iad mianta collaí, baineann na mianta sin le tuiscintí a eascraíonn as pobal. Is é sin príomhcheist Warner – céard is pobal ann agus céard is príobháideachas ann agus cén chaoi a dtagann an dá choincheap le chéile (Bresnahan 2003: 771). Tá éagsúlacht i gceist i gcónaí leis an mbrí atá taobh thiar den ainmfhocal pobal ach dar le Warner (2005), bunaítear é go hiomlán ar *social totality* (ibid., 65). Is le strainséirí a chuireann an pobal cruth air féin trí leas a bhaint as catagóirí faoi leith (creideamh, claonadh collaíochta, inscne srl,), "[... which] aids the theorist in representing the coherence of ... social entities" (Wittenberg 2002: 426). Feictear é sin in úsáid trí mheán an ghnímh chollaí i saothair ár scríbhneoirí Gaeilge agus feictear na slite a dtagann an chollaíocht agus an raonú spáis le chéile. Déantar, áfach, raonta a aitiú i gcomhthéacs na scríbhneoirí atá á meas againn agus spreagtar ceisteanna i leith na collaíochta faoin aer go minic ina saothair liteartha.

3.7 *Na Queerannaí a Joineáil*: Collaíocht faoin Aer

Sa saothar *Backward Glances: Cruising the Queer Streets of New York and London* déanann Mark Turner (2003) scagadh ar stair na haiteachta agus an chaoi a gcuirtear taithí phearsanta an phobail aitigh ina tost (ibid., 46). Maíonn Turner nach bhfuil scéalta an phobail aitigh le cloisteáil i gcomparáid le scéalta pobal eile. Léiríonn Turner stair na haiteachta mar bhlúiríní saoil agus mar phíosaí beaga den mhacraiscéal ag leibhéal áirithe criticiúil ina shaothar agus déantar é a chíoradh trí leas a bhaint as béaloideas na cathrach (ibid., 53). Tá Turner den tuairim gur féidir le criticeoirí domhan nua a fheiceáil nuair a dhéantar scagadh ar théacsanna cultúrtha trí mheán na haiteachta (ibid.). Bunaítear domhan na haiteachta a bheag nó a mhór ar chultúr agus mar a mhíníonn Berlant agus Warner (1998), "[...] a world-making project, where 'world' like 'public', differs from community or group because it necessarily includes [...] more spaces than can be mapped beyond a few reference points" (ibid., 558). Is trí mheán na collaíochta a tharraingítear le chéile muid, dar le Berlant agus Warner (ibid.) agus léiríonn siad na slite a mbíonn an chollaíocht mar ghníomh príobháideach ina ábhar poiblí go ginearálta. D'fhéadfaí a mhaíomh, ina dhiaidh sin, go bhfuil úsáid spáis mar phointe tagartha an-tábhachtach agus go bhfeidhmíonn an chollaíocht go cultúrtha, rud nach bpléann an bheirt teoiriceoirí go domhain. Ach is í an úsáid spáis seo an rud is tábhachtaí i gcruthú an phobail aitigh mar raon poiblí agus le mianta príobháideacha a chur chun cinn go háirithe ó thaobh na crúsála de. Is le linn na crúsála a dhéantar iarrachtaí teacht ar ghníomhaíocht collaí (Turner 2003: 177). In 'Making Space for an Agentic Sexuality? The Examination of a Lesbian/Queer Bathhouse', míníonn Corie J. Hammers (2008) aidhm na crúsála mar ghníomh lán de "[...] intent, mobility, possession of the gaze ..." (ibid., 561). Feictear go bhfuil níos mó i gceist le raoin chrúsála ná an aiteacht, agus gur féidir an raon collaí seo a fheiceáil i dtéarma eile, fiú sa chomhthéacs heitrighnéasach. Is féidir a rá go ndéantar nóisin a chúngú dá bharr. D'fhéadfaí a rá, áfach, gur féidir leis an duine ait teacht ar raonta poiblí chun a mhianta pearsanta a shásamh agus a chur i bhfeidhm. Pléifear san fho-aonad seo na bealaí a léirítear an chrúsáil mar uirlis chun spásanna ar leith a aitiú.

Is cinnte go ndéanann Micheál Ó Conghaile iarrachtaí domhan na haiteachta a léiriú, domhan ina bhfuil an chrúsáil mar chuid dá dhathú ar an saol aerach ina chuid próis. Is léir do John Paul in *Sna Fir* (1999) go bhfuil uaigneas ag baint le duine ait go háirithe i saol agus i bpobal na Gaeilge. Léirítear an t-uaigneas agus an teagmháil chollaí nuair a deir sé "Cá bhfuil fáil agamsa i litríocht na Gaeilge ar bheirt fhear agus iad ag spallaíocht le chéile ag tórramh nó oíche airneáin ... ag titim i ngrá lena chéile agus ag gáire go hard?" (ibid., 84). Is léir go n-aithníonn John Paul an balbhú a dhéantar ar ghrá na haiteachta agus an grá homaighnéasach agus nach mbeadh fáil ar an gcineál sin grá i gCeathrú na gCloch. Ní mór do John Paul fanacht go dtí go mbeidh sé i mBaile Átha Cliath lena mhianta collaí a shásamh agus le teagmháil cheart a dhéanamh le domhan na haiteachta. I gcomórtas le Ceathrú na gCloch agus a dhúchas féin mar fhear Gaeltachta, ní féidir le John Paul a mhianta a léiriú sa raon áirithe sin. Tagann sé ar an spás ait i bpáirc phoiblí agus é ag cuardach teagmháil chollaí san ardchathair. I gcoim na hoíche agus solas na gealaí mar threoir aige, téann John Paul timpeall na páirce. Léirítear an chomharthaíocht choirp a úsáidtear leis an gcrúsáil a bhainistiú: "Déanaim casacht ... bheannachtach i mo scornach ..." (ibid., 28). Tá John Paul lán de sceitimíní agus d'fhuinneamh, ach fós ceistíonn sé maitheas na crúsála: "Fiafraím díom féin céard atá mé ag déanamh anseo? Céard a bheas dá bharr agam, má bhíonn tada?" (ibid., 29). Náire atá i gceist ag John Paul sa chomhthéacs seo, náire a sháraíonn sé ar mhaithe leis an teagmháil chollaí. Cuireann an pháirc phoiblí deiseanna ar fáil ar mian le John Paul iad a thapú agus é sásta neamhaird a dhéanamh den fhéincheistiú chun iad a shásamh. Ar deireadh, casann John Paul le Jimí, fear atá cúig bliana is fiche d'aois, a thugann léargas suimiúil ar an gcrúsáil sa pháirc agus a léiríonn na coinbhinsiúin shóisialta a bhíonn taobh thiar di. Is féidir leo, fiú, cúis mhagaidh a dhéanamh den nós:

> Uair i bhfad ó chéile, a dúirt sé. Braitheann sé, a dúirt sé ansin go stadach. Nuair a bhíonn an giúmar orm, fonn siúlóide orm, mé fágtha liom féin is comhluadar uaim nó mé tinn tuirseach ag breathnú ar an mbosca. Nó, nó, nó, a deirim, nó thú adharcach, agus tuirseach de do tharraingt féin, agus gá agat le fáisceadh maith a bhaint asat, mé ag ísliú mo ghlóir go raibh ina chogar. Admhaigh é. Labhair muid go híseal. Gháir muid go hard. Shílfeá go raibh seanaithne againn ar a chéile cheana féin. (ibid., 31)

Pléann Riggs (2001) íoróin agus débhrí theideal an úrscéil: go dtagann príomhphearsa an leabhair, John Paul, in inmhe de réir mar a leanann an scéal ar aghaidh agus ina dhiaidh sin go n-úsáideann an phríomhphearsa "sna fir" sa chiall chollaí. Tá Mac Lochlainn (1999) den tuairim in 'Úrscéal Aoibhinn Aerach' go mbronntar an cineál sin teidil ar an téacs úrscéal aerach sa chiall homaighnéasach. Tá an chontúirt ann, áfach, go ndéanfaí catagóiriú ar an úrscéal as an gcineál seo collaíochta agus as an gcrúsáil a léirítear ann (Ó Conchubhair 2005: 226). Ach glacann Breathnach agus Ní Neachtain (2010) leis gurb é seo "[...] úrscéal mór homaighnéasach na hÉireann" toisc go bpléitear cultúr na haiteachta go ginearálta ann (ibid., 68). Ní ghlacann an Conghaileach é féin leis an gcineál seo lipéid agus maíonn sé gur úrscéal é seachas úrscéal aerach (Mac Con Iomaire 2000: 31). Baineann Ó Siadhail (2010) leas as an téarma queer Bildungsroman le cur síos a dhéanamh ar an leabhar toisc gur teacht in inmhe an phríomhcharachtair atá i gceist leis an téacs (Ó Siadhail 2010: 143). Feictear don Lochlannach nach mbíonn gimic na haiteachta in úsáid ag an gConghaileach le lucht léite faoi leith a mhealladh chuige, ach gur céim nádúrtha a bhí ann úrscéal den chuma seo a scríobh (Mac Lochlainn 1999: 20). Dar leis, chomh maith, nach bhfuil bolscaireacht i gceist leis an úrscéal:

> Músclaíodh bá as cuimse sa léitheoir do chás an ógánaigh, agus ní beag an teist ar aon saothar liteartha go gcuirfeadh sé an léitheoir ag gáire leis na carachtair le linn na dea-uaire agus go spreagfadh sé iarracht uamhain ann le linn na drochuaire. Ní *polemic* é *Sna Fir*, ná aon rud mar é. Imeachtaí John Paul a thiomáineann an t-úrscéal ar aghaidh ó thus deireadh, agus ní leomhainn an t-údar dó féin imeacht ó bhealach an scéil d'fhonn aon bhóithrín bolscaireachta a shiúl. (ibid., 30)

Feictear chomh maith go ndéantar iarracht an raon poiblí a thiontú ina raon collaí i ndán úd Chathail Uí Shearcaigh (1996: 13) 'Geasa' [*NBB*], nuair a phléitear an chollaíocht amuigh faoin aer. Is féidir an chollaíocht faoin aer a chur san áireamh i dtuiscintí a bhaineann leis an gcrúsáil toisc go léiríonn sé an cineál gníomhaíochta a bhíonn ar siúl. Tá an dá rud an-chosúil lena chéile toisc go ndéanann siad spásanna áirithe a aitiú agus a chur faoi réir speictream na haiteachta. Ag tús an dáin déantar atmaisféar collaí a bhunú trí úsáid íomhánna. Déanann an file trasnáil idir an aimsir agus an chollaíocht. Úsáidtear aimsir the dheireadh an earraigh mar mheafar don chollaíocht agus do phríomhthéama an dáin, an chollaíocht faoin aer. Is féidir a áiteamh gur dán é seo a chíorann an chrúsáil i mbealach heitrighnéasach, ach go bhfuil an raon i gceist á aitiú ag an bhfile agus ag reacaire an dáin. Mar thoradh air sin, mar a pléadh cheana, tá níos mó i gceist leis an aiteacht ná díreach an claonadh homaighnéasach. Feictear thíos na slite a gcuireann an file a mhianta collaí in iúl trí mheán na n-íomhánna a léirítear:

> Tráthnóna teann teaspaigh
> a bhí ann i ndeireadh an earraigh
> agus bruth na hóige i mo chuislí;
> an sú ag éirí i ngach beo
> agus bachlóga ag broidearnaigh
> ar ghéaga na gcrann fearnóige
> taobh liom. Mé ag amharc ina treo,
> ag cúlchoimhéad uirthi go fáilí
> fríd scoilt i gclaí an gharraí; (ibid., línte 1–9)

Mar is dual don fhile seo, déantar iarracht an dúlra agus an grá a nascadh le chéile le léamha a dhéanamh ar an ngrá a bhíonn ag an bhfile don bhean áirithe seo. Feictear thuas fiosracht na collaíochta agus an chaoi a ndéantar an dúlra a aitiú trí mheán an chlaí. Léirítear teagmháil chollaí de chuid an fhile agus é míshuaimhneach leis an eachtra a thiteann amach:

> Mé easnamhach
> ar an uaigneas
> measc cloch
>
> gan seasamh
> san uaigneas
> measc cloch. (línte: 19–21)

Is sa tsamhlaíocht, áfach, a chuireann an Searcach aithne air féin, é meallta chuig fear seachas chuig an mbean a luaitear i gcorp an dáin. Cuireann an t-eolas breise seo le hatmaisféar an dáin agus le haitiú an raoin timpeall air go ginearálta. Deir sé, "chan ise a bhí romham sínte" (ibid., líne 44–45), é ag diúltú na mná os a comhair amach go samhlaíoch. Ina háit, éiríonn leis an reacaire an chrúsáil áirithe seo a chur i dtiúin lena mhianta pearsanta.

Lena chois sin, pléitear an chrúsáil go mion agus an t-aitiú spáis i gcarachtar Jimí in *Sna Fir* (Ó Conghaile 1999) nuair a chuirtear in iúl go bhfuil fear aige ach go mbíonn sé ag obair thar sáile go minic. Dá thoradh sin, bíonn an bheirt acu ag piocadh suas fear nuair a bhíonn siad as baile, nó mar a deir sé "*Fair is fair* ... Fear is fear" (ibid., 36). Is sa pháirc phoiblí ait seo a bhíonn "*flingeanna*" (ibid.) acu agus mar sin déantar suíomh poiblí na páirce a aitiú. Dá bharr sin, baineann Jimí leas as an bpáirc ionas go roinnfeadh sé "[a] visual exchange" chun an chrúsáil a chur ar bun (Turner 2003: 9). Tar éis do John Paul an oíche a chaitheamh in éineacht le Jimí, is léir nach bhfuil aon ní ó Jimí ach caidreamh collaí. Mar thoradh air sin, tá John Paul fágtha ar an trá fholamh agus é ar ais ar shráideanna Bhaile Átha Cliath. Tagann an raon poiblí ar ais chuige agus é ag fágáil spás aiteach an tseomra codlata. Tá sé seo i gcodarsnacht lom leis an spás aiteach a cruthaíodh níos túisce agus Jimí is John Paul ag rá go "... [g]clúdód le mil thú, a Jimí mo mhíle stór ..." (ibid., 32). Feictear uaigneas an raoin phoiblí i gcomparáid leis an ngrá a léiríodh i seomra Jimí:

> Tharraing mé an doras i mo dhiaidh de phlap éadrom. Chuala mé Jimí ag fáisceadh an tslabhra bhig shábháilteachta air taobh istigh. Bhuail aer fionnuar na hoíche m'éadan láithreach, ag meabhrú dom go raibh mé amuigh sa saol mór fuar arís, go raibh deireadh le mo bhrionglóidse don oíche seo. Bhí na sráideanna ciúin. Ceisteach, beagnach. Shiúil mé liom go tréan lúfar, orlaí beaga de dhíomá ag silt trí mó shástacht. (Ó Conghaile 1999: 37)

Tar éis dó filleadh ar an raon poiblí, réitíonn John Paul é féin don chlub oíche aerach. Is léir go bhfuil an raon poiblí mar áit níos saoire dó agus é in ann saol ait a chaitheamh sa spás sin. Ar an gcéad dul síos, bíonn imní ar John Paul ag ceapadh go mbeidís "ag stánadh orm" (ibid., 39), ach de réir a chéile glacann John Paul leis nach mbeadh aithne ag muintir Bhaile Átha Cliath air, rud atá an-tábhachtach: "Cá bhfios dóibhsean nach i mBleá Cliath a rugadh, a báistíodh, is a tógadh mise freisin" (ibid., 43). Taitníonn an neamhainmníocht le John Paul agus é sa chathair, nó i raon poiblí ait, an easpa aithne den chineál céanna a fhaightear i gClub 99, club crúsála collaí. Bíonn saoirse ar leith ar fáil sa chlub ag John Paul agus braitheann sé "[Nárbh] as Ceathrú na gCloch mé anois. Ní raibh cárta aitheantais ná mo chuid éadaigh féin liom. Fiú m'ainm is mo shloinne féin bhí siad fágtha i mo dhiaidh" (ibid., 63). Maíonn Hammers (2008) go bhfuil an club gnéis go sóisialta mar "... space for gay men to act out desires and engage in sexual exploration" (ibid., 561). Mar sin is sa chlub gnéis, mar raon poiblí aiteach, is féidir leis an duine a mhianta príobháideacha féin a chur i bhfeidhm agus a léiriú. Mar sin féin, is léir go bhfuil téama an uaignis ar fáil tríd an úrscéal agus cé gur féidir leis na carachtair a mianta a chleachtadh, tá uaigneas fós le feiceáil mar mhóitíf. Ní galar nó mí-ord í an aiteacht do John Paul, ach is claonadh é trína ndéantar imeallú air ón slua (ibid.). Is léir gur léiriú réalaíoch é seo ar shaol na haiteachta atá le fáil san úrscéal, de réir Nic Eoin (2006), ós rud é go bpléitear an caidreamh collaí ar shlí shothuigthe uilíoch (ibid., 92). Dar léi gur úrscéal cumhachtach é seo atá lán de chastachtaí an chaidrimh phearsanta (ibid.). Ba é an réalachas áirithe seo a chuaigh i bhfeidhm ar léitheoirí an téacs seo, de thoradh na "... [h]oscailteacht[a] nach gceileann cuid de shuarachas an tsaoil ..." (Breathnach agus Ní Neachtain 2010: 68). Mar sin féin, bhí rogha le déanamh ag Micheál Ó Conghaile: an nádúr homaighnéasach a mhúscailt go hionraic neamhbhalbh, an chrúsáil curtha san áireamh aige, nó a mhianta féin a chur faoi chois ina ealaín (Mac Lochlainn 1999: 29). Éiríonn leis an gConghaileach, dá bharr, domhan na haiteachta a chur i dtoll a chéile, ar domhan é ina mbíonn fáil ar fhéiniúlachtaí ilghnéitheacha. Cuireann an Conghaileach domhan ar leith na crúsála ar fáil don léitheoir agus déantar an raon poiblí a aitiú go cruinn lena linn.

Feictear go sonrach an tábhacht a bhaineann leis an spás agus an chollaíocht i ndán úd Uí Shearcaigh 'Do Jack Kerouac' [*SE*] (2000: 139). Faoi mar a mhíníonn Ó Laoire dúinn, déanann an Searcach an tírdhreach Gaeltachta a chumasc le Meiriceá na mbítfhilí: "Ó Searcaigh finds America not by going to America but by recreating a land of freedom and opportunity on his own doorstep. The influence Kerouac and the Beat poets has been very strong on Ó Searcaigh but here, he shows that he has assimilated them" (Ó Laoire 1993: 38). Mar réamhtheachtaí Uí Shearcaigh, pléann an file frithchultúr na mbítfhilí agus an cur chuige réabhlóideach a bhí i gceist leis an ngluaiseacht áirithe fhileata sin. Cuireann an Searcach tús leis an dán le sliocht atá tógtha as *On the Road* (1957) de chuid Kerouac. Sa saothar féin, cuireann Kerouac síos ar an taisteal a rinne sé agus é lán de mhóitífeanna a bhain leis an gcollaíocht agus an tábhacht a bhí ag an gcollaíocht sa ghluaiseacht áirithe sin. Is léir go dtugann léamh *On the Road* de chuid Kerouac spreagadh as cuimse don Searcach. Sa chéad rann de chuid an dáin chéanna, pléann an file an chaoi ar spreag an téacs é. Feictear thíos fuinneamh collaí agus an file ag imirt leis an mBéarla ina iarracht fhileata. Éiríonn leis an bhfile cultúr agus atmaisféar na bítfhilíochta, an spás cultúrtha collaí seo, a léiriú go muiníneach agus go healaíonta thíos, rud a chuireann luathdhán dá chuid, "On the road" (Ó Searcaigh 1978:) [*T*] i gcuimhne dom agus an reacaire "Ag síobshiúl ó mhaidin ar an mbóthar go Londain/ Ocht mbliana déag is ceol giofóg im chroí. Á! féach! Faoi spreagadh steall gréine tá burdúin/ Á gceapadh ag cnaipí mo bhrístí" (ibid, línte 1–4). Ach sa dán seo, faoina bhfuil muid ag caint, ceanglaítear logainmneacha na Gaeltachta agus Mheiriceá le chéile go collaí tríd síos:

Ag sioscadh trí do shaothar anocht tháinig leoithne na
cuimhne
chugam ó gach leathanach.
Athmhúsclaíodh m'óige is mhothaigh mé ag éirí ionam
an *beat*
brionglóideach a bhí ag déanamh aithrise ort i
dtús na seachtóidí.

1973. Bhí mé *hook*áilte ort. Lá i ndiaidh lae fuair mé *shot* inspioráide
ó do shaothar a ghealaigh m'aigne is a shín mo shamhlaíocht.
Ní Mín an Leá ná Fána Bhuí a bhí á fheiceáil agam an t-am adaí ach
machairí Nebraska agus tailte féaraigh Iowa.
Agus nuair a thagadh na bliúnna orm ní bealach na Bealtaine a bhí
romham amach ach mórbhealach de chuid Mheiriceá.
'Hey, man, you gotta stay high,' a déarfainn le mo chara agus muid ag
*freak*áil trí Chalifornia Chill Ulta isteach go Frisco an Fhál
Charraigh. (Ó Searcaigh 2000: 1–13)

Ag filleadh ar *Sna Fir* (Ó Conghaile 1999), bíonn John Paul go hiomlán do-aitheanta sa chathair agus sonraítear sin go háirithe nuair a fhilleann sé ar an bpáirc, áit a dtagann sé ar ghrúpa ógfhear ag spochadh as ag geataí na páirce ag rá *"Another one of them. Queer as fuck ... Definitely, see the bent cut of him ... Going off now to get himself queered"* (Ó Conghaile 1999: 121). Feictear go mbíonn aitiú ar siúl ag dream na páirce, áit nach mbeadh aithne ag aon duine orthu chun a mhianta a shásamh. I ndomhan seo na páirce, tugann sé aghaidh ar an gcros naofa agus "Ba ghearr go raibh mé ardaithe nóiméad chun na flaithis, is mé ag *jerk*áil a raibh de sponc te ionam ina phreab bhraonach sceirdiúil ar leac fhuar liath na croise" (ibid., 134). Pléann Bell agus Valentine (1995) an chaoi a bhfuil *landscapes of desire* ar siúl anseo ag Ó Conghaile, áit a mbíonn an chathair agus an pháirc in úsáid mar dhomhan agus mar raoin chrúsála agus chollaíochta (ibid., 1). Feidhmíonn an spás uirbeach mar dhomhan aiteach do John Paul, rud a chuireann Knopp in iúl ina aiste 'Sexuality and Urban Space: A Framework of Analysis':

> The sexual codings of cities, spaces within cities and the populations associated with them, then, are varied and complex. A few generalisations do seem possible, however: (1) Many of contemporary societies' conflicts and contradictions find expression in these codings (2) these codings emphasise both erotic and more functional conceptions of sexuality, depending upon the particular areas and populations involved; (3) areas and populations which represent failures of or challenges to aspects of the dominant order (e.g. slums; gentrified areas) tend to be coded in both dominant and alternative cultures as erotic (i.e. as both dangerous and potentially liberatory), while those seen as less problematic tend either to be desexualised or to stress more functional approaches to sexuality; (4) these codings are connected to power relations; and (5) they are (in this latter respect) fiercely contested. (ibid., 137)

Is léir go mbaineann John Paul, go háirithe, leas as raon faoi leith poiblí agus uirbeach, a ndéantar domhan na haiteachta as. Baineann John Paul úsáid as an gcathair lena mhianta pearsanta a shásamh agus lena fhéiniúlacht mar fhear aerach nó mar fhear ait a mhúnlú, mar a phléann Nic Eoin (2005: 265). Feictear deoraíocht chollaí agus na carachtair seo ag dul chun na cathrach. Mar is léir do Bell agus Valentine (1995), déantar spásanna áirithe uirbeacha a thiontú ina raoin feitise (ibid., 2). Dar le Knopp (1995) go gcuireann na spásanna uirbeacha seo cruth ar an gcaoi a rialaítear an saol sóisialta daonna (ibid., 136). Mar sin féin, tá an raon uirbeach seo mar chuid den phróiseas mianta ina dtagann an t-uirbeachas agus an chollaíocht le chéile i suímh éagsúla (ibid., 144). Éiríonn le scríbhneoirí seo na Gaeilge leas a bhaint as an spás uirbeach le domhan na haiteachta a chur i dtoll a chéile, ní a fheictear go sonrach sa charachtar John Paul in *Sna Fir* (1999).

Is cinnte go bhfuil léirithe éagsúla ar an inscne le feiceáil sa raon poiblí chomh maith. Is féidir linn an téama seo a fheiceáil i scríbhneoireacht chomhaimseartha na Gaeilge agus é curtha i gcomhthéacs an raoin phoiblí.

3.8 An Léiriú Inscne

> [...] gender is a kind of imitation for which there is no original ... In other words, the naturalistic effects of heterosexualized genders are produced through imitative strategies; what they imitate is a phantasmatic ideal of heterosexual identity, one that is produced by the imitation as its effect ... heterosexuality is always in the process of imitating and approximating its own phantasmatic idealization of itself – and failing ... Reconsider then the homophobic charge that queens and butches and femmes are imitations of the heterosexual real. Here "imitating" carries the meaning of "derivative" or "secondary," a copy of an origin which is itself the ground of all copies, but which is itself a copy of nothing ... if it were not for the notion of the homosexual as copy, there would be no construct of heterosexuality as origin. (Butler 1993c: 313)

I gcás na hinscne, rianaíonn Butler na ceangail stairiúla atá ag an inscne leis an heitrighnéasacht agus an tionchar a bhíonn ag an gclaonadh gnéasachta sin ar chur i láthair inscne an duine. Is éard atá i gceist leis sin ná go mbíonn an duine aiteach mar chóip de bhunleagan an heitrighnéasaigh nó de bhunleagan an duine normataigh (ibid.). Dá bhrí sin, bíonn inscne an duine i gcónaí réamhchinntithe mar inscríbhinn chultúrtha (Salih 2002: 62). Dar le Butler go ndéantar an cholainn a inscniú ó thús shaol an linbh (ibid.). Mar is léir do Jagger (2008), níl an heitrighnéasacht ina toradh nádúrtha ar an inscne bhitheolaíoch. Maíonn sí gur bréag uilíoch é seo a nglactar léi go forleathan (ibid., 29). Is as sin a thagann tuiscintí i leith na hinscne chun cinn, agus is trí mheán na collaíochta a bhíonn fáil ar léirithe inscní stílithe athdhéanta (*stylized repetition of gender acts*) (ibid., 27). Dá réir sin, tá Butler den tuairim go mbíonn an léiriú i gcónaí curtha in iúl trí mheán an dioscúrsa le tionchar an athdhéanta (e.g. go mbítear in ann bean a aithint as a cur i láthair leanúnach; éadaí, iompar, baill bheatha); ach an bhfuil teorainn ann maidir leis an gciall seo ó thaobh na hinscne de? (Butler 1993: 20). Maíonn Boucher (2006) an méid seo a leanas faoi cheist na hinscne: "[...] gender is not the expression of an 'abiding substance,' but a naturalised social ritual of heterosexuality, masquerading as an expression of natural sex" (ibid., 115). Maíonn Butler (in Butler agus Connolly 2000) go gcuirtear an saol i gcónaí faoi bhráid na heitrighnéasachta agus nach claonadh roghnach é agus go mbítear ag súil leis an mbunchlaonadh ar bhealach normatach (ibid., 2). Baineann Butler leas éifeachtach as léiriú stáitse na banríona drag den léiriú athdhéanta in *Bodies That Matter* (1993) ina ndeir sí go bhfeidhmíonn an bhanríon drag mar "[...] performed identification [...] that reiterates a gendered idealization" (ibid., 235). Cosúil leis an sampla den bhanríon drag, áfach, tá sé soiléir go bhfuil ilghnéitheacht faoi leith ann maidir leis an inscne agus, ar ndóigh, an fhéiniúlacht inscne toisc nach féidir rialtacht chruinn a thabhairt faoi deara (Butler 1997: 14). Eascraíonn an tuiscint seo as tuairim Simone de Beauvoir (1953) sa téacs *The Second Sex* nuair a deir sí: "One is not born, but rather becomes a woman" (ibid., 273). Tógann Butler ar shaothar de Beauvoir ina saothar mór le rá *Gender*

Trouble (1990) ina ndéanann sí cur síos ar an gcaoi a ndéantar inscne a mhúnlú nó a thógáil:

> Gender is, thus, a construction that regularly conceals its genesis; the tacit collective agreement to perform, produce, and sustain discrete and polar genders as cultural fictions is obscured by the credibility of those productions and punishments that attend not agreeing to believe in them; the construction "compels" our belief in its necessity and naturalness. The historical possibilities materialized through various corporeal styles are nothing other than those punitively regulated cultural fictions alternately embodied and deflected under duress ... In what senses, then, is gender an act? As in other ritual social dramas, the action of gender requires a performance that is *repeated.* This repetition is at once a re-enactment and reexperiencing of a set of meanings already socially established; and it is the mundane and ritualized form of their legitimation. Although there are individual bodies that enact these significations by becoming stylized into gendered modes, this "action" is a public action. There are temporal and collective dimensions to these actions, and their public character is not inconsequential; indeed, the performance is effected with the strategic aim of maintaining gender within its binary frame-an aim that cannot be attributed to a subject, but, rather, must be understood to found and consolidate the subject. (ibid., 140)

Léirítear agus ceistítear seasmhacht na hinscne i saothair Uí Shearcaigh agus Uí Chonghaile agus ceistítear ilghnéitheacht agus éagsúlacht na hinscne iontu. Tiocfar, mar sin, ar léamha a cheistíonn na dénártháin inscne agus go bhfuil i bhfad níos mó ag baint le hinscne seachas an rangú traidisiúnta: fireann nó baineann.

Déantar róil inscneacha a scagadh go minic in *Saighdiúir* (2023) le Cathal Ó Searcaigh. Úrscéal cumhachtach ilghnéitheach é seo a chuireann scéal an reacaire, Maitiú Mac Suibhne, ógfhear Gaeltachta, inár láthair le linn aimsir an chéad chogaidh dhomhanda. Seo an chéad iarracht cheart a rinneadh i litríocht chomhaimseartha na Gaeilge a leithéid de scéal a insint, cé go bhféadfaí a rá go bhfuil 'An Chéad Mháirt d'Fhómhair' as *Mairimid leis na Mistéirí agus Drámaí eile* (2006), mar réamhtheachtaí aige, anuas ar an dán "I gcuimhne mo Sheanuncail a Throid sa Chogadh Mhór (1914–1918)" leis an scríbhneoir céanna [*ABG*]. Is léir go gcuireann an Searcach spéis mhór i scéal an chogaidh agus tarraingítear ar thaighde córasach stairiúil le linn *Saighdiúir* (2023) chun cuntais chorraitheacha spéisiúla a sholáthar dá léitheoirí. Cé go ndéantar an teannas coilíneach a scrúdú go mion san úrscéal, déantar cúrsaí inscne a ionramháil freisin. Ag tús an úrscéil, leagtar cúlra an scéil amach agus an ceangal atá ag muintir Mhaitiú le teach mór Sir Ralph, Larkfield, áit a bhfuil Maitiú ag obair. Ba trí thimpiste a maraíodh seanathair Mhaitiú, Micheál, agus níor cúisíodh duine ar bith ina leith. Thug Wilfred Russell, athair Ralph, togha na haire do mhuintir Mhic Shuibhne as sin amach mar chúiteamh ar an timpiste. Déantar ceist na hinscne a ardú ina dhiaidh seo i dtaca le carachtar Wilfred:

> Bhí dóigheanna aisteacha ag Wilfred Russell, deirtí. Thigeadh treallanna saoithiúla air ina mbíodh sé ag sílsint gur bean a bhí ann, Miss Molly, agus dhéanadh sé é féin a chóiriú go barr na méar in éideadh mná. Is cosúil go raibh sé féin agus m'athair mór doirte go maith dá chéile, agus nuair a cailleadh eisean go tubaisteach, bhuail cloíteacht inteacht Wilfred nach bhfuil dul aige fáil réitithe leis. Chaith sé blianta deireanacha a shaoil ar dheis na gréine i

> gCapri na hIodáile. De réir na ráflaí a tháinig ar ais, d'éag sé sa bhliain 1888, agus é i mbar a réimse mar Miss Molly. (ibid., 264)

Níos deireanaí sa téacs, agus an cogadh faoi lán seoil, cothaíonn Maitiú cairdeas le William, fear óg mórchroíoch arb as Contae Aontroma dó. Agus an bheirt saor ó chúraimí an chogaidh, léirítear sampla eile den trasghléasadh *en passant*:

> Thug muid fá ndeara seanoifigeach ag gabháil tharainn, bliteog d'fhear, boladh láidir cumhráin ag teacht uaidh, coiscéim bhanúil leis agus a thóin ag luascadh amhail is dá mbeadh sé ar hinsí. Arsa William; "He's nether yin thing nor the ither. He's a Sam-Sally-Ann kinda fella ... if you know what I'm saying." Ní raibh mailís ar bith ina chuid cainte. (ibid., 264)

Tá an léiriú inscneach le feiceáil i saothair Uí Chonghaile. Ina ghearrscéal 'Gabh i Leith, a Mhéit' [*FNG*] (2003) cíorann sé an inscne agus léiriú inscneach na gcarachtar. Déantar pearsantú ar an mbás agus is é tuairim an reacaire gurb é an cara is dílse atá aige (Ó Cofaigh 2004: 55). Léiríonn an reacaire sa saothar gurb é an Bás an "méit is fearr" atá aige. Tá an-aithne ag an mBás ar an reacaire: "[...] an aithne áirid úd a bhíonn agat ar dhuine nár casadh ariamh ort ina bheatha" (ibid., 97). Is léir go ndéanann an reacaire ionannú leis an mBás agus go bhfuil an bheirt acu "Amhail cúpla" (ibid.). Dála an reacaire, tá macántacht áirithe bainteach leis an mBás, b'fhéidir nach bhfuil sé de cheart ag an reacaire fiafraí de cathain a thiocfaidh sé, ach tuigeann sé go dtiocfaidh sé ar deireadh agus tá sé sin "... chomh siúráilte leis an mbáisteach" (ibid.). Tá cairdeas faoi leith le sonrú i gcaidreamh an Bháis agus an reacaire, i gcodarsnacht leis an aighneas a chruthaíonn sé i measc na mban. Léirítear na deacrachtaí a bhíonn ag an reacaire le mná agus deirtear gur "bitse" cheart í an bhean nár chloígh leis an gcoinne a bhí socraithe ag an mbeirt acu (ibid., 98). Ligtear síos go minic é ó thaobh na gcoinní de agus fágann sin nach bhfuil aon mhuinín aige as mná ná spéis aige iontu, rud a chuireann lena chaidreamh leis an mBás. Is éard a chuireann Ó Conghaile os ár gcomhair ná léirithe áirithe amháin ar an bhfearúlacht agus ar an mbanúlacht. Treisíonn an reacaire na difríochtaí inscne atá le brath idir é féin agus an bhean a lig síos é tríd an lipéad maslach sin "bitse" a thabhairt uirthi. Dar le Carline (2006) go gcuirtear an difríocht inscne seo in iúl mar fheiniméan sóisialta agus bíonn an léiriú inscneach seo mar chuid den chorp inscneach (ibid., 310). Má ghlacann mná nó fir ról de shaghas éigin leis an léiriú seo a chur i gcrích, áfach, an é sin le rá go bhfuil script áirithe acu? Déanann Butler an cineál seo tuairime a shonrú in 'Imitation and Gender Insubordination' (1993b):

> To claim that there is no performer prior to the performed, that the performance is performative, that the performance constitutes the appearance of a "subject" as its effect is difficult to accept. This difficulty is the result of predisposition of think of sexuality and gender as "expressing" in some indirect way a psychic reality that precedes it ... And yet, if repetition is the way in which power works to construct the illusion of a seamless heterosexual identity, if heterosexuality is compelled to *repeat itself* in order to establish the illusion of its own uniformity and identity, then this is an identity permanently at risk, for what if it fails to repeat, or if the very exercise of repetition is redeployed for a very different performative purpose? ... There is no direct expressive or causal lines between sex, gender, gender presentation, sexual practice, fantasy and sexuality. (ibid., 315)

Caidreamh na bhfear atá le feiceáil in 'Briathra agus Bráithre' [*SS*] le Cathal Ó Searcaigh (1983), dán a phléann an fhearúlacht agus an catagóiriú a dhéantar ar bhráithreachas. Baintear úsáid as téama an bhráithreachais ionas go bhféadfaidh an file teacht ar spás deifnídeach d'fhir i gcomhthéacs an dáin. Is éard atá i gceist ag Ó Searcaigh ná úsáid miotais leis an bhfearúlacht a cheiliúradh ach go bhfuil contúirtí den bhriseadh síos a dhéantar ar an mbráithreachas ann (féach, mar shampla, an nod do Cháin is Aibéil, ibid., líne 5). Mar sin, is éard a theastaíonn ón bhfile ná tréithe na bhfear a phlé agus a threisiú sa dán. Úsáidtear íomhánna láidre chun an fhearúlacht a léiriú don léitheoir agus chun naisc shóisialta a chruthú idir fir i gcomhthéacs an dáin mar a fheictear thíos:

> 'Is bráithre muid go léir,'
> arsa an manach le m'athair
> ach nuair a thrasnaíos
> an cur i gcéill go groí
> le 'macasamhail Cháin is Aibéil'
> chreathnaíos. Bhí miodóga
> fionaíolacha na súl
> sáite ionam go croí. (ibid., línte 1–8)

Déantar iarracht mná a chatagóiriú in *Seachrán Jeaic Sheáin Johnny* (2001) nuair a chuireann Jeaic síos ar an mbailitheoir amhrán. In agallamh le Pádraig Ó Siadhail (2003) pléann an Conghaileach na slite ina ndearnadh míléamh ar an téacs, go háirithe i dtaobh cúrsaí inscneacha:

> [...] this novella has been misread by so many people, which is a pity and a great disappointment. Or I might have failed as a writer. I wish people would re-read it or would come to it without any baggage. I think it was written/published twenty years ago or indeed twenty years from now people would not be reading it with a tunnel vision and it

> would not have fallen into this trap ... I think. (Ó Siadhail 2003: 58)

I gcodarsnacht lom leis an ardmholadh a fuair an Conghaileach (1997) dá shaothair *An Fear a Phléasc* (1997) agus *An Fear nach nDéanann Gáire* (2003), ní raibh criticeoirí na Gaeilge iomlán ar a suaimhneas leis an nóibhille chonspóideach seo ina bpléitear seanduine a bhfuil seasamh áitiúil bainte amach aige agus an léiriú inscneach air agus ar thaighdeoir óg sa téacs. Is seanchaí agus saineolaí dúchais é an fear a chothaíonn caidreamh le taighdeoir óg (Breathnach agus Ní Neachtain 2010: 68). Molann Breathnach agus Ní Neachtain stíl scríbhneoireachta Uí Chonghaile sa téacs ach tá drogall orthu ábhar an phíosa a láimhseáil nó a chíoradh go héifeachtach (ibid., 69). Is cinnte go bhfuil Ó Conghaile sásta mianta príobháideacha daonna an tseanfhir i leith na mná óige a léiriú sa phíosa (Ní Fhrighil 2004: 118). Dar le Ní Fhrighil go dtéann fiosracht an léitheora chun cinn toisc go ndéantar iarrachtaí déistin an scéil a léiriú trí bhá a chruthú idir an léitheoir agus an príomhcharachtar (ibid.). Brionglóid a bhí sa scéal, a chuireann suaimhneas ar an léitheoir comhaimseartha. Pléann Nic Eoin (2006) modh inste Uí Chonghaile agus an chaoi a ndéantar iarracht nach beag an domhan réalaíoch a chur i gcomparáid leis an domhan osréalaíoch:

> Braitheann éifeacht dhrámatúil an úrscéil ghairid *Seachrán Jeaic Sheáin Johnny* (2002), mar shampla, ar mhórchumas Uí Chonghaile réimsí an réalachais agus na brionglóidíochta a láimhseáil ar bhealach gur deacair idirdhealú cinnte a fheiceáil eatarthu. Is í an éiginnteacht maidir leis na nithe atá á ríomh sa scéal seo (an bhfuil siad ag tarlú i ndáiríre nó an in intinn an tseanfhir amháin atá siad?) a bhronnann doimhneacht agus réalachas síceolaíoch ar an

> saothar ina iomláine, agus a fhágann an léitheoir ar tinneall ó thús deireadh. (ibid., 93–94)

Tugann sé spéirbhean, téarma an domhain osréalaigh seo, uirthi le comparáid a dhéanamh idir í agus an áilleacht (ibid., 40). Ar bhealach, bíonn eagla ar Jeaic nár tháinig sí ach amháin ina chuid brionglóidí agus nár chas sé uirthi ar chor ar bith (ibid.). Feictear anseo an t-idéalú a dhéantar ar Niamh Chinn Óir mar shiombail den ghlaineacht agus den bhanúlacht chomh maith. Anuas air sin, baineann Ó Conghaile leas as siombail na Maighdine Mara le háilleacht an bhailitheora a chur in iúl, rud a threisíonn agus a dhathaíonn banúlacht an charachtair. Cuairt shamhlaíoch a thugann an Mhaighdean Mhara ar Jeaic (ibid., 58). Is cinnte gur ag cuardach amhrán a bhí sí le cur lena saíocht phearsanta féin, ach is é Jeaic áis na saíochta sin. Tá idirphlé le feiceáil i léiriú na hinscne agus an chaoi a gcuirtear an inscne in iúl trí mheán na difríochta agus trí mheán an léirithe. Is é sin, go bhfuil éifeacht na haithrise i gceist leis an gcur i láthair a dhéanann an duine lena fhéiniúlacht inscne a chur in iúl. Dá bharr sin, tá na catagóirí seo míshocair agus is léir go bhfuil inscne nó claonadh collaí coincréiteach ann (Kelly agus Anoop 2006: 460). Más rud é go bhfuil léiriú i gceist leis an inscne, áfach, an é sin le rá gur aisteoirí muid agus nach bhfuil i gceist le hinscne ach léiriú?

> Crucially, Butler is not suggesting that gender identity is a performance, since that would presuppose the existence of a subject or an actor who is doing that performance. Butler refutes this notion by claiming that the performance pre-exists the performer, and this counter-intuitive, apparently impossible argument has led many readers to confuse performativity with performance. (Salih 2002: 10–11)

Déanann Butler iarracht an léiriú inscne a chíoradh nuair a deir sí gurb í an bhanríon drag "[...] *the sign* of gender, a sign which is not the same as the body it figures" (Butler 1993: 26). Is léir, mar sin, go bhfeidhmíonn an duine trí mheán leaganacha urtheilgeacha. Níl aon dul as ag an duine ach glacadh leis an ról a tugadh dó agus bíonn deacrachtaí aige nuair a dhéanann sé an ról sin a shárú. Cuireann Micheál Ó Conghaile (2003) roimhe seo a dhéanamh ina dhráma *Cúigear Chonamara* ina bhfuil trasfheisteoir mar charachtar lárnach. Tá suim ag Danny in éadaí ban, rud a chruthaíonn fadhbanna dó sa dráma:

> Tógann amach gúna fada. Nodann a chloigeann go sásta agus crochann ar an doras é. Casann thart agus tarraingíonn de a jersaí agus ansin íochtar a tracksuit, á gcaitheamh ar an leaba. Seasann sé os comhair an scátháin is gan air ach a chuid fobhrístí, a chúl iompaithe leis an lucht féachana. Socraíonn a chuid gruaige beagán. Féachann air féin sa scáthán. Cuireann sé a lámha ar a bhrollach amhail is dá mbeadh dhá chíoch air agus baineann cor nó dhó as uachtar a cholainne. Téann sé trasna an tseomra ansin go dtí an boirdín gléasta agus tarraingíonn amach an tarraiceán íochtarach. Tógann amach an máilín plaisteach a shac sé isteach ann níos luaithe. Tógann aníos lingerie mná – brístín agus cíochbheart – as. Bolaíonn díobh agus tarraingíonn isteach anáil dhomhain. (ibid., 34)

An rud is suntasaí maidir leis an gcaoi a gcuirtear Danny inár láthair ná an t-athrú iompair a bhíonn le feiceáil i ngníomhaíochtaí an charachtair, rud a chuireann go mór leis an léiriú a dhéantar ar an trasfheisteoir. Is léir go bhfuil an rún seo ag cur as dó agus deir sé "Foc an áit seo! Foc Conamara!" (ibid., 35). Nuair a bhíonn an deis ag Danny, agus é ina aonar ina sheomra leapa, athraíonn sé a chuid éadaí lena léiriú inscne a athrú: "... (*i nguth mná*) Féachann tú go hálainn, a Danny" (ibid., 55). Is díol spéise é chomh maith go míníonn Danny go raibh páirt mar chailín aige i ndráma nuair a bhí sé ina ghasúr (ibid., 58). Anuas air sin, deir sé go raibh sé breá compordach i bhfeisteas ban agus gur "[...] mhothaigh mé chomh compordach ... chomh sóúil ... Is ar bhealach aisteach mhothaigh mé mo chorp saor, chomh saor" (ibid., 59). Cuireann Danny an géibheann in iúl, b'fhéidir, a chruthaítear leis an inscne seo a bhronntar ar an bpáiste. Nuair a scaoiltear a rún i ndeireadh thiar, áfach, is mór an chonspóid agus an cáineadh a tharraingítear ar Danny as a bheith ag iarraidh teorainn inscne a shárú, nó mar a deir Darach, "Ara, ní fear ceart ar bith thú ach cineál ... cineál –" (ibid., 83). Go stadach agus go fiosrach a dhéanann Darach catagóiriú ar an inscne thrioblóideach seo a nglacann Danny leis, rud a théann i gcoinne srutha agus nóis. Is léir, dá bharr sin, go gcuireann Danny na coincheapa ficsin in iúl ó thaobh na n-inscní de agus an brú a bhíonn ar an bhfear seasamh éigin a ghlacadh chun a fhearúlacht a léiriú go héifeachtach (Boucher 2006: 112). Bíonn constaicí i gcoinne Danny toisc nach féidir é a chatagóiriú go simplí a thuilleadh, rud a chuireann a chlaonadh heitrighnéasach go hiomlán as a riocht. Cruthaítear an imní seo toisc go gcuireann sé in iúl cé chomh míshocair agus atá catagóirí inscní den chuma seo (Jagger 2008: 18):

> Hence, gender is an act which has been rehearsed, much as a script survives the particular actors who make use of it, but which requires individual actors in order to be actualized and reproduced as reality once again. The complex components that go into an act must be distinguished in order to understand the kind of acting in concert and acting in accord

> which acting one's gender invariably is ... As a public action and performative act, gender is not a radical choice or project that reflects a merely individual choice, but neither is it imposed or inscribed upon the individual, as some post-structuralist displacements of the subject would contend. The body is not passively scripted with cultural codes, as if it were a lifeless recipient of wholly pre-given cultural relations. But neither do embodied selves pre-exist the cultural conventions which essentially signify bodies. (Butler 1988: 526)

Is féidir linn léirithe éagsúla inscneacha agus raonta cultúrtha a fheiceáil i ndán Uí Shearcaigh 'Mórtas na mná Palaistíní' (2006: 50) [*GC*]. I gcaitheamh an dáin pholaitiúil seo, cíorann an Searcach an Phalaistín agus áit na mban sa tír. Tugtar spléachadh don léitheoir ar shaol na mban sa Phalaistín agus na castachtaí a bhaineann leis an saol ann. Sa chéad rann den dán, agus guth na mban á ghlacadh ag an bhfile, deir sé, "Anseo i nGaza, i Ramala, i nGaililí,/ fanóidh muid ag buanú ár cineáil is ár ndlí" (ibid., línte 1–3). Cuireann an Searcach síos ar áit na mban sa tsochaí Phalaistíneach agus an chaoi a gcuirtear smacht ar an inscne sin sa tír. Feictear thíos sa cheathrú rann go háirithe áit na mban sa tír. Baintear úsáid éifeachtach as an athrá chun béim ar leith a leagan ar ghníomhaíochta agus ar chúraimí na mban sa tsochaí sin:

> Inár sarbhóntaí agus inár seirbhísigh,
> Géilliúil agus cuideachtúil
> Sa chruth go dtic linn, mall agus luath,
> greim bídh a ghoid go tráthúil
> deaslámhach, dár gcuid páistí gortacha,
> ó chrúba craosacha bhur bhfuatha. (ibid., línte 16–21)

Aibhsítear ceist na colainne inscnithe freisin in 'Ár nAthair Nimhe' [*DD*] (Ó Conghaile 2015), gearrscéal leis an gConghaileach. Athinsint ar scéal Ádhaimh agus Éabha atá ann ina spreagtar buncheisteanna i leith an léirithe inscne. Ag tús an ghearrscéil, mínítear (mar atá againn sa Bhíobla) gur as easnacha Ádhaimh a cruthaíodh Éabha. Agus Dia agus Ádhamh ag cur is ag cúiteamh faoin mbean seo a tháinig óna cholainnsean, cuireann Dia in iúl dó gur comhluadar atá sa bhean dó. Spéisiúil go leor, agus fiú sa bhunleagan bíobalta, déantar an bhean a shainmhíniú mar an dara hinscne san ordlathas cultúrtha. Feictear sa sliocht síos an chaoi a dtagann an bheirt acu ar dhifríochtaí colainne, agus Éabha in éad le bod Ádhaimh. D'fhéadfaí dul i bhfad scéil le ceisteanna síocanailíse anseo, agus an rud atá ann, dar liom, ná go dtuigeann Éabha ó thús nach ionainn iad beirt, cé gur shíolraigh sí as colainn Ádhaimh. Iniúchadh atá anseo ar an gcaoi a gcaitear le mná agus ar thógáil na ndifríochtaí colainne.

> Ó! Céard é an rud sin atá ansin idir do dhá chois agat?" an chéad rud a dúirt an bhean, amhail is dá mbeadh sí ag cur gadaíocht ina leith. "Cá bhfios domsa," a dúirt Ádhamh. "Bhí sé ansin i gcónaí go bhfios dom ach níor thug mé mórán suntais dó nó gur tharraing tusa anuas anois é." "Ach níl aon cheann acu sin agamsa!" a dúirt sí ag oscailt is ag scaradh a ghabhail amhail is dá mbeadh ar thóir a mhacasamhla. "Féach! Níl sé féaráilte! Fabhar! Fabhar! Níl an saol seo ina bhfuil muid anois féaráilte" (ibid., 149)

Fearúlachtaí is mó a ndéantar plé orthu freisin i gcodanna próis in *Light on Distant Hills* (2009) leis an Searcach. Mínítear agus léirítear an chaoi a ndéantar an inscne a léiriú trí ghníomhaíochtaí, trí iompar agus trí ghnéithe pearsantachta. Nuair a chuirtear síos ar sheanathair Chathail faightear léargas ar thábhacht na fearúlachta i ndéanamh fhéiniúlacht Chathail óig sa sliocht thíos. Díol spéise is ea an chaoi a gceanglaítear an buachaill óg leis an tsagartacht ag an aois seo, agus glactar go bhfuil tuiscint ar leith ag an seanathair nach saol heitreanormatach a chaithfidh an Searcach: "The wee fella is big now, Joe, with the long trousers on him.' I was pleased that she noticed them. 'Aye, he'll be chasing the lassies in no time at all, Mary.' She took a dim view of that, I think, because her face broke out into a severe scowl. I thought it would crack open. 'He'd do a nice wee priest, God bless him if youse keep him at the books'" (ibid., 14). Nochtar anseo an chaoi a láimhseálann an pobal féiniúlachtaí aiteacha i gcomhthéacs an léirithe inscnigh agus an brú a chuirtear ar an duine aiteach bóthar eile saoil a ghlacadh chun an fhéiniúlacht féin a choinneáil saor ó olc. Cé go ndéantar fearúlacht Chathail a aithint anseo, is cosúil nach ndéanann Mary, cara Joe, talamh slán de shaol an tSearcaigh agus é ag fás aníos. I gcodarsnacht lom leis seo, déantar an fhearúlacht a láidriú ar bhealach eile sa léiriú a dhéantar ar uncail Chathail nach bhfuil in ann gnáthchúraimí tí a dhéanamh ach duine é nach bhfuil dínit ar bith ag baint leis cé go bhfuil sé in ann a cholainn fhearúil a úsáid ar mhaithe le cúraimí eile an tí:

> He couldn't light a fire, make a cup of tea, read the time, milk the cow, play cards, count money, handle a spade, shave himself or make decisions. He was strong though and could carry things: a reel of turf or fodder to feed the cattle. He could run simple errands from house to house if given clear instructions, 'Ask Nora John can she spare a wee grain of sugar 'til the grocery van comes,' or he could go to the shop if he had a list with him to give to the shopkeeper. (ibid., 72)

Is léir go n-éiríonn leis na scríbhneoirí catagóirí inscne atá seasmhach ach míshocair a chur in iúl ina gcuid scríbhneoireachta. Míníonn Butler go bhfuil an inscne mar chuid den *cultural play* (ibid., 531) agus spreagtar ceisteanna ina dhiaidh sin faoi thábhacht na hinscne mar chatagóir ar an gcéad dul síos (Butler 2000: 60). Tá Butler den tuairim go bhfuil an duine daonna sáinnithe sna catagóirí seo, ach go n-éiríonn le roinnt daoine na catagóirí seo a shárú agus rialacha dochta inscne a shéanadh (ibid., 61). An é sin le rá, áfach, go roghnaítear inscne? Cruthaíonn sé sin deacrachtaí ointeolaíochta, dar le Butler (2004), a cheistíonn an catagóiriú sin ó bhonn (ibid., 24). Más rud é go gcruthaítear an inscne, is féidir fós a rian a fheiceáil sa tsochaí (Butler 2004: 34). Mar sin, is féidir le carachtair shaothar ár scríbhneoirí na catagóirí seo a shéanadh, glacadh leo nó iad a shárú, ag brath ar a mianta agus gcinneadh féin.

3.9 Tátal

Tugadh aghaidh sa chaibidil seo ar an raon poiblí agus ar na téamaí a bhaineann le pobail agus leis an aiteacht chomh maith. Breathnaíodh go téamach agus go criticiúil ar cheisteanna a bhaineann leis an heitreanormatacht, mianta, cumhacht na heitrighnéasachta, an chollaíocht agus an inscne agus iad curtha i gcomhthéacs an phobail. Breathnaíodh ar theoiricí Michel Foucault, Judith Butler, Lauren Berlant agus Michael Warner le linn na hanailíse seo. Ceistíodh an heitrighnéasacht go coincheapúil agus an caidreamh atá idir an heitrighnéasacht agus an aiteacht. Ina dhiaidh sin, díríodh ar an soirbhíochas cruálach agus na caidrimh a théann leis mar théama lárnach i scríbhneoireacht na Gaeilge. Úsáideadh príomhthuiscintí Berlant mar a shonraítear iad i leith na gcaidreamh in *Cruel Optimism* (2001) agus pléadh an chaoi a ndearnadh an soirbhíochas cruálach a chur i gcomhthéacs an raoin phoiblí. Anuas air sin, breathnaíodh ar choincheap na colainne agus an chaoi a mbíonn an cholainn in úsáid mar shuíomh iniúchta go poiblí agus go collaí. Pléadh, dá thoradh sin, an pobal aiteach, i gcomhthéacs na Gaeilge agus an léiriú inscneach a dhéantar ar charachtair Ghaeltachta i saothair Mhichíl Uí Chonghaile agus Chathail Uí Shearcaigh, faoi seach.

Conclúid

LITRÍOCHT AGUS CRITIC NA GAEILGE "AR OSCAILT DO NA GAOTHA ISTEACH"

Thuigfinn ansin gur bhain an litríocht liom féin go díreach, go mba chuid díom féin is de mo chúlra féin í, go mba dhaoine mar mé féin a bhí sna carachtair a mbeadh orm aistí a scríobh fúthu. Gur roinn muid na mothúcháin chéanna i leith an ghrá ... Ach níor roinn. *Cá raibh fáil agamsa i litríocht na Gaeilge ar bheirt fhear agus iad ag spallaíocht le chéile* ag tórramh nó oíche airneáin nó lá pátrúin, ag titim i ngrá lena chéile agus ag gáire go hard? (Ó Conghaile 1999: 84; liomsa an bhéim)

D'fhéach Éamonn air go fiafraitheach. 'Bhfuil tú ag rá liom go raibh [na sióga] an dóigh adaí ... tá a fhios agat? D'ísligh sé a ghuth beagán amhail is go raibh sé ag labhairt i modh rúin. *Tá sé 'an dóigh adaí!'* 'Sin an chéad uair a chuala mé an cor cainte sin,' arsa Mánas, aoibh an gháire aire. 'So sin mar a chuireann sibh síos ar an té atá gay. Tá sé an dóigh adaí!' [...] 'Bhfuil duine ar bith de do chairde féin atá an dóigh adaí?' arsa Mánas go soineanta, mar dhea. Thug sé faoi deara gur dheargaigh aghaidh Éamoinn. Ba léir

> gur bhain an cheist sin siar as (Ó Searcaigh 2018: 124; liomsa an bhéim)

Is i halla scrúdaithe ollscoile in *Sna Fir* (1999) le Ó Conghaile a thugann an príomhcharachtar John Paul na heasnaimh liteartha don duine aiteach i litríocht na Gaeilge faoi deara. Mar fhreagairt indíreach air seo a dhéanann Ó Searcaigh aitiú ar na sióga in *Teach an Gheafta* (2018), agus an bheirt scríbhneoirí ag tabhairt aghaidh ar an gcollaíocht agus ar an ngnéasacht aiteach ina saothar siúd. Is idir dhá stól atá an bheirt scríbhneoirí; scríbhneoirí Gaeilge iad, ach scríbhneoirí iad freisin a scríobhann faoin saol aiteach go cróga agus go neamhbhalbh. Tá sé le tuiscint gur imir, agus go n-imríonn, an bheirt scríbhneoirí seo tionchar nach beag ar an bpobal aiteach Gaelach, agus d'fhéadfaí a rá gur spreag a leithéid de shaothair bunú AerachAiteachGaelach, comharghrúpa ealaíne Gaeilge a bhfuil sé mar aidhm aige "[...] deiseanna forbartha, gréasán tacaíochta agus ardán a chur ar fáil d'ealaíontóirí LADTAIÉ+ na Gaeilge le gur féidir leo cur leis an ionadaíocht a dhéantar ar scéalta aiteacha i litríocht agus ealaíona na Gaeilge" (McEvoy agus Ó Briain 2023: 11). Cé go bhfuil scata scríbhneoirí ag plé le téama na haiteachta ina saothar liteartha, seasann Micheál Ó Conghaile agus Cathal Ó Searcaigh amach mar cheannródaithe a bhí agus atá sásta téamaí neamhchoitianta a nochtadh i gcomhthéacs na Gaeilge. Féachann an leabhar seo ar shlite chun iniúchadh a dhéanamh ar cheisteanna a eascraíonn as an múnla seo, i gcomhthéacs shaothair na beirte úd. Trí leas a bhaint as teoiricí fealsúnachta a d'eascair as gluaiseacht chearta sibhialta na haiteachta, scrúdaíodh téamaí a bhaineann le hilghnéitheacht chollaí agus argóintí a thagann chun cinn ina leith. Bíodh sin mar atá, faoi mar a nochtann Ó Conghaile in 'Nuair Nach Labhraím le hÉinne' [*LB*], is ceart dúinn a chur san áireamh nach i gcónaí a bheadh scríbhneoir sásta leis an gcineál seo critice a bhualadh ar a shaothar: "Is bíodh daoine ag tomhas/ Ar thóir múnlaí m'fhocal/ Is á n-aimsiú leo freisin ar ghothaí mo scáile/ Is scáilí uile amhairc mo shúl" (Ó Conghaile 2023: 27, línte 18–21). Ach céard atá nua anseo? An fiú an cineál seo léirmheastóireachta a dhéanamh ar an gcéad dul síos?

> Is mó i bhfad is mínitheoir é, ná breitheamh [é an criticeoir]. Ní gá go mbeadh sé ag iarraidh na 'mórscríbhneoirí' a dhealú ó na 'mionscríbhneoirí'; déanfaidh imeacht na haimsire sin dó. Ní gá dó 'go maith' ná 'go dona' ná 'go measartha' bheith i gcónaí ar bharr a theanga aige [...] Is é an cheist atá romhainn feasta mar chriticeoirí: an bhfuil muid in ann, ní amháin ciall na saothar liteartha a léiriú (mar is obair é sin do lucht taighde ar stair, ar shanasaíocht, ar shíceolaíocht), ach an bhrí agus éifeacht na céille sin ar léitheoirí na haimsire seo a bheachtú agus a cheangal lena dtaithí féin (Ó Doibhlin 1967: 8)

> Le tamall de bhlianta anuas is iomaí cor atá curtha sa léirmheastóireacht liteartha. Is minic an chritic chomhaimseartha a bheith ag dul thar teorainneacha na litríochta amach agus í faoi anáil réimsí nua eolais ár linne. Is minic di ag tarraingt ar thobar na teangeolaíochta, na síceolaíochta, agus an Mharxachais inter alia. (Nic Dhiarmada 1998: 152)

Tá tábhacht ag baint leis an gcaoi a bhfeidhmíonn an chritic liteartha sa Ghaeilge. Measaim gur féidir leis an gcritic liteartha a bheith in úsáid ar bhealach iolrach nach bhfuil deireadh aistir ag baint léi. Faoi mar a mhaíonn Ó Doibhlin, ba cheart go mbeadh an chritic "ar oscailt do na gaotha isteach" agus traidisiún na critice á fhorbairt againn (Ó Doibhlin 1967: 12–13). Ó na nóchaidí ar aghaidh, go háirithe i gcomhthéacs an tsaothair critice *Téacs agus*

Comhthéacs, curtha in eagar ag Máire Ní Annracháin agus Bríona Nic Dhiarmada (1998), tá ceisteanna inscne agus collaíochta ag dul sa treis agus na hábhair chéanna i mbéal an phobail le roinnt blianta anuas. Ní dóigh liom go bhfuil cothrom na Féinne á thabhairt do chás sainiúil na haiteachta i gcritic liteartha na teanga, agus braithim go bhfuil géarghá lena chur i bhfeidhm ar litríocht na Gaeilge. Tagann sé seo le tuairim na beirte thuasluaite nuair a deir siad go "[n]diúltaímid don dearcadh cúng a mhaífeadh nach cóir aon bhaint a bheith againn leis an machnamh idirnáisiúnta" (1998: 2). Ba léir, mar sin, go raibh (agus go bhfuil) an chritic faoi thionchar litríochtaí agus smaointeoireachtaí idirnáisiúnta eile, agus go bhfuil féidearthachtaí as cuimse coincheapa anailíse a chur in oiriúint do léann na Gaeilge trí chéile agus an aiteacht a úsáid chun léamha úrnua a thógáil.

Ar ndóigh, tugadh faoi deara gur tháinig athrú as cuimse ar litríocht na Gaeilge, ó chorpas a raibh aidhmeanna cinnte le baint amach aici (ina measc an náisiúnachas, an teanga agus an cultúr Gaelach a chur chun cinn), go litríocht chomhaimseartha a raibh éagsúlacht théamach le feiceáil inti, go háirithe ó ré *Innti* i leith, a bhí ina fheinimréan cultúrtha (Ó Ruairc 1990). Chonacthas go bhfeidhmíonn an t-aitiú mar mhóitíf leanúnach i saothair na beirte scríbhneoirí seo agus iad beirt sásta an teanga a mhúnlú chun noirm dhifriúla shóisialta a cheistiú. Is suntasach iad na slite difriúla a bpléitear ceisteanna uilíocha daonna faoin smacht, faoin gcollaíocht agus faoin bhféiniúlacht tríd an aitiú áirithe a dhéanann an bheirt scríbhneoirí seo. Sa Ghaeltacht agus sa chathair, éiríonn leis na scríbhneoirí seo aitiú a dhéanamh ar raonta ar leith chun ceisteanna tábhachtacha a ardú faoin gcollaíocht, faoin ngnéasacht agus faoin bhféinaithne. Ní foláir scil agus inniúlachtaí na scríbhneoirí a aithint agus na téamaí seo á n-ionramháil agus á bhforbairt acu. Le linn an staidéir seo, breathnaíodh agus rinneadh scagadh ar scríbhneoireacht na beirte scríbhneoirí Gaeilge trí mheán teoiricí fealsúnachta agus liteartha a bhain, agus a bhaineann, leis an gcollaíocht. Anuas air sin, pléadh téamaí a bhaineann ar bhealach amháin nó ar bhealach eile leis an gcollaíocht (an cholainn agus ceist na cumhachta ina measc). Dá thoradh sin, rinneadh saothair na beirte a chíoradh i gcomhthéacs leathan ach faoi réir an téama uileghabhálaigh: collaíocht agus gnéasacht na haiteachta. Toisc go gcuimsíonn an aiteacht, agus na teoiricí a ghabhann léi, éagsúlacht i dtaobh cur chuige agus modheolaíochta, glactar leis nach bhfuil ceann scríbe deifnídeach ag an gcur chuige seo sa chritic liteartha. Éagsúlacht modhanna léitheoireachta agus critice atá mar bhun is mar bharr theoiric na haiteachta agus an chaoi a gcuirtear i bhfeidhm í go hilghnéitheach. Seans go bhfuil blaiseadh ciotach ar an modheolaíocht seo ó am go chéile, ach is é sin cuspóir na teoirice céanna: an aiteacht féin a cheistiú go turgnamhach. Caitheann an teoiric seo nóisin áirithe bunoscionn agus ceadaíonn sí súil úr a chaitheamh ar léamh na litríochta.

Tugann na scríbhneoirí áirithe seo misneach agus glór nua do shaoltaithí an duine aitigh agus an grá aiteach á ríomh ina n-iarrachtaí liteartha; téamaí nach raibh ar fáil go follasach nó go forleathan sular chuir siad beirt peann le pár. Trí aitiú a dhéanamh ar a saothair liteartha, tugann siad aghaidh ar léirithe nuálacha, cumhachtacha agus radacacha chun an chollaíocht agus an aiteacht a phlé. Tugann siad beirt *teanga don tost*.

Abelove, Michele, Aina Barale and David M. Halperin. *The Lesbian and Gay Studies Reader*. New York: Routledge, 1993.

Adam, Barry D. "The Defense of Marriage Act and American Exceptionalism: The 'Gay Marriage' Panic in the United States.", *Journal of the History of Sexuality,* 12. 2. 2003: 256–276.

Aldrich, Robert and Garry Wotherspoon, Ed. *Who's Who in Contemporary Gay and Lesbian History.* London and New York: Routledge, 2001.

Althusser, L.P. *Lenin and Philosophy and Other Essays.* Translated by Ben Brewster. London and New York: Monthly Review Press, 1971.

Atkins, Michael and Mary Laing. "Walking the beat and doing business: Exploring spaces of male sex work and public sex.", *Sexualities.* 15. 2012: 622–643.

Bacon, Jen. "Getting the story straight: coming out narratives and the possibility of a cultural rhetoric.", *World Englishes.* 2. 17. 1998: 249–58.

Baily, M.E. "Foucauldian feminism: Contesting bodies, sexuality and identity.", *Up Against Foucault: Explorations of Some Tensions between Foucault and Feminism.* Ed. Caroline Ramzanoglu. London: Routledge, 2003: 99–123.

Balzano, Wanda, Anne Mulhall and Moynagh Sullivan. *Irish Postmodernisms and Popular Culture.* Hampshire: Palgrave Macmillan, 2007.

Beck, Terence A. "Conceptions of Sexuality and Coming out in Three Young Adult Novels: A Review of Hero, Sprout, and In Mike We Trust.", *Journal of LGBT Youth.* 3.10. 2013: 249–255.

Beemyn, Brett and Eliason, Mickey. *Queer Studies: A Lesbian, Gay, Bisexual and Transgender Anthology.* New York: New York University Press, 1996.

Bell, David agus Gill Valentine. "Orientations.", *Mapping Desire: Geographies of Sexualities.* Ed. David Bell agus Valentine Gill, London and New York: Routledge, 1995: 1–27.

Bell, Vikki. "On Speech, Race and Melancholia: An Interview with Judith Butler.", *Theory, Culture and Society.* 16.2. 1999: 163–174.

Benhabib, Seyla. "Models of Public Space: Hannah Arendt, the Liberal Tradition, and Jurgen Habermas.", *Habermas and the Public Sphere.* Ed. Craig Caloun, Cambridge and London: the MIT Press, 1996: 73–98.

Berlant, Lauren and Elizabeth Freeman. "Queer Nationality." *boundary 2.* 1. 19, 1992: 149–180.

Berlant, Lauren and Michael Warner. "What Does Queer Theory Teach Us about X?", *PMLA,* 3.110. 1995: 343–349.

Berlant, Lauren. *The Queen of America Goes to Washington City: Essays on Sex and Citizenship.* Durham, NC: Duke University Press, 1997.

Berlant, Lauren, and Michael Warner. "Sex in Public." *Critical Inquiry* 24, no. 2 (1998): 547–66.

Berlant, Lauren. "Compassion (and Withholding).", *Compassion: The Culture and Politics of Emotion,* Ed. Lauren Berlant, New York and London: Routledge, 2004: 1–14.

Berlant, Lauren. *Cruel Optimism.* Durham and London: Duke University Press, 2011.

Berlant, Lauren. *Desire/Love.* New York: Punctum Books, 2012.

Blake, Barry J. *Secret Language: Codes, Tricks, Spies, Thieves and Symbols*. Oxford: Oxford University Press, 2010.

Bloom, Alan. *The Closing of the American Mind: How Higher Education has failed Democracy and impoverished the souls of today's students.* New York: Simon and Schuster, 1987.

Boellstorff, Tom. "When Marriage Falls: Queer Coincidences in Straight Time.", *GLQ: A Journal of Lesbian and Gay Studies,* 13.2–3. 2007: 227–248.

Boellstorff, Tom agus William L. Leap. "Introduction: Globalization and the 'New' Articulations of Same-Sex Desire", *Speaking in Queer Tongues: Globalization and Gay Language.* Eds. Tom Boellstorff and William L. Leap. Urbana and Chicago: University of Illinois Press, 2004: 181–201.

Bord na Gaeilge. "An Léitheoir", *Comhar,* 6. 49. 1990: 1–8.

Boucai, Michael. "Glorious Precedents: When Gay Marriage Was Radical", *Yale Journal of Law & the Humanities.* 27. 2015: 1–82.

Boucher, Geoff. "The Politics of Performativity: A Critique of Judith Butler.", *Parrhesia: A Journal of Critical Philosophy.* 1. 2006: 112–141.

Bowyer, Susannah. "Queer Patriots: Sexuality and the character of national identity in Ireland.", *Cultural Studies.* 6.24. 2010: 801–820.

Breathnach, Pádraic agus Máire Ní Neachtain. "Micheál Ó Conghaile.", *Scríbhneoirí Faoi Chaibidil.* Eag. Alan Titley. Baile Átha Cliath: Cois Life, 2010.

Bresnahan, Eileen. "Review: Publics and Counterpublics.", *Perspectives on Politics,* 4.1. 2003: 771–772.

Brisset, Annie. "The Search for a Native Language: Translation and Cultural Identity.", *The Translation Studies Reader*. Ed. Lawrence Venuti, translated by Rosalind Gill and Roger Gannon, London and New York: Routledge, 2000: 343–375.

Butler, Judith. "Sex and Gender in Simone de Beauvoir's *Second Sex*.", *Yale French Studies*. 72. 1986: 35–49.

Butler, Judith. "Foucault and the Paradox of Bodily Inscriptions." *The Journal of Philosophy*. 86.11. 1989: 601–607.

Butler, Judith. *Subjects of Desire: Hegelian Reflections in 20th Century France*. New York: Columbia University Press, 1987.

Butler, Judith. "Performative Acts and Gender Constitution: An Essay in Phenomenology and Feminist Theory.", *Theatre Journal*. 440. 1988: 519–531.

Butler, Judith. *Gender Trouble: Feminism and the Subversion of Identity*. New York: Routledge, 1990.

Butler, Judith. *Bodies that Matter: On the Discursive Limits of Sex*. New York: Routledge, 1993a.

Butler, Judith. "Imitation and Gender Insubordination.", *The Lesbian and Gay Studies Reader*. Eds. Henry Abelove, Michele Aina Barale and David M. Halperin. New York: Routledge, 1993b: 307–320.

Butler, Judith. "Critically Queer.", *GLQ: A Journal of Lesbian and Gay Studies*, 1, 1993c: 17–32.

Butler, Judith. *Excitable Speech: A Politics of the Performative*. New York: Routledge, 1997a.

Butler, Judith. "How can I deny that these hands and this body are mine?", *Qui Parle*.1.11 1997b: 1–20.

Butler, Judith. "Revisiting Bodies and Pleasures.", *Theory, Culture and Society*. 11.16. 1999: 11–20.

Butler, Judith agus William Connolly. "Politics, Power and Ethics: A Discussion Between Judith Butler and William Connolly.", *Theory and Event*. 4.2. 2000.

Butler, Judith. "Appearances Aside.", *California Law Review*. 1. 88. 2000: 78–83.

Butler, Judith. "Doing Justice to Someone: Sex Reassignment and Allegories of Transsexuality.", *GLQ: A Journal of Lesbian and Gay Studies,* No. 4, Vol. 7, 2001: 621–636.

Butler, Judith. "Is Kinship Always Already Heterosexual?", *differences: A Journal of Feminist Cultural Studies*. 1.13. 2002: 14–44.

Butler, Judith. "Variations on Sex and Gender: Beauvoir, Wittig, Foucault.", *The Judith Butler Reader*. Eds. Sarah Salih and Judith Butler. Oxford: Blackwell Publishing, 2004: 21–38.

Butler, Judith. "Sexual politics, torture, and secular time.", *The British Journal of Sociology*.1.59. 2008: 1–23.

Byrne, Annette. "An tSamhlaíocht ag Pléascadh.", *Comhar*.1 0.57. 1998: 25–26.

Cadwallader, Jessica. "How Judith Butler Matters.", *Australian Feminist Studies*. 60.24. 2009: 289–294.

Carline, Anna. "Resignifications and Subversive Transformations: Judith Butler's Queer Theory and Women Who Kill.", *Liverpool Law Review*. 3.27. 2006: 303–335.

Carney, James. "Society and the Baric Poet." *Studies: An Irish Quarterly Review*. 62. 247/248. 1973: 233–250.

Chrystel, Hugh. *The Politics of Sexual Morality in Ireland*. New York: Palgrave, 1999.

Colebrook, Claire. "On the Very Possibility of Queer Theory.", *Deleuze and Queer Theory*. Eds. Chrysanthi Nigianni and Merl Storr. Edinburgh: Edinburgh University Press, 2009: 11–23.

Coleman, Eli. "Developmental Stages of the Coming-Out Process.", *American Behavioral Scientist*. 469.25. 1982: 31–43.

Conleth, Ellis. "Faithní agus uile." *Books Ireland*. 115. 1987: 136–137.

Conrad, Kathryn. "Queer Treasons: Homosexuality and Irish Identity.", *Cultural Studies*.1.14. 2001: 124–137.

Conrad, Kathryn *A. Locked in a Family Cell: Gender, Sexuality and Political Agency in Irish National Discourse*. Wisconsin: The University of Wisconsin Press, 2004.

Cronin, Michael G. "The 'Unmarried Mother' and Moral Politics in the Free State: Developing a Political Narrative for the History of Sexuality in Ireland.", *Essays in Irish Literary Criticism: Themes of Gender, Sexuality and Corporeality*. Eds. Deirdre Quinn and Sharon Tighe-Mooney. Lewiston: The Edwin Mellen Press, 1998.

Davies, Peter. "The Role of Disclosure in Coming Out Among Gay Men.", *Modern Homosexualities: Fragments of lesbian and gay experience*. Ed. Ken Plummer. London and New York: Routledge, 1992: 75–85.

De Beauvoir, Simone. *The Second Sex*. Ed. and translated by H.M. Parshley. London: Jonathan Cape Thirty Bedford Square, 1953.

de Brún, Sorcha. "History Repeating Itself: Men, Masculinities, and 'His Story' in the Fiction of

Micheál Ó Conghaile." *Éire-Ireland*. 52.1. 2017: 17–48

de Lauretis, Teresa. "Queer Theory: Lesbian and Gay Sexualities.", *An Introduction, differences*. 3.2. 1991: iii–xviii.

de Lauretis, Teresa. "Gender symptoms, or, peeing like a man", *Social Semiotics*. 9.2. 2009: 257–270.

de Lauretis, Teresa. "Queer Texts, Bad Habits, and the Issue of a Future." *GLQ: A Journal of Lesbian and Gay Studies*. 2–3.17. 2011: 243–263.

de Paor, Louis. "Landscape in Irish-Language Literature: Poetry and Prose, 1900–2000", *A History of Irish Literature and the Environment*. Eag. M. Sen. Cambridge: Cambridge University Press, 2022: 243–263.

de Paor, Pádraig. *Na Buachaillí Dána: Cathal Ó Searcaigh, Gabriel Rosenstock agus ról comhaimseartha an fhile sa Gaeilge*. Baile Átha Cliath: An Clóchomhar, 2005.

de Paor, Pádraig agus Sewell, Frank. "Cathal Ó Searcaigh.", *Scríbhneoirí Faoi Chaibidil*. Eag. Alan Titley. Baile Átha Cliath: Cois Life, 2010.

de Paor, Pádraig. "Cúpla smaoineamh i dtaobh na nuafhilíochta agus i dtaobh *An Lá go dTáinig Siad* (2005) le Derry O'Sullivan.", *Léachtaí Cholm Cille XLI*. Eag. Tadhg Ó Dúshláine agus Caitríona Ní Chléircín. Má Nuad: An Sagart, 2011.

Denvir, Gearóid. "Ál an Fhathaigh.", *Comhar*.12.50. 1991: 22–24, 26–30 agus 32–36.

Derrida, Jacques. "Signature Event Context.", *Margins of Philosophy*. Translated by Alan Bass. Chicago: The University of Chicago Press, 1982.

Disch, Lisa. "Judith Butler and the Politics of the Performative.", *Political Theory*. 4.27. 1999: 545–559.

Doan, James E. "Cathal Ó Searcaigh: Gay, Gaelach agus Galánta/Gay, Gaelic and Gorgeous.", *On the Side of Light: critical essays on the poetry of Cathal Ó Searcaigh.* Eds. James Doan and Frank Sewell. Dublin: Arlen House, 2002.

Downing, Lisa. *The Cambridge Introduction to Michel Foucault.* Cambridge: Cambridge University Press, 2008.

Doyle, Charles Clay. "Miscellany: Homosexual Slang Again.", *American Speech.*52.1. 1982: 45–59.

Doyle, Vincent. "Children of Priests.", *The Furrow.* 70.1. 2019: 39–43.

Dynes, Wayne R. *The Encyclopaedia of Homosexuality.* New York: Garland, 1990.

Eagleton, Terry. *Literary Theory: An Introduction.* Oxford: Blackwell Publishing, 1983.

Edelman, Lee. "Compassion's Compulsion.", *Compassion: The Culture and Politics of Emotion.* Ed. Lauren Berlant. New York and London: Routledge, 2004: 159–186.

Encarnación, Omar G. "Ireland's referendum, however inspiring, is not a step forward for gay rights." *The Irish Times* (2015), 10 Lúnasa 2015, < http://www.irishtimes.com/opinion/ireland-s-referendum-however-inspiring-is-not-a-step-forward-for-gay-rights-1.2225587.>

Eagarthóir. "Ireland's Gay Marriage Referendum", *British Psychological Society.* 28.7. 2015: 526.

Ferriter, Diarmaid. *Occasions of Sin: Sex and Society in Modern Society.* Suffolk: Profile Books, 2009.

Fitzsimons, Andrew. "Review: On the Side of Light: The Poetry of Cathal Ó Searcaigh.", *Journal of Irish Studies.*18. 2003: 133–135.

Flotwo, Luise von. "Gender and Translation." *A Companion to Translation Studies.* Ed. Piotr Kuhiwczak and Karin Littau. Clevedon, Buffalo and Toronto: Multilingual Matters, 2007: 92–105.

Foster, R.F. *Vivid Faces: The Revolutionary Generation in Ireland, 1890–1923.* New York and London: W.W. Norton & Company, 2004.

Foucault, Michel. *The History of Sexuality: Volume 1.* Translated by Robert Hurley. New York: Pantheon Books, 1978.

Foucault, Michel and Millicent Dillon. "Conversation with Michel Foucault.", *The Threepenny Review.*1 1980: 4–5.

Foucault, Michel. "Body/Power.", *Power/Knowledge: Selected Interviews and Other Writings.* Ed. Colin Gordon. New York: Pantheon Books, 1980a: 55–62.

Foucault, Michel. "The History of Sexuality.", *Power/Knowledge: Selected Interviews and Other Writings.* Ed. Colin Gordon. New York: Pantheon Books, 1980b: 183–193.

Foucault, Michel. "Birth of the Asylum.", *The Foucault Reader.* Ed. Paul Rabinow. New York: Pantheon Books, 1984a: 76–100.

Foucault, Michel. "The Great Confinement.", *The Foucault Reader.* Ed. Paul Rabinow. New York: Pantheon Books, 1984b: 124–140.

Foucault, Michel. "Docile Bodies.", *The Foucault Reader.* Ed. Paul Rabinow. New York: Pantheon Books, 1984: 179–187.

Foucault, Michel. *The History of Sexuality: Volume 3.* Translated by Robert Hurley. New York: Pantheon Books, 1986.

Foucault, Michel. "Sex, Power and the Politics of Identity.", *Michel Foucault: Ethics, Subjectivity and*

Truth. Ed. Paul Rabinow. New York: The New York Press, 1994: 163–73.

Giffney, Noreen agus O'Rourke, Michael. *The Ashgate Companion to Queer Theory*. Burlington: Ashgate Publishing Company, 2009.

Giffney, Noreen. "Quare Theory.", *Irish Postmodernisms and Popular Culture*. Ed. Wanda Balzano, Anne Mulhall and Moynagh Sullivan. Hampshire: Palgrave Macmillan, 2007.

Glennon, Lisa. "Strategizing for the Future through the Civil Partnership Act.", *Journal of Law and Society*, 33.2. 2006: 244–276.

Goldman, Ruth. "Who is that *Queer* Queer?: Exploring Norms around Sexuality, Race, and Class in Queer Theory.", *Queer Studies: A Lesbian, Gay, Bisexual and Transgender Anthology*. Ed. Brett Beemyn agus Mickey Eliason. New York: New York University Press, 1996: 169–82.

Habermas, Jurgen. *The Structural Transformation of the Public Sphere: An Inquiry into a Category of Bourgeois Society*. Translated by Thomas Burger. Cambridge: The MIT Press, 1991.

Haggerty, George E. *Gay Histories and Cultures*. London and New York: Garland Publishing, 2000.

Halberstam, Judith. *In a Queer Time and Place: Transgender Bodies, Subcultural Lives*. London and New York: New York University Press, 2005.

Halperin, David M. *One Hundred Years of Homosexuality and other Essays on Greek Love*. New York: Routledge, 1990.

Halperin, David M. "The Normalization of Queer Theory.", *Journal of Homosexuality*. 2.42. 2003: 339–343.

Hammers, Corie J. "Making Space for an Agentic Sexuality? The Examination of a Lesbian/Queer Bathhouse.", *Sexualities*. 547.11. 2008: 547–572.

Hawley, John C. *Postcolonial, Queer: Theoretical Intersections*. New York: State University of New York Press, 2001.

Hayes, Joesph J. "Gayspeak.", *Quarterly Journal of Speech*. 3.62. 1976: 256–266.

Hayes, Joseph J. "Lesbians, Gay Men, and Their 'Languages'.", *Gayspeak: Gay Male & Lesbian Communication*. Ed. James W. Cheseboro. New York: The Pilgrim Press, 1981: 28–42.

Healy, Gráinne; Sheehan, Brian and Whelan, Noel. *Ireland Says Yes: the Inside Story of How the Vote for Marriage Equality was won*. Dublin: Irish Academic Press, 2016.

Hennessy, Rosemary. "Queer theory: a review of the 'Differences' Special Issue and Wittig's L Straight Mind.", *Signs: Journal of Women in Culture and Society*, 18.4. 1993: 964–973.

Hermans, Theo. "Literary Translation.", *A Companion to Translation Studies*. Ed. Piotr Kuhiwczak and Karin Littau. Clevedon, Buffalo and Toronto: Multilingual Matters, 2007: 77–91.

Heyes, Cressida J. "Subjectivity and power.", *Michel Foucault: Key Concepts*. Ed. Dianna Taylor. Durham: Acumen, 2011: 159–172.

Higgs, David. *Queer Sites: Gay Urban Histories since 1600*. London and New York: Routledge, 1999.

Hoffman, Scott W. "'Last Night, I Prayed to Matthew': Matthew Shepard, Homosexuality, and Popular Martyrdom in Contemporary Americas.", *Religion and American Culture: A Journal of Interpretation*, 1:21. 2011: 121–64.

Inglis, Tom. "Sexual Transgression and Scapegoats: A Case Study from Modern Ireland.", *Sexualities.* 5.5. 2002: 5–24.

Howe, Cymene. "Foucault, Gay Marriage, and Gay and Lesbian Studies in the United States: an Interview with David Halperin.", *Sexuality Research and Social Policy.* 1.3. 2004: 32–37.

Jagger, Gill. *Judith Butler: Sexual politics, social change and the power of the performative.* Oxon: Routledge, 2008.

Jagose, Annamarie. *Queer Theory: An Introduction.* New York: New York University Press, 1996.

Johnston, Lynda agus Longhurst, Robyn. "Introduction: Geography, Bodies, Sex and Gender", *Space, Place and Sex: Geographies of Sexualities,* Ed. Lynda Johnston agus Robyn Longhurst, New York: Rowman & Littlefield Publishers, 2010: 1–20.

Jolly, Margaretta. "Coming Out of the Coming Out Story: Writing Queer Lives.", *Sexualities.* 474.4. 2001: 475–497.

Kelly, Mary Jane agus Anoop Nayak. "Gender undone: subversion, regulation and embodiment in the work of Judith Butler.", *British Journal of Sociology of Education.* 4.27. 2006: 459–472.

Kennedy, Kieran Francis Jr. "'Oirféas as Gach *Orifice'*: The Irish Language Question, Globalization and Homosexuality.", *On the Side of Light: critical essays on the poetry of Cathal Ó Searcaigh.* Ed. James Doan and Frank Sewell. Dublin: Arlen House, 2002.

Kerouac, Jack. *On the Road.* New York: Viking Press, 1957.

Kerrigan, Páraic. *LGBTQ Visibility, Media and Sexuality in Ireland.* London: Routledge, 2021.

Kimball, Roger. *Tenured Radicals: How Politics Has Corrupted Our Higher Education,* New York: Harper Collins, 2008.

Kinsman, Gary. "Men Loving Men: The Challenge of Gay Liberation.", *Feminisms and Masculinities.* Ed. Peter F. Murphy. Oxford: Oxford University Press, 2004: 165–181.

Knopp, Lawrence. "Sexuality and Urban Space: A Framework for Analysis.", *Mapping Desire: Geogrpahies of Sexualities.* Ed. David Bell agus Valentine Gill. London and New York: Routledge, 1995: 149–160.

Lacey, Brian. *Terrible Queer Creatures: Homosexuality in Irish History*. Dublin: Wordwell, 2008.

Liang, A.C. "The Creation of Coherence in Coming-Out Stories.", *Queerly Phrased: Language, Gender, and Sexuality.* Ed. Anna Livia and Kira Hall. New York and Oxford: Oxford University Press, 1997: 4–2–415.

Livia, Anna agus Kira Hall. "'It's a Girl!': Bringing Performativity Back to Linguistics.", *Queerly Phrased: Language, Gender, and Sexuality.* Ed. Anna Livia agus Kira Hall. New York and Oxford: Oxford University Press, 1997: 181–201.

Longley, Michael. "A Going Back to Sources.", *The Poetry Review,* 39, 1993, 92–96.

Love, Heather. "What Does Lauren Berlant Teach Us about X?", *Communications and Critical/Cultural Studies.* 4.9. 2012: 320–336.

Lynch, Richard A. "Foucault's Theory of Power.", *Michel Foucault: Key Concepts.* Ed. Dianna Taylor. Durham: Acumen, 2011: 13–26.

MacCannell, Dean and MacCannell, Juliet. "Violence, power and pleasure: A revisionist reading of Foucault from the victim perspective.", *Up Against*

Foucault: Explorations of Some Tensions Between Foucault and Feminism, Ed. Caroline Ramazanaglu. London: Routledge, 1993: 203–238.

MacDonald, Sarah. "Irish Approve Gay Marriage in Referendum.", *The Independent News Source.* 41. 17. 2015: 16–17.

Cóil, Liam Mac. "New Descriptions of the World.", *The Irish Review.* 33. 2005: 160–62.

Mac Con Iomaire, Rónán. "Bolg an Toilg.", *Comhar.* 11.60. 2000: 39.

Mac Eoghain, Tadhg. *An Foclóir Aiteach: an dara heagrán.* Baile Átha Cliath: Aontas na Mac Léinn in Éirinn, 2022.

Mac Liammóir, Micheál. *Ceo Meala Lá Seaca.* Sáirséal agus Dill: Baile Átha Cliath, 1952.

Mac Lochlainn, Antain. "Úrscéal Aoibhinn Aerach.", *Comhar.*12.59. 1999: 29–30.

Mac Murchaidh, Ciarán. *Filíocht Ghrá na Gaeilge: Cnuasach de Dhánta ar Théama an Ghrá mar aon le hAistriúcháin i mBéarla.* Baile Átha Cliath: Cois Life, 2008.

Mag Shamhráin, Antain. *Litríocht, Léitheoireacht agus Critic: príomhghnéithe na critice in Irisleabhar Mhá Nuad 1966–1978.* Baile Átha Cliath: An Clóchomhar, 1986.

McCann, H. and Monaghan, W. *Queer theory now: from foundations to futures.* London: Macmillan International Higher Education, 2020.

McDonagh, Patrick J. *Gay and Lesbian Activism in the Republic of Ireland, 1973–93.* London, England: Bloomsbury Academic, 2021.

Mac Cárthaigh, Eoin. "Placing Cathal Ó Searcaigh." *On the Side of Light: critical essays on the poetry of*

Cathal Ó Searcaigh. Ed. James Doan and Frank Sewell. Dublin: Arlen House, 2002.

McKibben, Sarah E. *Endangered Masculinities in Irish Poetry 1540–1780*. Dublin: University College Press, 2010.

MacKinnon, Catharine A. *Only Words.* Cambridge: Harvard University Press, 1993.

Martin, Biddy. "Sexualities without Genders and Other Queer Utopias.", *Diacritics.* 2–3.24. 1994: 104–121.

McEvoy, Eoin agus Ó Briain, Stiofán. "Fianaise an Chlaochlaithe.", *Comhar: Móreagrán Aiteach,* 83.6. 2023: 11–13.

Miller, Jim Wayne. "Anytime the Ground is Uneven: the Outlook for Regional Studies and What to Look Out For.", *Geography and Literature: A Meeting for the Disciplines.* Ed. William E. Mallory agus Paul Simpson-Housley. New York: Syracuse University Press, 1987: 1–23.

Mills, Sara. *Michel Foucault: Routledge Critical Thinkers*. London: Routledge, 2003.

Mitchell, Kennet. "Landscape and Literature.", *Geography and Literature: A Meeting for the Disciplines.* Ed. William E. Mallory and Paul Simpson-Housley. New York: Syracuse University Press, 1987: 23–29.

Mulhall, Anne. "Camping up the Emerald Aisle: 'Queerness' in Irish Popular Culture.", *Irish Postmodernisms and Popular Culture.* Eds. Wanda Balzano, Anne Mulhall and Moynagh Sullivan. Hampshire: Palgrave Macmillan, 2007: 210–233.

Murphy, Jamie agus Mac Murchaidh, Ciarán. "Méadú réimse i dtéarmaíocht LADTA+ sa Ghaeilge agus i mionteangacha eile.", *Comhar.* 83.6. Baile Átha Cliath: Comhar, 2023: 38–40.

Ní Annracháin, Máire agus Bríona Nic Dhiarmada. *Téacs agus Comhthéacs: Gnéithe de Chritic na Gaeilge.* Corcaigh: Cló Ollscoile Chorcaí, 1998.

Ní Chualáin, Aingeal. *Siocracha Peaca Téamaí an Chaidrimh agus an Ghnéis i Saothar Phádhraic Óig Uí Chonaire agus Mháirtín Uí Chadhain,* Tráchtas. Ollscoil na hÉireann Gaillimh, 2013

Ní Dhonnchadha, Aisling. "Léirmheas.", *Comhar.* 3.46. 1987: 27–28.

Ní Chatháin, Máire. "Tagann siad ina gculaith féin: Labhrann Máire Ní Chatháin le Micheál Ó Conghaile.", *Comhar.* 1.57. Baile Átha Cliath: Comhar, 1998: 6–8.

Ní Chianáin, Neasa, stiúrthóir. *Fairytale of Kathmandu.* Vinegar Hill Productions, 2007. Scannán.

Ní Chléirchín, Caitríona. "INNTI: Ealaín, Focalphéintéireacht.", *Léachtaí Cholm Cille XLI. Léachtaí Cholm Cille XLI.* Eag. Tadhg Ó Dúshláine agus Caitríona Ní Chléirchín. Má Nuad: An Sagart, 2011: 83–111.

Ní Chléirchín, Caitríona. "Sex, Drugs and Rock n' Roll: An chollaíocht i saothar Innti.", *Inside INNTI: A New Wave in Irish Poetry*. Eag. Ailbhe Ní Ghearbhaigh agus Tristan Rosenstock. Corcaigh: Cork University Press, 2023: 16–32.

Ní Fhrighil, Ríóna. "Úrscéalta don Phobal?", *The Irish Review.* 32. Corcaigh: Cork University Press. 2004: 117–119.

Ní Riain, Isobel. *An Scríbhneoireacht agus Cruthú na Féiniúlachta*. Baile Átha Cliath: Coiscéim, 2020.

Nic Dhiarmada, Bríona. "Irish language and literature in the new Millennium.", *Cambridge History of Irish Literature.* Ed. Margaret Kelleher and Philip O'Leary. New York: Cambridge University Press, 2006: 600–627.

Nic Eoin, Máirín. "Ag Taisteal Gan Mhapaí: An Ficsean Neamhréalaíoch agus Gníomh na Léitheoireachta.", *Léachtaí Cholm Cille 36*. Eag. Aisling Ní Dhonnchadha. Má Nuad: An Sagart, 2006: 77–111.

Nic Eoin, Máirín. *Trén bhFearann Breac: An Díláithriú Cultúir agus Nualitríocht na Gaeilge*. Baile Átha Cliath: Cois Life, 2005.

Nic Eoin, Máirín. "Ó Cadhain, Kafka agus Litríocht Uirbeach na Gaeilge.", *Irish Pages*. 2.5. 2008: 183–195.

Nic Eoin, Máirín. "Léirmheas ar *Languages of the Night: Minor Languages and the Literary Imagination in Twentieth-Century Ireland and Europe.*". *COMHARTaighde1.* 2015. Ar fáil ag https://comhartaighde.ie/eagrain/1/niceoin/

Eoin, Máirín Nic. "'Writers in Search of a Market': An Interview with Micheál Ó Conghaile, Founder and Director of Cló Iar-Chonnacht.", *Éire-Ireland* 52.1. 2017: 354–71.

Nussbaum, Martha. "The Professor of Parody.", *New Republic.*, 22. 1999: 2–20.

Ó Briain, Seán. "Léirmheas ar *Na Buachaillí Bána.*". *Comhar*. 56.4., 1997: 36.

Ó Broin, Brian. "Micheál Ó Conghaile: Cúigear Chonamara (2003), Jude (2007) & Go dTaga do Ríocht (2008).", *Drámaíocht na Gaeilge ón Dara Cogadh Domhanda ar Aghaidh*. Eag. Philip O'Leary agus Brian Ó Conchubhair. An Spidéal: Cló Iar-Chonnacht, 2022. 203–235.

Ó Cofaigh, Pádraig. *Micheál Ó Conghaile: Scríbhneoir Cumasach Dásachtach,* Tráchtas. Ollscoil Mhá Nuad, 2004.

Ó Coigligh, Ciarán. "Cion Mná: Léirmheas.", *Comhar*. 10.52, 1993: 24–25.

Ó Conchubhair, Brian. "Cathal Ó Searcaigh: Teip agus Téagar na Teanga/Falling Down and Falling Back On Language.", *On the Side of Light: critical essays on the poetry of Cathal Ó Searcaigh*. Ed. James Doan and Frank Sewell. Dublin: Arlen House, 2002.

Ó Conchubhair, Brian. "The Novel in Irish since 1950: From National Narrative to Counter-Narrative.", *The Yearbook in English Studies*. 35. 2005: 212–231.

Ó Conchubhair, Brian. *Gearrscéalta Ár Linne*. Indreabhán: Cló Iar-Chonnacht, 2006.

Ó Conchubhair, Brian. "Introduction: The Quest for Authentic Cultural Experiences in Connemara.", *Lost in Connemara: Stories from the Irish*. Indreabhán: Cló Iar-Chonnacht, 2014.

O'Connor, Frank. *The Lonely Voice*. New Jersey: Melville House, 2004.

Ó Conghaile, Micheál. *Mac an tSagairt*. Indreabhán: Cló Iar-Chonnacht, 1986.

Ó Conghaile, Micheál. *Croch suas é!* Indreabhán: Cló Iar-Chonnacht, 1986.

Ó Conghaile, Micheál. *Comhrá Caillí*. Indreabhán: Cló Iar-Chonnacht, 1987.

Ó Conghaile, Micheál. *Conamara agus Árainn 1880–1980: Gnéithe den Stair Shóisialta*. Indreabhán: Clo Iar-Chonnachta, 1988.

Ó Conghaile, Micheál. *An Fear a Phléasc*. Indreabhán: Cló Iar-Chonnacht, 1997.

Ó Conghaile, Micheál. *Sna Fir*. Indreabhán: Cló Iar-Chonnacht, 1999.

Ó Conghaile, Micheál. *Seachrán Jeaic Sheáin Johnny*. Indreabhán: Cló Iar-Chonnacht, 2001.

Ó Conghaile, Micheál. *An Fear nach nDéanann Gáire*. Indreabhán: Cló Iar-Chonnacht, 2003.

Ó Conghaile, Micheál. *Cúigear Chonamara*. Indreabhán: Cló Iar-Chonnacht, 2003.

Ó Conghaile, Micheál. *Jude*. Indreabhán: Cló Iar-Chonnacht, 2007.

Ó Conghaile, Micheál. *Go dTaga do Ríocht*. Indreabhán: Cló Iar-Chonnacht, 2009.

Ó Conghaile, Micheál. "I'm harder on Myself than Any Other Publisher.", *Books Ireland*. 261. 2003: 229.

Ó Conghaile, Micheál. *Colours of Men*. Indreabhán: Cló Iar-Chonnacht, 2012.

Ó Conghaile, Micheál. *An Diabhal ar an Ól, agus Scéalta eile ón gCian*. Indreabhán: Clo Iar-Chonnacht, 2013.

Ó Conghaile, Micheál. *Diabhlaíocht Dé*. Indreabhán: Clo Iar-Chonnacht, 2015.

Ó Conghaile, Micheál. *Sa Teach seo Anocht*. Indreabhán: Clo Iar-Chonnacht, 2020.

Ó Conghaile, Micheál. *Nollaig Oileánach*. Indreabhán: Clo Iar-Chonnacht, 2022.

Ó Conghaile, Micheál. *Lámha Bána agus Dánta eile*. Baile Átha Cliath: Arlen House, 2023.

Ó Doibhlin, Breandán. "Meas na Litríochta.", *Comhar*. 5.26. 1967: 7–10.

Ó Doibhlin, Breandán. *Aistí Critice agus Cultúir*. Baile Átha Cliath: Foilseacháin Náisiúnta Teo., 1974.

O'Driscoll, Sally. "Outlaw Readings: Beyond Queer Theory.", *Signs*. 22.1. 1996: 30–51.

Ó Dúill, Greagóir. "Léirmheas: An Bealach 'na Bhaile.", *Comhar,* 11, 1991. 27.

O Dúill, Gréagóir. "Cathal Ó Searcaigh: A Negotiation with Place, Community and Tradition.". *The Poetry Ireland Review.* 48. 1996: 14–18.

Ó Dúshláine, Tadhg. "An Coimpléasc Priompallánach.", *Comhar*. 12.46. 1987: 4–11.

Ó Dúshláine, Tadhg. *Pádraig Standún: Sagart 'a Rún.* Maigh Nuad: An Sagart, 2022.

O'Farrell, Clare. *Michel Foucault.* London: Sage Publications, 2005.

Ó Fearraigh, Sam. 'Mise Aerach.', *Léachtaí Cholm Cille 53.* Eag. Tríona Ní Shíocháin agus Máire Ní Annracháin. Maigh Nuad: An Sagart, 2023: 240–241.

Ó hÓgáin, Daithí. *An File: Staidéar ar Osnádúrthacht na Filíochta sa Traidisiún*. Baile Átha Cliath: Oifig An tSoláthair, 1982.

Ó Gormaile, Pádraig. "Sláinte. Deich mbliana de Chló Iar-Chonnachta.", *Comhar*. 2.56. 1997: 32–33.

Ó Laoire, Lillis. "Introduction: A Yellow Spot on the Snow.", in Ó Searcaigh, Cathal, *An Bealach 'na Bhaile,* Indreabhán: Cló Iar-Chonnacht: 1993.

Ó Laoire, Lillis. "Dear Dobhogtha Cháin/The Indelible Mark of Caint.", *Sex, Nation and Dissent in Irish Writing.* Ed. Éibhear Walshe. Cork: Cork University Press, 1997: 221–234.

Ó Laoire, Lillis. "Ag Tabhairt Teanga don Tost.", in Ó Searcaigh, Cathal, *Ag Tnúth leis an tSolas.* Indreabhán: Cló Iar-Chonnacht: 2000.

O'Leary, Philip. *Writing Beyond the Revival: Facing the Future in Gaelic Prose, 1940–1951.* Dublin: University College Dublin Press, 2011.

Ó Muirí, Pól. *Léirmheas: Idir Diabhlaíocht dé Agus Diagacht Dhiabhalta, Tuairisc.ie*. Ar fáil: https://tuairisc.ie/leirmheas-idir-diabhlaiocht-de-agus-diagacht-dhiabhalta/, 2015.

Ó Rinn, Liam. *Peann agus Pár.* Baile Átha Cliath: An Gúm, 1940.

O'Rourke, B. and Walsh, J. *New Speakers of Irish in the Global Context: New Revival*. London: Routledge, 2020.

Ó Searcaigh, Cathal. *Miontraigéide Cathrach.* Baile Átha Cliath: Cló Uí Chuirreáin, 1975.

Ó Searcaigh, Cathal. *Tuirlingt.* Carbad, 1978.

Ó Searcaigh, Cathal. *Súile Shuibhne.* Baile Átha Cliath: Coiscéim, 1983.

Ó Searcaigh, Cathal. *Suibhne.* Baile Átha Cliath: Coiscéim, 1987.

Ó Searcaigh, Cathal. *Tulach Beaglaoich: Inné agus Inniu.* An Fál Carrach: Glór na nGael, 1994.

Ó Searcaigh, Cathal. *Na Buachaillí Bána.* Indreabhán: Cló Iar-Chonnacht, 1996.

Ó Searcaigh, Cathal, Fitzmaurice, G. agus Ó Laoire, Lillis. *Homecoming: selected poems/An Bealach 'na Bhaile: Rogha Dánta.* Indreabhán: Cló Iar-Chonnachta: 1993.

Ó Searcaigh, Cathal agus Sewell, Frank. *Out in the Open*. Indreabhán: Cló Iar-Chonnachta: 1997.

Ó Searcaigh, Cathal. *Ag Tnúth leis an tSolas.* Indreabhán: Cló Iar-Chonnacht, 2001.

Ó Searcaigh, Cathal. *Caiseal na gCorr.* Indreabhán: Cló Iar-Chonnacht, 2002.

Ó Searcaigh, Cathal. *Seal i Neipeal.* Indreabhán: Cló Iar-Chonnacht, 2004.

Ó Searcaigh, Cathal. *Na hAingle ó Xanadú: Dánta na hÓige 1970–1980*. Baile Átha Cliath: Arlen House, 2005.

Ó Searcaigh, Cathal. *Oíche Dhrochghealaí: Dráma*. Baile Átha Cliath: Coiscéim, 2005.

Ó Searcaigh, Cathal. *Mairimid leis na Mistéirí agus Drámaí Eile,* Dublin: Arlen House, 2006.

Ó Searcaigh, Cathal. *Gúrú i gClúidíní: Dánta nua*. Indreabhán: Cló Iar-Chonnacht, 2007.

Ó Searcaigh, Cathal. *Light on Distant Hills: A Memoir*. London: Simon & Schuster, 2009.

Ó Searcaigh, Cathal. *An tAm Marfach ina Mairimid*. Dublin: Arlen House, 2010.

Ó Searcaigh, Cathal. *Pianó Mhín na bPréachán*. Indreabhán: Cló Iar-Chonnacht, 2011.

Ó Searcaigh, Cathal. *Aimsir Ársa*. Dublin: Arlen House, 2013.

Ó Searcaigh, Cathal. *An Bhé Ghlas*. Indreabhán: Leabhar Breac, 2015.

Ó Searcaigh. Cathal. *Teach an Gheafta*. Indreabhán: Leabhar Breac, 2018.

Ó Searcaigh. Cathal. *The View from the Glen*. Dundee: The Onslaught Press, 2018.

Ó Searcaigh. Cathal. *Teanga na gCorr*. Dublin: Arlen House, 2018.

Ó Searcaigh. Cathal. *Rocabillie Balor*. Edinburgh: Onslought Press, 2019.

Ó Searcaigh, Cathal. *Laoithe Cumainn agus Dánta Eile*. Baile Átha Cliath: Arlen House, 2020.

Ó Searcaigh, Cathal. *Miontragóid Chathrach agus Dánta Eile*. Dublin: Arlen House, 2021.

Ó Searcaigh, Cathal. *An Tír Rúin*. Baile Átha Cliath: Arlen House, 2022.

Ó Searcaigh. Cathal. *Errigal: Sacred Mountain*. Belfast: Irish Pages Press, 2023.

Ó Searcaigh. Cathal. *Saighdiúir*. Indreabhán: Leabhar Breac, 2023.

Ó Siadhail, Pádraig. "An Fear Aniar: An Interview with Micheál Ó Conghaile.", *The Canadian Journal of Irish Studies*. 31.2. 2005: 54–59.

Ó Siadhail, Pádraig. "Micheál Ó Conghaile and Contemporary Irish language Queer Prose.", *The Canadian Journal of Irish Studies*. 36.1. 2010: 143–161.

Ó Siadhail, Pádraig. "Léirmheas ar *Teach an Gheafta*.", *Comhar*. 79(1). 2019: 29–30.

Ohno, Mitsuko. "In Female or Male Voice: What Difference Does it Make?", *On the Side of Light: critical essays on the poetry of Cathal Ó Searcaigh*. Ed. James Doan and Frank Sewell. Dublin: Arlen House, 2002.

Oshior, Blake K. "Insights into Marriage Equality Debate.", *Journal of Gay and Lesbian Mental Health*. 16.2. 2012: 162–166.

Oskala, Johanna. "Anarchic Bodies: Foucault and the Feminist Question of Experience.", *Hypatia*. 19.4. 2004: 9–121.

Oksala, Johanna. "Freedom and Bodies.", *Michel Foucault: Key Concepts*. Ed. Dianna Taylor. Durham: Acumen, 2011: 85–98.

Plummer, Ken. "Public and Counterpublics: Review.", *American Journal of Sociology*. 108.6. 2003: 1419–1421.

Póirtéir, Cathal. "Leabhair Idir Lámha.", *Books Ireland*. 382. 2018: 46–47.

Ramzanoglu, Caroline. *Up Against Foucault: Explorations of Some Tensions between Foucault and Feminism*. London: Routledge, 2003.

Reus, Teresa Gómez and Aránzazu Usandizaga. Eds. *Inside Out: Women negotiating, subverting, appropriating public and private space.* Amsterdam and New York: Rodopi, 2008.

Rich, Adrienne. "Compulsory Heterosexuality and Lesbian Existence.", *Powers of Desire: The Politics of Sexuality*. Ed. Ann Snitow, Christine Stansell agus Sharon Thompson. New York: Monthly Review Press, 1983: 177–205.

Riggs, Pádraigín. "Idir Shúgradh agus Dáiríre.", *The Irish Review.* 27. Cork: Cork University Press, 2001: 21–22.

Rose, Kieran. *Diverse Communities: The Evolution of Lesbian and Gay Politics in Ireland*. Cork: Cork University Press, 1994.

Rozmarin, Miri. "Power, Freedom, and Individuality: Foucault and Sexual Difference," *Human Studies*. 28(1). 2005: 1–14.

Rubin, Gayle. "The Traffic in Women: Notes on the "Political Economy" of Sex.", *Toward an Anthropology of Women.* Ed. Ryana R. Reiter. New York: Monthly Review, 1975: 157–210.

Salih, Sara. *Judith Butler: Routledge Critical Thinkers*. London: Routledge, 2002.

Sawicki, Jana. "Queering Foucault and the Subject of Feminism.", Ed. Gary Gutting. *Cambridge Companion to Michel Foucault.* Cambridge: Cambridge University Press, 2005: 379–400.

Schubotz, Dirk agus McNamee, Helen. '"I Knew I Wasn't Like Anybody Else": Young Men's Accounts of Coming Out and Being Gay in Northern Ireland.", *Child Care in Practice.* 1 8.4. 2009: 193–208.

Sedgwick, Eve Kosofsky. *Between Men: English Literature and Male Homosocial Desire.* New York and Chichester: Columbia University Press, 1985.

Sedgwick, Eve Kosofsky. *Epistemology of the Closet.* Berkeley agus Los Angeles: University of California Press, 1990.

Sokal, Alan and Bricmont, Jean. *Fashionable Nonsense: Postmodern Intellectuals' Abuse of Science.* New York: Picador, 1998.

Standún, Pádraig. *Cion Mná*. Indreabhán: Cló Iar-Chonnacht, 1993.

Standún, Pádraig. *Stigmata*. Indreabhán: Cló Iar-Chonnacht, 1994.

Strange, Louis. (2023) "Ní Saoirse go Saoirse na mBan: Gender and the Irish language in the linguistic landscape of Ireland's 2018 abortion referendum.", *Language in Society*. 52.2, 2023: 215–239.

Sullivan, Nikki. "Queer Material(ities): Lyotard, Language and Libidinal Body.", *Australian Feminist Studies.* 17.37. 2002: 43–54.

Sullivan, Nikki. *A Critical Introduction to Queer Theory.* Edinburgh: Edinburgh University Press, 2003.

Thomas, Calvin. "On Being Post-Normal: Heterosexuality after Queer Theory.", *The Ashgate Companion to Queer Theory.* Ed. Noreen Giffney and Michael O'Rourke. Burlington: Ashgate Publishing Company, 2009. 17–32.

Titley, Alan. "An Bobailín á scaoileadh amach.", *Comhar.* 12.46. 1987: 40–43.

Titley, Alan. "An saol is a thuistí: *Sláinte: Deich mbliana de Chló Iar-Chonnacht* by Micheál Ó Conghaile.", *Books Ireland.* 191. 1995: 329.

Titley, Alan. *An Cogadh in aghaidh na Critice: An Teannas idir Litríocht agus Teoiric.* Fortnight Publications: Béal Feirste, 1994.

Titley, Alan. *Scríbhneoirí Faoi Chaibidil.* Baile Átha Cliath: Cois Life, 2010.

Tóibín, Colm. *Love in a Dark Time: Gay Lives from Wilde to Almodóvar*. London: Picador, 2002.

Tochigi, Nobuaki. "Cathal Ó Searcaigh and Aspects of Translation." *Éire-Ireland*. 35.1. 2000: 139–49.

Uí Anluain, Caitlín. "An Grá Collaí i Saothar Phádraic Bhreathnaigh.", *Comhar.* 2.55. 1996: 28–30.

Uí Anluain, Caitlín. "An sagart santach: téama na collaíochta i saothar Phádraig Standún.", *Comhar.* 7.56. 1997: 21–24.

Uí Anluain, Caitlín. *Staidéar téamúil ar an ngrá collaí i saothair na scríbhneoirí comhaimseartha Pádraig Breathnach, Pádraic Standún agus Pádraig Ó Cíobháin,* Tráchtas MA (neamhfhoilsithe). Ollscoil Mhá Nuad, 1997.

Tolson, Andrew. "The Limits of Masculinity.", *Feminisms and Masculinities.* Ed. Peter F. Murphy. Oxford: Oxford University Press, 2004. 69–69.

Tuhkanen, Mikkp. "Queer Hybridity.", *Deleuze and Queer Theory.* Eds. Chrysanthi Nigianni and Merl Storr. Edinburgh: Edinburgh University Press, 2009: 92–114.

Turner, Mark W. *Backward Glances: Cruising the Queer Streets of New York and London*. London: Reaktion Books, 2003.

Walsh, John. "Is ar mhaithe le déagóirí aeracha imníocha a scríobhaim an t-alt seo ...", *Tuairisc.ie.* 2015. 10 Lúnasa 2015 <http://tuairisc.ie/is-ar-

mhaithe-le-deagoiri-aeracha-imniocha-a-scriobhaim-an-t-alt-seo/>

Walsh, John. "National identity and belonging among Gay 'New Speakers' of Irish." *Journal of Language and Sexuality*. 8:1. 2019: 53–81.

Walshe, Éibhear. *Sex, Nation and Dissent in Irish Writing.* Cork: Cork University Press, 1997.

Warner, Michael. *Fear of a Queer Planet: Queer Politics and Social Theory.* Minneapolis: University of Minnesota Press, 1993.

Warner, Michael agus Lauren Berlant. "Sex in Public.", *Critical Inquiry*. 24.2. 1998: 547–566.

Warner, Michael. "Zones of Privacy.", *What's left of Theory?* Eds. Judith Butler, John Guillory and Thomas Kendall. New York: Routledge, 2000a. 75–113.

Warner, Michael. *The Trouble With Normal: Sex, Politics and the Ethics of Queer Life*. Cambridge: Harvard University Press, 2000b.

Warner, Michael. *Publics and Counterpublics,* New York: Zone Books, 2005.

Watson, Katherine. "Queer Theory.", *Group Analysis.* 67.38. 2005: 67–81.

Weakliam, Peter. "Saothar Phádraig Uí Chíobháin agus Saoirse na mBan.", *Léann 7*. Eag. Ríóna Ní Fhrighil, Ailbhe Nic Giolla Chomhaill agus Micheál B. Ó Mainnín. Indreabhán: Leabhar Breac, 2023: 50–75.

Weakliam, Peter. "Áiteacha agus Spásanna i saothar Phádraig Uí Chíobháin.", *Irisleabhar Mhá Nuad 2022*.. Eag. Tracey Ní Mhaonaigh. Maigh Nuad: An Sagart, 2022: 18–32.

Weiss, Margot. "On Marriage Equality.", *GLQ: A Journal of Lesbian and Gay Studies.* 19.2. 2013: 273–275.

Wesling, Meg. "The Unequal Promise of Marriage Equality.", *American Quarterly.* 66.1. 2014: 171–179.

Wittenberg, David. "Going out in Public: Visibility and Anonymity in Michael Warner's "Publics and Counterpublics.", *Quarterly Journal of Speech.* 88.4. 2002: 426–33.

Wittig, Monique. "The Straight Mind.", *Out There: Marginalization and Contemporary Cultures.* Eds. Russell Ferguson et al. New York and London: The MIT Press, 1990.

Woods, Jeanine. "Aithníonn Queeróg Queeróg Eile: Gaeilgeoirí Aeracha Aontaithe agus Gluaiseacht Chomhaimseartha na Gaeilge.", *Irish Journal of Anthropology,* 3. 1998: 41–59.

Aguisín 1

AGALLAMH LE MICHEÁL Ó CONGHAILE (2023)

SMR: Cén chaoi ar spreag laethanta d'óige thú chun a bheith i do scríbhneoir cruthaitheach?

MÓC: Níl mé cinnte; is dóigh nach mbíonn scríbhneoir cinnte i gcónaí céard a spreagann é agus go minic go mbíonn níos mó ná rud amháin i gceist. Ach deirtear i gcónaí le scríbhneoirí a bheith ag léamh agus ag léamh as éadan agus go gcuidíonn an léitheoireacht le hábhar scríbhneora. Bhíodh muid ag léamh go leor inár ngasúir chomh luath agus a bhí muid in ann léamh. Múinteoir a bhí i mo mháthair agus sin a thug isteach go hInis Treabhair an chéad lá ariamh í. Ba as an Baile Nua, Bearna di ó dhúchas, baile atá cúig mhíle siar ó chathair na Gaillimhe. Bhí deichniúr acu sa teaghlach agus ceann de na cúiseanna gur tógadh le Gaeilge iad, a deireadh sí, ná mar gheall ar an deontas £2 (mar a bhíodh ag an am), a bhí le fáil as clanna a thógáil le Gaeilge. Phós sí m'athair agus nuair a phósadh bean ag an am bheadh uirthi éirí as a post sa státseirbhís. Ach chinntigh sí rud amháin: go mbeadh oideachas orainne agus rinne sí cinnte dhó sin agus theastaigh uaithi muide – ach ní hamháin muide ach chuile ghasúr, col ceathracha linn agus gasúir an bhaile – a chur chun cinn. Dá bhfeicfeadh sí cúrsa a bheadh feiliúnach do dhuine éigin, bheadh sí ag rá, "B'fhiú dhuit nó dhó siúd smaoineamh ar an gcúrsa seo". Ceann de na rudaí a bhíodh sí a dhéanamh go rialta ná ag léamh leabhartha dúinne. Chomh fada mo chuimhne, leabhartha

Béarla is mó a bhí againne ag an am agus bhíodh sí ag léamh Enid Blyton dúinn. Léadh sí caibidil gach oíche agus bhíodh muid ar bís ag fanacht leis an gcéad chaibidil eile mar a bheadh sobaldráma inniu ann. Ach ansin de réir a chéile agus muid in ann léamh, thosaigh muid féin ag léamh. Bhíodh leabhartha sa teach i gcónaí. Is dóigh gur chuidigh sé sin le mo spéis sa scríbhneoireacht a mhéadú, an méid leabhartha a bhí timpeall orainn. Ní raibh mórán leabhartha Gaeilge againn ag an am. Ní raibh an oiread sin acu ann. Ach is cuimhneamh liom gur léigh muid *Jimín Mháire Thaidhg* agus léigh muid *Séadna*. Bhíodh leabhartha beaga ansin freisin ag an am faoi shiógaí a d'fhoilsigh Sinéad, bean de Valera, sraith acu. Bhí clúdaigh ghorma nó cineál glas orthu agus gheofá ar dhá phingin nó trí pingine iad ag an am. Tharlódh go raibh suas le scór acu uilig ann – nílim cinnte anois. Cineál scéalta sí agus scéalta mar sin a chuir sí in eagar agus bhíodh siad sin againn. Ach mar a deir mé, leabhartha Béarla ba mhó a bheadh againn, Enid Blyton agus ina dhiaidh Agatha Christie agus daoine eile. Cinnte, bhí nós na léitheoireachta sealbhaithe againn ag aois an-óg agus is cinnte gur chuidigh sé sin liom.

Rud eile ná nuair a bhím ag scríobh, agus ag breathnú siar ar m'óige, úsáidim saol m'óige go minic sa scríbhneoireacht ó thaobh comhrá dhe, agus mé ag iarraidh comhrá a chruthú. Má táim ag scríobh comhrá bím ag smaoineamh, "Cén chaoi a ndéarfadh muid é seo ar an teallach sa mbaile?". Chomh maith le m'athair agus mo mháthair bhí ochtar againn sa teaghlach agus bhí uncail linn sa teach chomh maith, deartháir do m'athair nár phós ariamh. Bhí sé mar a bheadh triúr tuismitheoirí ann, mar a déarfá. Nuair a bhím ag scríobh comhrá is minic a bhím ag smaoineamh siar ar an gcaoi a ndéarfadh siadsan focla nó abairtí, leaganacha cainte nó comhrá seandaoine eile a mbínn ag éisteacht leo ag caint, ar an oileán agus ar an mórthír nuair a bhí mé beagán níos sine. Uaireanta, smaoiním ar rudaí a chuala mé daoine ag rá ceathracha nó caoga bliain ó shin: abairtí nó ráitisí agus mar sin de. Tá cuid acu fós greanta i m'intinn. Tarraingím as an tobar sin, cinnte, go háirithe má tá mé ag plé le *dialogue* nó comhrá i scéal nó i ndráma. Tarraingím chomh maith as ceantar is saol m'óige. Fiú roinnt rudaí atá mé ag scríobh faoi láthair, tarraingím as an áit féin: an t-oileán, an tírdhreach, an timpeallacht agus an obair a bhíodh ar bun againn. An fharraige agus an saol a bhain léi, é sin agus socrú agus curadóireacht na talún. Scríobh mé roinnt faoin saol sin le gairid sa leabhairín sin faoin Nollaig, *Nollaig Oileánach* a foilsíodh anuraidh. Ag breathnú siar, tarraingím as an ábhar sin réasúnta rialta mar chineál *foundation* nó mar chúlra le haghaidh scéalta áirid.

SMR: An raibh tionchar ag an oideachas ar do cheird?

MÓC: Cinnte, bhí. Agus mé i mo ghasúr, bhínn ag scríobh dánta beaga, i mBéarla den chuid is mó mar a tharlaíonn. Bhínn ag scríobh dánta sa mbunscoil. Ansin agus mé beagán níos sine, bhíodh nuachtán ann, *Inniu,* agus bhíodh cúinne ann ar a dtugtaí "Na Filí Óga", agus is cuimhneamh liom ag an meánscoil a bheith ag seoladh dánta chucu sin agus fuair mé cúpla duais. Bhí baint ag FNT [Foilseacháin Náisiúnta Teoranta] le *Inniu* agus bhí teach foilsitheoireachta acu. Bhí sé lonnaithe i gCathair na Mart, ach tá sé imithe as gnó le beagnach dhá scór bliain anois. Is é an duais a gheofá ná leabhar Gaeilge. Nuair a gheobhainn leabhar, bhíodh drogall orm gan iad a léamh bíodh spéis agam san ábhar nó ná bíodh. Is cuimhneamh liom ceann a fháil le Nollaig Ó Gadhra, *Éamann Iognáid Rís;* agus cinn eile, *Rachtanna* le Tarlach Ó hUid agus leabhar le Liam Ó Murchú. Caithfidh mé a rá gur spreagadh mór a bhíodh sa chomórtas sin domsa ag an am.

Ansin ag an ollscoil, bhí mé an-ghníomhach san iris *Macalla,* iris liteartha agus léirmheasanna agus mar sin de, a mbeadh idir mhic léinn agus fhoireann ag foilsiú a saothar inti. Bhí Gearóid Denvir ann ag an am agus rinne sé athbheochan ar an iris. Níl a fhios agam an dtagann sé amach i gcónaí ach imíonn sé i léig scaití agus tagann ar ais arís; tá go leor bearnaí ann. Ní shílim go bhfuil sé chomh fada sin ó tháinig eagrán de amach. Bhí mise san Ollscoil sna hochtóidí agus thagadh an iris amach go rialta sna blianta sin. Ach ba mhór an spreagadh agus an cúnamh é sin d'ábhar scríbhneora. Thosaigh mé ansin ag scríobh gearrscéalta ag an am. Foilsíodh cuid acu in *Macalla* agus cinn eile ar nós "Dáir" in *Comhar*. Agus cúpla ceann eile atá le fáil sa leabhar gearrscéalta, *Mac an tSagairt.* Ba le linn dom a bheith sa dara agus sa tríú bliain san ollscoil a scríobh mé iad. Is cuimhneamh liom ag an am freisin freastal ar cheardlann scríbhneoireachta a bhí sa Spidéal a d'eagraigh an Gaelacadamh, mar a raibh Art Ó Dufaigh ag obair, agus bhí Nollaig Mac Congáil agus Tomás Mac Síomóin i mbun na ceardlainne. Agus bhí scríbhneoirí maithe páirteach ann, leithéidí Bheairtle Uí

Chonaire agus is mór an spreagadh a fuair mé as freastal ar an gceardlann sin. Bhíodh ceardlann mhór san ollscoil acu freisin ó thráth go chéile. Tá a fhios agam gur thug Eoghan Ó Tuairisc ceann agus is minic a chloisinn Joe Steve ag moladh na ceardlainne sin, ach b'in roimh m'am sa. Ach thug Seán Ó Tuama ceann nuair a bhí mise ann a bhí thar barr. Ceardlann seachtaine. Bhí mé féin ann, bhí Louis de Paor, Colm Breathnach agus Aodhán Ó Dubhghaill ann, sin triúr a bhí ina mic léinn i gCorcaigh ag an Tuamach ag an am. Bhí Nuala Ní Dhomhnaill ann, Liam Mac Cóil, Seán Ó Cuirreáin, Iarla Mac Aodha Bhuí agus Peadar Ó Flatharta, a raibh baint mhór aige le Comhdháil Náisiúnta na Gaeilge agus Fiontar in DCU ina dhiaidh sin. Ach ní raibh mórán scríofa ag aon duine againn ag an am. Ba í Nuala an t-aon duine againn ag an am a raibh leabhar foilsithe aici, sílim, *An Dealg Droighin*. Shínigh sí cóip den leabhar dom, leabhar atá agam fós: 'Do Mhicheál, mo chomhghleacaí, i gcuimhne na ceardlainne sa Ghaillimh, Márta 1982. Nuala.' Ba spreagadh mór a bhí sa gceardlann sin domsa. Ceardlann seachtaine a bhí ann, mar a deirim, agus tháinig aoichainteoirí isteach chun labhairt linn agus le haghaidh muid a spreagadh. Is cuimhneach liom an tOllamh Gearóid Mac Eoin, a bhásaigh le gairid, labhairt linn faoi *Aisling Mhic Conglinne* agus an scríbhneoir John McGahern teacht inár measc agus píosa de lá a chaitheamh linn. Ní raibh saothar McGahern léite agam ag an am agus dar ndóigh tá a chuid páipéar san ollscoil ansin anois.

SMR: Cén chaoi a ndeachaigh scríbhneoirí cruthaitheacha eile i bhfeidhm ort?

MÓC: Na daoine is mó a chuaigh i bhfeidhm orm, ag an am, cinnte, is dóigh go ndeachaigh Ó Direáin, agus tá mé ag caint ar bhlianta na hollscoile, dáiríre anois. Is dóigh Ó Direáin agus Liam Ó Flaithearta agus an chúis a bhí leis sin, b'fhéidir, ní hamháin go raibh Gaeilge iontach acu, ach gur oileánaigh a bhí iontu cosúil liom féin agus scríobh siad faoi Oileán Árainn le linn a n-óige féin. Ní raibh Árainn a linne, sna fhichidí nó na tríochaidí, ródhifriúil le hInis Treabhair sna seascaidí nó sna seachtóidí, ó thaobh a bheith sách iargúlta. Bhí Liam Ó Flaithearta ag scríobh faoi leithéidí "Bás na Bó" agus an cineál sin scéalta a thuig mise go maith. Ba mhinic a chonaic mé bó ag breith lao, nuair a chaití lao a tharraingt ó bhó. Cinnte, sin rud a chuaigh i bhfeidhm orm sa scríbhneoireacht, a thaitin liom. Agus ansin san ollscoil chomh maith, Máirtín Ó Cadhain, dar ndóigh. Chuaigh sé sin i bhfeidhm orm. Bhí *Cois Caoláire* ar an gcúrsa agus is cuimhin liom an-phléisiúr a bhaint as sin, go leor de na scéalta sin. Agus ag an am, freisin, chuaigh Pádraic Breathnach i bhfeidhm go mór orm. Is cuimhin liom gur thug Nollaig Mac Congáil a bhí i mbun an ghearrscéil, is cuimhin liom gur thug sé isteach Pádraic le haghaidh léacht a thabhairt lá agus thaitin an píosa cainte a thug sé go mór liom. Chuaigh sé go mór i bhfeidhm orm agus spreag sé me. Bhí spéis agam ina chuid scéalta agus ina chuid leabhar dá réir agus bhí sé an-nua-aoiseach, nó comhaimseartha ag an am, sna seachtóidí, nó sna hochtóidí agus sna nóchaidí. Bhí sé radacach ag scríobh faoi chúrsaí gnéis, agus rudaí mar sin, rud nach raibh róchoitianta ag an am. Agus ansin bhí daoine eile ag teacht ina dhiaidh,

Pádraig Standún agus mar sin de, le *Súil le Breith,* a tharraing an-aird. Dáiríre ba iad Pádraic Breathnach, Liam Ó Flaithearta, Ó Cadhain agus Ó Direáin is mó a chuaigh i bhfeidhm orm. Sách áitiúil, is dóigh.

SMR: Éacht a bhí i mbunú Cló Iar-Chonnacht, rud a d'imir tionchar mór ar scríbhneoirí agus ar léitheoirí na teanga. Agus tú gafa ag cúraimí gnó nuair a bhí an comhlacht faoi do stiúir agat, cén chaoi a mbíteá in ann spás agus am a chur ar leataobh don scríbhneoireacht chruthaitheach?

MÓC: Bhíodh sé deacair go minic an dá thrá a fhreastal, ach mar atá ráite go minic agam cheana, thosaigh mise CIC mar chineál caitheamh aimsire, agus mura n-éireodh leis, *no big deal*. D'fhéadfainn a bheith ann ar nós na bhfoilsitheoirí eile ar nós An Clóchomhar agus Sáirséal agus Dill, Sáirséal Ó Marcaigh níos deireanaí, agus an obair a dhéanamh mar obair thráthnóna seachas dul leis go lánaimseartha. D'fhéadfadh sé leanacht ar aghaidh ar an múnla sin agus a bheith ag cur amach trí nó ceithre nó cúig leabhar sa mbliain. Ach théis trí bliana a chaitheamh ina bhun, agus mé ag obair go deonach cuid mhaith, dúirt mé liom féin, "Caithfidh mé slí bheatha a bhaint as seo" nó sin jab ceart a fháil. Bhunaigh mé an comhlacht in ochtó a cúig. *Beartla* le Seán Ó Curraoin an chéad leabhar a foilsíodh i mí na Samhna ag an Oireachtas. Ní raibh an chéim M.A. críochnaithe agam go dtí ochtó a sé. Thosaigh mé é mar mhac léinn iarchéime mar sin. Ach de réir a chéile, thosaigh sé ag fás, agus d'fhostaigh muid duine amháin agus ansin duine eile agus bhíodh muid ag fiafraí i gcónaí, "An bhfuil obair ann do dhuine eile?". Bhíodh imní orm nach mbeadh ach aon uair a d'fhostaigh muid duine eile, nó in imeacht ama gheobhadh muid amach go raibh obair ann, cé go mbíodh sé sách deacair na billí ar fad a ghlanadh scaití, na tuarastail a íoc. Ach ó thaobh mo shaoil féin de, tá an dá thaobh ann: cinnte, thóg sé go leor de mo chuid ama uaim. Bím ag smaoineamh, dá gcaithfinn na tríocha cúig bliain sin go hiomlán leis an scríbhneoireacht in ionad a bheith leath i mo scríbhneoir agus leath i m'fhoilsitheoir, seans go n-éireodh níos fearr liom. Mar scríbhneoir, is é sin. Ach ar an taobh eile den scéal, níl mé cinnte an éireodh chomh maith le duine dá mbeadh sé ag scríobh go lánaimseartha an t-am ar fad agus gan tada eile a bheith idir lámha aige. Sílim go bhfuil cineál teorann ann leis an méid is féidir leat a dhéanamh atá ar chaighdeán ard ó thaobh na scríbhneoireachta. Is ar bhealaí eile bhíodh an dá ghné de mo chuid oibre ag tacú lena chéile: ag dul chuig ócáidí agus a bheith ag díol leabhar, mo chuid leabhartha féin agus leabhartha údair eile. Bhí deis agam léamhanna poiblí a fháil ag ócáidí. Fuair mé cuireadh mar fhoilsitheoir ag ócáidí áirithe nuair nach mbeadh cuireadh agam ann mar scríbhneoir, b'fhéidir. D'oscail an fhoilsitheoireacht doirse eile dom féin mar scríbhneoir nach mbeadh agam murach gur foilsitheoir a bhí ionam. I ndeireadh báire, is minic a deirim gur scríbhneoir mé a chuaigh ar iasacht leis an bhfoilsitheoireacht ar feadh seal. Thosaigh mé mar scríbhneoir agus tá mé fillte ar an scríbhneoireacht anois. Ach san am céanna, ag breathnú siar is ag cur chuile shórt san áireamh níl aiféala ar bith orm gurb in mar a bhí mo shaol oibre, go raibh sé idir an dá stól sin, mar a déarfá, scaití móra.

SMR: Tá go leor seánraí éagsúla scríbhneoireachta á gcleachtadh agat ó thosaigh tú ag foilsiú; an fhilíocht, an drámaíocht, an úrscéalaíocht agus an ghearrscéalaíocht. Cén chaoi ar fhorbair tú do chur chuige scríbhneoireachta sin thar na blianta? Agus cén fáth nár fhill tú ar an bhfilíocht tar éis duit *Comhrá Caillí* a fhoilsiú in 1987?

MÓC: Bhí Alan Titley mar an gcéanna, agus féach ar an *U-turn* a rinne sé, an créatúr! *If you can't beat them, join them* ... is dóigh. Ach tá tú mícheart mar go bhfuil mé ag obair ar roinnt filíochta faoi láthair agus tá cnuasach réidh agam, *Lámha Bána agus Dánta Eile* atá Arlen House ar tí a fhoilsiú. Ach dáiríre, níl a fhios agam ar cheart filíocht a ghlaoch orthu ná file a ghlaoch ormsa. Píosaí atá iontu i ndáiríre. Smaointe próis. B'fhéidir go bhfuil mo chuid próis níos fileata ná mo chuid filíochta. Scríobh mé leathchnuasach b'fhéidir deich nó cúig bliana déag ó shin agus scríobh mé an leath eile le blianta beaga anuas. Dáiríre sílim gur fearr liom a bheith ag plé le prós ná seánra ar bith eile agus go bhfuil máistreacht níos fearr agam air. Ach mar a bhím ag rá i gcónaí, nuair a thagann smaoineamh chugat, bíonn a fhios agat ar an bpointe an dán é nó gearrscéal nó dráma. Piocann an smaoineamh a sheánra féin de ghnáth i mo chás-sa ar aon nós, mar a déarfá, beag beann ormsa mar údar.

Ach an méid sin ráite, bheinnse níos dírithe ar an bprós. Scríobh mé roinnt mhaith drámaí, agus dáiríre, chaithfinn a rá gur dóigh go raibh na haistriúcháin a rinne mé ar dhrámaí Martin McDonagh mar spreagadh mór dom. Bhíodh daoine ag rá go minic liom, "Tá tú go maith ag scríobh comhrá agus ba chóir duit drámaí a scríobh", agus b'fhéidir go raibh ach ní gá gur buntáiste é sin i gcónaí. An locht atá ar mo chuid drámaí, b'fhéidir, ná go bhfuil an iomarca comhrá iontu agus go mbeadh siad níos fearr iad a bheith níos gonta le níos lú comhrá. Is níos mó sosanna nó stadanna chun cead a thabhairt don éisteoir nó an lucht féachana rudaí a thuiscint, a machnamh a dhéanamh. Gan an iomarca a rá amach díreach. Ach ansin arís, is maith le muintir na Gaeltachta caint, dea-chaint agus cruachaint. Fuair mé amach nach leor sin ar chor ar bith le haghaidh drámaí. Ach san am céanna, thaitin sé liom a bheith ag scríobh drámaí agus tá slám drámaí eile scríofa agam nach bhfuil léirithe fós. Bheadh súil agam go léireofaí iad, ach tá cuid acu cineáilín garbh, b'fhéidir, ó thaobh foclóra dhe. Níl sé curtha as an áireamh agam nach scríobhfainn tuilleadh drámaí dar ndóigh agus bím ag aistriú drámaí. Tá dráma le Beckett aistrithe agam [*Happy Days/Laethanta Sona*] agus táim ag aistriú dráma eile leis, *Not I/Ní Mise* faoi láthair. Ach an méid sin ráite is dóigh liom go bhfuilim níos compordaí ar an bprós. An rud eile faoin drámaíocht, chomh maith, nuair atá tú ag scríobh is cineál comhfhiontair atá ann idir tú féin agus daoine eile. Tabharfaidh tú an dráma nó dréacht dó do stiúrthóir amharclainne agus má ghlactar leis beidh neart siar is aniar is athscríobh ann, dréachtaí difriúla dá gcur ar fáil, agus ansin beidh léamh ann leis na haisteoirí agus beidh tuilleadh siar is aniar agus anonn is anall ann sul má tá sé críochnaithe. Caitheann tú oibriú mar chuid d'fhoireann. Tá sé go deas, tá sé an-taitneamhach go deimhin, agus bainim sásamh as a bheith ag obair le haisteoirí proifisiúnta. Ach san am céanna, bainim taitneamh freisin as a bheith ag obair ar úrscéal mar go bhfuil mé ag obair as mo stuaim féin amháin gan aon duine eile ag rá liom é a dhéanamh ar an gcaoi seo nó ar an gcaoi siúd. Is ní hé nach n-aontaím leo, le tuairimí daoine eile is nach maith ann a leithéid. Nuair a bhíonn saothar scríofa agam, cuirim amach chuig roinnt daoine é le tuairimí is aiseolas a fháil agus mar sin de, chun moltaí a dhéanamh agus tuigim an leas a dhéanann sé sin d'aon saothar. Bím féin ag stiúradh go leor ceardlanna scríbhneoireachta agus cuidíonn siad go mór le daoine atá ag scríobh. Abair gearrscéal, má léann deichniúr é ag ceardlann agus má fhaigheann an t-údar roinnt moltaí ó léitheoirí éagsúla; bím ag rá i gcónaí, muna nglacfá ach le cúig nó le deich faoin gcéad de na moltaí sin a fhaigheann tú, gur mór an slacht a chuirfeadh siad go minic ar ghearrscéal nó ar úrscéal. Thugainn féin faoi deara, go minic, mar fhoilsitheoir a bhíodh ag cur comhairle ar scríbhneoirí agus cuid acu, ghlacfaidís leis agus cuid eile ní ghlacfadh mórán leis. Agus nílim ag rá go mbíodh mise ceart agus go mbíodh siadsan mícheart. Ach an rud faoi, an rud a thug mé faoi deara go minic, ba iad na scríbhneoirí ab fhearr i gcónaí beagnach a bheadh ag teacht ag iarraidh comhairle. Leithéidí Phádraic Breathnach, Liam Ó Muirthile agus daoine mar sin a raibh fios a ngnó agus a ngairme go maith acu agus a bhí go maith ag scríobh. Ba iadsan agus a leithéidí a bheadh ag iarraidh a saothar a fheabhsú, barr slacht a chur air. Agus na scríbhneoirí nach mbíodh leath chomh maith, b'fhéidir, a cheapann go mbeadh chuile rud ar eolas acu cheana féin, siad ba lú a ghlacfadh le comhairle, nó a thagadh dá hiarraidh. B'in é mo thaithíse go ginearálta mar fhoilsitheoir ar aon nós.

Tá úrscéal amháin scríofa agam, *Sna Fir,* go dtabharfá úrscéal air, ach ansin tá na cinn eile ann gur *novellas* iad nó úrscéalta gearra: *Sa Teach seo Anocht* agus *Seachrán Jeaic Sheáin Johnny.* Agus thosaigh mé á scríobh sin [*Seachrán Jeaic Sheáin Johnny*] agus bhí a fhios agam nach gearrscéal a bheadh ann agus bhí tuairim agam nach úrscéal a bheadh ann. Glaofaidh mé *novella* air, mar sin, a deirimse mé liom féin agus ag an am ní raibh mé cinnte céard é *novella* ach chuaigh mé á *ghoogleáil* ina dhiaidh sin agus léigh mé alt mór fada ag inseacht céard é *novella* agus bhí sin iontach mar *fiteálann* sé isteach sa sainmhíniú sin go breá, nó an míniú a léigh mise air. Chomh fada agus is cuimhneamh liom in *novella,* tugann tú taobh amháin den scéal, tugann tú an scéal ó thaobh duine amháin, carachtar amháin, dearcadh amháin agus in *Seachrán Jeaic Sheáin Johnny,* seanfhear a bhíonn i gceist agus é ag caint agus ag smaoineamh ar an mbean óg a thagann ar cuairt chuige, agus é mar a bheadh ag iarraidh a dhéanamh amach cérbh í féin dáiríre. Tá ceann eile scríofa agam le blianta beaga anuas, *Sa Teach seo Anocht,* agus arís, is fear an príomhcharachtar atá ar tí siúl amach as saol a mhná agus a mhic. Seans go bhfeileann an focal *novella* mar theideal ar an seánra sin. Ach ní gá na teorainneachaí seo a bheith docht ná tada mar sin ach tá sé difriúil le húrscéal mór fada le go leor carachtar agus mar sin de. Táim ag obair ar an tríú nóibhille faoi láthair, *An Bhlaosc sa mBois,* ina bhfuil scannal pháistí Thuama mar a thugtar air mar chúlra de. Dearcadh amháin atá sa leabhar seo freisin, seanfhear agus é ag breathnú siar ar a shaol féin agus ar an saol nach raibh aige lena dheirfiúr ... ach a d'fhéadfadh a bheith aige murach cúrsaí an tsaoil.

SMR: An bhfuil sé i gceist agat tríológ a dhéanamh as *An Fear a Phléasc* agus *An Fear nach nDéanann Gáire*? Nó an bhfuil aon phlean mór cruthaitheachta agat i láthair na huaire?

MÓC: Go deimhin níl. Scríobh mé *An Fear a Phléasc* agus d'éirigh go han-mhaith leis. Sin mar a bhí mé ag scríobh ag an am agus tharla sé gur scríobh mé na scéalta sin thar tréimhse áirithe agus lean mé ar aghaidh ansin agus scríobh mé *An Fear nach nDéanann Gáire,* díreach ina dhiaidh sin agus tá sé cosúil leis *An Fear a Phléasc 2,* cuid mhaith. Ach bhí mé ag rá liom féin, is rud é seo fúm, bíodh sé go maith nó go dona, bím ag iarraidh rud eicínt nua a dhéanamh, rud eicínt difriúil, rud eicínt nach bhfuil déanta cheana agam, fiú má tá sé dúshlánach, fiú mura n-éireoidh leis i gcónaí. D'fhéadfainn filleadh agus *An Fear a Phléasc a 3* a scríobh dá mbeinn ag iarraidh, ach ní bheinn ar bhealach eicínt. Faoi láthair ar aon nós. B'fhearr liom iomaire nua ar fad a threabhadh. Rud eicínt difriúil. Fiú dá dtógfadh sé tamall orm. Agus rinne mé sin, sílim, leis an leabhar sin *Diabhlaíocht Dé,* an cnuasach a tháinig i ndiaidh an phéire eile ach atá an-difriúil. Bhí sé an-deacair é a scríobh. Fuair mé fíordheacair é cuid de na scéalta sin a scríobh, a láimhseáil. An leabhar is mó a bhfuair mé trioblóid uaidh, cinnte. Seans go bhfuil cúpla scéal atá sách maith ach tá cuid eile ... Bhí cuid acu a tháinig chugam sách éasca, ach bhí cuid acu an-deacair dáiríre, is gan a fhios agam cá raibh mé ag dul le cuid acu. Ach níl aon aiféala orm go ndearna mé an iarracht agus b'fhearr liom é sin, cinnte, agus teip ná sort *An Fear a Phléasc 3* a scríobh. Fiú muna n-éireodh le cuid de na scéalta nuair a d'éireodh le scéalta níos éasca. *Fail better,* mar a dúirt Beckett. Agus sa chéad chnuasach eile, má bhíonn cnuasach eile ann, b'fhearr liom fanacht tamall agus rud eicínt difriúil ar fad a dhéanamh. Agus ansin arís ní shin le rá nach dtosóinn ag scríobh scéal Flaitheartach maidin amárach, scéal ina mbeadh tús, lár, agus deireadh mar a bhí go fairsing sa ngearrscéal traidisiúnta. Nílim ag rá nach ndéanfainn é sin ach is maith liom an éagsúlacht. Bíonn úire ann domsa mar scríbhneoir.

Bím ag caint i gcónaí faoi leithéid John McGahern, agus is breá liom a shaothar. An scoth. Ach san am céanna, is beag nach bhféadfá a rá gurb é an t-úrscéal céanna a scríobh sé sé huaire, ar bhealach. Is é sin go bhfuil na húrscéalta ar fad lonnaithe sa bpobal céanna, a bheag nó a mhór. Ach tá siad an-mhaith agus is breá liom iad go háirid *Amongst Women* agus an ceann deireanach óna pheann, *They May Face the Rising Sun,* tá siad iontach. Ach mar sin féin, scríobh sé faoin bpobal céanna a bheag nó a mhór ó thús, ó *The Dark* agus *The Barracks,* agus ar aghaidh ansin agus tá *The Barracks* iontach mar leabhar. Ach má thógann tú scríbhneoirí eile ar nós John Banville nó Alan Titley s'againn féin, má tá cead agam Alan Titley s'againn féin a rá, mar Chonamarach. Scríobh sé sé nó seacht d'úrscéalta atá lonnaithe i dtíortha éagsúla, ó Mheiriceá go hAlbain go dtí an Afraic go dtí Éirinn iad lonnaithe in aoiseanna difriúla, cuid acu lonnaithe thiar sa stair cúpla céad bliain siar. Tá chuile úrscéal aige beagnach, chomh héagsúil sin, chomh difriúil sin. Níl mé cinnte an ndearna sé d'aon ghnó é sin nó díreach gur tharla sé. Ach is dúshlán atá ann a leithéid a dhéanamh agus léiríonn sé cruthaitheacht. Tá buntáistí ann sa méid is dá dteastódh uait rud eicínt difriúil a fheiceáil ó scríbhneoir le gach úrscéal dá gcuid a léann tú ach ar an taobh eile den scéal má thaitníonn stíl scríbhneora faoi leith leat tá tú ag iarraidh John McGahern mar go mbeidh tuairim mhaith agat roimh ré céard a gheobhas tú uaidh. Má thaitin an chéad cheann leat, thaitneodh na sé sin. Ach bheinnse ag moladh freisin go mbeimis beagán níos dúshlánaí mar scríbhneoirí. Ó mo thaobhsa dhe, faighim níos mó sásaimh as mé féin nuair a bhíonn dúshlán á leagan síos dhom féin agam – nó ag duine éigin eile – ar bhealach eicínt. Agus b'fhearr liom tabhairt faoi mar sin agus fiú mura n-éireodh leis ach caoga faoin gcéad, agus ní éireoidh le saothar scríbhneora i gcónaí, ach ní bhíonn a fhios agat i ndáiríre go dtabharfaidh tú faoi.

Bhínn ag athrá i gcónaí faoin scríbhneoireacht, rud a dúirt Seán Ó Ríordáin: ní féidir dán a ordú mar a d'ordófá punt tae nó punt siúcra i siopa. Uaireanta, bheadh daoine ag teacht chugat ag iarraidh coimisiúin a bhronnadh ort ach ábhar éigin a scríobh a bhfuil baint aige le háit éigin, gné éigin faoi leith den saol agus chuirfeadh sé sin laincisí áirithe ort. Agus bhínn ag rá i gcónaí: ní fheileann sin domsa. Bhínn ag rá gur rud é an scríbhneoireacht a chaithfeas tíocht uait féin, ón taobh istigh, seachas duine eicínt a bheith ag bronnadh ábhair ort le tabhairt faoi. An rud is mó a chuireann gráin orm ná nuair a thagann daoine chugam agus go n-inseoidh siad scéal dom, scéal spéisiúil b'fhéidir, eachtra a tharla do dhuine eicínt, agus deir siad gur chóir domsa scéal a scríobh faoi sin. Cé go mb'fhéidir go mbeadh an scéal go maith ní hionann é agus ní thagann sé ón taobh istigh, ó do chroí féin, mar a déarfá. Ach ní hin le rá nach ngabhfadh scéal dá leithéid i bhfeidhm ort agus nach mbainfeá ábhar scéil as a leithéid. B'amhlaidh a bhí i gcás an scéil 'An Mercyfucker' a scríobh mé blianta fada ó shin. Nílim cinnte cé mhéad den fhírinne a bhí ann. D'fháisc mé scéal as an tuairisc a tugadh dom. Níor chóir don scríbhneoir aon doras a dhúnadh. Agus an méid sin ráite ar fad ar fad, bhí mé gníomhach le *Cúirt* roinnt blianta ó shin agus d'iarr siad orm píosa próis a scríobh, míle focal nó mar sin, bunaithe ar logainmneacha. Scéal éigin a mbeadh ceangal aige le logainmneacha nó an dinnseanchas. An plean a bhí ann ná beirt scríbhneoirí Éireannacha a nascadh le beirt scríbhneoirí Māori ón Nua-Shéalainn. Agus scríobhfadh muid ar fad, an ceathrar againn, píosa próis nó dán agus d'aistreofaí iad sin go Béarla agus bheadh léamh againn ar Zoom ag an am, dar ndóigh. D'iarr siad orm sin a dhéanamh agus go drogallach, ghlac mé leis mar bhí baint agam féin lena eagrú ó thaobh Chló Iar-Chonnacht agus chuir mé ceist ar chúigear scríbhneoirí eile agus ní raibh éinne acu in ann nó sásta é a dhéanamh de bharr brú ama nó cúraimí eile. Le scéal fada a dhéanamh gearr, dúirt mé leo go scríobhfainn féin é agus scríobh ach scríobh mé i bhfad níos mó ná an míle focal a bhí i gceist agus in imeacht ama bhí sé ag fás isteach ina ghearrscéal agus anois tá sé ag fás isteach ina *novella* agus táim ag obair i gcónaí air. Sin mise do mo bhréagnú féin, mar a déarfá, sa méid is gur ghlac mé leis an dúshlán nó leis an smaoineamh a tháinig ó dhuine eile.

Sin mise ag déanamh rud a dúirt mé go minic nach ndéanfainn. Tá mé sásta go maith leis an méid atá scríofa agam agus braithim go bhfuil *novella* láidir go maith ann nó go mbeidh nuair a bheidh sé críochnaithe. Agus arís beidh sé difriúil ó na saothair eile.

An rud eile a bhfuil mé ag obair air faoi láthair atá difriúil arís ná *novella* eile nó úrscéal gearr, faoi Bhríd Ní Mháille. Ise a chum an dá amhrán, 'Amhrán an Bháthadh' agus 'Amhrán South Boston', ach sa lá tá inniu ann tá an dá amhrán measctha ina chéile in 'Amhrán na Trá Báine' nó 'Mo Mhíle Slán Leat a Éirinn Bhocht', agus chuala gach duine a bhfuil fhios acu tada faoin sean-nós caint air sin. Is amhrán é faoi thriúr deartháir léi a bádh sa Trá Bháin ach meastar anois nach timpiste a bhí ann ach gur bádh d'aon ghnó iad. Tharla sé seo ar fad sna hocht déag seachtóidí; bhí sise imithe go Meiriceá timpeall dhá bhliain sul má tharla sé sin agus níor tháinig sí ar ais ariamh. Mhair sí i Meiriceá timpeall seasca bliain ina dhiaidh sin. Tá mise mar úrscéalaí ag iarraidh a saol siúd a thuiscint, nó déanamh amach cén cineál saoil a bhí aici thall ansin, théis cloisteáil faoin tragóid. Ag an am, dar ndóigh, seans go dtógfadh sé mí litir a chur anonn as Conamara go Meiriceá. Ní hamháin gur bádh iad ach níor frítheadh na coirp ariamh. Seans gur lean an cuartú agus an tóraíocht ar aghaidh ar feadh leathbhliana nó cúpla mí ar a laghad. Tá mé á samhlú i Meiriceá agus í scoite amach ón bpian. Níl ach fíorbheagán eolais againn fúthu; tá an dá amhrán ann, tá beagán sonraí eile ann ach nócha faoin gcéad den eolas atá againn fúthu, tagann sé ón dá amhrán agus níl ansin ach fiche cúig nó tríocha véarsa ar fad! Seo togra eile arís atá an-difriúil agus ní rud é a cheap mé go mbeinn a dhéanamh go deo ach faighim an-spéisiúil é agus tá mé théis go leor taighde a dhéanamh ar an saol i Meiriceá ag an am agus an obair a bhíodh ar siúl acu agus an tírdhreach agus dá chur sin i gcomparáid le tírdhreach na Trá Báine i gConamara. Tá tránnaí na Trá Báine agus South Boston siúlta agam le bliain anuas agus áiteachaí eile ina meastar go mbíodh sí ina cónaí agus ag obair. Níl fiú seoladh amháin cruinn aimsithe agam ina raibh cónaí uirthi i mBoston, go fóill ar aon nós. Ach ní stopann sin mé. Is cineál *artist's impression* a bheas ann den saol a bhí aici dar liomsa i ndeireadh báire. Sin an fáth a bhfuil mé ag lua an dá thogra seo mar dhá shampla scríbhneoireachta. Dhá shaothar a bheas an-difriúil.

Is fearr gan aon doras a dhúnadh, is dóigh. Ní féidir. Tarlaíonn rud nó tagann rud an bealach nó isteach san intinn agus luíonn sé ar d'intinn ansin agus ansin téann tú ag obair air – nó bíonn sé ag obair ort – agus is leor sin chun tús a chur le rud éigin agus leagan air.

SMR: Tarraingíonn tú ar théamaí éagsúla ilghnéitheacha i do shaothair liteartha agus baineann cuid acu le téamaí gnéasachta nó aeracha, rud a bhí cróga go leor, dar liom, nuair a d'fhoilsigh tú *An Fear a Phléasc* in 1997, agus thuill an gearrscéal 'Athair' gradaim i ndiaidh duit é a fhoilsiú. Ar bhraith tú go raibh tú ag 'teacht amach' sa chnuasach sin?

MÓC: Ní dóigh liom gur bhraith mé go raibh mé ag tíocht amach agus ní dóigh liom gur bhraith mé cróga ach an oiread. Bheadh scéaltaí eile seachas

'Athair' ann a bhí i bhfad níos cróga, an ceann sin "Gabhal na gCloch" mar shampla, bheadh sé sin níos cróga, b'fhéidir. Déanann daoine tagairt dó seo, "scríbhneoirí aeracha", agus mar sin de, b'fhearr liom a rá gur scríbhneoir mé, lánstad. Agus má chuireann tú san áireamh an méid atá scríofa agam – an t-iomlán – tá úrscéal aerach amháin ann, d'fhéadfá sin a rá, *Sna Fir.* Agus ansin tá sé nó seacht de ghearrscéalta as dhá scór gearrscéal ar fad agus tá carachtar amháin aerach sna trí dhráma atá léirithe as, is dóigh, breis agus dosaen carachtar san iomlán. Dhéanfainn féin an argóint sin, nach bhfuil an téama aerach chomh mór sin i mo shaothar. Ach is dóigh dá bpiocfá cúpla téama mór as mo shaothar, bheadh sé mar cheann acu cinnte, ach tá go leor leor eile scríofa agam nach mbaineann leis an ábhar, beag ná mór. Ag an am níor bhreathnaigh mé ar an leabhar mar theacht amach ná tada mar sin. Bheadh roinnt mhaith de na scéalta foilsithe in irisí roimhe sin ar aon nós. Is an scéal sin 'Athair', sin gearrscéal nach bhfuil dírbheathaisnéisiúil ar chor ar bith. Is gearrscéal é a d'fhéadfadh a bheith dírbheathaisnéisiúil, dar ndóigh ach níl. Deireann go leor daoine gurb in é an scéal is fearr a scríobh mé nó ceann acu. An rud aisteach faoi sin, ná go bhfuil sé ar cheann de na scéalta is lú a bhfuair mise deacracht uaidh dá scríobh. Uaireanta, corruair, scríobhann gearrscéal é féin. I mo chás-sa bíonn b'fhéidir fiche nó tríocha dréacht ar a laghad agam de gach scéal ón gcéad leagan lámhscríofa go dtí an leagan foilsithe. Ach an scéal áirid sin, dáiríre, níl an oiread sin de dhifríocht, idir an chéad leagan agus leagan a tríocha, nó cibé leagan a bhí sa leagan deiridh. Faraor, ní tharlaíonn sé sin go minic, b'fhéidir uair amháin nó dhó i saol an scríbhneora. Bím ag rá go minic, dá bhféadfainn cúpla scéal eile mar sin a scríobh ach ní hin é an chaoi a n-oibríonn sé. Ní mar sin a bhíonn. Tá sé agus *Sna Fir* foilsithe le blianta fada, na blianta ina raibh mé féin níos óige agus ag meascadh leis an saol aerach cuid mhaith agus ag dul amach ag clubannaí agus beárannaí aeracha agus mar sin agus bhí an t-ábhar faoi mo bhois agam, mar a déarfá, rud nach mbeadh mórán i gConamara ná i nGaillimh. Bhí eolas agam ar an ábhar ón taobh sin. Tharla sé go nádúrtha agus ní hé gur shuigh mé síos lá amháin agus gur dhúirt mé, "Táim ag gabháil a scríobh scéal aerach mar ba cheart dom scéal aerach a scríobh". Rud eile a tharla, áfach, scéal eile scríofa agam, 'As Láimh a Chéile', agus dúradh liom faoi go raibh ábhar úrscéil ann agus is as sin go hindíreach a d'fhás an t-úrscéal, *Sna Fir,* mar tá an chuid sin nó an chaibidil sin ann. Táim ag caint ar rud eicínt a scríobh mé tríocha bliain ó shin anois; is bíonn an fhadhb seo agam ag plé le rangannaí nó nuair a bhím ag caint le rangannaí go mbíonn sé dearmadta agam féin céard a scríobh mé go minic agus ní léim mo chuid leabhar féin, dar ndóigh. Bíonn i bhfad níos mó ar eolas ag na daoine a chuireann na ceisteannaí orm ná mar a bhíonn agam féin agus bíonn cineál náire orm agus b'fhéidir díomá orthusan. Ach ag breathnú siar, ag an am, ní hé gur dhúirt mé liom féin "Scríobfaidh mé úrscéal aerach". Is faoi charachtar a scríobhann údar ar bhealach is ní faoi ábhar cé gurb é an scríbhneoir a chruthaíonn an carachtar i dtosach agus a bhronnann a thréithe air. De ghnáth ó thaobh gearrscéil, tagann carachtar nó smaoineamh chugat. Go minic, carachtar nó eachtra, mar a déarfá, agus tógann nó cruthaíonn tú scéal timpeall air sin. Ach tá a fhios agam go ndéanann daoine eile é, ar bhealaí eile, scríbhneoirí áirithe a deir: "*OK*, scríobhfaidh mé scéal ina mbeidh drugaí", nó ábhar eicínt mar sin, agus níl sé sin mícheart ach ní hin an chaoi a dtabharfainnse faoin bpróiseas scríbhneoireachta. Ag dul siar go dtí *Sna Fir*, is cuimhneamh liom gur as an ngearrscéal, 'As Láimh a Chéile,' a tháinig sé go pointe. Ní hé nach raibh sé i gceist agam scríobh faoin saol aerach ach d'fhéadfadh an t-úrscéal sin, nó úrscéal eile, teacht ó charachtar eile sa scéal, is é sin, Beairtle Bun a' Bhaile, nó an t-amhránaí sean-nóis, Johnny Rua. D'fhéadfainn úrscéal aerach bunaithe ar shaol duine acu sin a scríobh a bheadh difriúil le *Sna Fir* mar go mbeinn ag plé le carachtar aerach ó ghlúin eile ach sách cosúil le *Sna Fir* freisin. Rud eile a tharla ag an am is mé ag scríobh faoin amhránaí sean-nóis, [an carachtar] Johnny Rua, agus tarlaíonn sé seo le linn na scríbhneoireachta scaití, thosaigh an carachtar ag fás uaidh féin. Mionpháirt a bhí le bheith aige sin sa scéal, go bunúsach, ach ar bhealach éigin thosaigh sé ag fás i ngan fhios dom agus thaitin sé liom mar carachtar, agus bhí píosaí dhe á scríobh aige uaidh féin beagnach. Tarlaíonn sé sin in úrscéalta, go dtosóidh mioncharachtar ag fás uaidh féin ionas go dtarlaíonn sé ag an deireadh gur mórcharachtar a bheadh ann faoi chríoch an scéil. Tharla sé sin i gcás Johnny Rua san úrscéal sin, agus ní raibh a fhios agam gur mar sin a bheadh ag an tús. Sin an chaoi a mbíonn úrscéal: bíonn an canbhás leathan agus tá sé in ann dul i dtreonna éagsúla. B'fhéidir gur míbhuntáiste é sin agus b'fhéidir gur laige an t-úrscéal dá bharr agus b'fhéidir nach ea, ní bhíonn a fhios agat ariamh. Is éard atá mé ag rá ná nach bhféadfadh tú chuile shórt a bheith pleanáilte roimh ré. Bhuel, d'fhéadfadh, ach ní bhraithimse go mbeadh sé sin nádúrtha. Tá aithne agam ar scríbhneoir amháin a deireann go n-oibríonn sé an scéal ar fad amach ina chloigeann roimh ré agus níl tada mícheart leis sin, ach bheinnse dá láimhseáil ar bhealach difriúil ar fad. Sin mar a bhím ag rá le mic léinn nó scoláirí a bhíonn ag na ceardlanna: "Níl aon bhealach amháin ann, caithfidh tú do bhealach féin a aimsiú", cibé rud a oireann duit féin, nó cibé rud a oibríonn duitse. Dá mbeadh bealach amháin ann bheadh chuile scríbhneoir ag scríobh ar an mbealach céanna agus as saol níos leadránaí. Caitheann tú do bhealach féin a aimsiú le tabhairt faoi úrscéal dá réir. Ó tharla gur éirigh leat scéal maith amháin a scríobh, ní hé sin le rá go mbeidh an chéad cheann eile go maith ná baol air. Tharla sé do Brian Friel a scríobh dráma iontach *Dancing at Lughnasa.* Glacadh leis go domhanda mar scothshaothar ach an dráma a scríobh sé ina dhiaidh sin, ní cuimhin liom a ainm anois, níor éirigh go rómhaith leis. Má tharlaíonn sé dá leithéid siúd, duine de mhórdhrámadóirí a linne! Tharla sé sin do dhrámadóir Gaeilge geábh; bhí dráma ar stáitse aige agus tógadh den stáitse é théis seachtain nó mar sin. Samhlaigh go raibh dul amú, mar sin, air féin, ar an stiúrthóir, ar an léiritheoir, ar an amharclann. Teip an-phoiblí oscailte a bhíonn ann i gcás dráma. Ar a laghad i gcás úrscéil bíonn an teip i bhfad níos príobháidí, níos ciúine is i ngan fhios den saol, b'fhéidir. Bíonn ort tosaí as an nua le gach saothar agus an-chuid páipéar bán os do chomhair gan aon chinnteacht ann go n-éireoidh leat leis an babhta seo, fiú má d'éirigh leat leis an babhta roimhe sin. 'You're only as good as your last game,' a deireann lucht spóirt ach is baolach nach féidir é sin féin a rá faoin scríbhneoir.

SMR: Tugann tú aghaidh ar an gcollaíocht agus ar an ngnéasacht go neamhbhalbh i do chuid saothair chruthaitheacha. An gceapfá gur ghlac léitheoirí uirbeacha leat níos mó ná léitheoirí Gaeltachta i dtaca leis na téamaí sin?

MÓC: Tá sé an-deacair a rá. Tá a fhios agam mar fhoilsitheoir go ndíoltar ar a laghad trian de na leabhair i mBaile Átha Cliath ach ansin tá trian de dhaonra na tíre ina gcónaí i mBaile Átha Cliath ar aon nós. Tá a fhios agam gur díoladh mo chuid leabhar sa nGaeltacht, ach níor díoladh an oiread sin acu ann. Seans gur mó de mo chuid leabhar a dhíol taobh amuigh den Ghaeltacht. Ní bheadh sé sin le rá faoi mo chomhscríbhneoir, Joe Steve Ó Neachtain, mar shampla, bheadh pobal mór léitheoirí Gaeltachta aigesean mar a bhí, b'fhéidir, ag Johnny Chóil Mhaidhc roimhe ó thaobh na drámaíochta dhe. Ní hé nár léadh, léadh méid áirithe dhíobh sa nGaeltacht, tá mé cinnte, ach ní shamhlóinn gur léigh an t-uafás iad. Ní fhéadfainnse a rá go bhfuil pobal léitheoirí Gaeltachta agam mar a bhí, mar shampla, ag Joe Steve Ó Neachtain, Maidhc Dainín Ó Sé ó dheas agus a bhí, ar feadh tréimhse ar a laghad, ag Pádraig Standún i gConamara agus cúpla údar eile. Shamhlófá scaití nach mbeadh daoine ag iarraidh labhairt leat faoi ábhair áirithe; "Léigh mé do leabhar, thaitin sí liom", lánstad! Sin an méid nó comhghairdeachas as do leabhar. Shamhlaigh mé beagán de sin, scaití, nach mbíodh fonn ar chorrdhuine labhairt liom faoi na hábhair a mbínn ag scríobh fúthu. Agus is cuma liom sa diabhal faoi sin. Is spéisiúla i bhfad liom a bheith ag scríobh ná ag caint faoi mo chuid scríbhneoireachta. B'ionann é agus a bheith ag caint faoi mo chuid oibre. Ach freisin, uaireantaí freisin thiocfadh daoine chugat go ciúin agus déarfadh siad, "Chuaigh an leabhar sin i bhfeidhm orm", agus tharla sé sin níos mó ná uair amháin, daoine a déarfadh "Tá léamh eile agam ar an saol anois" nó "Feicim an saol ar bhealach eile, théis do leabhar a léamh, bealach nach bhfaca mé nó nár thuig mé roimhe sin". Ach de ghnáth, déarfadh siad sin leat ar bhealach ciúin; ní bheadh siad ag déanamh scéal mór dhe. Agus sin rud a thaitneodh liom mar scríbhneoir, go bhfoghlaimeodh duine rud eicínt faoin saol ón saothar. Ní hé gur ceart d'úrscéal a bheith ina théacs oideachasúil nó tada mar sin, ach ní haon ualach an t-eolas, an tuiscint. Osclaíonn leabhar súile duine. Caitheann súil eile ar shaol daoine eile dóibh agus go minic ar a saol féin go díreach nó go hindíreach. B'fhéidir go bhfaigheann siad eolas, léargas nó tuiscint ar ghné éigin dá saol féin. Gné éigin dá saol nach mbeadh aimsithe go díreach acu b'fhéidir ach go mbeadh sórt tuairim acu faoi é a bheith ann. Bhí daoine ann nár thaitin cuid de mo chuid scéalta leo agus fiú an chéad leabhar *Mac an tSagairt,* tá a fhios agam go ndúirt daoine go raibh salachar sa leabhar sin, agus tá a fhios agam duine amháin ar a laghad, bean as Ros Muc, a dhóigh an leabhar. Isteach sa *stove* a chuir sí é mar a d'inis a hiníon dom blianta ina dhiaidh sin. Bhuel, más lá nó oíche fuar a bhí ann b'fhéidir gur choinnigh mo leabhar te í ar a laghad. Agus tá a fhios agam daoine eile a dúirt nár theastaigh uathu an leabhar a léamh mar gheall ar na rudaí a chuala siad a bhí inti ach a léigh é ainneoin sin agus a thuig go raibh an saol sin ann, timpeall orthu. Bhí an taobh sin ann. Sa mbliain 1986 a tháinig an leabhar sin amach, suas le dhá scór bliain ó shin. Ach arís caitheann an scríbhneoir a bheith neamhspleách agus sásta seasamh suas dó féin. Bímse ag rá le daoine nach dteastaíonn uaim a bheith i mo scríbhneoir conspóideach. Má tharraingíonn daoine éigin eile conspóid faoi rud a scríobh mé, ní ormsa an mhilleán, an orm? Céard atá conspóideach i ndeireadh an lae ar aon nós? Cé a shocraíonn céard atá conspóideach agus céard nach bhfuil? Rud a ghoilleann ar dhuine amháin is ola ar chroí an chéad duine eile é! An chaoi a bhfuil Meiriceá ag dul faoi láthair, mar shampla, tá sé truamhéalach, an chaoi gur féidir le duine ábhar conspóide a phiocadh as úrscéal breá a foilsíodh tríocha, ceathracha nó caoga bliain ó shin. I gcás mar sin, nach gcaithfeá a rá go bhfuil an locht ar na daoine féin níos mó ná ar an leabhar?

SMR: Ag tógáil ar an gceist dheireanach, tá baol ann go nglacfadh léitheoirí le do shaothair chruthaitheacha ó am go chéile mar shaothair bheathaisnéise. Mar thoradh air sin, an mbíodh nó an mbíonn drogall ort téamaí nó ábhar ar leith a phlé go liteartha atá pearsanta nó príobháideach?

MÓC: Ní bheadh. Ní shílim go mbeadh drogall orm. Tá an baol ann go gceapfadh léitheoirí áirid a leithéid, ach shamhlóinn go mb'fhéidir gur mionlach iad sin. Agus mar a cheapfainn féin, *so be it,* mar a déarfá. Caithfidh scríbhneoir a bheith fírinneach, misniúil, ní dul i bhfolach. Tuigeann tú go bhfuil scéalta go leor agam bunaithe ar rudaí nach bhféadfadh go mbeadh aon bhaint acu le mo shaol féin. Má thógann tú, mar shampla, an *novella* is deireanaí, *Sa Teach seo Anocht,* is faoi fhear pósta é le mac óg agus a bhean atá ar tí scaradh óna chéile agus ní raibh mise pósta ariamh agus níl páistí agam. Ní bheadh taithí díreach mar sin agamsa. Ach caithfidh mé a rá gur bhain mé an-phléisiúr go deo as a bheith á scríobh sin. Cuireann daoine ceist orm, "Céard a bhíonn i ngearrscéal nó i bpíosa scríbhneoireachta?", go háirithe mic léinn i ranganna ollscoile agus deirim leo go bhfuil trí chuid, ann go ginearálta: go bhfuil do thaithí phearsanta féin ann go pointe, go bhfuil taithí dara láimhe ann (is é sin, go léimse scéal in iris éigin nó feiceann mé clár teilifíse, mar shampla, faoi bhean a raibh páiste *stillborn* aici, nó taithí éigin mar sin nach mbeadh agam féin choíche), agus an tríú cuid, an chuid is tábhachtaí, dar liom, ná an tsamhlaíocht. Cén chaoi a samhlófá, céard a dhéanfadh duine dá mbeadh sé sa gcás áirithe seo nó siúd? Sin na trí chuid, na trí shnáth, gur féidir a lua le haon phíosa scríbhneoireachta, dar liom. An taithí phearsanta, an taithí dara láimhe agus an tsamhlaíocht – trí shnáth. Ach sílim féin gurb í an tsamhlaíocht an ghné, b'fhéidir, is fearr má éiríonn leat an tsamhlaíocht a chur ag obair, í a aimsiú. Scaití má chuireann duine ceist orm an bhfuil scéal áirithe de mo chuid dírbheathaisnéisiúil, deirim leo má tá an iúmar sin orm go bhfuil na trí shnáth sin ag rith trí mo chuid scéalta agus cead acu féin an chuid atá dírbheathaisnéisiúil a dhéanamh amach más maith leo. Cuireann sé i gcuimhne dom freagra breá a thug Pádraig Standún ar iriseoir éigin blianta ó shin nuair a chur sí ceist air an raibh scéal an tsagairt san úrscéal *Súil le Breith* dírbheathaisnéisiúil. 'I must be given some credit for my imagination,' a d'fhreagair sé. Ach le filleadh ar *Sa Teach Seo Anocht*, scríobh mé an *novella* sin faoi ábhar a bhí taobh amuigh de mo thaithí féin cuid mhaith. Caithfidh mé a rá go raibh sé dúshlánach ach fíorthaitneamhach san am céanna. Ar bhealach, b'fhéidir gurbh fhearr liom a bheith ag scríobh faoi nithe nach bhfuil dírbheathaisnéisiúil. Tá saoirse de chineál eile ag baint leis. An dá shaothar eile a bhfuil mé ag obair orthu faoi láthair, níl siad dírbheathaisnéisiúil ar aon bhealach. Tá an ceann a thosaigh leis na logainmneacha, *An Bhlaosc sa mBois*, tá sé bunaithe go simplí ar *the Tuam Baby Case*, é sin mar chineál cúlra dó. Agus ansin scéal Bhríd Ní Mháille. Ní bheadh mórán sa dá *novella* sin a bheadh dírbheathaisnéisiúil. Ach cá bhfios nach mbeadh ar bhealach eile, óir i ndeireadh báire níl aithne ag éinne againn ar éinne eile seachas orainn féin, is é sin má tá aithne againn orainn féin. Ach táim ag tabhairt fúthu le díograis agus ag baint taitneamh as ach ar ndóigh tá sé dúshlánach ach cén fáth nach mbeadh? Is cuimhneamh liom ag ceardlann uair amháin agus bhí an bhean seo ann agus bhí píosa scríofa aici a bhí an-deas ach bhí rud amháin nó dhó ann a bhraith muid ba cheart di a athrú agus mhol muid é sin di. Ach dúirt sí, "But this is what happened. This is how it happened", ach an ficsean atá uait? Agus dúirt sí nach n-athródh sí tada ainneoin beagnach chuile dhuine eile a bhí páirteach sa gceardlann a bheith ag moladh athrú a dhéanamh. Agus tá sin go breá más dírbheathaisnéis é, ach má tá gearrscéal uait, mar a dúirt Máirtín Ó Cadhain, "Ní hionann fírinne na healaíne agus fírinne an tsaoil", nó fírinne na staire dá dtiocfadh sé go dtí sin. Tá an dá fhírinne ann: fírinne na staire nó an tsaoil agus fírinne na healaíne. Nuair atá muid ag plé le gearrscéal nó *novella,* is í fírinne na healaíne atá uainn, sílim, níos mó ná fírinne an tsaoil. Tharlódh gurb ionann iad scaití, dar ndóigh.

SMR: Le roinnt blianta anuas, tá an téarma aiteach in úsáid i ndioscúrsaí chritic agus cultúrtha na Gaeilge. Céard do mheas ar an téarma sin? Cé na focla/na frásaí a d'úsáidfeá in áit 'aiteach' nó 'aerach'?

MÓC: Bhí mé i mo shuí sa bpub uair amháin agus chuala mé duine ag caint faoi dhuine eicínt ag rá "gur duine acu siúd" a bhí ann. Duine acu siúd. Leagan eile, leagan gránna a bhíodh in úsáid, ná cigire tónach; sin ceann a bheadh coitianta agus a bheadh an-mhaslach, dar ndóigh. Sílim gur chuala mé duine eicínt ag úsáid an téarma "lacha geábh". Nílim cinnte cén fáth lacha; nuair a shiúlann lacha bhíonn siad ag bordáil ó thaobh go taobh, b'fhéidir? Úsáidim féin nathanna cainte ar nós "Tadhg an Dá Thaobh" ar bhealach cruthaitheach tá súil agam chun cur síos a dhéanamh ar *bisexual.* Sin seanleagan Gaeilge atá an-choitianta faoi dhuine a bheadh liom leat nó b'fhéidir a bheadh "Speaking out both sides of his mouths", mar a déarfá i mBéarla i gcás polaiteora nó an cineál sin duine. Ach ní hé go bhfuil mé ina choinne seo [an aiteacht mar théarma], ach cuireann sé mearbhall orm mar scríbhneoir. Fiú an focal *handicapped,* a bhaineann le hábhar eile; *physically handicapped* agus *mentally handicapped,* agus ansin tháinig *special needs,* ansin tháinig *mentally challenged* agus cé mhéad leagan eile a moladh dúinn ó shin? Agus ag an nóiméad seo, níl tuairim agamsa cén focal ba cheart dom a úsáid dá mbeinn, abair, ag caint ar an raidió nó go poiblí. Tá fiche leagan eile ann, agus ag an nóiméad seo níl a fhios agam cén focal atá inghlactha. Cuireann sé mearbhall orm. An ceann is mó a chuireann gráin orm ná "He passed", atá i bhfad níos measa sílimse ná "he passed away". Deirimse fós "He died", agus b'fhearr liom sin. I bhfad uainn an lá ach b'fhearr liom go ndéarfaí sin fúm féin, cibé lá a tharlóidh sé. Is cuimhneach liom an chéad uair a bhfaca mé scríofa é, uncail dúinn a bhásaigh i Sasana suas le dhá scór bliain ó shin agus tamall ina dhiaidh sin tháinig cárta cuimhneacháin chugainn agus is cuimhneach liom mo mháthair a bheith ag breathnú air agus ag déanamh iontais don fhrása '*who passed away on*'. Cuireann sé sin rud eile i gcuimhne dom a chonaic mé an lá cheana ar Facebook, bhí pictiúr ann de *wheelbarrow,* tá muid ag dul siar caoga nó seasca bliain anois, seanphictiúr agus bhí an bhean seo ann in áit eicínt i Meiriceá agus bhí an *wheelbower* lán le *buffalo chips* mar a bhí luaite acu agus chuir duine eicínt ceist ar Facebook "Céard é sin?", agus dúirt mé "Cacannaí Buffalo", is dóigh! Agus an greann a bhain leis sin domsa ná go raibh sé ar nós céanna in Árainn fadó. Bhíodh cacannaí bó á n-úsáid ag muintir Árann mar mhóin le dó scaití dá mbeidís gann mar ní raibh aon phortach ar an oileán. Bhíodh móin á ceannach acu ó Chonamara ach dá mbeadh ganntanas móna orthu, bhíodh cacannaí bó á dtriomú mar ábhar tine. Bhí sé *alright* is dóigh agus b'fhearr é ná gan tada ach ní raibh sé chomh maith le móin. Seo cosúil leis an saol céanna a bhíodh ar siúl i Meiriceá in áit éigin iargúlta seasca nó céad bliain ó shin agus an cineál *buffalo chips* mar a thugann an duine seo air, bhuel bhain sé gáire asam. "I Meiriceá," a deirimse, "leo is maith leo focla deasa a úsáid". Is dóigh go bhfuil daoine mar a bheidís ag iarraidh an teanga a ghlanadh agus a sciúradh. Deargsheafóid. Mar a deir mé, chuirfeadh sé mearbhall ar aon duine; má scríobhaim an focal airithe seo, cé mhéad duine a mhaslós mé? Chiallaigh *chips* rud amháin dúinne, iad sin a bheadh agat ar do phláta le do dhinnéar! Cá bhfágann sé sin an scríbhneoir cruthaitheach? Ghlac an drámadóir Martin McDonagh seasamh an-láidir le gairid agus ní cheadódh d'amharclann éigin oiread agus focal amháin i ndráma dá chuid a athrú. Bhí an ceart aige nó is coillte a bheadh go leor dá chuid drámaí. Mar a rinne roinnt daoine leis an amhrán, 'The Fairytale of New York,' mar shampla. Amhrán iontach. An t-aon amhrán Nollag seans a chastar ar an raidió ó cheann ceann na bliana. Ach féach an coilleadh a rinne an BBC air dornán blianta ó shin, iad ag déanamh an argóint nach mbeadh feiliúnach d'éisteoirí óga nó seafóid eicínt mar sin. 'You scumbag you maggot, you cheap lousy faggot' a bhí sa mbunleagan. Líne iontach! Tá teannadh sa líne sin. Ach 'You're a cheap and you're raggard,' atá curtha isteach sa leagan 'glan oifigiúil'. Dia linn. Cá gcríochnóidh an tseafóid seo? An dtiocfaidh na cigirí teangan seo faoi choinne Chaitríona Pháidín bhocht lá eicínt? An dtarraingeoidh siad aníos as a huaigh an créatúr agus an mbainfidh siad an teanga agus na fiacla aisti – an t-aon sólás atá fágtha aici – sul má chuirfeas ar ais san uaigh chéanna í! Dia idir sinn ... Ach le filleadh ar do cheist, tá an téarma *aerach* níos taitneamhaí. Tá a fhios agam gur tháinig sé ón mBéarla, ón bhfocal *gay*, gur aistriúchán atá ann. Focal ar baineadh úsáid as d'aon ghnó. Agus tá ciall eile againne i gConamara le *aerach*: duine bríomhar, áthasach, a bheadh ag imeacht le haer an tsaoil. Duine nach mbíonn mórán imní air faoi aon rud. Duine a bheadh ar nós cuma liom agus ag baint taitneamh as an saol. Chuala mé bean amháin ag caint faoi Inis Treabhair geábh agus dúirt sí go raibh chuile dhuine aerach ann. An tseanchiall a bhí is atá leis an bhfocal a bhí i gceist aici, dar ndóigh. Ach bhí éisteoir óg éigin ag éisteacht léi! Cén chaoi a bhféadfadh chuile dhuine ar a oileán a bheith aerach, a d'fhiafraigh sé? Ach ní bheadh seanbhrí an fhocail ar eolas ag an duine óg i gcónaí. Ní shin le rá go raibh chuile dhuine sásta an dara brí a bheith curtha leis an bhfocal. Chuala mé seanbhean ag caint ar an raidió lá, bhíodh an ceann céanna ar an raidió go minic, ag gearán faoin mbrí nua a bhí ag baint leis an bhfocal seo anois. Níor theastaigh uaithi a rá go raibh sí i gcoinne daoine aeracha, ach sílim gurb in an fhadhb a bhí aici. Bhí ciall bhreá leis an bhfocal sin uair amháin, a dúirt sí, ach tá sé millte anois! Bhí fonn orm glaoch isteach ar an gclár ach níor ghlaoigh. Tá dhá chiall bhreátha leis anois, a déarfainnse. Ní saineolaí ar fhoclóireacht mise ach tá sé tarlaithe go minic sa stair go n-athraíonn focal a chiall; go dtagann ciall nua le focal i dtréimhsí áirithe agus mar sin de, agus gur rud nádúrtha é sin in aon teanga bheo agus má thosaíonn an pobal go forleathan ag úsáid an fhocail sin agus ag baint an chiall sin as, ní féidir leat iad a stopadh. Is féidir leat duine amháin a stopadh, b'fhéidir ach má tá an pobal théis seilbh a ghlacadh air agus á úsáid, mar atá anois, ní féidir a rá le chuile dhuine beo, "Stopaigí ag úsáid an fhocail sin leis an mbrí sin". Agus arís, ar nós an Bhéarla, glacadh leis agus baineadh úsáid as agus glacadh seilbh air mar nach raibh aon fhocal deas eile ann – nó ní raibh mórán coitianta – sa gcaint, caint a bhí ag cur thar maoil le focla maslacha. An fhadhb atá ann ná go gcaitheann tú a bheith cúramach ach a bheith dílis. Is ceist dheacair í, agus tuigim an deacracht, ach más scríbhneoir cruthaitheach thú caithfidh tú a bheith níos dílse don teanga agus don rud a cheapann tú féin atá ceart agus uaireanta seans a thógáil. Ach nach aisteach an focal é [aiteacht]; nuair a deir duine, "Tá sé sin aisteach", céard é aisteach? Ciallaíonn sé neamhghnách, gan a bheith cosúil le daoine eile, agus tá gach duine neamhghnách ar bhealach eicínt má fhéachann tú sách grinn orthu. Ní hé go bhfuil mé ina choinne, ach ní thuigim na hainmneacha éagsúla a bhaineann le féiniúlachtaí éagsúla, ní féidir coinneáil suas leo, a líon ag méadú chuile lá. Is ea, tá sé deacair agus is dóigh gur fearr gan smaoineamh rómhór air ach coinneáil ort.

Aguisín 2

Agallamh le Cathal Ó Searcaigh (2023)

SMR: Cén chaoi ar spreag laethanta d'óige thú chun a bheith i do scríbhneoir cruthaitheach?

CÓS: Is cinnte go bhfágann laethanta na hóige lorg ar achan duine. I dtaca leis an cheist sin, cuimhním ar ráiteas de chuid Umberto Saba, file Iodálach, a chaith bunús a shaoil in Trieste agus a raibh breac-aithne aige, chomh fada agus is eol domh, ar James Joyce. Dúirt Saba uair amháin, "A poet may be many things, but he is above all else an infant, who marvels at what befalls him when he grows up". Is breá liom an ráiteas sin. Bhí sin ag Seán Ó Ríordáin fosta, *aigne linbh*, soineantacht shúile oscailte an linbh. Maireann an páiste leis na mistéirí, mar a déarfá, sin mar a bhí agamsa ar scor ar bith agus mé ag teacht i méadaíocht i Mín an Leá. Bhí achan rud úr agus rúnda, bhí achan rud úrnua agus *fresh*áilte agus mé ag sú an tsaoil isteach i mo chéadfaí agus i mo chorp. Dálta an pháiste sin, creidim go fóill i mbrí agus i neamhbhrí. Agus mé ag éirí aníos anseo i measc na gcnoc, bhí mé faoi dhraíocht ag an tsolas. Sin rud, b'fhéidir, nár labhair mé ariamh air. Tá tábhacht ar leith ag baint leis an tsolas i mo shaol, an solas seo atá thart orainn i láthair na huaire agus muid inár suí anseo; an solas rúnda sin a bhíonn ag siúl an tsléibhe tráthnóna ionas go sílfeá gur duine de na seandéithe atá amuigh ag déanamh na gcos; an solas tobann sin a chuireann loinnir i linn uisce nó a lasann suas cuibhreann; an solas sin a chuireann aoibh na glóire ar sheantithe tréigthe.

Bhí bá agam leis an tsolas sin agus mé beag bídeach agus tá go fóill. Bhí an solas sin ariamh ina ábhar sóláis agam. Tógann sé mo chroí, spreagann sé mo shamhlaíocht. An domhan a thabhairt chun solais, domhsa, sin cuspóir an dáin. Tá mé i dtólamh ag tnúth leis an tsolas. Tá mé i dtólamh ag dúil leis an taispeánadh sin agus mé amuigh ag siúl na gcnoc. Mothaím gur cuisle feasa atá sa tsolas a iompraíonn eolas na cruinne chugainn.

Bíonn na *mystics*, cuirim i gcás, i dtiúin le *vibeanna* rúndiamhaireacha an tsolais seo. Tá gné éigin dá n-inchinn s'acu sin atá ábalta teacht i dtír ar an tsolas seo. Ciall agus leas a bhaint as agus é a chur in oiriúint d'éirim tuigbheála an duine. Luaim *mystics* a chuaigh i bhfeidhm orm: Rumi, Kabir, Naomh Eoin na Croise, Walt Whitman, Arthur Rimbaud, Albert Einstein, Donald Trump (*gáire*). Ach is minic é ráite agam fosta go raibh éifeacht mhór ag dánta Rabbie Burns orm. Bhí sé de ghnás ag m'athair na dánta sin a léamh os ard nuair a bhí mé beag. Chuaigh an chantaireacht i bhfeidhm orm. Draíocht na fuaime, cleamhnas ceoil na bhfocal, an briathar ag teacht chun solais, mar a déarfá, i mbéal m'athar. Ón am sin amach, bhí fonn orm mo shaol a thabhairt ag cur focla i dtoll a chéile, ag dréim, is dócha, leis an chéad dúiseacht fuaime sin a mhothú, a bhlaiseadh is a athchruthú arís is arís eile. Ina theannta sin, bhí stór mór leabharthaí sa teach ar tógadh mise ann, rud a bhí neamhghnáthach ag an am sin i mbaile fearainn iargúlta na gcnoc. Bhí m'athair, cé nach bhfuair seisean mórán léann scoile, bhí sé an-tugtha don léitheoireacht – bhí spéis ar leith aige sa stair, i bhfilíocht agus i saothar Patrick McGill.

Bunús a shaoil, oibrí séasúrach a bhí ann, ar fheirmeacha Midlothian's in Albain, thart ar Dunbar, Haddington, East Linton agus níos moille ar oibreacha poiblí i gcomharsanacht Ghlaschú. Nuair a bhí ar mo chumas féin léamh a dhéanamh ba ghnáthach leis sac mór leabhar a thabhairt chugam agus é ag pilleadh chun an bhaile i dtrátha na Nollag. Mála an áidh, *lucky bag* mór millteanach an iontais a bhí sna málaí seo. Bhí meascán suaithní d'ábhar léitheoireachta iontu ar chuir mé spéis iontu. Cheannaigh sé na leabharthaí seo ar saorchonradh i margadh na mBarraí, *the Barrows* i nGlaschú. Cha raibh doicheall ar bith air faoin ábhar. Ba chuma leis sa tsioc ach leabharthaí a bheith agam le léamh. Chan duine é a rinne meá nó machnamh de chineál ar bith an raibh an t-ábhar a bhí sna saothair seo fóirstineach do bhuachaill óg. D'fhág sin go raibh mé ag léamh cuid mhaith os cionn m'aoise ag an am agus go raibh mé ag piocadh suas smaointe is tuairimí a bhí go minic in earráid le teagasc na scoile, go háirithe i gcúrsaí creidimh. Bhí mé ag teacht ar an tuairim gur le Dia flúirseach, fáilteach, soilseach an dúlra a bhí mo dhílseacht seachas leis an Dia righin dian a bhí ag dorchú chugam as an Teagasc Chríostaí. Ar an tslí sin, is dóigh liom gur mhúnlaigh m'óige go leor de mo dhearcadh ar an tsaol agus gur cothaíodh ionam féith an iontais agus tabhairt faoi deara.

SMR: An raibh tionchar ag an oideachas ar do cheird?

CÓS: Tá sé ráite agam nár thaitin mo chuid bunscolaíochta go rómhór liom. Bhí an chol sin coitianta go leor i measc daoine de mo ghlúin féin. Bhí an bhunscolaíocht brúidiúil agus tíoránta agus cuireann sé crith orm go fóill nuair a chuimhním ar an chnagadh a tugadh domh féin agus do mo chomhscoláirí eile ar an scoil i gCaiseal na gCorr. Cha amháin gur bualadh muid ach rinneadh beag dúinn, maslaíodh muid. Is minic a dúradh liom ar an scoil sin gur bómán amadáin a bhí ionam agus nach raibh mé a dhath níos fearr ná an chaora a bhí amuigh ag iníor sa pháirc os coinne na scoile. An chaora bhocht! Cha chothaíonn an cineál sin masla agus tarcaisne féinmheas sa duine. Bhí an t-ádh orm nach dtug mé isteach don bhreith dhiúltach sin. I ndáiríre ní raibh meas ar bith orainn mar dhaoine ar an scoil sin. Ní raibh ionainn ach soithigh a bhí le líonadh suas le fíricí, bunábhar a bhí le múnlú ar bhealach a d'fhóir don Eaglais agus don Stát. An tréad-dearcadh agus an sluadhearcadh a chothú agus a phréamhú ionainn ionas go mbeadh sé níos fusa acu agus muid fásta suas muid a stiúradh agus muid a choinneáil faoi smacht. Sa *Tír Rúin,* an cnuasach is déanaí uaim, tá dán beag ag tagairt don scolaíocht sin, 'Scoil'.

Scoil

Inniu ar nós gach uile mhaidin
agus é ag siúl chun na scoile
bhí a thriall tiubh le hiontas.

Chonaic sé an ghrian agus í ina suí
ar ubh gé na Mucaise. Tréad sioráf
agus iad ar féarach a bhí sna hAchlaí.

D'eitil sé amach thar an phortach
le beachóg, píolóta óg ar thóir
mianach óir sa fhraoch.

Chan feirmeoirí i gcarranna beithígh
a casadh air ar an bhealach

ach laochra i gcarbaid chogaidh.

Chuala sé na garrantacha féir
ag maíomh as a gcultacha glasa;
iad uilig in éad lena chéile.

Ag *lane* Shorcha Mhór, lig sabhaircín
sraoth cumhra aisti féin agus
é ag gabháil thairsti; "Dia leat," arsa seisean.

Ach ag geaftaí theach na scoile
b'éigean dó an saol rúin,
saol an iontais a fhágáil ina dhiaidh.

Níor ceadaíodh a leithéid i rang
cúng an léinn. Ní raibh fairsingeacht
ar bith sa scoil don tSamhlaíocht.

Agus sin mar a bhí agamsa ar scoil. Sin an páiste, lán de shamhlaíocht a gcuirtear srian agus cosc ar a éirim nádúrtha ar scoil. In *Light on Distant Hills,* cuimhní cinn m'óige, tá cur síos i bhfad níos faide ar an tréimhse dhuairc sin i gCaiseal na gCorr. Ach bhí rud amháin sa scoil sin a chuaigh i bhfeidhm orm agus arb fhiú liom trácht air anseo. Is é sin go raibh seastán leabhair Ghaeilge ann agus cead againn iasacht a fháil de na leabharthaí sin agus iad a thabhairt chun an bhaile linn. Aistriúcháin ar leabharthaí Béarla a bhí ina mbunús; na cinn a d'fhoilsigh Oifig an tSoláthair, nó *An Gúm,* mar ab fhearr aithne ar roinn na bhfoilseachán ag an am sin. Is cuimhin liom gur léigh mé *Páistí na Nua-Fhoraoise/Children of the New Forest,* a d'aistrigh Proinnsias Ó Brógáin, fear as an cheantar seo. Is mór mo mheas ar an Bhrógánach agus an bhua a bhí aige mar aistritheoir. Bhí sé ábalta Gaeilge a bhfuil craiceann uirthi a chur ar na saothair a d'aistrigh sé. Agus d'aistrigh sé scéaltaí Sherlock Holmes agus scéaltaí Hans Christian Andersen. D'aistrigh sé seacht leabhar idir na tríochaidí agus na daichidí. Bhí sé de bhuntáiste agamsa ag an am sin gur Ghaeilge an cheantair seo a d'úsáid sé in sna haistriúcháin sin. Léigh mé an-chuid aistriúchán de chuid *An Gúm*; ina measc *Trodaire Claíomh ó Éirinn, Iarlaí na hAlban* agus *Ben-Hur*. Agus thaitin téacsleabhair Ghaeilge na scoile liom fosta. Ní an dóigh gur cuireadh iad os ár gcomhair, ach go díreach mé féin á léamh s'acu go pearsanta. Leithéidí *Sé Dia an Fear is Fearr, Maicín, Gasúr de Chuid Bhaile na nGrág*. Na téacsanna seo ar fad a bhí ar an chúrsa, bhain siad le Dún na nGall, agus le údair Chonallacha. D'fhág sin go raibh sé i bhfad níos fusa domh ag an am sin iad a léamh. Chuaigh *Gasúr de Chuid Bhaile na nGrág* i bhfeidhm go mór orm. B'ábhar bróid domh go raibh mo mháthair gaolta le Tadhg Ó Rabhartaigh, údar an leabhair sin. Agus ina theannta sin bhí cur amach agam ar shuíomh an scéil, baile fearainn Chúl an Chnoic sna Rossa. Bhí an baile sin sa chríoch ag Mín Doire na Slua, baile dúchais mo mháthar. Is ansin a saolaíodh mé agus bhí tarraingt mhór agam ar an áit i gcaitheamh m'óige.

I ndiaidh na bunscoile, d'fhreastail mé ar an cheardscoil i nGort an Choirce agus is ann a rinne mé an Ardteist. Chan ionann agus an scoil náisiúnta, bhí dúil mhór agam sa cheardscoil. Chuir an scoil sin cor úr i mo shaol. Tomás Breathnach a bhí i mbun an Bhéarla agus bhí sé ina mhúinteoir ar dóigh. Bhí údarás nádúrtha ag baint leis; níor ghá dó lámh a thógáil le héinne chun smacht a choinneáil sa rang. Thug sé cead dúinn ár dtuairimí féin a nochtadh, d'éist sé linn, spreag sé muid. Ina chuid cainte d'fhoscail sé fuinneoga dúinn a thug léargas úr dúinn ar an tsaol. Chuir sé muid ag caint lena chéile. Thug sé uchtach dúinn seasamh ar ár gcosa féin agus labhairt amach go neamhbhalbh. Thug sé faoi deara go raibh rud inteacht ag borradh ionamsa, féith na cruthaitheachta, agus mhol sé domh díriú ar an scríobh. Seo scoil bheag iargúlta i dTír Chonaill i ndeireadh na seascaidí. Ach bhí na modhanna teagaisc, go háirithe ó Thomás Breathnach, *enlightened.* Bhí siad i bhfad chun cinn ar an mheánscoil a bhí ar an Fhál Carrach ag an am. Phléigh muid cearta na mban, an cogadh i Vítneam, cumannachas, an bhfuil gá againn le Pápa san Eaglais, an duine agus an dúlra. Rinne muid plé ar ábhair a bhí iontach conspóideach. Bhí an cineál sin ábhair réabhlóideach. Chuir Tomás ag smaoineamh muid, chuir sé ag caint muid, chuir sé inár seasamh ar na táblaí muid le dántaí a athchruthú go drámatúil. Sin an modh oibre a bhí ag Tomás. Bhí sé iontach mar sin. Is cuimhin liom muid ag plé an homaighnéasachais insa rang. Bhí fairsingeacht aigne ag baint le Tom, bhí sé foscailte. Bhí sé de bhuntáiste ag Tom nach raibh an cheardscoil faoi smacht na hEaglaise, rud a thug saoirse tuairimíochta dó. Ní cheadófaí an plé sin sna gnáthscoileanna Caitliceacha, bhí na hábhair sin róchontúirteach ag an am sin. Bhí acmhainn iontach fairsing ag Tom. Rinne sé machnamh, nó *meditations,* linn. Chuir sé muid inár suí, thug sé focal dúinn ar nós *mantra* agus chuir sé muid ag análú. Ceann de na fíricí móra a chuir Tom ar mo shúile domh sna blianta sin ná an tábhacht a bhaineann le hanálú. Thug Tom ceachtanna dúinn ar an anáil a tharraingt anuas ó na cliabhraigh uachtaracha, isteach sna scamhóga agus síos fríd an chorp. Ceangal a dhéanamh mar a dhéanfá idir an spéir agus an talamh. I scoltacha eile, bheadh tuismitheoirí 'iontach míshásta' leis na cleachtais sin mar shílfeadh siad gur *voodoo* a bhí ar siúl insa scoil. Agus bhí *voodoo* ag baint le Tom. Ba dhraíodóir a bhí ann agus bhí muid ar fad faoi dhraíocht agus faoi gheasa aige. Bhí mise iontach mór leis. Bhí an solas leis. Bhí sé iontach maith ag *reiki healing* fosta. Thuig Tom cúrsaí fuinnimh. An sruth leictreachais sin a ritheann fríd ár gcuislí agus a choinníonn muid ag gluaiseacht. Agus nuair a bhíonn muid tinn nó breoite nó ar lagmhisneach, bíonn bac éigin ar an chuisle fuinnimh. Déarfadh sé i gcónaí gurb iad *meditation* agus análú eochair na beatha.

SMR: Cén chaoi a ndeachaigh scríbhneoirí eile cruthaitheacha (Gaeilge nó eile) i bhfeidhm ort? Cé na réamhtheachtaithe atá agat, nó an ann dóibh?

CÓS: Is é an chéad leabhar go bhfuil tábhacht leis i mo shaol féin i dtaca leis an ábhar atá faoi chaibidil againn ná úrscéal le Gore Vidal, *The City and the Pillar,* an chéad úrscéal aerach a léigh mé. Mar atá ráite agam bhí sé de ghnás ag m'athair na leabharthaí seo a thabhairt chun an bhaile chugam as Glaschú. Bliain amháin bhí an saothar seo i gceann de na málaí. Léigh mé an leabhar míorúilteach seo agus mé i dtús na ndéaga agus tuigeadh domh láithreach nach raibh mé liom féin i mo chlaonadh gnéis. Splanc tuigbheála ón Spiorad Naomh a bhí ansin. Shoiléirigh sé an saol a bhí romham amach. Bheadh orm an snáithe a shní fríd shúil na snáthaide go cúramach má bhí mé le teacht slán. Blianta ina dhiaidh sin agus mé amuigh sa tsaol, agus teacht isteach beag agam, chuaigh mé ar thóir leabhar faoin ábhar sin. Chuir mé le chéile, mar atá ráite agam áit inteacht, a *Who's Who of*

Homos. Bhí mé ag obair mar fhreastalaí in *lounge bar* sa *North Coast Hotel* i bPort Mearnóg i gContae Bhaile Átha Cliath, óstán nach bhfuil ann níos mó de réir mar a thuigim. Agus bliain ina dhiaidh sin bhí mé ag obair in *The Glenview Hotel*. Tá sé sin thíos in *The Glen of the Downs*, i gContae Chill Mhantáin. Áiteacha a bhí cóngarach go leor do lár na cathrach i mBaile Átha Cliath. Ransaigh mé na siopaí leabhar a bhí ann ag an am sin: Webbs, The Eblana, Parsons, Greenes, agus an bhliain ina dhiaidh sin, in 1971, i Londain. Bhí deis agam gabháil thart ar na siopaí iontacha dara láimhe a bhíodh in Charing Cross Road ag an am sin. Na siopaí sin, ba iad sin institiúidí léinn s'agamsa. Bhí oidí ar dóigh agam: Cavafy, Whitman, Rimbaud, Verlaine, James Baldwin, Allen Ginsberg, Truman Capote, André Gide, Lorca, agus máistrí cáiliúla eile nach iad. Bhí spiorad iontu, bhí sólás agus solas ina gcuid scríbhinní a thaispeáin domhsa an bealach a bhí le siúl agam. Agus mé ag léamh na n-údar seo, mhothaigh mé go raibh glacadh liom i mbráithreachas na mbuachaillí bána. Mar a tchínn tú, is trí mheán an Bhéarla is mó a tháinig mé ar an taithí liteartha a bhaineann leis an ábhar seo.

Ach i dtaca le scríbhneoireacht na Gaeilge de, bhí dán le Micheál Mac Liammóir, 'Na Cait', ar chúrsa na hArdteiste. Bhí a fhios agam go raibh Micheál agus a bhuanchara, Hilton Edwards, 'an dóigh adaí', mar a deir muid anseo. Ach an *milieu* amharclainne ina raibh siadsan gníomhach, bhí saoirse acu a bheith mar ab ansa leo. De bharr chlaonadh gnéis na beirte úd, chuala mé ag an am gurb é Sodom agus Begorrah an leasainm coitianta a thug daoine ar

The Gate agus *The Abbey*. Ba mhór an t-ábhar misnigh domh go raibh ar a laghad fear amháin aerach ar an tsiollabas Gaeilge. Is mór an díomá domh gur dearnadh dearmad ar *Bláth agus Taibhse.* Sin cnuasach cumasach Mhichíl Mhic Liammóir a d'fhoilsigh Sáirséal agus Dill in 1964. Tá sé ligthe i ndearmad cuid mhaith anois, faraor. Insa chnuasach sin, tá aer na cathrach os cionn na ndánta agus siúl réidh spleodrach faoina gcuid rithimí. Tig an tsamhail chugam go minic agus mé ag léamh na ndánta seo, tig an tsamhail *flâneur* chugam ón Fhraincis. Is maith liom an chiall atá ag Edmond White den fhocal, "A Flâneur is a stroller, a loiterer, someone who ambles through a city without apparent purpose but is secretly attuned to the history of the place and is in covert of adventure, aesthetic or erotic". Samhlaím coisíocht réidh, súilfhoscailte leis na dánta. Ina ndóigh féin tá siad amuigh ag crúsáil. Bhí Micheál, de réir na dtuairiscí, an-tugtha don chrúsáil. Faraor géar, ní raibh aithne ar bith agam air. Ach tráthnóna amháin leibideach le teacht na hoíche chonaic mé é ag siúl anuas Sráid Grafton agus é ag tarraingt ar an *Gate* is dócha. Sheas mé i leataobh ag amharc air; cóta mór dubh dorcha air, é feiceálach ina *toupé,* béaldath air agus smideadh. Ach ní raibh sé de mhisneach agam seasamh amach agus forrán cainte a chur air. Shiúil sé tharam, an bhanríon mhaorga seo ag fágáil boladh cumhráin ar aer na sráide mar "cheo meala lá seaca".

Bhí breacaithne agam ar dhuine eile atá tábhachtach mar réamhtheachtaí, is é sin Pearse Hutchinson. Chuir mé aithne air de bhrí go raibh mo sheanchara, Tony McMahon, iontach mór leis. Bhí a chnuasach, *Faoistin Bhacach,* a foilsíodh in 1969, ina chloch mhíle agam ar an chosán cham. Tugann na dánta sin tuigbheáil domh ar chruachás an fhir aeraigh in Éirinn na linne sin. Tá fairsingeacht aigne agus spleodar samhlaíochta sa chnuasach a thaitin liom. Fear an-oilte a bhí i bPiaras, réim teangacha ar a thoil aige. Fadó fadó bhí mé iontach bródúil nuair a léigh sé dán de mo chuid as *Tuirlingt* (an cnuasach a d'fhoilsigh mé i bpáirtíocht le mo chara ionúin Gabriel Rosenstock in 1978) — nuair a léigh sé dán de mo chuid ar "Óró Domhnaigh", an clár iontach sin a bhíodh aige, faoi stiúir Tony McMahon. Bhí glór faoi leith ag Pearse a d'fhóir don chineál sin cláir raidió. Bhí an *timbre* speisialta sin aige. Guth snasta, tarraingteach, a mheallfadh duine le héisteacht leis.

Chuir mé spéis i ndánta ceana le hEochaidh Ó hÉoghusa (1558–1612). Tháinig an fear sin fríd tréimhse thragóideach i stair na hÉireann: Cogadh na Naoi mBliana, Briseadh na nGael i gCionn tSáile agus Teitheadh na nIarlaí. Ar scor ar bith, braithim gur duine den treibh é, cé nach n-admhódh James Carney é sin. Dar leis nach raibh sa téarmaíocht cheana seo ar fad ach consaeit agus nach bhfuil sé de cheart againn breithiúnas a thabhairt ar na dánta de réir mheon na haoise seo. B'fhiú taighde níos leithne a dhéanamh ar an ábhar cigilteach seo – an file ina fhear aon leapa, ina chéile ag an taoiseach. Déarfainn féin go raibh ramsach spraíúil idir na pluideanna. Agus i dtaca le Ó hÉoghusa, chuir seisean cor cam sa Dán Díreach.

Ach caithfidh mé fosta an bairéad a ardú le hómós agus le hurraim do mhná na dtithe móra: is é sin Elizabeth Bowen, Kate O'Brien agus an té is ansa liom ar fad daofa, Molly Keane. D'ardaigh siadsan uilig an t-ábhar seo ina gcuid úrscéalta a bheagán nó a mhórán, sna fichidí malla, sna tríochaidí agus sna ceathrachaidí. Ar an ealaín chéanna, tá tábhacht le *The Liberty Suit* le Maurice Leitch, a foilsíodh in 1961, agus go háirithe le saothar luath Desmond Hogan *The Icon Maker,* agus na leabharthaí agus na scéaltaí eile a scríobh sé na blianta sin. Níl aithne phearsanta agam ar Desmond Hogan ach is dóigh liom go dtug sé spreagadh iontach domh mar bhí na leabharthaí sin á léamh agam sular fhoilsigh mé *Miontragóid Chathrach* in 1975.

SMR: Tá go leor seánraí éagsúla scríbhneoireachta á gcleachtadh agat ó chuir tú peann le pár an chéad lá riamh. Glacaim leis gurb í an fhilíocht an meán cruthaitheach is fearr leat, ach cén chaoi ar fhorbair an cheird sin thar na blianta? Agus cén fáth ar thug tú faoi sheánraí eile cruthaitheacha freisin?

CÓS: Domhsa, splanc feasa atá san fhilíocht agus saothar fadálach atá sa phrós. Dar ndóigh, thig le filíocht a bheith prósúil agus thig le prós a bheith fileata. I bhfilíocht, tá béim ar leith ar acmhainn teanga, thar rud ar bith eile. Aclú teanga atá san fhilíocht. Iarracht atá ann, is dóigh liom, éirim céille agus fuaime na bhfocal a thabhairt chun buaice. Meabhraíocht agus *mantra* curtha i dtoll a chéile. Cuimhnímse ar rud a dúirt Auden, "Poetry is memorable speech", agus tá mise den bharúil chéanna. D'fhéadfá dán maith a chumadh in achar gearr ama, leathuair an chloig, abraimis, dá mbeadh sé d'ádh ort an spreagadh a bheith láidir agus soiléir go leor. Ach mar tá a fhios ag achan duine, obair mhaslach leanúnach atá sa phrós. Tá cuid mhór sa tinidh agat agus tú i mbun úrscéil, tá tú ag iarraidh cuid mhór rudaí a choinneáil sa tsiúl ag an am chéanna: plota, carachtair, agus comhrá; mionsonraí de gach cineál a thugann breis léargais ar an tsuíomh agus ar an scéal. Is é an dúshlán atá ann ná tabhairt faoin leathanach bhán agus feabhas a chur air, cé acu prós ná filíocht atá á scríobh agat. An leathnú amach sin atá déanta agam, bhí sin nádúrtha go leor. Bhí mé ag scríobh drámaí sular scríobh mé an fhilíocht, nó iarracht ar dhráma a scríobh. Is cuimhin liom go raibh comórtas drámaíochta ar siúl ag an Chomhaltas Náisiúnta Drámaíochta agus scríobh mise dráma i nGaeilge. Beirt charachtar a bhí ann, mé féin agus Tom, mo mhúinteoir, *Till the Desert's Sands Freeze, and the Camels Come Skating Home* an t-ainm a bhí ar an dráma seo. Bhí rud inteacht cineál aisteach ag baint leis. Fuair muid go dtí Craobh na hÉireann leis mar bhí sé chomh 'far out' nach raibh na moltóirí ábalta ciall a bhaint as agus bhí eagla orthu muid a dhiúltú is dócha. Bhí Craobh na hÉireann i gCúil Aodha an bhliain sin. Bhuaigh an script an duais don script ab fhearr ag an fhéile. Mick Lally, an t-aisteoir cáiliúil, a bhí ina mholtóir. Chuir muid dallamullóg ar an fhear bhocht!

Bhí spéis agam sa phrós i gcónaí. Ó na fichidí ar aghaidh, ar feadh b'fhéidir fiche bliain, foilsíodh an-chuid leabharthaí i nGaeltacht Thír Chonaill. Bhí bláth faoin scríbhneoireacht, go háirithe i Rann na Feirste agus ansin thit an tóin as sin ar fad in sna daichidí. As an tréimhse sin a tháinig saothair Mháire agus Sheosaimh Mhic Grianna. Bhí na leabharthaí sin iontach tábhachtach domh, go háirithe cuid Sheosaimh Mhic Grianna, *Mo Bhealach Féin* agus *An Druma Mór*.

Agus an Ghaeilge a bhí iontu: an íogaireacht teanga sin a bhí cruinn, beacht, tomhaiste. Sin an dúshlán atá ag léirmheastóirí an lae inniu: a bheith in ann focla úra a úsáid ach rithimí a aimsiú atá in ann na focla sin a iompar go nádúrtha – tá sin doiligh. Níor úsáid Mac Grianna téarmaíocht úr ach d'éirigh leis sna haistí critice go háirithe teanga a aimsiú atá iontach soléite, atá cosúil leis an chineál teanga a úsáideann Séamas Heaney ina chuid aistí próis. Tá na haistí próis sin le Heaney chomh tábhachtach le cuid ar bith de na saothair filíochta. An grinnléargas a thugann sé gan úsáid a bhaint as an chorpas úr téarmaíochta a bhfuil brú oraibh ar fad mar léirmheastóirí agus mar chriticeoirí a úsáid. An corpas iomlán sin a tháinig ón Fhrainc. Tá an teanga ábalta iad a iompar ach caithfidh tú an rithim cheart a aimsiú; rithim cheart na habairte le hiad a iompar. Leabhar a thaitníonn go mór liom ná an leabhar a scríobh Seán Ó Tuama ar Aogán Ó Rathaille agus ar Sheán Ó Ríordáin, *Filí Faoi Sceimhle.* Sin eiseamláir iontach critice. An tsoiléireacht stíle agus an nádúrthacht teanga. Éiríonn leis scagadh iontach a dhéanamh ar na filí sin, ar Ó Ríordáin agus ar Ó Rathaille, beirt fhile a théann i bhfeidhm go mór orm.

SMR: Le roinnt blianta anuas, tá an téarma 'aiteach' in úsáid i ndioscúrsaí chritic agus cultúrtha na Gaeilge. Céard do mheas ar an téarma sin? Cé na focla/na frásaí a d'úsáidfeá féin in áit 'aiteach'?

CÓS: Mar fhocal, agus an dóigh a n-úsáidtear é, ní théann sé i bhfeidhm orm ar chor ar bith. Braithim go bhfuil sé iontach mínádúrtha. Tá sé ceart go leor má deireann tú 'duine ait', tá sin ann agus tá sé insa chaint. Níl sé go coitianta againne anseo i dTír Chonaill ach tá sé coitianta go leor ó dheas. Ach tá sé sa chaint; 'duine ait', nó 'Is ait an mac an saol' a deirtear, ach 'aiteach' nó 'duine aiteach'? Ní luíonn sé sin le ceol na cluaise domhsa. Ar an taobh eile den scéal, tá mé ceart go leor leis an téarma 'aerach'. Bhí sin sa chaint ar an dóigh chéanna go raibh 'gay' i gcaint an Bhéarla: 'lively' agus 'frolicsome'. Deirtear 'Ó tá an cailín sin aerach', ach is é an rud a bhíonn i gceist ná 'giddy'. Is maith liom an focal aerach. Luíonn sé go nádúrtha ar mo chluais. 'Tá sé an dóigh adaí', an gnáthleagan cainte a bhí againn féin anseo i gCloich Cheann Fhaola. Bhí sin fiúntach mar ní breithiúnas a bhí ann ach go díreach ráiteas fírinneach. Bhí téarmaí eile againn fosta; 'fear mór fear', dar ndóigh, 'fear tóna' agus 'Síle'. Is dóigh liom gur mé féin a d'úsáid an téarma 'na Buachaillí Bána'. Is breá liom agus na ciallanna éagsúla staire agus sóisialta a bhaineann le 'buachaillí bána'. Ach sin an dúshlán: téarmaí a aimsiú nó téarmaí a chruthú atá ag teacht le dúchas na teanga. Bhí mo chomharsanach béal dorais, Maggie Neddy Dhonnchaidh, bhí sí iontach, i ngan fhios dithe féin, ag cruthú téarmaí úra as dúchas na Gaeilge. 'Scuab an tSéideáin' a thug sí ar 'hoover' agus nuair a fuair sí citil leictreach, 'citil an chnaipe' a thug sí air. Ní raibh Maggie ag smaointiú go raibh sí ag cruthú téarmaí. Is beag Béarla a bhí aici ach bhí Gaeilge ar dóigh aici agus tháinig na frásaí sin léi go nádúrtha ó thobar na teanga. Bhí uirthi déileáil leis an tsaol úr seo a bhí ag teacht isteach chuici agus chuir sí a marc sainiúil pearsanta air. Níl fhios agam céard a déarfadh Maggie faoin fhocal 'aiteach'?

SMR: Tá téamaí aeracha agus aiteacha i gceist le do shaothar ó na 1990idí i leith, rud a bhí cróga go leor, d'fhéadfaí a rá, i gcaitheamh na tréimhse sin. An dóigh leat gur chuir an pobal léitheoireachta fáilte roimhe seo ar an gcéad dul síos? Ar bhraith tú go raibh níos mó saoirse agat mar go raibh tú ag scríobh sa Ghaeilge, teanga neamhfhorleathan?

CÓS: Níl a fhios agam an raibh mé ag smaointiú air sin rómhór. Theastaigh uaim teangaidh a thabhairt don tost sin a thacht go leor againn. Sin an rud ba mhó i mo shaol: teanga a thabhairt don *condition humane* seo a raibh mé ann. B'in an rud a bhí ag teacht chugam fosta ó na scríbhneoirí ar fad a léigh mé, iad ag iarraidh féinscrúdú a dhéanamh orthu féin. Tá rian den chlaonadh sin i ndánta de mo chuid ó 1975 ar aghaidh. Bhí Gerry Stockman ina Ollamh i Roinn na Gaeilge in Ollscoil na Banríona. Bhí seisean i mbun iris bheag a dtugtaí *Dánta Aduaidh* air, iris filíochta ó Bhéal Feirste agus é de chuspóir aige ag an am nuafhilíocht Ghaeilge an Tuaiscirt a chur os ard sna blianta trioblóideacha sin. D'fhoilsigh sé dornán dánta de mo chuid in eagrán a trí den iris sin in 1975. Bhí cúpla ceann acu agus níor chuir siad fiacail ar bith sa chlaonadh gnéis a bhí á nochtadh acu. Ba sin 1975 agus má bhí tú 'an dóigh adaí' ag an am sin, chleacht tú saol faoi cheilt. Ní raibh aon duine ag súil go dtiocfá amach go neamhbhalbh i bhfilíocht. Dá bhrí sin, níor cuireadh suim ar bith sna dánta sin. Measaim, sílim, gur shíl léitheoirí, má bhí léitheoirí ar bith agam, nach raibh iontu ach cineál consaeit liteartha. Níor tugadh aird ar bith orthu i ndáiríre go dtí gur foilsíodh iad faoi chló an Bhéarla in '93 nuair a tháinig *An Bealach 'na Bhaile / Homecoming* amach. Sceitheadh an rún ag an am sin nuair a chonacthas iad i mBéarla agus tugadh i bhfad níos mór aird ansin ar *Na Buachaillí Bána* a tháinig amach in 1997 agus ina dhiaidh sin an t-eagrán dátheangach a chuir Frankie Sewell amach, *Out in the Open.* Bhí go leor cainte agus conspóide ag baint leis sin. Ach ag an am ainmníodh an leabhar don Aristeon European Poetry Prize, agus thug sin cáilíocht éigin dó. Ach is dóigh liom gurb é an Béarla, i ndáiríre, a tharraing aird ar na dánta Gaeilge. Níl ionainn, mar a dúirt mo chara, Nuala Ní Dhomhnaill, ach "the exotica on the margins of English Language Literature in Ireland".

SMR: Tá an t-uafás scríofa agat faoin taisteal agus an éifeacht a bhíonn ag an taisteal ar na téamaí a dtugann tú aghaidh orthu. An féidir leat a thábhachtaí is atá téama an taistil i do chuid saothar a mheas agus an chaoi a ndeachaigh an t-aistriú ó cheantar Gaeltachta i bhfeidhm ort agus ar do cheird go téamach? Smaoiním go háirithe ar na tréimhsí a chaith tú i mBaile Átha Cliath, i Londain, agus i Neipeal.

CÓS: Tá éifeacht sa taisteal má ligeann tú duit féin a ghabháil i dtaithí ar an dúiche agus ar na daoine ar a dtugann tú cuairt. Tá go leor daoine ann agus bíonn siad ag taisteal agus bheadh sé chomh maith acu fanacht sa bhaile. Ní fheiceann siad rud ar bith, ní theagmhaíonn siad le duine ar bith. Fanann siad ina ngeiteo beag brocach féin. Castar orm iad go minic agus mé ag taisteal. Daoine nach mblaiseann blúire de bhia na háite ina bhfuil siad, nach ndéanann mór le duine ar bith. Cad chuige a dtéann siad ag taisteal? Tá a ndóigh féin ag achan dream daoine agus i mo chás féin is breá liom aithne a chur ar strainséirí, mór a dhéanamh leo agus cluas éisteachta a thabhairt dá dtuairimí agus dá ndearcadh. Is annamh agus mé ag taisteal i dtíortha iasachta go lorgaím comhluadar mo chineáil féin, is é sin turasóirí eile. Is fearr liom go mór cuideachta a dhéanamh le muintir na tíre ina mbím. Ar an dóigh sin, faighim léargas ar chultúr agus ar chroí na tíre. Is maith liom, cibé áit a bhfuil mé, san Ind, i Neipeal, i Maracó, is maith liom suí amuigh i gcaifé sráide ag amharc ar an tsaol mhór ag gabháil tharam. Scríobh mé an-chuid de mo shaothair insna tíortha sin agus mé i mo shuí sna *boulevard cafés* ag ól caife.

Chuir an taisteal go mór le mo chuid oideachais. Cuir i gcás, nuair a chuaigh mé go Londain den chéad uair, is dóigh liom thart ar 1970 nó 1971, bhí tarraingt mhór agam ar an amharclann sa *Westend* mar bhí seónna iontacha ar siúl ag an am sin. Bhí athrú mór ag teacht i gcúrsaí amharclainne. Bhí cead rudaí a chur ar an stáitse nach raibh ceadaithe go dtí sin. Nuair a chuaigh mé go Londain insan am sin, bhí *Hair* ar an stáitse, agus bhí sé sin iontach dána agus réabhlóideach. I gceann de na radharcanna ann, tháinig an fhoireann ar fad ar an stáitse gan tuinte éadaí orthu. Bhain an ceol iontach sin ar fad , "The Age of Aquarius", le *ethos* na haoise sin. Ag an am céanna bhí *Jesus Christ Superstar* ar siúl agus sílim go ndeachaigh mé chuig an seó sin sé huaire ar a laghad. Chonaic mé rudaí scannalacha cosúil le *Oh! Calcutta!,* sraith sceitseanna *erotic* a chuir Kenneth Tynan agus daoine mar é i gceann a chéile. Bhí Londain iontach, ó thaobh siopaí agus ó thaobh seónna, agus fosta, ó thaobh *bars,* go raibh tarraingt ag daoine aeracha orthu, go háirithe i gceantar SoHo. Amannaí, tchífinn Francis Bacon ag siúl thart sna sráideacha sin.

Is cuimhin liom uair amháin agus mé ag siúl suas Shaftsbury Avenue go bhfaca mé an fear seo ag siúl anuas agus bhí a chuid gruaige *puce* agus bhí achan duine ag amharc air. Bhí a fhios agam gur duine inteacht a bhí i mbéal an phobail a bhí ann. Chuir mé ceist "Who's that?", agus dúradh liom "That's Quinten Crisp". Bhí sé go mór insa nuacht insna blianta sin. Rinne John Hurt an pháirt in *The Naked Civil Servant,* an leabhar a scríobh Quinten Crisp mar gheall air féin. Bhí sé ag siúl anuas, ag pramsáil anuas, agus *T-shirt* á chaitheamh aige leis an mhana seo: "Dip me in chocolate and throw me to the homos". Agus bhí a fhios agam go raibh mé san áit cheart. Is é an dara leabhar de chuid Quinten a tháinig amach *How to Become a Virgin.* Chuaigh sé go Nua-Eabhrac ina dhiaidh sin agus bhí sé ag cur faoi sa *Village*. Bhí sé ina chónaí i gceann de na *boarding houses* agus d'fhéadfá glao a chur air agus cuireadh a thabhairt dó le haghaidh lóin. Thug mo chara Brian Kennedy, an t-amhránaí, cuireadh amach dó. Bhí lón aoibhinn aerach aige, deir sé liom, le Quinten agus eisean ag aithris seanscéalta a shaoil.

Bhí an tréimhse a chaith mé i Londain fíorthábhachtach. Bhí sé sin níos tábhachtaí domh ná cúrsa céime a dhéanamh san ollscoil. Bhí mé ag obair i dtábhairne ach ar feadh tréimhse fosta bhí mé ag obair in *sex shop* agus b'in oscailt súl; daoine ag teacht isteach ag ceannacht *lubes* agus *tubes* agus *dildos* chomh nádúrtha is dá mbeadh siad ag ceannacht builín aráin – gan náire, gan drogall! Bhí orm seasamh agus labhairt leotha faoi na *lubes,* na *tubes,* agus na bábógaí séidte seo agus inse daofa cad é na cáilíochtaí a bhain leo. Bhí an siopa lán bábógaí aeir le hainmneacha ar nós *PomPom Delight,* agus *Jessabelle Erotica.* Dá bhfanfainn sa bhaile i Mín an Leá ní bheadh an taithí sin agam mar ní raibh *sex shop* ar bith ar an Fhál Carrach ag an am sin. Níl go fóill.

Nuair a chuaigh mé níos faide ó bhaile, rinne mé teangmháil le cultúir eile, cé acu san Ind nó i Neipeal. Bhí bá agam ariamh leis an Oirthear agus le *Buddhism.* Tá an teach ag teacht anuas le híomhánna de Ganesh agus de dhéithe Hiondúcha. Sin *prayer flags,* bratacha urnaithe amuigh ansin ar na crainn. Is maith liom an Búdachas. Níl mé ceartchreidmheach ar dhóigh ar bith ach is maith liom an dearcadh dearfach atá i mBúdachas. Deir Joe Orton, drámadóir, i gceann dá chuid drámaí, "It's life that defeats the Catholic Church, she has been well-equipped to deal with death". Tá sin fíor i dtaca leis na searmanais agus na deasghnátha a bhaineann le comóradh an bháis. Ná déan searmanas báis as míorúilt na beatha. Lena chois sin, is fearr liom go mór mo cheann a ardú i dtreo na spéire agus mo lámha a shíneadh amach ag tabhairt ómóis don tsolas seachas a bheith ag cromadh síos. Ardaigh tú féin! Mo chomharsanaigh agus mo chairde beaga atá ag freastal ar na scoltacha agus ag déanamh an chéad chomaoineach nó ag dul faoi lámh an easpaig, níl rudaí chomh dian orthu agus a bhíodh. Bhí orainne, is cuimhin liom, leabhar ar theagasc Chríostaí a léamh ó thus go deireadh agus é a chur de ghlanmheabhair, gach focal de. Ansin d'fhéadfadh an t-easpag ceist a chur ort faoi rud ar bith sa leabhar sin agus mura mbeifeá in ann freagra a thabhairt d'amharcfadh sé go holc ar do thuismitheoirí agus ar an scoil. Bhí an t-ádh orm féin nuair a chuaigh mé faoi lámh an easpaig, is é an chéad cheist sa leabhar a cuireadh orm: "Cé hé Dia?". Go pearsanta, ní raibh mé cinnte ach thug mé an freagra a bhí sa leabhar. Níl mé cinnte go fóill.

SMR: Tugann tú aghaidh ar an gcollaíocht agus ar an ngnéasacht go neamhbhalbh agus go hoscailte i do chuid saothair chruthaitheacha. Bítear ag rá sa taighde go mbíonn cathracha agus ceantair uirbeacha níos oscailte i leith na bhfeiniméan seo. An gceapfá gur ghlac léitheoirí uirbeacha leat níos mó ná léitheoirí Gaeltachta?

CÓS: I dtaca le muintir na háite anseo, má chuir siad suim ar bith i mo shaothar, is dóigh liom gurb é na dánta is mó a thaitníonn leo nó na dánta a bhaineann agus a dhéanann ceiliúradh ar an teanga agus ar an áit: 'Stáisiún Chaiseal na gCorr', 'Tobar' agus 'Bean an tSléibhe'. Ach na dánta faoi chúrsaí gnéis, sílim go seachnaíonn siad iad sin. Ag an am chéanna, an teangaidh a labhraíodh anseo agus mé ag fás aníos, teangaidh ghraosta go leor a bhí ann. Teangaidh thalmhaí a bhí ann, *earthy,* ach ní sin an teangaidh a fhoghlaimíonn lucht foghlamtha na Gaeilge. Tharla rud inteacht le linn Athbheochan na Gaeilge. Rinneadh cinsireacht ar an teangaidh. Cuireadh teangaidh i láthair a bhí glan agus sciúrtha agus saor ó ghraostacht. Tháinig an Athbheochan chun cinn in Éirinn aimsir Victoria. Bhí an piúratánachas sin ag baint le ré agus le réim Victoria agus go leor de na daoine a bhí rannpháirteach agus a thug tacaíocht don Athbheochan i dtús báire, ba daoine iad a tháinig ó na tithe móra. Thaitin

Gaeilge leo ar an dóigh chéanna gur thaitin *archaeology* agus rudaí mar sin leo. Tá mé den bharúil go raibh dearcadh coimeádach i leith na teangaidh acu.

Faighim litreacha ó strainséirí a bhfuil spéis acu i mo shaothar, cuid mhór acu ó dhaoine aeracha as achan chearn den domhan. Seo daoine a chuir eolas ar na dánta de bharr na n-aistriúchán éagsúil atá déanta ar mo shaothar ach go speisialta na leaganacha i mBéarla. Is mór an tógáil croí é freagairt éigin a bheith le fáil ar do shaothar. Tugann sé dóchas domh nach obair in aisce atá san fhilíocht. "Publishing a collection of poems is like dropping a rose petal down the Grand Canyon and waiting for the echo", a dúirt file de chuid Mheiriceá agus é ag mairgní faoi neamhshuim an phobail san fhilíocht. Faraor, sin an scéal truacánta ag go leor filí ach i dtaca liom féin, braithim go bhfuil pobal éigin agam, bíodh sé beag nó mór. Is mór an sásamh é sin. Tugaim altú do bhé na héigse.

Bhí muintir na Gaeltachta ag caint ar mhagairlí agus ar phiteanna agus ar chac. Deirim féin, "I was never in a closet, because we never had anything as remotely stylish as a closet in our house". Dar ndóigh, chuaigh go leor againn chun na cathrach le saol de chineál eile a chaitheamh. Tharla sé sin de bharr nach raibh sé chomh furasta sin bualadh lenár macasamhail féin i gceantracha tuaithe. Ag an am sin ní raibh na siógaí amuigh as a gcuid liosanna i gCaiseal na gCorr. Anois tá siad amuigh agus bród orthu.

SMR: Tá baol ann go nglacfadh léitheoirí le do shaothair chruthaitheacha ó am go chéile mar shaothair bheathaisnéise. Mar thoradh air sin, an mbíonn nó an mbíodh drogall ort téamaí nó ábhar ar leith a phlé go liteartha atá pearsanta nó príobháideach?

CÓS: Níl mórán rudaí faoi mo shaol nach bhfuil amuigh ansin go poiblí, bréaga den chuid is mó. Tá mo chuid *closets* uilig foscailte. Ba chóir dúinn iarracht a dhéanamh a bheith maith mar dhaoine. Ní de bharr breithiúnas iarbháis de chineál ar bith mar nach gcreidim ann ach go díreach ar mhaithe le do chomhdhaoine féin, ar mhaithe le comharsanacht mhaith a dhéanamh leis na daoine atá thart ort. Agus dá mbeadh muid ar fad maith ní bheadh muid ag marú a chéile agus ag gortú a chéile. Dá mbeadh ciall againn don spás ina mbeathaíonn muid; an áit a bhfuil ár gcosa agus ár lámha, an spás príobháideach sin atá ag achan duine, an spás príobháideach sin ina bhfeidhmíonn muid. Dá mbeadh níos mó tuigbheála againn ar an spás sin, d'fhéadfaimis an spás sin a chur taobh le taobh le duine eile gan spás s'acusan a chúngú. Níl drogall ar bith orm a bheith ag nochtadh rudaí. Ábhar beathaisnéise a bhí ariamh i mo chuid dánta ach tá sin fíor fá go leor de na scríbhneoirí aeracha – as an tsaol phríobháideach a chaitheann siad a thig inspioráid a gcuid saothair liteartha. Smaointím ar fhear a bhfuil ardmheas agam air mar scríbhneoir, is é sin Edmund White, an scríbhneoir Meiriceánach. Ina chuid gearrscéalta, ina chuid úrscéalta, is nochtadh iomlán iad ar a shaol príobháideach féin. Mar an gcéanna, Marcel Proust a scríobh *Remembrance of Things Past,* an tsraith fhada d'úrscéalta a scríobh sé i dtús an chéid seo caite: a shaol féin go huile agus go hiomlán atá ann.

Sin an saol is mó a raibh taithí aige air. Seán Ó Ríordáin, rinne seisean Ríordánú ar a shaol féin. An tráma a bhaineann le T.B. Bhí T.B. i bhfad níos tábhachtaí aige ná B.A., mar a dúirt sé. Is iad na rudaí pearsanta sin a mhúnlaíonn mo dhearcadh ar an tsaol agus tarraingím orthu. Tarraingím ar m'óige de shíor. Sin foinse nach bhfuil deireadh leis. Creidim má tá tú ag tarraingt ar d'óige go gcoinníonn sé duine réasúnta bríomhar, aclaí, ógánta ina dhearcadh agus ina shamhlaíocht. Is é an dúshlán ag an scríbhneoir ná an tsamhlaíocht a choinneáil beo. Má sheargann an tsamhlaíocht, seargann an duine.

Aguisín 3:

GLUAIS TÉARMAÍOCHTA

aerach: *gay*
aiteach: *queer*
aitiú: *queering*
ansmacht: *oppression*
aonad teaghlaigh: *family unit*
atáirgeach: *reproductive*
bainríon draig: *draq queen*
bithchumhacht: *biopower*
suibiachtúlacht: *subjectivity*
céimlathas/ordlathas: *hierarchy*
ciorrú coil: *incest*
Círéibeacha Stonewall: *Stonewall Riots*
cloiséad: *closet*
córas gaoil: *kinship system*
coimpléasc Éideapach: the Oedipul complex
contanam leispiach: *lesbian continuum*
crúsáil: *cruising*
cultúr an phá: *wage culture*
cultúr heitreanáisiúnach: heteronationalist culture
cumarphointe cultúrtha: cultural nexus
díthógáil: *deconstruction*
forghairm: *interpellation*
gaibhniú: *confinement*
géillsineacht: *subjugation*
geis: *taboo*
heitreanáisiúnachas: *heteronatationalism*
heitreanormatacht: *heteronormativity*
homashóisialta: *homosocial*

iallach: *compulsion*
inscniú: *engender*
institiúidí muintearais: *institutions of intimacy*
an léann aerach: *gay studies*
léirithe inscní stíle athdhéanta: *stylized repetition of gendered acts*
leispiach: *lesbian*
loighic shamhlaithe: *imaginary logic*
maitrís heitrighnéasach: *heterosexual matrix*
mórcheannas heitrighnéasach: *heterosexual hegemony*
neamhnormatacht: *non-normative*
normalú: *normatization*
pobal aiteach: *queer community*
pobail shamhlaithe: *imagined publics*
réimeas na mianta: *regimes of desire*
rófhireannú: *hypermasculinisation*
SEIF (Siondróm Easpa Imdhíonachta Faighte): AIDS
socracht cholainne: *docile bodies*
soirbhíochas cruálach: *cruel optimism*
stair dhioscúrsach: *historiography*
suibiachtúlacht: *subjection*
taibhiú inscne: *gender performance*
teacht amach: *coming out*
teoiric an taibhithe: *performance theory*
teoiric na haiteachta: *queer theory*
urlabhra thaibhithe: *performative speech*

Innéacs